캐스린 비글로

Kathryn Bigelow: Interviews
edited by Peter Keough

Copyright © 2013 by University Press of Mississippi
All rights reserved.

Korean translation edition © 2015 by Maumsanchaek
Published by arrangement with University Press of Mississippi,
3825 Ridgewood Road, Jackson, MS 39211, Website: www.upress.state.ms.us
through Bestun Korea Agency, Seoul, Korea.
All rights reserved.

■ 이 도서의 국립중앙도서관 출판예정도서목록(CIP)은
서지정보유통지원시스템 홈페이지(http://seoji.nl.go.kr)와
국가자료공동목록시스템(http://www.nl.go.kr/kolisnet)에서 이용하실 수 있습니다.
(CIP제어번호: CIP2015013429)

캐스린 비글로

피터 커프 엮음
윤철희 옮김

마음산책

캐스린 비글로

1판 1쇄 인쇄 2015년 5월 25일
1판 1쇄 발행 2015년 5월 30일

엮은이 | 피터 커프
옮긴이 | 윤철희
펴낸이 | 정은숙
펴낸곳 | 마음산책

편집 | 이승학 · 최해경 · 김예지 · 박선우   디자인 | 이혜진 · 이수연
영업 | 권혁준 · 곽민혜   관리 | 이현경

등록 | 2000년 7월 28일(제13-653호)
주소 | (우 121-840) 서울시 마포구 잔다리로 3안길 20(서교동 395-114)
전화 | 대표 362-1452 편집 362-1451   팩스 | 362-1455
홈페이지 | http://www.maumsan.com
블로그 | maumsanchaek.blog.me
트위터 | http://twitter.com/maumsanchaek
페이스북 | http://www.facebook.com/maumsanchaek
전자우편 | maum@maumsan.com

ISBN 978-89-6090-225-1 03680

* 책값은 뒤표지에 있습니다.
* 사용 허가를 받지 못한 일부 인터뷰는 저작권자와 연락이 닿는 대로 정식 동의
  절차를 밟겠습니다.

나는 영화를 일종의 현대적인 문학으로 봐요.

차례

서문

시청자가 수천만 명이나 되고 호들갑이 난무하지만, 아카데미시상식이 문화적 의의를 크게 갖는 경우는 드물다. 그러나 2010년 3월 7일 거행된 제82회 오스카 시상식은 그렇지 않았다.

1944년 이후 처음으로 영화 열 편이 작품상 부문에서 경쟁을 벌였지만, 그건 결국 영화 두 편과 감독 두 사람이 벌이는 경합이 되었다. 여기에 극적인 요소가 가미된 건 두 감독이 한때 부부였다는 사실 때문이었다. 그들은 SF영화 〈아바타〉를 연출한 제임스 캐머런과 이라크에 폭발물 처리반으로 파견된 대원들의 이야기 〈허트 로커〉를 연출한 캐스린 비글로였다.

두 영화는 공통점이 많았다. 우선 이라크와 아프가니스탄에서 지속되는 전쟁에 대한 불안감을 활용했다―비글로가 2009년 〈A. V. 클럽〉 웹 사이트와 한 인터뷰에서 스콧 토비아스에게 주장했듯, 그녀의 영화는 "초당파적"이었지만 말이다. 또한 영웅적 행위의 본질과 폭력의 매력을 탐구하면서, 주인공의 주관적 경험을 재현하려고 했다.

그리고 영화라는 대중오락을 예술 차원으로 승격시키려고 애썼다.

차이점도 존재했다.

〈아바타〉는 제작에 2억 달러가 들었고, 영화의 대부분이 특수 효과로 구성됐으며 최첨단 3D를 채택했다. 〈허트 로커〉의 제작비는 변변치 않은 수준이었다. 하지만 비글로는 핸드헬드 카메라와 롱테이크 같은 구식 기법, 꼼꼼한 사운드 디자인으로 원하는 효과를 이뤄냈다. 그녀는 2009년 〈슬랜트〉웹 사이트와 한 인터뷰에서 "관객에게 현장에 있는 군인처럼, 세상에서 가장 위험한 직업을 갖는 게 어떤 느낌인지 현장에 가 있는 것처럼 보여주고 싶었다"라고 말했다. "그러려면 현장감이 넘치는, 보도하는 듯한, 직접적이고 거칠며 본능적인 접근 방식이 필요했어요." 캐머런이 판타지를 찬양한 지점에서 비글로는 리얼리티를 열망한 것이다. 그러므로 두 영화의 경합은 영화 연출에 대한 두 가지 철학이 벌이는 다툼으로 볼 수도 있었다. 하지만 사람들이 이 오스카 레이스에 흥분한 주된 이유는, 비글로가 수상할 경우 아카데미 감독상을 수상한 최초의 여성이 된다는 거였다.

할리우드 스타일에 걸맞게 비글로가 승리를 거머줬었다. 그녀는 오스카 감독상을 수상했고, 〈허트 로커〉는 작품상과 다른 네 부문에서 수상했다. 비글로는 자신의 감독상 수상이 할리우드에서 영화를 연출하는 여성 감독들에게 일종의 전환점이 될 거라고 느꼈지만, 수상 연설에서 그 점을 언급하지는 않았다. 그녀는 자신을 여성 감독으로 규정길 거부했다. 그녀에게 오스카 수상은 여성을 위한 랜드마크가 아니라 그저 "평생 최고의 순간"이었다.

그녀를 탓할 수는 없다. 비글로는 25년간 유혈이 낭자한 영화를 만드는 여성을 향한 질문 공세를 꾸준히 방어해왔다. 1987년 〈시카고트리뷴〉 인터뷰에서 그녀의 두 번째 영화인 뱀파이어 스릴러 〈죽음의 키스〉에 대해 마르시아 프뢸케 코번은 물었다. "비글로처럼 멋진 여성이 에로틱하고 폭력적인 뱀파이어 영화를 만드는 이유는 대체 뭘까?"

4년 후 마크 샐리스버리는 〈가디언〉에 이렇게 썼다. "그녀는 그런 종류의 영화를 왜 만드는가? 라는 질문에 '영화 연출을 젠더와 관련된 직업이나 스킬로 생각하지 않아요'라고 답했다. 이전에도 숱하게 내놓은 대답이 분명하다."

그로부터 20년이 지난 후 필자는 〈보스턴피닉스〉에 쓴 글에서 그 주제를 완곡하게 다시 꺼냈다. "모두들 비글로의 젠더와 키, 미모에 주목하지만 그녀가 마틴 스코세이지처럼 단신에 눈썹이 두툼하더라도 정말 중요한 건 그녀가 여전히 샘 페킨파와 세르조 레오네 이후 그 누구도 만든 적 없는 수준의 액션 영화를 연출하고 있다는 것이다."

따라서 오스카를 수상할 무렵, 비글로는 지금이야말로 사람들이 자기 젠더와 외모에 주목하는 걸 멈출 때라고 생각했다. 대신 학문적 교육을 받은 아티스트가 어떻게 대중 관객을 위한 장르 영화를 만들게 됐는지에 집중하는 것이 더 유익한 논의 대상이라고 여겼다. 폭력적인 영화를 만드는 여성이라는 사실보다 매력적인 것은 그녀가 아방가르드에서 주류로 진입하게 된 과정이다.

1951년 11월 27일 캘리포니아 샌카를로스에서 태어난 비글로의 꿈은 화가가 되는 거였다. "처음 그림을 그리기 시작했을 때, 나는 올

드 마스터13~17세기 유럽의 거장들을 정말로 좋아했어요." 그녀가 1995년
〈필름코멘트〉와 가진 인터뷰에서 개빈 스미스에게 한 말이다. "열세
살인가 열네 살 때, 라파엘 그림의 한쪽 구석을 확대해서 그리는
식으로 올드 마스터의 그림을 세밀하게 따라 그렸어요. 한 부분을
따서 그걸 12×12피트365.7제곱센티미터 크기로 확대하는 작업을 좋아했
어요."

회화에 대한 이런 사랑이 1971년에 그녀를 샌프란시스코아트인
스티튜트로 데려갔다. 그녀는 거기 다니는 동안 뉴욕의 휘트니미술
관 프로그램으로부터 장학금을 받았다. "열아홉 살 때였어요." 그녀
가 1989년 10월 〈GQ〉와 한 인터뷰에서 케네스 튜런에게 한 말이다.
"수전 손택과 리처드 세라, 로버트 라우센버그가 내 작품에 코멘트
를 해주고 있었어요."

맨해튼의 가난한 아티스트였던 그녀는 이미 위대하거나 곧 위
대해질 예술가들과 교제하는 과정에서 갖은 애를 다 썼다. 그녀가
2009년 〈필라델피아인콰이어러〉와 한 인터뷰에서 캐리 리키에게 회
상했듯, 그녀는 퍼포먼스 아티스트 비토 아콘치의 로프트에서 화
가 줄리언 슈나벨과 함께 지냈다. 거기서 온갖 괴상한 일을 하는 와
중에 미국의 전도유망한 작곡가와 함께 아파트를 개조하기도 했다.
"나는 석고보드 작업을 했고" 그녀는 회상했다. "필립 글래스는 배
관 작업을 했어요."

그녀가 영화의 위력을 발견한 후, 그녀에게 미술의 가능성은 확장
됐다. "아콘치가 그의 퍼포먼스 작품 배경으로 쓸 영상물을 위해 나
를 고용했어요." 1990년 3월 30일 〈토론토글로브앤메일〉 인터뷰에
서 그녀는 제럴드 피어리에게 말했다. "내게 있어 그건 신의 계시였

어요. '아하! 영화!'라고 탄성을 내질렀죠." 그녀는 스미스에게 다음과 같이 설명했다. "판도라의 상자를 연 거예요. 닥치는 대로 영화를 봤어요. 42번가에 가는 것부터 이소룡 영화를 보러 가는 것까지, 앤드루 새리스의 수업에서 〈위대한 앰버슨가〉를 보고 링컨센터에서 파스빈더를 보는 것까지요. 하루하루를 그렇게 보냈어요. 〈13월인 어느 해에〉를 봤을 때는 지금 죽으면 천국에 갈 거라고 생각했어요."

이소룡과 라이너 베르너 파스빈더와 함께 오후를 보낸 이후 그 누가(그녀가 개빈 스미스에게 언급했던 대로) "애드 라인하르트가 검정에 검정을 덧칠한 그림"에 만족할 수 있었겠는가? 그녀는 새로운 희망을 품었다. "미술계가 불만스러워졌어요." 1995년 〈아트포럼〉 인터뷰에서 앤드루 헐트크랜스에게 한 얘기다. "추상 작품을 제대로 감상하려면 상당한 배경지식이 필요하다는 사실이…… 영화는 정치적으로 더 올바르다고 느꼈어요."

그녀는 1978년에 컬럼비아대학원 필름스쿨에 진학하면서 이론을 실천으로 옮길 기회를 얻었다. 밀로스 포먼과 앤드류 새리스, 피터 올렌으로부터 가르침을 받았다. 거기서 학생 신분으로 첫 단편 〈셋업〉(1978)을 만들었다. 영화는 두 배우가 서로를 구타하는 20분 동안, 기호학 교수 마샬 블론스키와 실베르 로트랑제가 보이스오버로 액션을 해체하는 내용이었다.

"관객과 스크린 사이의 생리적이고 심리적인 관련성을 재고하려고 〈셋업〉을 시작했어요." 그녀가 2009년 〈컬럼비아매거진〉과 한 인터뷰에서 폴 혼드에게 한 말이다. "그 영화를 보는 동안 관객은 그것들의 관련성을 해체하고 있어요. 이론적으로 보면 관객은 완벽한 세계에서 관련성을 **경험**하고 있어요."

당시 그녀는 개념적인 것을 구체적으로, 추상적인 것을 내레이션으로 옮겨놓을 방법을 찾는 중이었다. 할리우드의 클래식 감독들을 향한 친밀감도 발견하고 있었다. "조지 밀러와 샘 페킨파, 마틴 스코세이지, 제임스 캐머런, 월터 힐이 만든 액션 영화를 무척 좋아해요." 그녀가 1992년 〈시네마페이퍼스〉 인터뷰에서 아나 마리아 바히아나에게 한 말이다. "위대한 감독들이에요. 관객을 감정적으로 몰입시켜서 강한 충격을 주는 영화를 만들어요." 그런 영화를 향한 그녀의 애정은 해가 거듭되면서 커져갔다. 2009년에 그녀는 〈로스앤젤레스타임스캘린더〉의 리처드 나탈레에게 말했다. "나는 B급 영화들을 사랑해요. 그것들은 잭슨 폴록이나 윌렘 드 쿠닝의 작품들처럼 순수 추상 작품이에요. 그 작품들에는 격렬하고 혼란스러운 생생함이 있어요. 그들은 젠체하지 않아요."

하지만 그녀의 첫 장편은 여전히 학계에 뿌리를 두고 있었다. 그녀가 몬티 몽고메리와 공동 연출한 〈사랑 없는 사람들〉(1982)은 윌렘 대포의 영화 데뷔작으로, 그는 50년대 시골의 소도시를 지나가는 생기 없는 바이커로 출연했다. 이 영화는 페티시화된 할리 데이비슨이 등장하는 〈와일드 원〉 같은 영화다. "내가 정말로 관심이 있었던 건 케네스 앵거의 〈스콜피오 라이징〉 같은 영화였어요." 그녀는 개빈 스미스에게 말했다. "힘 있는 이미지와 뻐딱한 관점."

〈사랑 없는 사람들〉이 데뷔작으로써 〈시민 케인〉만큼 영향력을 갖지는 못했을지라도, 일부 중요 인사들은 그 영화에서 강한 인상을 받았다. 독불장군 감독이자 비글로의 우상인 월터 힐 같은 사람이 그랬다. 몇 번의 낙담을 연달아 겪은 후("얘기가 길어요"라고 비글로는 1989년에 〈인터뷰〉에서 빅토리아 햄버그에게 말했다), 그녀는 힐과 올리버 스톤의 영향 아래 세 번째 장편 〈블루 스틸〉(1989)을 만들었다. 그 무렵은 두 번째 영화 〈죽음의 키스〉(1987)를 만들면서 이미 비슷한 어려움을 겪은 후였다.

"우리가 영화를 편집하는 동안 그걸 만든 회사가 배급권을 상실했어요." 비글로가 바히아나에게 한 회상이다. "그들은 그걸 디노 드 로렌티스에게 팔았는데, DEG도 영화를 배급하는 도중 파산하고 말았어요. 영화 한 편에 그런 일이 두 번이나 일어난 거예요! 영화감독 입장에서는 무시무시한 일이었어요."

뱀파이어와 웨스턴을 뒤섞은 혼종 영화 〈죽음의 키스〉는 컬트로 성장하면서 시네필이 애호하는 영화가 됐다. 그 영화에서 비글로(그리고 공동 감독 에릭 레드)는 장르의 관습과 기대를 전복적 오락물로 다뤄내면서 장르에 대한 매혹을 발전시켰다.

"내가 흥미를 느낀 건 친숙한 지역을 걸어 다니는 거예요." 그녀가 햄버그에게 한 설명이다. "나는 장르를 180도 뒤집으려고 노력해요. 다만 관객을 약간 불편하게 만들자마자 다시 돌아가 **장르적 관습**을 확인시켜주죠……."

절묘하게 지적이고 본능적 에너지를 뿜어내는 영화 〈죽음의 키스〉는 또 다른 할리우드 거물의 눈길을 사로잡았다. 프로듀서 에드 프레스먼이었다. 그는 올리버 스톤과 합세해서, 연쇄살인범에게 스토킹당하는 NYPD 신입 여경 이야기 〈블루 스틸〉을 후원했다. 프레스먼과 스톤의 영향력은 대규모 제작비를 보장했고, 제이미 리 커티스와 론 실버를 포함한 A급 출연진을 끌어왔다.

비글로는 할리우드 진출을 위해 그녀의 독립성을 버렸을까? 클라크 테일러가 1988년 〈로스앤젤레스타임스캘린더〉 인터뷰에서 그 문제를 제기했다. "나는 관객이 더 많이 들기를 원해요." 그녀가 그에게 한 말이다. "나의 창조적 욕구를 충족하겠다고 돈을 요구할 수는 없어요. 나는 내가 감당할 수 있는 영화들을 계속 만들 수 있는 능력을 갖고 싶어요."

1990년에 〈시티리미츠〉를 위해 기사를 쓴 닉 제임스도 비글로가 강렬함을 잃은 건 아닌지 궁금해했다. 그는 그녀가 〈사랑 없는 사람들〉의 충격적 물신화에 여전히 빠져 있다고 언급했다. 카메라가 44구경 매그넘을 익스트림 클로즈업으로 애무하는 〈블루 스틸〉의 오프닝 숏은 특히 그렇다. 관습에서 벗어난 방식으로, 그녀는 총기를 휴대한 자경단원이라는 전통적 마초 역할로 여성을 등장시켰다. 그녀의 이런 결정이 리들리 스콧의 〈델마와 루이스〉(1991), 제임스 캐머런의 〈터미네이터 2〉(1991) 같은 영화에 영감을 줬는지도 모른다.

여주인공이 악당에게 총을 겨누는 〈블루 스틸〉의 전제는 전형적인 가부장제 권력 구조를 겨냥한 것 같다. 하지만 비글로는 그 영화의 성性정치학을 대수롭지 않게 여겼다. 그녀가 〈글로브앤메일〉 인터뷰에서 피어리에게 말한 것처럼 "나는 페미니즘을 감정적으로 지지해요. 남녀평등을 위한 투쟁도 지지하고요. 하지만 그런 이데올로기가 교조적이 되는 지점이 있다고 생각해요. 그래서 나는 〈블루 스틸〉이 그 자체로 페미니스트 논문이라는 말은 하지 않아요. 하지만 영화의 배후에 정치적 의식은 있어요."

1989년에 비글로는 그녀가 우상시하던 영화감독 제임스 캐머런과 결혼했다. 두 사람은 1991년에 이혼했지만, 그들의 직업적 동맹은 캐머런이 제작한 〈폭풍 속으로〉(1991)부터 시작해서 한동안 지속됐다. 〈블루 스틸〉처럼 이 영화는 (로리 페티가 연기하는) 터프한 여성 캐릭터를 등장시킨다. 그녀의 존재감이 FBI 언더커버 요원 조니 유타(키아누 리브스)와 그가 침투한 서퍼 갱단의 권위 있는 지도자 보디(패트릭 스웨이지) 사이의 남성적 유대감에는 못 미치지만 말이다. 보디가 서핑과 스카이다이빙, 은행털이의 쾌감으로 유타를 유혹하자 원리 원칙을 따지던 유타의 윤리관은 허물어져간다.

"착한 사람과 못된 사람에 대한 영화가 아니에요." 그녀가 〈가디언〉과 한 인터뷰에서 마크 샐리스버리에게 한 설명이다. "우리의 착한 사내―주인공―가 그의 내면에 있는 어둠에 유혹되고 안티히어로일 때, '악당'이 전혀 악당이 아닐 때 상황은 약간 복잡해져요."

비글로가 만든 상업적으로 가장 성공한 영화인 〈폭풍 속으로〉는 장르와 젠더를 초월하는 주제를 표현하면서 영화라는 매체 자체의 핵심으로 직행한다. 그녀가 개빈 스미스에게 말한 대로다. "그건 일종의 관습에 대한 도전이에요. 시청watching을 통해 도피하려는 욕망은, 차원을 뛰어넘으려는 욕망은 은밀하게 퍼져 나갈 수 있고 나름의 대가를 치르게 만들어요. 〈폭풍 속으로〉에서 치렀던 대가나 〈블루 스틸〉에서 메건(제이미 리 커티스)이 치렀던 대가, 또는 〈죽음의 키스〉에서 불멸을 위해 치렀던 것과 굉장히 비슷한 대가를요."

최대 히트작이 나온 후 그녀의 최대 실패작도 등장했다. 부당한 비방을 당한 〈스트레인지 데이즈〉(1995)였다. 그 영화는 박스오피스에서, 많은 비평가의 손에서 형편없는 성적을 거뒀지만 아이러니하게도 〈허트 로커〉를 제외한 그녀의 연출작 중에서 가장 깊이 있는 인터뷰들을 하게 만들었다. 그녀가 스미스에게 설명했듯, 그건 그녀의 가장 개인적인 영화였다. "미술 작업을 시작한 이후 의도적이든 무의식적이든 내가 지금까지 탐구해온 모든 영역을 종합한 작품이에요. 스스로에 대해 코멘트하는, 재귀적 이데올로기를 다룬 작품이에요. 일종의 정치적 프레임워크로, 고전적 형식을 활용한 내러티브죠. 핵심은 러브 스토리예요. 하지만 스릴러와 누아르의 구조도 갖고 있어요……. 그리고 영화의 복판에는, 암울하고 잔혹하며 심란한 주위 환경에는, 살인자의 끔찍한 창조성에 상반되는 대단히 아름답고 평화로운 무엇이 있어요."

세상의 종말과 인종 간의 불화라는 주제를 다룬 어마어마하게 야심 찬 영화 〈스트레인지 데이즈〉는 사람의 목숨을 앗아갈 듯한 나르시시즘과 치명적 관음증에 다가간다. 그녀는 1996년 〈필름리뷰〉 인터뷰에서 마이클 파월이 1960년에 만든 영화를 로알드 라이닝에게 언급했다. "멋진 작품인 〈저주의 카메라〉처럼 〈스트레인지 데이즈〉는 미디어에 대해 코멘트하기 위해서 미디어를 활용해요."

나중에 밝혀졌듯 〈스트레인지 데이즈〉는 그녀의 경력을 하마터면 단절시킬 뻔했다. 〈저주의 카메라〉가 파월의 경력을 망쳤던 것처럼 말이다. 그녀는 애니타 슈리브의 소설을 각색한 영화 〈웨이트 오브 워터〉(2000)를 찍기까지 5년이 걸렸다. 그 영화에서 현대의 저널리스트는 노르웨이에서 이민 온 가족과 관련한 19세기 살인 미스터리를 조사하다가 그 사건이 알코올중독 시인과 결혼한 자신의 불행과 유사하다는 걸 알게 된다.

쓸데없이 대화가 많고 영화 대부분의 배경이 요트인(로만 폴란스키의 〈물속의 나이프〉가 영감을 줬을까?) 이 영화는 비글로가 한 선택처럼 보이지 않았다. 그녀는 〈토론토 스타〉의 피터 호웰에게 처음 이 이야기에 관심을 갖게 된 건 자기 어머니의 배경과 유사한 점이 많았기 때문이라고 말했다.

"우리 외가는 모두 노르웨이 출신이에요. 그래서 나는 미국으로 건너온 그분들이 살아남기 위해 애쓴, 믿기 힘든 얘기를 들으면서 자랐어요. 그분들이 뒤에 남겨두고 온 게 뭐였고 그게 얼마나 힘든 일이었는지에 대해서요. 새로운 현실을 향한 그분들의 갈망은 무엇보다도 중요했어요."

스튜디오는 〈웨이트 오브 워터〉를 보류하다가 2002년이 돼서야 형식적으로 제한 개봉했다. 그 무렵은 비글로의 〈K-19 위도우메이커〉(2002)가 1억 달러 제작비와 함께 수면 위로 떠오른 때였다. 영화에 참여한 빅 스타는 해리슨 포드와 리암 니슨이었고, PR 캠페인은 정킷junket. 영화사가 주관하는 취재 행사과 무수히 많은 인터뷰로 이뤄졌다.

러시아 핵잠수함의 함장과 승무원들이 원자로 용융과 3차 대전이 일어날 뻔한 위기를 영웅적으로 막아낸, 냉전기인 1961년에 일어난 사건을 바탕으로 한 영화가 스크린에 도달하기까지는 7년이라는 험난한 시간이 걸렸다. 하지만 비글로는 인내심을 보였고, 결국 제시간에 정해진 제작비에 맞춰 영화를 완성했다. 스튜디오 파라마운트는 그 영화를 여름에 개봉했다. 〈스파이더 맨〉과 〈맨 인 블랙 2〉 같은 블록버스터와 맞붙인 것이다. 비글로는 경악했다. "이게 여름 개봉에 딱 맞는 영화는 아니라고 생각해요." 그녀는 〈가디언〉과 한 인터뷰에서 스튜어트 제프리스에게 말했다. "이건 오랫동안 극장에 거는 걸로 승부해야 할 영화예요. 나는 이걸 〈스파이더 맨〉보다는 〈쉰들러 리스트〉에 가까운 영화라고 봐요. 나를 미친 여자라고 불러도 좋아요."

사람들은 그녀를 미친 여자라고 부르지 않았다. 하지만 영화가 총 흥행 수입 3000만 달러를 올리며 쪽박을 찬 후, 영화계는 한동안 그녀를 찾지 않았다. 그녀가 〈허트 로커〉로 의기양양하게 대형 스크린에 돌아오기까지는 다시 7년이 걸렸다. 〈K-19〉은 비글로를 스튜디오의 사랑을 받는 감독으로 만들어주지 못했지만, 그녀의 관심 영역을 한곳으로 집중시켜주었다. 바로 저널리스틱한 신빙성을 가진, 관객의 시선을 사로잡는 시네마베리테^{cinema verite} 스타일로 묘사된, 생사가 걸린 상황에 처한 군인들이었다. 그녀가 2009년 〈A. V. 클럽〉 인터뷰에서 스콧 토비아스에게 한 말처럼, 그녀는 일이 없었던 몇 년을 한가하게 보내지 않았다.

"시나리오작가 마크 볼의 저널리즘에 친숙해지면서 그가 쓴 기사를 텔레비전 시리즈인 폭스의 〈인사이드〉로 탈바꿈시켰어요. 그 작업이 시간을 꽤 많이 잡아먹었어요. 단명한 시리즈라서 곱씹어볼 만한 얘기는 아니에요. 그런데 그 시점에―〈K-19〉을 하고 2년 뒤인 2004년이었어요―마크 볼이 폭발물 처리반과 함께 바그다드로 떠난다는 걸 알게 됐어요. 바그다드에서 일어나고 있는 일이 무엇인지 잘 모른다는 점에서 나는 일반 대중과 다르지 않았어요. 그 전쟁이 여러 면에서 보도가 잘되지 않는다고만 생각했어요. 그래서 굉장히 호기심이 동했죠. 그가 살아남는다면 영화로 만들 만한 가치가 있는, 정말로 풍성한 소재를 갖고 돌아올지도 모르겠다는 생각을 했어요. 실제로 일이 그렇게 돌아갔죠. 그는 돌아왔고, 우리는 2005년에 시나리오를 작업하기 시작했고, 2006년에 제작비를 모았고, 2007년에 촬영했고, 그다음에 편집하고는 지금에 이르렀어요."

〈허트 로커〉에 대해 비글로가 토비아스와 한 인터뷰는 수백 건의 인터뷰 중 하나였다. 그녀에 대한 보도가 한 건도 없었던 몇 년이 지난 후 〈살롱〉부터 〈60분〉에 이르기까지 모두 그녀와 인터뷰를 하고 싶어 했다. 나는 다른 기사에서 다루지 않은 화제를 제기하는 그런 인터뷰들을 이 책에 포함하려고 애썼다. 예를 들어 〈무비라인〉에 실린 글에서 카일 뷰캐넌은 그녀가 〈트와일라잇〉 3편인 〈이클립스〉를 연출할 거라는 루머에 대해 묻고("난 뱀파이어 영화는 이미 만들었어요") 그녀의 영화를 패러디한 만찬 공연에 참석한 것에 대해 물었다 ("아주 이상한 경험이었어요…… 나를 연기하는 누군가 메가폰을 들고 세트로 뛰어올라 '컷! 컷! 컷!' 외치는 걸 보는 건요").

인터뷰 대부분이 비글로가 오스카를 수상하기 전에 이뤄졌다. 그래서 그 상의 의의나 할리우드에서 일하는 여성들의 미래에 대한 영향력에 대해서는 따로 코멘트가 없었다. 그녀는 다음 영화인 〈제로 다크 서티〉를 개봉하기 전까지 전혀 인터뷰를 하지 않았다. 2010년 6월 뉴욕현대미술관이 그녀의 회고전을 열었을 때에야 공개 석상에 모습을 드러냈다. 거기서 브렛 미셸이 녹취했듯 처음으로 오스카 수상이 그녀의 인생을 어떻게 바꿔놓았는지에 대한 질문을 받았다. "달라진 점이 있다면" 그녀는 말했다. "내 친구들한테 물어봐야 할 거예요. 굉장히 비현실적인 순간이었어요."

2012년 12월 14일 뉴욕과 로스앤젤레스에서 개봉한 그녀의 다음 영화는 훨씬 더 야심 찬 주제를 다뤘다. 2011년 5월 1일 네이비실이 급습해서 알카에다의 리더를 사살하는 것으로 끝맺은, 오사마 빈 라덴을 쫓는 CIA의 10년간 임무를 다룬 것이다. 이 영화를 하면서 그녀는 다른 영화들보다 까다로운 난점들과 맞닥뜨렸다. 뉴욕이 지역구인 공화당 하원 의원 피터 T. 킹이 그녀가 이 작전과 관련된 CIA 비밀 자료에 접근했다는 주장에 대해 의회 차원의 조사를 진행한 것이다. 개봉 후 여러 비평가 집단이 이 영화에 작품상을 수여했지만, 일부 인사들은 고문 장면이 잔인하다는 점을 들어 비글로가 고문을 용납한다고 비판했다. 결과적으로 영화는 작품상을 포함해서 오스카 다섯 개 부문 후보로 지명됐지만 〈007 스카이폴〉과 함께 음향편집상을 공동 수상하는 데 그치고 말았다. 비글로는 감독상 후보에 오르지도 못했다.

적대적인 반응에도, 비글로는 영화가 그려낸 진실을 변함없이 지지했다. 그리고 영화를 홍보하기 위한 기자회견에서 "기사와 영화를 동시에 작업한 보도 영화"로 그녀의 작업 과정을 묘사했다.

그 영화는 〈K-19〉으로 시작된, 꼼꼼한 리얼리즘의 세계로 한 걸음 더 나아간 영화였다. 그녀가 아트스쿨에 다니던 시절 거듭한 형식에 대한 실험과 경력 초기의 장르 탈바꿈에서 비롯된 성과였다. "상이한 장르를 통과해온 것과 관련해서" 그녀는 〈제로 다크 서티〉 기자회견 도중 말했다. "나는 영화 연출의 다양한 유파에 매혹됐어요……. 그런 유파에는 꾸준히 전진하는 대단한 해방감이 있다고 생각해요. 동시에, 이런 종류의 보도적인 영화를 연출하는 것도 굉장히 신나요. 나는 이런 영화 작업이 공간을 채우는 작업이라고, 살아있는 역사를 이미지화하는 작업이라고 생각해요."

하지만 영화가 개봉된 후 그녀가 겪은 경험이 보여주듯, 진실을 보도하는 데에는 대가가 따랐다. 1995년에도 〈스트레인지 데이즈〉의 개봉과 더불어 비슷한 반발이 있었다. 당시 비글로가 한 말은 오늘날에도 적용된다. "그들정치인들은 정치 게임에 영화 산업을 이용하고 있어요." 그녀가 〈인덱스온센서십〉의 실라 존스톤에게 한 말이다. "영화가 묘사하고 있는 사회악들의 원인에는 관심을 쏟지 않고 심부름꾼을 책망하고 있는 거예요."

이 책에 수록된 인터뷰들은 중복을 피하기 위해 조금씩 편집됐다. 비글로가 속내를 분명하게 드러내지 않은 경우도 있어서, 나는 되도록이면 그녀가 과감하고 솔직하게 새로운 논의의 영역으로 들어간 인터뷰들을 선택했다.

에이바 아구아도와 게리 아놀드, 레베카 아조이언, 아나 마리아 바히아나, 제이 카, 에드 곤잘레스, 브리타니 그레이블리, 트레버 호그, 올 피나커 호르디크, 로버트 호튼, 사라 자비스, 잭 제이슨, 브라이언 콜브, 실베르 로트랑제, 킹슬리 마셜, 톰 미크, 캐리 리키, 스콧 슈가맨, 마이클 스라고, 데이비드 스터릿, 케네스 튜런의 도움과 지원에 많은 감사를 드린다.

또한 미시시피대학 출판부의 레일라 샐리스버리와 제럴드 피어리에게 감사드린다. 그리고 피터 브루넷을 추모한다.

마지막으로, 내 최고의 편집자이자 진정한 사랑인 알리시아에게 고마움을 전한다. 그녀는 재미있는 사람이기도 하다.

PK

일러두기

1 인터뷰는 1987년 것부터 시간순으로 구성하였다.

2 인명·지명 표기는 외래어표기법에 따랐다.

3 원서의 주와 옮긴이 주는 글줄 상단에 표기하였다. 본문에 소괄호로 처리한 내용은 모두 원서의 것이다.

4 영화의 우리말 제목은 국내 개봉 제목, 비디오나 DVD 출시명을 따랐다. 미개봉·미출시작 은 원제를 직역하거나 관용적으로 사용하는 작품명을 썼다. 원제는 「필모그래피」와 「찾 아보기」에 병기하였다.

5 영화와 잡지, 신문 등의 매체명은 〈 〉, 책 제목은 『 』, 기사명은 「 」로 표기하였다.

뱀파이어 개조하기

마르시아 프뢸케 코번 / 1987

캐스린 비글로가 뱀파이어를 믿어서 그런 건 아니다. 정확히 말해, 그녀는 뱀파이어를 믿지 않는다. 에로틱한 뱀파이어 스릴러를 막 연출한 참인데도, 그녀가 지금 목에 걸고 있는 황금 십자가 목걸이는 그게 아니라고 말한다.

"글쎄요." 〈죽음의 키스〉를 만든 35세 감독은 인정했다. "불경한 영화를 만들고 있으니까, 나 자신을 보호해야 마땅한지도 모른다고 생각했어요."

비글로는 그게 음침하고 초자연적인 힘에 대한 유일한 우려라고 말했다. "마늘이나 거울, 나무 말뚝은 갖고 다니지 않아요."

만약 당신이 비글로의 영화에 나오는 피에 목마른 존재들과 맞닥뜨린다면 그것들 중에서 도움 되는 건 하나도 없을 것이다. 〈죽음의 키스〉에서 뱀파이어에 대한 고딕풍 신화는 모조리 제거됐고, 강렬하면서도 뇌리를 사로잡는 감각적 충동과 무정부 상태만 남았다. 도

From the *Chicago Tribune*, October 11, 1987. Reprinted by permission of the Chicago Tribune Company.

망자들은 영원히 산다. 밤에만, 피를 마시며. 하지만 '뱀파이어'라는 단어는 한 번도 언급되지 않는다.

"의도적인 선택이었어요." 오싹한 악몽 같은 영화 〈힛쳐〉의 작가 에릭 레드와 시나리오를 공동 집필한 비글로가 한 말이다. "우리가 어떤 방식으로든 뱀파이어를 새롭게 보여주고 있기 때문에, 그들을 기존 고딕풍으로 분류하면 부정적인 결과가 나올 거라고 판단했어요. 실제로 그들은 어떤 존재인가요? 현대의 해적이나 카우보이죠. 야행성 생명체고요. 그들은 당신이 어두운 골목을 걸어 다닐 때 곁을 지나치는 존재들이에요."

〈죽음의 키스〉는 두 집필 파트너가 뱀파이어에 대해 나눈 대화에서 비롯됐다. "그들에게는 뭔가 매력적인 게 있었어요. 우리는 그 이미지를 다시 작업하고 싶었어요." 비글로가 한 말이다. "그 아이디어가 우리를 계속 잠식했어요." 말하자면 그렇다는 거다.

그들은 뱀파이어를 지탱하는 고딕풍 요소—송곳니, 성수聖水, 마늘, 박쥐—들을 모두 제거하는 것으로 작업을 시작했다. 그런 다음 최종적으로 남은 뱀파이어의 정수精髓를 웨스턴의 고전 요소들과 통합시켰다.

"최후의 결투, 총격전, 중서부 배경. 우리는 뱀파이어를 황량한 고속도로의 청부 살인 업자로 탈바꿈시켰어요."

비글로는 뱀파이어 웨스턴이 특이한 개념이라는 걸 인정한다. "뭔가 안 어울리고 심지어 농담처럼 들리지만, 일부 특징이 그 개념을 효과적으로 만들어줘요. 그들의 삶과 풍경이 보여주는 극단성, 광활한 공간, 개척자 같은 측면. 우리가 가진 뱀파이어에 대한 통념의 디테일을 고스란히 영화에 넣었다면, 이런 풍경의 윗부분에 억지로 접착하거나 이식한 영화처럼 느껴졌을 거예요. 오클라호마에 등장한 검정 망토와 송곳니 같은 식으로요. 그런 식으로는 요소들이 한데 통합되지 않았을 거예요. 대신 우리는 그걸 새로운 이미지로 보여줬어요. 그럴 경우 그건 여전히 뱀파이어일까요? 모르겠어요. 그들은 개척자에 가까워요. 무엇이든 이용할 수 있으니까요. 햇빛만 빼고."

비글로는 이 프로젝트에 접근할 때 뱀파이어 설화에 깊이 몰두하지 않았다고 말한다. "브람 스토커의 『드라큘라』하고 앤 라이스의 『뱀파이어와의 인터뷰』를 읽었을 뿐이에요. 스토커에게서는 희생자가 죽기 직전까지 피를 빨아낸 후 '건강한' 피를 주입해서 되살린다는 아이디어를 얻었어요. 가장 매력적이었던 건 죽음을 위해 영생의 능력을 포기하는 뱀파이어였죠. 그런데 그들은 그 아이디어에 관한 지식 때문에 오점을 남겨요. 나는 에로틱한 흥분을 소재로 집어넣고 폭력에 성적 매력을 주입하는 것으로 그 아이디어를 탐구하고 싶었어요."

그런데 비글로처럼 멋진 여성이 에로틱하고 폭력적인 뱀파이어 영화를 만드는 이유는 뭘까?

"여성들은 폭력에 대단히 관심이 많다고 생각해요. 그들이 폭력의 희생자인 경우가 많다는 건 확실하잖아요. 그래서 그들은 폭력에 집중해요. 남성이 영화 산업을 지배하고 있다는 건 인정해요. 누가 어떤 소재로 작업하느냐에 대한 관례 면에서, 여성은 감정적인 소재와 더 쉽게 관련되고 남성은 기계 장비와 기술, 하드웨어에 쉽게 관련되죠. 하지만 〈죽음의 키스〉가 폭력적인 영화라고 생각하지는 않아요. 그보다 감정적이고 도덕적인 영화라고 생각해요."

비글로는 우회적인 경로를 통해 영화 연출의 세계로 찾아왔다. 캘리포니아 북부에서 자란 그녀의 주된 관심사는 미술이었다. 샌프란시스코아트인스티튜트에 입학한 그녀는 회화에, 특히 추상표현주의에 집중했다. 그녀는 말한다. "그 시절에도 내 작품은 크고 어둡고 강렬했어요."

비글로가 뉴욕에 온 건 휘트니미술관의 인디펜던트 스터디 프로그램이 장학금을 줬기 때문이다. "그 프로그램 덕에 스튜디오를 얻었고, 내 작업 방식과 말투에 현대미술가의 분위기가 배었죠." 그녀가 한 말이다. "원래 12개월 예정이었어요. 그런데 12년쯤 머물렀죠."

그 기간 동안 비글로는 다양한 소재와 방법을 실험하기 시작했다. 그녀는 '아트앤랭귀지'라는 그룹과 어울렸다. 미술 작업에 영화를 통합한 개념미술가들이었다. "그들은 언어와 문화 판매에 집중했어요. 오만하다고 느껴질 정도로 고상한 주제였는데, 나는 거기에 매혹됐죠. 회화에서 물러나 영화로 향하기 시작했어요."

그녀가 만든 첫 영화는 당신이 동네 극장에서 볼 수 있는 유형이 아니었다고 비글로는 말한다. "철저하게 분석적인 작품이었고, 개념미술 영역에 속한 작품이었어요. 휘트니에서 상영되기도 했는데, 영화적 맥락에서 폭력을 분석한 작품이에요. 그 전까지만 해도 나는 영화에 열광하는 팬이 아니었어요. 하지만 그 이후 나는 터널 비전 tunnel vision에 몰두하면서 영화라는 영화는 다 보고 다녔어요."

그러면서 자기가 좋아하는 영화는 40년대 누아르―영화의 철학적 관점을 묘사하는 용어로 '블랙black' 영화―라는 결론을 내렸다. "나는 앞으로 음침한 배경과 혼자 힘으로는 도저히 벗어날 수 없는 상황에 갇힌 메인 캐릭터로 영화를 만들 수 있을 거라고 생각해요…… 아드레날린과 결합한 숙명론을 소재로요. 나는 격렬하고 속도감 있는 연출에 흥미를 느껴요."

젊은 청년 칼렙이 관능적이고 초자연적인 여성의 끝내주는 라이프스타일에 매료되는 내용인 〈죽음의 키스〉에서 비글로가 보여주는 게 그것임은 확실하다.

"밤을 대단히 매력적으로 묘사하는 이미지는 의도적으로 연출한 거였어요. 이 사람들의 라이프스타일이 매력적으로 보이기를 원했어요. 하지만 이게 순수한 폭력 영화라고 생각하지도 않고, 순수한 로맨스라고 생각하지도 않아요. 이 영화에는 달콤 씁쓸한 특징이 있어요. 칼렙과 여자 친구는 그들의 경험에 의해 더럽혀졌으니까요. '평범한' 삶을 위해 영생을 포기할지 말지 결정해야 해요. 적어도 이런 말은 할 수 있겠네요. 두 사람에게 얘깃거리가 많다는 말은."

블루 스틸

1989

검정 가죽 재킷의 감독

클라크 테일러 / 1988

탕! 탕! 탕!

총소리가 어두침침한 길을 따라 센트럴파크에 울려 퍼지면서, 두려움을 모르는 산책자와 조깅하는 사람들에게 공원 내부에 깔린 위험을 상기시켰다. 이윽고 사람을 안심시키는 고함이 공원 안에서 퍼져 나왔다. "컷! 인화print!"

짙은 색 머리카락에 호리호리한 근육질 몸매의 캐스린 비글로가 투광조명을 밝힌 공터에 드리워진 그림자 속에 서서 그녀의 세 번째 영화를 연출하고 있었다. 제목은 〈블루 스틸〉로, 연쇄살인범 추적에 휘말린 신입 형사를 다룬 액션 스릴러다. 형사 역할의 제이미 리 커티스가 사이코 살인자 역할의 론 실버를 쫓는다.

카메라 오퍼레이터와 그립, 다른 기술 인력들은 영화 스태프라는 걸 한눈에 알아볼 수 있었다. 얼마 후 책 읽는 걸 좋아하는 프로듀서 에드 프레스먼—그의 변덕스러운 작품 범위에는 〈황무지〉〈플렌

From the *Los Angeles Times Calendar*, October 9, 1988, 28. Reprinted by permission of the Los Angeles Times Syndicate.

티〉〈트루 스토리스〉〈코난〉〈월스트리트〉 등이 있다―이 강렬하고 권위적인 모습으로 등장했다. 영화 배급사인 베스트론픽처스가 로스앤젤레스에서 파견한 이들은 할리우드 임원이라는 사실을 온 세상에 알리는 표정과 목소리로 현장에 나타났다.(그들은 호흡하는 것에 제작비가 들어간다면 숨조차 쉬지 않을 기세였다.)

그런데 검정 바지와 스웨터, 검정 가죽 재킷을 입은 비글로는 다운타운 맨해튼에 둥지를 튼, 모험은 좀처럼 하지 않는 로커나 펑크족에 더 가까운 모습이었다. 35세 비글로는 어떤 감독 유형에도 해당되지 않았다.

비글로는 6년 전 〈사랑 없는 사람들〉로 독립 영화계에 등장했다. 〈사랑 없는 사람들〉은 윌렘 대포가 출연하는 50년대 배경의 바이커 biker 영화로, 그녀는 이 영화를 몬티 몽고메리와 공동 연출했다.

그때부터 그녀의 대단히 양식화된 접근 방식은 독립 영화 커뮤니티 내부에 회자되기 시작했고 그 너머의 세계에 많이 알려진 것은 작년에 〈죽음의 키스〉가 개봉한 후였다. 〈죽음의 키스〉는 동성애 분위기를 풍기는, 잘생긴, 피를 마시는 악당들을 다룬 뱀파이어 웨스턴이다. 니콜라스 레이의 운명론적 낭만주의와 샘 페킨파의 시적 폭력, 제임스 캐머런 같은 당대 감독의 폭발성을 뒤섞은 듯한 이 작품은 비디오테이프 매장으로 빠르게 자취를 감췄다.

하지만 그녀가 〈블루 스틸〉의 시나리오를 공동 집필한 에릭 레드와 함께 썼던 그 영화는 젊은 영화광들cineastes과 에드 프레스먼의 시선을 사로잡았다.

"그녀의 스타일은 역동적이고 감수성은 독창적이라고 생각합니다." 비글로의 발견을, 자기가 젊은 브라이언 드 팔마와 테렌스 맬릭을 발견한 것에 비교한 프레스먼이 한 말이다.

"나는 그녀가 그들과 비슷하게, 영화 형식을 가장 멀리까지 밀어붙이려 애쓰고 있다고 느낍니다. 그녀에 대한 내 자신감은 여기 와서 한층 더 커졌습니다. 그녀는 눈부십니다. 비주얼에 대한 센스도 강하고요. 현장을 완전히 장악합니다. 화면이 끝내줍니다."

프레스먼은 자신이 비글로의 다음 작품을 제작하는 일에 전념하고 있다고 말했다. 미래의 일본이 배경인 〈뉴 로즈 호텔〉은 작가 윌리엄 깁슨의 스토리가 원작이다. 사이버펑크^{cyberpunk} SF 제왕인 깁슨은 비글로를 에워싼 컬트 팬들 사이에서 환영받는 존재다.

비글로는 그녀의 작품이 팬들 내부에서 가진 영향력에 대해 빠르게 인정했다. 동시에 월터 힐과 그녀의 친구인 올리버 스톤(프레스먼과 함께 〈블루 스틸〉을 공동 제작하고 있다)처럼 상업적으로 성공을 거둔 이들의 존재도 인정했다.

"다른 감독들의 스타일과 그녀의 스타일 사이에는 어떤 관계가 있을지 몰라요. 하지만 그녀는 컬러와 빛, 어둠으로 대단히 다른 풍경을 그려요. 모든 게 미국의 어두운 측면에 대한 분위기를 구축하기 위해서죠." 뉴욕현대미술관의 영화 부문 큐레이터 래리 캐디시가 한 말이다. 뉴욕현대미술관은 그녀가 처음 만든 20분짜리 단편 〈셋업〉을 포함한 비글로의 작품들을 컬렉션에 추가하고 있다. "우리는 그녀를 대단한 재능의 소유자라고 생각해요."

비글로는 미술계에서 경력을 시작했다. 그녀는 샌프란시스코아트인스티튜트에서 회화를 공부했고, 1972년부터 1983년까지 뉴욕에서 공부했다. 또한 뉴욕 휘트니미술관에 작품을 전시하고 미술비평을 전문으로 하는 잡지를 편집했다. 이 기간 동안 퍼포먼스 아트 작품의 배경으로 쓸 영상을 촬영했다. 이때 영화 연출과 "사랑에 빠진" 그녀는 밀로스 포먼이 학장으로 있던 컬럼비아대학원 필름스쿨에 입학했다.

한눈에 봐도 학구적이고 영민한 인물이면서 예술에 대한 동기가 충만하다는 인상을 주는, 말수가 거의 없는 비글로는 자기 작품을 분석하려는 작업에 꾸준히 저항했다. 특히 액션/폭력 장르로 분류하는 것에 완강히 반대했다.

다만 비글로는 폭력이 관객에게 가하는 '충격'에 매료됐다는 걸 인정하면서(캐디시에 따르면, 심지어 그녀의 단편영화는 '서로를 구타하는 두 남자' 위주로 구성됐다) 말했다. "내가 흥미를 갖는 건 폭력 그 자체가 아니라, 뛰어나고 구체적인 캐릭터들과 훌륭한 이야기를 가진 드라마예요. 나는 예술형식에 관심이 있어요. 내가 액션 장르의 일부라면, 글쎄요, 나는 그게 자랑스러워요. 나는 잘 만든 액션 영화를 사랑해요. 하지만 이런 방식에 초점을 맞추지는 않아요."

그녀는 여성 감독이 액션으로 가득하거나 폭력적인 영화에 인장을 찍는 건 흔치 않은 일이라는 의견에 발끈하기도 했다. "문화적으로나 사회적으로나 세상의 그 어떤 것도 여성을 찰나적이고 감성적인 주제에 국한하지—또는 남성들을 하드웨어 영화에 국한하지—않아요."

로케이션 현장의 그 누구도 '생생하고 폭력적인' 액션 영화를 연출하는 이 여성 감독에게서 여느 감독들과 다른 점을 발견하지 못했다. "이 영화에서 사람들이 피를 흘리면, 그들은 정말로 피를 흘리는 거예요." 제이미 리 커티스가 한 말이다. "그런데 이 영화가 단순히 총격전으로만 가득한 액션 영화가 아닌 건 분명해요. 그렇다고 내밀한 가족 드라마가 아닌 것도 분명하고요."

커티스와 실버—그는 이 영화에서 "열두 번 정도" 총에 맞는다고 말했다—는 비글로가 "자신이 얻고 싶어 하는 것과 그걸 얻는 법을 정확하게" 안다고 칭찬했다. 두 배우 모두 비글로처럼 스타일리시한 감독과 일해본 적은 없다고 말했다. "그녀는 빛으로 그림을 그려요. 세트에 그냥 조명을 설치하는 게 아니라요." 커티스의 의견이다.

로케이션 현장에 있는 누구도 비글로가 지난 영화와 이 영화 사이에 거리를 두려고 노력하지 않는다는 걸 알았다. 그러나 이번 영화가 지난 작품보다 '여기와 지금'에 더 가까이 자리한다는 것도 알았다. 출연진도 오스카 수상자 루이즈 플레처를 비롯하여 보다 친숙한 배우들이었다.

비글로가 주류mainstream에 진입하려는 걸까?

"내가 SF를 매력적으로 여기는 건 가능성이 끝없는 장르이기 때문이에요." 그녀는 말했다. "하지만 인간의 마음을 탐구하는 데 따르는 가능성도 끝이 없어요. 이 영화는 대단히 비극적인—살인자의—마음과 역경을 통해 자신이 갖고 있었다는 걸 전혀 모르고 있던 강인함을 깨닫게 되는 여주인공의 마음을 그려낸 작품이에요."

비글로는 뱀파이어가 됐건 경찰이 됐건 다루는 소재의 "한계를 밀어내려" 노력하고 있다고 말했다. "극히 일부 사람들만 이해하는" 차원을 넘어 폭넓은 관객에게 도달하고 싶다는 욕심도 인정했다.

"나는 프로듀서를 얻는 등 굉장히 운이 좋았어요. 직접 시나리오를 쓴다는 것도 도움이 돼요. 하지만 나는 관객과 자금, 선택 면에서 접근할 수 있는 영역이 대단히 제한돼 있어요. 앞으로도 영화를 만들려면 보다 폭넓은 관객을 확보해서 영화에 들어가는 비용이 타당하다는 것을 보여줘야 해요. 그래서 나는 관객이 더 많이 들기를 원해요."

　"나의 창조적 욕구를 충족하겠다고 돈을 요구할 수는 없어요. 나는 내가 감당할 수 있는 영화를 계속 만들고 싶어요."

따스한 총이 행복이다

피비 호번 / 1988~1990

월스트리트 근처의 비좁고 막다른 골목에서 여성 경찰관이 목숨을 걸고 싸우고 있다. 손과 팔이 피범벅이 된 제이미 리 커티스가 자동차로 쓰러진다. 론 실버의 총이 그녀를 겨냥한다. 유혈이 낭자한, 기나긴 전투의 마지막이다. 피투성이 손으로 권총을 움켜쥔 커티스가 귀와 팔에서 피를 쏟아내며 느릿느릿 두 발로 서려고 기를 쓰고 있다.

"나는 잘못된 곳에 와 있어요." 커티스가 갑자기 일어서면서 말했다. 그녀의 무뚝뚝하고 사무적인 목소리가 총소리보다 강렬했다. 피로 칠갑을 한 실버가 잠시 긴장을 풀었다. 그사이 메이크업을 하는 여성이 커티스의 부상당한 귀에 피를 바르러 다가왔다.

〈블루 스틸〉의 세트에는 블루보다 레드가 많다. 붉은 액체가 담긴 유리병들. 몇 갤런의 피. 스포이트에서 뚝뚝 떨어져 번지는 혈흔. 짙은 색 머리카락의 훤칠한 여성이 지독한 집중력을 발휘하며 카메

From *Premiere*, April 1990, 45-46, 52. Reprinted by permission of Phoebe Hoban.

라로 배우들을 쫓아다니고 있다. 캐스린 비글로 감독은 이 신을 포획해서 영화 내용을 속속들이 들춰내기로 결심한 듯하다. "액션, 셋, 둘, 하나, 발사!" 총소리가 허공을 꿰뚫는다. 그녀가 엄지를 추켜세운다.

〈블루 스틸〉은 1988년 가을 뉴욕에서 9주간 로케이션 촬영됐다. 이 영화는 신입 경찰 메건 터너와 그녀의 숙적인 유진 헌트를 다룬 하이 콘셉트 액션 스릴러다. 상품거래인commodity trader에서 연쇄살인범으로 돌변한 헌트는 이름이 새겨진 탄피로 자기 범죄에 서명을 남기는 인물이다. 〈블루 스틸〉의 출연진은 커티스와 실버 외에도 클랜시 브라운과 루이즈 플레처, 필립 보스코 등이 있다.

"뉴욕에서 총을 쏠 때는 뉴욕이라는 사실을 무릅쓰고 총을 쏘는 거예요." 폭력적인 비주얼을 트레이드마크로 이미 컬트 추종자를 확보한 비글로가 한 말이다. "게릴라 촬영과 비슷해요. 실제로 교통 신호와 신호 사이에 총질을 해야 할 때도 있어요." 하지만 비글로는 주장한다. "이 영화는 여기 말고 다른 곳에서 만들지 못할 영화예요. 우리 영화에는 이런 종류의 바글거리는 메트로폴리스가 필요해요. 이런 종류의 사이코, 시한폭탄 같은 캐릭터는 뉴욕 같은 정신분열증적 환경에 가장 잘 어울려요." 하지만 월스트리트라는 공간의 특성상 제기되는 문제들도 있었다. "세 시간 동안 200만 명 정도 되는 사람들을 상대해야 했어요. 내가 찾던 건 협곡 같은 곳이었는데…… 시내 어느 곳에서도 이 정도 규모는 찾아낼 수 없어요. 이렇게 비좁은 거리와 이런 높이의 빌딩을요."

"근사해요." 어슬렁거리던 커티스가 푸른색이 감도는 강철로 만든 38구경 스미스 앤 웨슨Smith & Wesson을 빙빙 돌리며 말한다. 그녀는 다음 신을 위한 준비로 잔에 든 물을 자기 몸에 세심하게 뿌렸다. 이 장면에서 커티스는 차로 실버를 들이받으려고 한다. "골목에서 총을 가진 그녀를 상대하고 싶지는 않아요." 커티스에게 사격을 가르친 실제 경찰 에디스 콰일스의 생각이다.

점심 후 론 실버는 리허설을 시작했다. 그는 피 때문에 엉망진창이었다. 브로드웨이의 〈스피드 더 플라우〉에서 수다스러운 영화 제작자를 연기하다가 극도로 난폭한 사이코 킬러 역할을 하게 된 이 배우는 월스트리트 한가운데에서 무릎을 꿇고 총으로 목표물을 똑바로 겨냥하고 있었다.(그의 최근작 〈적, 그리고 사랑 이야기〉는 〈블루 스틸〉 이후 촬영됐다.) "액션!" 실버는 총을 쏘려고 애썼다. 그런데 탄환이 떨어졌다. 그는 뒤로 쓰러졌고 그의 인공 가슴에서 피가 실감나게 흘러내렸다. "컷!"

"망할 자식을 박살냈어요." 수다를 떨던 커티스가 한 말이다. 그러더니 노래를 부르기 시작했다. "힘든 날이 오는 게 보여 / 길에 말썽이 놓여 있는 게 보여 / 내 앞날에 매그넘이 보여 / 가서 놀았어야 했는데! / 내 몸이 구멍투성이인 게 보여 / 이따가 내가 어딘가로 떨어지는 게 보여 / 총싸움이 음향효과 담당자를 필요로 하는 게 보여 / 내가 편집실 바닥에 나뒹구는 게 보여!"

그녀와 일부 스태프가 〈블루 스틸〉 뮤지컬 패러디로 지은 노래 대여섯 곡 중 하나였다. 이 노래는 가짜 시나리오에서 나온 어느 장면에 삽입되었다. "**실내. 주인공의 침실-밤.** 메건(발가벗은, 피투성이인, 멍든, 총에 맞은, 기름투성이인, 탱탱 부은, 굶주린, 행복한, 슬픈, 혼란스러운, 시무룩한)(자세한 설명은 K.B.에게 물어볼 것.)"

"패러디를 만드는 수준에 이를 정도로 작품에 깊이 몰두했다는 걸 알 수 있어요." 커티스가 한 말이다. 그녀는 거의 45일 가까이 세트에 있었다.(그중 많은 날이 야간 촬영이었다.) 그녀에게는 휴식이 필요한 듯했다.

MGM/UA는 〈블루 스틸〉의 개봉을 3월로 결정했다. 그사이 영화는 스튜디오 세 곳의 권모술수를 거쳤다. "스릴러로 시작해서 서사 영화로 끝맺었어요." 비글로가 깔깔거리며 말했다. 베스트론픽처스는 프로듀서 에드워드 R. 프레스먼과 올리버 스톤을 위해 파라마운트픽처스로부터 (비글로와 예전 파트너 에릭 레드가 쓴) 시나리오를 사들였다. 파라마운트가 비글로까지 포함된 이 프로젝트를 영화계에 내놨기 때문이다. 제작비가 1000만 달러 정도 되는 〈블루 스틸〉은 베스트론의 가장 비싼 자산이 되었다. 원래 영화는 작년 9월에 대대적인 홍보와 함께 개봉될 예정이었다. 그러나 스튜디오가 작년 여름 갑자기 파산하면서 〈블루 스틸〉은 MGM/UA가 간택하기 전까지 일종의 림보 상태에 빠졌다. 비글로는 말한다. "어떤 면에서 양쪽 세계의 장점만 누리는 결과를 맞았어요. 우리는 〈블루 스틸〉을 독립 영화계의 보호 아래 만들었어요. 그래서 타협할 필요가 없었죠. 그런데 지금 우리 뒤에는 거물들이 있어요." 한편 비글로는 다음 프로젝트 두 개를 준비하고 있다. 프레스먼이 제작하는 또 다른 영화로, 사이버펑크 작가 윌리엄 깁슨이 쓴 스토리 〈뉴 로즈 호텔〉과 그녀가 남편 제임스 캐머런과 수정하고 있는 컬럼비아의 시나리오 〈조니 유타〉가 그것이다.(두 사람은 1989년 8월 결혼했다.)

비글로와 관련하여 가장 많이 사용되는 단어는 '비전vision'이다. 이건 그녀의 외모 때문에 비롯된 단어가 아니다. "캐스린 근처에 있으면 내가 뚱뚱한 땅딸보가 된 기분이에요." 그런 걱정을 할 이유가 전혀 없어 보이는 커티스가 한 말이다. "망할 촬영장에서 그녀가 카메라 반대편에 서 있는 게 마음에 들지 않아요." 키가 5피트 11인치 180.3센티미터인 비글로는 훤칠하고 호리호리하며, 평소 검정 가죽 재킷에 청바지 차림이다. 그러나 그녀가 예술영화로 평가받는 뱀파이어 영화 〈죽음의 키스〉로 평론가 집단의 열렬한 지지를 받게 된 이유는 그게 아니다. 그건 그녀가 비전을 갖고 있기 때문이다.

"비전을 갖고 있는 감독은 열 명 중 한 명 정도예요." 커티스가 한 말이다. "캐스린은 그걸 갖고 있어요."

"나는 그녀의 비전을 대단히 신뢰합니다." 실버가 한 말이다. "우리가 직소 퍼즐의 조각들이라는 걸 깨달았습니다. 그녀는 자신이 원하는 걸 프레임별로 잘 알고 있어요. 그녀는 이미지를 엄청나게 신경 씁니다. 이미지가 영화적이고 흥미로우면서 강렬하다면 일관성의 일부를, 심지어 캐릭터의 행동 동기도 희생시킬 거라고 생각합니다. 그녀에게는 비전이 있으니까요."

공동 프로듀서 마이클 로치는 이렇게 말한다. "내가 보기에 캐스린의 가장 경이로운 점은 그녀가 비전을 갖고 있다는 겁니다. 그건 관객이 스크린에서 보는 바로 그겁니다." 머릿속에 그림이 그려질 것이다.

올해 38세인 비글로는 그녀의 비전을 다른 매체를 통해, 즉 회화를 통해 획득했다. 1972년부터 1983년까지, 그녀는 뉴욕 미술계에 속해 있었다. 그녀의 작품은 휘트니미술관을 포함한 여러 곳에 전시됐다. 그녀가 처음으로 필름에 붓질할 기회는 퍼포먼스 아트 작품을 작업할 때 찾아왔다. 그녀는 캔버스에서 셀룰로이드로 방향을 전환할 만큼 그 경험이 마음에 들었다. 그래서 컬럼비아대학원 필름 스쿨에 들어가 영화를 공부하기 시작했다.

그녀의 첫 결과물은 〈셋업〉이라는 20분짜리 단편으로, 두 남자가 골목에서 서로를 구타하는 동안 교수들이 하는 강의가 저음으로 깔리는 작품이다. "폭력의 본질에 대해, 그리고 영화적 맥락에서 폭력이 왜 그토록 매력적인 요소가 될 수 있는지 알아내려고 애썼어요." 그녀가 한 말이다.

1981년에 비글로는 윌렘 대포가 출연하는, 50년대 바이커 갱의 허무주의적 몽상 같은 영화 〈사랑 없는 사람들〉을 공동 연출했다. 복고풍의 도해圖解와 사고방식으로 세상의 시선을 의식하는 작품인 이 영화로 비글로의 흥행 가능성에 대한 입소문이 퍼지기 시작했다. 1983년에 프로듀서 겸 감독 월터 힐이 〈사랑 없는 사람들〉을 보고는 그녀에게 첫 작품 개발 계약을 제의했다. 그녀의 다음 영화 〈죽음의 키스〉가 개봉되기 4년 전 일이었다.

〈죽음의 키스〉는 1988년에 비디오 매장을 강타하면서 컬트 클래식이 됐다.

그 영화는 프레스먼과 스톤의 관심도 사로잡았다. 스톤은 사우스 로스앤젤레스 갱단에 대한 시나리오를 비글로와 함께 작업한 적이 있었다. 그들은 비글로가 다음에 하려는 작품이 무엇이건 제작하기로 결정했다. 프레스먼은 이렇게 말했다. "감독이 할 중요한 일은 그만의 개성을 발휘해서 영감을 주는 거라고 생각합니다. 그 개성은 종종 육체적으로 인간의 모습을 띠기도 하죠. 존 휴스턴이나 오토 프레밍거처럼, 캐스린도 그런 특징을 갖고 있습니다. 그녀가 여자라는 사실 그리고 굉장히 단호하다는 사실이 그녀에게 상당한 통솔력을 부여합니다."

장대비가 브로드웨이 140번지 15층에 있는 시티미드데이드럭앤케미컬클럽의 숨 막히게 아름다운 야경을 지워버렸다. 커티스와 실버는 샹들리에 아래에서 식사를 즐기고 있었다. 배경막과 스모크 머신이 빛을 은은하게 만들었다. "완벽해. 준비됐어요. 촬영" 하고 비글로가 말한다.

"세상 꼭대기에 있는 것 같아요." 커티스가 말한다.

"그보다 더 높이 올라가고 싶소?" 실버가 유혹적인 분위기로 묻는다.

커티스의 얼굴이 발개지더니, 신경질적으로 폭소를 터뜨린다. "미안해요, 캐스린. 도저히 못 참겠어요. 내가 정말로 맛이 갔나 봐요." 비글로는 말없이 상황이 끝나기를 기다린다. 어떤 스태프는 (온통 검정으로 차려입은) 비글로가 뱀파이어처럼 보인다고 중얼거린다.

제작진이 커티스의 클로즈업을 따는 동안 실버는 잠시 휴식을 취한다. "렘브란트가 죽을 때 사람들을 주위에 모아놓고 말했다더군요. 'Mehr licht, mehr licht.(더 많은 빛을, 더 많은 빛을.)' 캐스린은 죽을 때 말할 거예요. 'Mehr blut, mehr blut.(더 많은 피를, 더 많은 피를.)'" 실버가 값비싼 신발 한 짝을 테이블에 올리고 웃으면서 말했다. "이 영화의 근사한 점은, 내가 어렸을 때부터 침대에서 베개로 액션 신을 연기하고는 했다는 겁니다. 그때 나는 전쟁터에 있는 척했고, 100만 번쯤 죽었을 겁니다. 그러고는 연기 스쿨에 진학했죠. 지금까지 내 커리어는 대사 연기로 구성돼 있었습니다. 그래서 이 영화가 재미있어요. 실제로 총에 맞고 차를 뛰어넘고 하니까요. 이렇게 노골적이고 피가 흥건한 액션 신들이 들어 있는 냉혹한 시나리오를 쓰고 연출하는 사람이 여자라는 사실도 흥미로워요. 읽는 동안 머릿속으로 영화 장면을 떠올릴 수 있었던, 몇 안 되는 시나리오이기도 했어요."

커티스가 분장실로 철수했다. "카메라는 이 영화에서 대단히 큰 역할을 하고 있어요." 그녀가 말했다. "이 영화는 여기를 대단히 많이 찍어요." 두 손을 프레임처럼 만들어 자신의 얼굴을 잡았다. "이 공간에서 연기를 하는 건 힘들어요. 몸의 4분의 3을 쓸 수 없는 셈이니까요. 의지할 수 있는 부분을 모두 빼앗고는 사람을 굉장히 노출된 상태로 남겨둬요. 어려운 점은 근사한 화면과 멋진 조명, 액션과 모험 한가운데에서 사람들의 심리를 터치하는 거예요. 이 영화는 상당히 여유가 많고 깔끔하고 미니멀하고 쿨하고 스타일리시해요. 여전사를 다룬 영화죠. 캐스린은 〈에이리언 2〉에서 시고니 위버가 한 역할에 대해 그러니까 남자들 세상에 있는 여자가 겉보기와 얼마나 다른지에 대해 얘기했어요." 그때 어떤 목소리가 끼어들었다. "여기 피 없어요?"

비글로 특유의 빠른 장면 속에서 클럽 주방이 시체 안치소로 둔갑했다. 김이 모락모락 피어나는 채소와 케첩을 뒤집어쓴 프렌치프라이 사이에 피가 담긴 플라스틱 주전자가 몇 개 놓였다. 커다란 공이 달린 스포이트가 끈적거리는 붉은 액체에 꽂혀 있다. 카메라는 스테인리스스틸로 된 통로를 부감으로 찍고 있다. 닉 만 형사를 연기하는 클랜시 브라운이 플라스틱 백에 연필을 꽂아 뭔가 조그마한 걸 꺼낸다. 그는 그걸 빛에 비춰 본다. 메건 터너의 이름이 새겨진 탄피다.

촬영 마지막 날이다. 보름달에 가까운 달이 뜬 따스한 가을밤이다. 이스트 82번가의 브라운스톤 앞에 주차된 앰뷸런스가 번쩍거리는 붉은빛으로 주택들을 물들이고 있다. "범죄 현장은 끝내줘요." 비글로가 한 말이다. "나는 영화에서 붉은빛을 보여주는 방식을 너무 좋아해요. 붉은빛이 등장하는 즉시 드라마가 펼쳐지죠."

브라운이 스판덱스 페달 푸셔^{사이클용 바지} 차림의 커티스를 부축하며 집에서 비틀비틀 걸어 나온다. 그는 그녀를 앰뷸런스 뒤에 태운다. "당신을 병원에 데려가야겠어." 그가 말한다.

그녀는 이를 악문다. "놈을 잡을 거예요. 지금요!"

새벽 2시 무렵, 이 장면은 수십 번 촬영됐다. 공동 프로듀서 로치가 비글로에게 촬영을 종료하라고 말한다. "방금 전에 내 인생 최악의 신을 연기했어요!" 커티스가 말한다. 세트에 남아 있는 사람은 너나 할 것 없이 쫑파티로 향한다.

"예술 작업에 종료라는 게 있다고 생각하지 않아요." 비글로가 한 말이다. "그렇게 하면 그건 그냥 작품을 내팽개치는 거예요. 우리는 늘 작업을 더 하겠다는 협상을 하려고 애써야 해요. 나는 10년 후 이 영화가 비디오로 나왔을 때에도 여전히 협상을 하고 있을 거예요. 마이크가 '종료'라고 말했을 때, 내 머릿속에서는 그 신을 즉시 편집하고 있었어요. 좋아요. 나는 그걸 감수하면서 살 수 있을 거예요. 그러기를 바라요."

지난 4월 어느 오후. 비글로는 뉴욕 편집실의 책상 아래로 긴 다리를 쭉 뻗었다. 그녀가 겨우내 〈블루 스틸〉을 작업해온 곳이다. "장르를 따르는 건 제약이 굉장히 많은 작업이에요." 그녀가 말한다. "친숙하고 편안한 요소들 안에서 작업하는 게 중요하다고 생각해요. 그런 다음에 좌회전을 하는 거예요. 그걸 너무 멀리 밀고 갔을 때에는 살짝 후퇴해야 해요. 장르를 갖고 노는 건, 변형하고 비틀고 거기에 도전하는 건 재미있어요. 동시에 장르 영화는 대단히 본능적인 수준에서 경험할 수 있어야 해요. 팝콘을 먹으면서 좋은 시간을 보낼 수 있어야 하죠."

"여자가 중심에 있는 영화를 만드는 게 정말 흥미로워요." 비글로가 계속 말을 잇는다. "굉장히 강인하면서도 연약한 여자예요. 관객은 그녀의 여정을 함께해요. 그리고 시한폭탄 같은 남자가 있죠. 그는 힘이 있고, 돈이 있고, 모든 걸 갖고 있어요. 하지만 사이코죠. 그는 대단히 충격적인 사건에 의해 폭발하는, 정신적인 지뢰밭 같은 사람이에요. 종합적으로 볼 때 내게 가장 즐거운 점은 연기예요. 바로 그 점 때문에 〈블루 스틸〉은 장르를 초월하면서 캐릭터를 탐구하는 작품이 됐다고 생각해요."

6월 초다. 비글로는 〈블루 스틸〉의 러프 컷rough cut을 상영하고 있는 로스앤젤레스로 돌아왔다. 경찰 아카데미를 보여주는 상징적인 오프닝 신부터 금융가에서 펼쳐지는 피투성이 클라이맥스에 이르기까지 영화는 집요하게 스타일을 추구하는 스릴러다. 체호프의 격언—"첫 신에서 총을 보여줬다면 마지막 신에서 발사해야 한다"—을 활용하는 작가가 있다면, 그게 바로 비글로다.

"내 관심은 거기에 성적인 매력을 부여하는 거였어요." 총을 대단히 멋진 조각품처럼 필름에 담아낸 비글로가 한 말이다. 심지어 그녀는 총을 속속들이 보여주려고 광섬유 렌즈를 약실에 넣기까지 했다. 비글로는 일상적인 사물을 조명과 촬영 기법만으로 한 번도 본 적 없는 사물처럼 아름답게 그려낸다. 영화는 매끈하고 오싹하다. 심안心眼에 오래 남는 건 영화가 사물을 묘사하는 방식 때문이다.(피조차 장식처럼 보인다.) 이런 전제들이 지나치게 과장되어 있고 요동치는 반면, 커티스의 명쾌한 연기는 전혀 그렇지 않다. 결국 선이 악에 승리한다. 하지만 콘텐츠가 형식에 승리를 거뒀는지 여부는 그에 비해 불확실하다.

"영화는 효율적인 기계예요." 비글로가 한 말이다. "그걸 타고 싶으면 일단 그걸 입수해야 해요. 하지만 다른 눈으로 바라보더라도, 영화는 역시 만족스러울 거예요."

커티스는 자기도 완성된 작품이 만족스럽다고 말했다. "빛줄기를 잔뜩 보여주지만 결국 관객을 매료하지 못한 〈블레이드 러너〉처럼 될까 봐 겁났어요."(커티스는 걱정할 필요가 없었다. 이 영화는 누구도 흉내 낼 수 없는 〈블레이드 러너〉 같은 작품이 아니니까.) "하지만 그보다 더 나은 작품이라 기뻐요. 영화는 경찰관을 정말 긍정적으로, 영웅적 관점에서 보여줘요. 나는 그런 묘사가 자랑스러워요. 캐스린에게 이렇게 말했어요. '감독님이 이걸 해냈어요. 감독님은 감독님 영화를 만든 거예요. 축하해요.' 그랬더니 나한테 이러더라고요. '아냐. 내가 한 게 아냐. 당신이 한 거지.'"

계획적으로 어두운

빅토리아 햄버그 / 1989

작가-감독 캐스린 비글로는 터프하고 폭력적인 영화를 만든다. 모터사이클 갱이 소도시 촌뜨기들과 대결하는 내용의 첫 장편 〈사랑 없는 사람들〉에는 윌렘 대포와 로커빌리 스타 로버트 고든이 출연했다. 4년 후 그녀는 두 번째 장편 〈죽음의 키스〉로 소규모의 컬트 추종자들을 획득했다. 장르 혼종 영화인 〈죽음의 키스〉는 아름다운 10대 뱀파이어와 사랑에 빠진 젊은 청년이 피를 빨아먹는 그녀의 가족에 합류해 거친 서부를 통과하며 벌이는 유혈 낭자한 광란을 다룬다. 올리버 스톤이 공동 제작자로 참여한 비글로의 새 영화 〈블루 스틸〉은 제이미 리 커티스가 연기하는 신입 경관과 사이코 킬러(론 실버)가 서로에게 집착하게 된다는 내용의 액션 스릴러다.

페인트 공장 관리인과 사서司書 사이에서 태어난 비글로는 캘리포니아 북부에서 자란 후, 샌프란시스코아트인스티튜트에서 회화를 공부했다. 1972년에 휘트니미술관 인디펜던트 스터디 프로그램에

Originally published in *Interview*, August 1989, 84, 85, 168. Reprinted by permission of Interview Inc. and Victoria Hamburg Cummings.

입학한 그녀는 비토 아콘치의 어시스턴트로 일하는 동안 필름을 실험하기 시작했다. 그녀가 컬럼비아대학원 필름스쿨에서 만든 첫 단편 〈셋업〉은 현재 뉴욕현대미술관의 필름 컬렉션에 포함됐다.

키 크고 호리호리한 30대 중반 비글로의 목소리는 놀라울 정도로 부드럽고 여성스럽다. 우리는 맨해튼의 텅 빈 제작 사무실에서 〈블루 스틸〉을 최종 편집하고 있던 그녀를 만났다. 비글로는 하루라도 빨리 로스앤젤레스에 있는 집으로 돌아가 약혼자인 제임스 캐머런을 만나고 싶어 했다.

내가 보기에 당신은 흥미로운 방식으로 장르 영화를 탐구하고 있는 듯 보여요. 궁극적 원형들archetypes을 정의하고 있는 건가요?

내가 흥미를 느낀 건 친숙한 지역을 걸어 다니는 거예요. 모터사이클과 뱀파이어로, 나는 관객들이 스크린에 뭔가 친숙한 게 있다는 걸 알고 편안함을 느끼도록 만들었어요. 즉 영화에 익숙한 장르의 가닥이 존재하도록 했죠. 그러고 나서 장르를 180도 뒤집으려고 노력했어요. 관객을 약간 불편하게 만든 뒤에 다시 제자리로 돌아갔죠. 그래요. 모두 괜찮았어요. 하지만 그게 반드시 의식적으로 한 일은 아니에요. 나는 뭔가 친숙하다는 느낌 안에 계속 머물면서 그걸 확장시키려고, 한계를 밖으로 밀어내려고 애썼어요. 뱀파이어 웨스턴과 무척 비슷한 〈죽음의 키스〉 같은 경우, 그 영화는 장르가 섞여 있어요. 〈블루 스틸〉에도 다른 장르를 은연중에 내비치는 변형이 있다고 생각해요.

당신은 그런 이슈를 회피하는 대신 클리셰로 받아들여요. 나는 클리셰에 늘 어느

정도 진실이 담겨 있다고 생각하는데요.

오, 물론이죠. 하지만 클리셰를 활용하는 건 의식적으로 택한 방식이 아니에요. 그건 친숙한 구조물 내에서 작업하다가 그걸 재검토하기 위해 전복하는 문제일 뿐이에요.

관객들이 평소에 가지 않는 곳으로 갈 수 있도록, 안전하다는 분위기를 조성해서 그런 일을 해낼 수 있다고 생각하는 건가요?

아마도요. 그러지 않을 경우 그들이 나와 함께 여행을 하려고 할지 잘 모르겠어요. 아마 원한다면 감독이 특별한 방식으로 접근해도 새로운 것 앞에서 멈칫거리지 않을 거예요. 하지만 그들은 줄거리가 어떻게 전개될지 정확하게 알고 있다고 생각할 때, 뭔가 다른 일이 벌어지면 이렇게 말하죠. "잠깐, 나는 이게 공포 영화라고 생각했는데." 그들은 갑자기 최후의 결투를 보게 되는 거예요. 그렇다면 해가 쨍쨍한 정오여야 하는데 화면은 한밤중인 거죠.

당신의 영화들은 기다란 지평선을 보여주는 식으로 공간감이 놀라워요. 화가다운 구도를 보여준다고 생각하는데요. 처음 〈블루 스틸〉 시나리오를 읽었을 때, 당신이 맨해튼을 어떻게 촬영할지 의아했어요.

맨해튼이 널찍한 풍경을 보여주는 곳은 아니죠. 어떤 면에서 이 영화의 풍경은 내면적인 것이고 심리적인 거예요. 이 영화는 사람들을—얼굴과 눈과 행동을—다룬 영화예요. 〈죽음의 키스〉는 빛과 빛의 결핍에 대한 영화였고요. 그건 엄청나게 큰 공간과 분위기를 의미하죠. 〈블루 스틸〉은 심리적 맥락 내부에 존재하는 영화예요. 따라서 이 영화는 공간을 굉장히 확장해서 보여줘요. 그게 캔버스에 즉시 비주얼을 보여준다는 뜻은 아니에요. 하지만 이 영화의 비주얼은 대단히 아름다워요. 화면에 많은 걸 어수선하게 채워 넣었는데, 그건 자본주의에 바치는 흔치 않은 찬사예요.

정신분열적이고 사이코 같기도 해요. 뉴욕은 부분적으로 그런 도시죠.

맞아요. 그건 도시의 악몽^{urban nightmare}예요. 뉴욕에는 사람과 빌딩이 이런 식으로 압축되고 어수선하게 배치돼 있어요. 반면에 〈죽음의 키스〉는 서부가 배경으로, 거기에는 믿기 힘들 정도로 확 트인 공간이 있죠.

순전히 기본적인 제작 관점에서 보면 〈블루 스틸〉이 더 힘든 영화였나요?

육체적으로나 장비 이동에서 분명히 더 힘들었어요. 뉴욕에서 제작되는 영화가 굉장히 많아요. 그래서 뉴요커들은 영화 촬영에 신기한 게 전혀 없다는 걸 잘 알아요. 교육적이거나 재미있는 게 전혀 없는 거예요. 그들은 그저 일상생활을 방해받는 걸 원치 않아요. 영화 촬영은 너무 흔한 일이니까요. 반면에 우리가 〈죽음의 키스〉를 촬영한 곳—피닉스 인근에 있는 애리조나 쿨리지—에 가면, 소도시 전체가 도시락과 소풍 가방을 들고 와서 촬영을 재미있게 지켜볼 거예요. 거기에는 동지애가 있어요. 여기서는 도시 환경을 무릅쓰고 작업해야 하죠. 반면 진실성을 얻게 되요. 나는 이 영화 전편을 로케이션 촬영했어요. 스튜디오 세트는 하나도 없어요. 그래서 꽤 어려운 작업일 수도 있었죠. 하지만 도시에는 재능 있는 사람들이 믿기 힘들 정도로 많고 도시는 우리를 위해 일이 성사되게끔 애쓰죠. 예를 들어, 우리는 월스트리트에서 러시아워에 두어 숏을 찍었어요. 단일 숏 안에 200만 명 정도가 걸어 다니고 있었을 거예요. 다른 상황에서는 절대로 맞닥뜨리지 않았을 장비 운반 문제도 있었어요.

그게 궁금했어요. 한눈에 봐도 월스트리트라는 걸 알 수 있는 장소에서 벌어지는 총격전이 있는데요.

우리는 많은 사람을 대단히 불쾌하게 만들었어요.

그걸 찍는 데 얼마나 오래 걸렸나요?

일주일 정도요. 그들의 세상을 제대로 방해했죠. 상품거래소에서 영업시간에 촬영을 하기도 했어요. 금金거래소에서요. 론 실버가 연기하는 캐릭터가 거래인이거든요. 우리는 거기에 갔어요. 금이 거래되는 중이었는데, 배우를 투입했어요. 그러면서 혼자 생각했죠. 내가 세계무역에 영향을 주고 있는 걸까? 그러거나 말거나 나는 그 숏을 찍어야 했어요.

금시장이 붕괴하면 사람들은 당신을 탓하겠군요.

200명쯤 되는 사람이 론이 배우라는 걸 전혀 몰랐어요. 그는 그 정도로 효과적인 연기를 펼쳤죠. 숙제를 제대로 해온 거예요. 사람들은 그와 거래하기 시작했고, 그런 후 내가 "컷"을 외쳤어요. 실제로 금을 사려고 애쓰던 거래인 하나가 물었어요. "컷? '컷'이 무슨 뜻이에요?"

그래서 어떻게 했나요?

우리는…… 상황을 해결했어요. 거래소 소장도 그 숏에 등장해요. 그는 대단히 많은 도움을 주면서 거래인들에게 자초지종을 설명했어요. 그 사람은 거래소에 늦게 온 사람이었어요. 다른 사람들이 상황 설명을 들은 후에 온 거죠.

관객들이 폭력에 지칠 대로 지친 지점에 도달했다고 생각하나요? 관객들은 경찰영화나 심리 스릴러에 상당한 분량의 폭력이 등장해야 그런 영화를 심각하게 받아들이는 듯 보여요. 그렇지 않으면 예술하는 영화라고 말하고요.

그래요. 우리는 늘 그런 길을 걷는다고 생각해요. 익스플로이테이션 영화섹스나 폭력 묘사로 관객에게 어필하려는 영화를 만들게 될지도 모르니 조심해야 해요. 하지만 나는 타협하는 일 없이 강렬한 분위기를, 일종의 아드레날린을 영화에 부여하고 싶어요. 진실한 맥락 내에서 그런 일을 하려고 애써요. 그건 대단히 좁은 길이죠. 나는 저열한 욕망에 영합하고 싶지 않아요. 반면 관객이 장르의 정의와 일치하는 무엇인가를 기대하고 있을 경우, 그건 내가 전달하고 있는 것과 모순될 거예요. 내가 그 작업을 총명하게 해내거나 그들의 기대를 충족하는 프레임워크를 제공한다면, 폭력은 불필요한 요소가 되지 않을지도 몰라요. 그러면 감독이 뭔가 괜찮은 일을 해냈다고 생각하겠죠.

월스트리트의 총격전 같은 신을 작업할 때, 사전에 배우들과 리허설을 많이 하나요? 장비 운반과 관련해서 해야 할 일이 많을 때 그들과 세트에서 보내는 시간이 많은가요?

그런 장면은 리허설하기 어려워요. 어떤 면에서 그런 종류의 장면이 순수한 영화죠. 모든 게 편집실에서 다시 구성되니까요. 그 장면은 숏들을 연속으로 이어붙인 거예요. 그런 신에서는 배우들이 극적인 뉘앙스를 풍기면서 연기하는 방식으로 능력을 최대한 발휘하게끔 허용할 수 없어요. 캐릭터는 대사가 있는 신의 맥락 내에서 발전할 수 있지만, 어떤 사람이 그저 생존을 위해 분투하는 상황일 때 그 장면은 대단히 영화적이에요. 나는 스케줄에 앞서 리허설하는 걸 좋아해요. 그냥 시나리오를 쭉 훑으면서 읽어나가는 거예요. 연기를 위해서만 그러는 건 아니에요. 상황을 명료하게 만들고 이해하기 위해, 캐릭터와 배경을 위해 그러는 거죠. 내가 두려워하는 건—재미있는 게, 이게 연극과 영화가 갈라지는 진정한 출발점이라는 거예요—그 모든 게 기계적으로 진행될지도 모른다는 거예요. 그건 정말 좁은 길이에요.

당신에게 멘토가 있는지 궁금해요. 당신을 보호해준 사람이요.

보호라…… 모르겠어요.

아니면 당신을 격려한 사람들이요.

있어요. 내 말은 그들의 작업에 감탄하면서 배움을 얻은 사람들이 있다는 말이에요. 예를 들어, 올리버 스톤은 〈블루 스틸〉을 만들 수 있게 도와줬어요. 그의 참여가 없었다면 그 영화는 절대로 만들어지지 못했을 거예요.

어떻게 그런 일이 일어났나요?

얘기가 길어요. 1983년에 월터 힐이 〈사랑 없는 사람들〉을 보고는 윌렘 대포를 〈스트리트 오브 파이어〉에 캐스팅했어요. 또한 그는 유니버설하고 제작 계약을 준비한 뒤 나한테 관심 있는 작품이 뭐냐고 물었어요. 그한테 이스트할렘에 있는, 스패니시할렘에 있는 갱들에 대한 이야기를 했어요. 나는 시나리오 집필하고 연출에 관심이 있었고, 그는 프로듀서를 하기로 돼 있었어요. 유니버설이 그걸 개발했는데, 그 뒤로 스튜디오 회장이 여러 명 교체되면서 프로젝트가 어딘가에서, 내 생각에는 컬럼비아에서, 먼지를 뒤집어쓰는 신세가 되고 말았어요. 시나리오를 읽은 올리버 스톤이 사우스 로스앤젤레스 갱단에 대한 프로젝트에 관심을 보였어요. 나한테 그걸 자기와 함께 쓰길 원하느냐고 물었죠. 우리는 사우스 로스앤젤레스로 조사를 갔어요. 살인 사건이 1년에 300건 정도 일어나는 곳이죠. 놀라운 일이에요. 로스앤젤레스 다운타운에서 20분 거리에, 주 방위군을 투입해야 마땅하다고 생각되는 곳이 있는 거예요.

어쨌든 그 프로젝트를 막 시작하려던 참에 〈살바도르〉가 시작됐고, 올리버는 그 후에 〈플래툰〉을 작업했어요. 영화가 끝난 뒤 그가 나한테 전화해서 말했어요. "당신이 다음에 하고 싶은 영화는 뭐가 됐건 관심이 있어요. 도움이 된다면 내가 당신 다음 영화를 제작할게요." 나는 그에게 〈블루 스틸〉을 보냈고, 그는 그걸 마음에 들어 했어요. 그래서 에드 프레스먼에게 넘겨줬고, 프레스먼은 그 영화에 제작비를 댔죠. 올리버 같은 사람이 프로젝트의 뒤를 봐주면 프로젝트에 상당한 신뢰감이 생기는 것 같아요. 저 바깥에서 혼자 작업하는 건 어려운 일이 될 수 있거든요. 작품 한복판에 있는 여자가 지옥을 헤쳐 나가는 내용의 이 영화는 굉장히 힘든 작품이었어요. 코미디가 아니라서, 시장에 팔기 힘든 작품이었어요.

이런 프로젝트들이 보류돼서 책꽂이에 꽂힐 때 기분은 어떤가요? 어떤 프로젝트

를 추진하던 중에 갑자기 그게 보류됐다는 걸 알게 되는 건 무척 힘든 일인 게 분명한데요.

처음에 그런 일이 두어 번 벌어졌을 때 감정적으로 심한 충격을 받았어요. 그러다가 이건 끈질기게 버티면서 기다리는 게임이라는 걸 깨달았어요. 불가피한 과정이에요. 어떻게든 살아 있으려고, 굴복하지 않으려고 애쓰는 것 말고는 도리가 없어요. 상황을 이겨내야 해요. 그건 그냥 일상적으로 있는 일이에요. 그러니 계속 글을 써야죠. 도박을 하는 거예요. 결국에는 시나리오 한 편이 성공을 거둘 거예요.

당신이 저 바깥세상에 있으려고 얼마나 적극적으로 활동하는지 늘 궁금했어요.

이건 피드백 루프feedback loop하고 비슷해요. 어느 정도의 적극성은 필수적이에요. 감독은 저 바깥에서 영화를 만들면서 스케줄을 따라잡으려고 애쓰죠. X개의 숏을 작업해야 해요. 특정한 마음가짐을 가져야 하고요. 그렇지 않으면 영화는 성공하지 못할 거예요. 온갖 종류의 변신과 변형과 해프닝을 보게 될 텐데, 그것들은 필요악이에요.

대가족 출신인가요?

나는 외동이에요. 흥미로운 건, 이런 경우 부모님이 친구가 된다는 거예요. '남'처럼 되는 것하고 반대로요. 나는 지금 딱 한 가지 관점에서만 얘기하고 있어요.

영화감독이 되겠다고 결심한 게 언제였나요?

70년대 중반까지 그런 생각을 해본 적이 없어요. 그때까지는 그림을 그리고 있었어요. 내가 미술을 할 거라고 생각했죠. 영화에 대한 내 이해는 피상적인 수준이었어요. 남들처럼 영화를 보러 다녔죠. 순전히 오락으로요. 뉴욕으로 이사 오고 미술 작업을 진지하게 하기 시작하면서 미국 영화보다 유럽 영화에 집중하기 시작했어요. 미술의 경우 모든 작업이 거대한 역사적 맥락을 갖고 있어요. 그래서 나는 영화를 미술의 맥락에서 바라봤어요. 영화에 대한 지식이 어찌나 협소했던지 모든 영화가 흥미진진했어요. 결국 나는 몇 안 되는 스태프와 함께 밖으로 나가게 됐죠. 내가 하고 있는 일이 연출이라는 것조차 몰랐어요. 나한테는 장비가 있었고, 카메라가 있었고, 조명이 있었어요. 그때 내가 하고 싶은 게 무엇인지 알았어요. 나는 이런 소품小品들을 만들고 있었어요.

필름 코스를 수강하고 있었나요?

아뇨, 그건 촬영을 시작한 후에 들었어요. 나는 정말 천진한 풋내기로 영화계에 들어왔어요. 어떤 면에서 그런 상태를 유지하고 싶었거든요. 미술을 작업하고 있었으니까요.

나는 열아홉 살 때 뉴욕에 왔어요. 휘트니미술관이 끝내주는 인디펜던트 스터디 프로그램을 운영한다는 얘기를 누군가한테 들었죠. 교수진이 수전 손택과 리처드 세라, 로버트 라우셴버그 등이었어요. 환상적인 사람들이 와서 강의를 했죠. 나는 그걸 진지하게 받아들였어요. 거의 사족을 못 쓸 정도로요. 그런 다음 개념미술에 참여했어요. 그러면서 손과 색상과 다른 모든 게 소멸돼버렸죠. 먹고살려고 괴상한 일들을 계속했어요. 그중 하나가 비토 아콘치와 작업하는 거였는데, 소나벤드갤러리에서 열릴 그의 전시회에 반복 상영될 필름들을 한데 모으는 일을 했어요. 그는 이런저런 격언들을 벽에 영사했죠. 나는 백열전구를 작동시켜 만든 문구들을 촬영했어요.

어찌어찌 카메라를 마련하고 친구들로 스태프를 꾸려서 촬영을 시작했어요. 폭력이 매력적이라는 아이디어에 대단히 흥미가 동했어요. 이 모든 건 순전히 분석적인 관점에서 한 작업이었어요. 그 이후 돈이 없어서 컬럼비아대학원에 갈 장학금을 받았어요. 밀로스 포먼이 영화학부 학장이었죠. 그래서 연줄이 많았어요. 교수 중 한 분이 피터 울렌이었고요. 대단한 분이었죠. 그를 통하면 세상만사를 이해하기 쉬웠어요. 그를 만나기 전까지 나는 그저 스크린에 반사된 빛만 보고 있었어요. 그를 만나면서 스크린은 윈도window 비슷한 존재가 됐어요. 졸업하고는 〈사랑 없는 사람들〉을 썼어요.

〈사랑 없는 사람들〉에서, 젊은 여성은 아버지를 쏜 후 칵테일 라운지에서 나와 아버지 차에 탑니다. 그다음 입에 총을 넣고 방아쇠를 당기죠. 월렘 대포의 캐릭터는 그냥 거기 선 채 아무 일도 하지 않고요. 그는 그녀와 동침도 했으면서 그녀가 자살하는 동안 아무 일도 하지 않아요. 거기에 무슨 의미가 있는 건가요?

순전히 기억만 놓고 얘기하자면, 당신은 그런 질문을 할 때 레퍼런스들을 한데 모으려고 노력할 거예요. 하지만 시나리오를 쓸 때 모든 건 대단히 추상적이에요. 그 장면 자체로는 메시지라고 할 만한 게 없어요. 그 캐릭터의 사연은 여자가 아버지에게 승리를 거뒀다는 사실과 관련이 깊어요. 거기서 자살은 승리의 한 형태였어요. 그녀는 누군가 자기를 구조해주길 원치 않았던 거예요. 월렘 대포의 캐릭터는 그녀의 결정을 존중했어요. 그녀가 절박하게 도움을 요청하는 심정으로 그런 결정을 내렸다고 하기엔 너무 어렸다고 주장할 수 있겠지만요.

하지만 사람이 어떻게 다른 사람이 자살하려는 걸 지켜보면서 그걸 내버려둘 수 있을까요?

굉장히 허무주의적이죠. 일종의 분노고요. 하지만 나는 믿어요. 그녀의 자살은 승리감에서 나온 행동이라고요. 지금 다시 봐도 대단히 쇼킹하게 보이기는 하더군요. 하지만 그녀가 직면할 미래를 감안하면 어쩌면 그게 가장 유력한 선택이었을 거예요. 그 시대가 1950년대라는 걸 감안하면, 그녀가 처한 악몽은 다른 방식으로 해결될 수 없었을 거예요. 그 설정은 시나리오를 집필하다 보면 자연스레 나오는, 대단히 직관적이고 추상적인 결과일 뿐이에요.

〈블루 스틸〉을 읽을 때도 당신이 정말로 남자들을 심하게 다룬다는 인상을 받았어요. 두 영화에 모두 분노의 감정이 담겨 있거든요. 〈블루 스틸〉에서 경관과 아버지 사이의 관계는 좋지 않아요. 그녀의 아버지는 굉장히 폭력적인 사람으로, 아내를 구타하죠. 그녀는 결국 사이코인 남자와, 절친한 친구를 죽인 남자와 사랑에 빠지고요.

(웃음) 거기에 뭔가 중요한 게 있다고 생각하는 건가요?

약간 화가 나요.

그런 설정에 분노하는 것 같은데, 나는 그런 식으로 생각하지 않아요. 내가 개인에게 집중되어야 마땅한 분노를 다른 곳으로 돌리고 있는 건 아니에요. 전혀 그렇지 않아요. 〈블루 스틸〉의 캐릭터 입장에서 줄거리 전개를 위해서는 그런 게 필요한 것처럼 보여요. 달리 말해, 그녀의 배경 사연은 대단히 이해하기 어려워야 했어요. 경찰이 됐다는 사실은 25년간 맞서고 싶었던 누군가에게 맞설 수 있는 힘을 그녀에게 줬을 거예요. 난생처음으로요. 지금 그녀의 내면에서는 무언가 변화가 일어났어요. 내가 〈블루 스틸〉의 캐릭터를 흥미로워하는 건 그녀가 대단히 인간적이기 때문이에요. 그녀는 결함이 있는 사람이에요. 그녀는 실수를 저질러요……. 나는 그게 보편적인 설정이라고 생각해요.

그녀는 실수를 저지를 때도 대단히 혹독한 대우를 받아요. 처벌을 면하지 못해요.
그렇죠. (웃음)

그녀는 정직 처분을 받아요. 가장 친한 친구는 살해당하고요. 그녀가 실수를 저질렀을 때 인생은 정말로 힘들어져요.
(웃음) 호시절은 아니죠. 음울하고 위험한 상황들이에요. 내가 이런 종류의 소재에 끌리는 이유가 뭘까, 나 자신에게 물어보려고 애써요. 이런 소재에는 에너지가 있어요. 굉장히 도발적이죠. 나는 도전하는 게 중요하다고 생각해요.

그녀의 자살 때문에 당신이 이 세상을 어떤 세상이라고 생각하는지 궁금해졌어요. 절망적으로 보는 듯해요.
결국 그녀가 자기 목숨에 대해 내리는 결정은 순전히 그녀 몫이에요. 달리 말해 그녀의 인생을 다른 사람에게 맡기는 건 그녀를 약한 존재로 만들 거예요.

그 영화를 지금 만든다면 다르게 만들었을까요?

그럴지도 모르겠어요. 그녀가 웃는 모습을 보여주는 플래시백으로, 우리는 영화의 맥락상 그녀가 가장 행복했던 순간의 이미지를 보여줄 수 있었어요. 나는 승리했다는 관념을 주장하려고 애쓰던 게 절대 아니에요.

어떤 면에서 〈블루 스틸〉은 〈사랑 없는 사람들〉하고 약간 공통점이 있어요. 예전에는 받아들이는 게 불가능하다고 생각하던 무언가를 결국 받아들이게 된 사람에 대한 영화라는 거죠. 그녀가 피해자로 전락한 상황이 그녀에게 행동할 기회를 제공해요.

총잡이hired gun로 고용된 게 아닌 감독들은, 그러니까 개인적인 세계관과 어떤 식으로건 관련된 영화를 작업하는 사람들은 어떤 면에서 동일한 영화를 거듭해서 만들고 있다는 걸 알게 되는데요.

고용 총잡이라고 하더라도, 그렇게 맡은 영화를 개인화할 의무가 있다고 생각해요. 그건 유서 깊은 패러독스죠. 우리가 예술 작업을 하고 있다면, 우리는 대단히 개인적인 창작욕에 진정으로 시간과 에너지를 쏟아붓고 있는 거예요. 대단히 순수한 마음으로 작업할 수 있죠. 반면 상행위와 짝을 이룬 예술이 있어요. 그럴 경우 개인적인 욕망과 경제적인 상황을 동시에 존중하면서 작업해야 할 지점이 생겨요.

〈블루 스틸〉로 영화에 걸린 이해관계가 다른 영화들보다 더 많아졌어요. 참여한 사람들의 수준도 전보다 훨씬 높아졌고요. 간섭받는다거나 강한 지도guidance가 행해진다는 것을 느끼나요?

지도라면, 그래요.

타협해야 한다는 기분을 느끼지 않나요?

그런 건 느끼지 않았어요. 나는 내가 타협한다고 느끼는 지점에 이르면, 그 영화를 만들고 싶었던 이유이자 진실성의 실마리를 잃을 위험에 처했다고 느껴요. 내가 사람들의 기대를 전부 충족시키려고 애쓸 경우, 그건 내가 다루는 소재에 심각한 위험을 가져올 거예요.

할리우드에서는 타협하라는 압박이 굉장히 심한가요?

글쎄요, 영화는 결국 위원회에 의해 만들어지는 경향이 있어요. 감독은 어디로 튈지 누구도 예측 못하는 동물이나 다름없는 관객을 만족시키려고 애쓰고 있죠. 관객의 의견은 운동경기에서 심판이 내리는 판정 같은 거예요. 감독이 할 수 있는 일이라고는 좋은 결과가 있기를 희망하면서, 자신을 고용한 사람들의 후원에 의지하는게 전부죠. 내가 어떤 프로젝트를 창작해서 작품으로 실현하는 데까지 끌고 갔다면, 그 사실은 나한테 중요한 영향력을 행사해요. 에드 프레스먼 같은 사람은 작품의 구상부터 실현까지 프로젝트를 이끌어온 사람들과 영화를 만들었던 이력이 있어요. 그는 작품의 콘셉트를 보호하려고 애쓰는 문제에 대해서는 대단히 노골적으로 자기 의견을 펼쳐왔어요. 하지만 그런 의견은 늘 미약하죠. 감독은 변덕스러운 존재인 관객에게 봉사해야 하니까요. 대단히 경쟁이 심한 산업에 속해 있죠.

다음 작품은 무엇인가요?

윌리엄 깁슨이 쓴 〈뉴 로즈 호텔〉이 되기를 바라요.

그 이야기의 어떤 점에 매력을 느꼈나요?

그 작품의 누아르 측면에요. 깁슨이 쓴 모든 작품은 믿기 힘들 정도의 풍경을 담고 있어요. 솔직히 말해, 어떤 스토리를 작업할지 선택하는 게 무척 힘들었어요. 그는 이 작품을 특히 좋아했는데, 그 점이 내 판단에 영향을 끼치기도 했어요. 무슨 짓을 해도 자신의 본래 모습을 되찾을 수 없는 지경까지 급락한 캐릭터에 대한 작품이에요. 그 지경에서 벗어나려고 애쓸수록 그는 더 큰 곤경에 빠져들어요. 사건의 진행이 경이로워요.

그 이야기에도 남자와 여자 사이에 흥미로운 관계가 있죠.

놀라운 관계예요. 원작 단편에서 그녀는 팜므파탈이에요. 하지만 지금 시나리오에서는 믿기 힘들 정도의 힘을 가진 존재예요. 남자는 그 점에서 혜택을 보죠. 그래서 남자가 감정적인 이유에서 그녀 품에 안기는 게, 결과적으로 보면 현명한 행보가 아니었더라도, 충분히 이해할 만한 행동이긴 해요. 캐릭터에 대한 인내심을 잃으면 안 돼요. 팜므파탈을 작업하다 보면 때때로 그 캐릭터에 대한 인내심을 잃을 수 있거든요. 그게 5킬로미터 바깥에서 오고 있는 게 보일 때도 있어요. 어쨌든 이 작품은 캐릭터를 중점적으로 다룬 작품이에요. 나라 없고 집 없는 캐릭터의 내면을 들여다보는 영화죠. 이야기 전체가 도쿄를 배경으로 하고 있어요.

도쿄는 촬영하기 어렵고 돈도 많이 들지 않나요?

여러 얘기를 들었어요. 그래도 나는 낙관적이에요. 어차피 촬영은 쉬운 일이 아니니까요.

이게 당신이 직접 쓰지 않은 시나리오로 작업하는 첫 영화가 되는 건가요?

그래요. 아주 흥분돼요. 나는 빌 깁슨의 세계를 정말 사랑해요. 그 작품을 통역하는 역할만 하면서 작품에 내 인장을 찍지 않아도 된다는 게 너무 좋아요. 그 인장이 무엇이든지요. 나는 그냥 전달자 역할을 하는 게 좋아요. 그게 궁극적인 목표가 될 거예요.

그 영화를 보고 싶어 견딜 수가 없네요.

그 영화를 시작하고 싶어 견딜 수가 없네요.

행동하는 캐스린 비글로

낸시 밀스 / 1989

캐스린 비글로는 영화감독이 되기 위해 회화를 포기하고는, 한때 캔버스에 부여했던 독특한 스타일을 그녀의 영화에 부여했다. "나는 추상표현주의자였어요." 비글로는 말한다. "내 그림은 빛에 대한 감각을 반영한 게 분명했지만, 음울하고 광란적인 분위기였죠." 그녀의 영화들도 마찬가지다.

윌렘 대포를 관객에게 소개한 〈사랑 없는 사람들〉은 바이커를 다뤘다. 〈죽음의 키스〉는 뱀파이어 웨스턴이었다. 평론가들은 두 영화를 "시각적으로 황홀하다"라고 묘사했다. 뉴욕현대미술관은 자체적인 영구 필름 컬렉션에 〈죽음의 키스〉를 추가했다.

제이미 리 커티스와 론 실버, 루이즈 플레처, 필립 보스코, 클랜시 브라운이 출연하는 심리 스릴러인 비글로의 최신작 〈블루 스틸〉은 액션 영화를 연출하는 그녀의 연출력에 대해 조금이라도 남아 있던 의구심을 제거해준다. 그녀는 여성 감독에 대한 스테레오타입을

From *American Film*, September 1989. Reprinted by permission of Nancy Mills.

숙고하면서 말한다. "사람들은 여성에게서 상당히 유순하고 재미없는 영화를 기대한다고 생각해요. 나는 그게 젠더와 관련돼야 하는 이유를 모르겠어요. 어쨌든 우리는 그런 인식과 맞서면서 작업해야 해요."

〈블루 스틸〉에서 신입 경관 커티스는 사이코 킬러 실버와 맞서 싸운다. 실버는 커티스가 그를 조사하는 동안 그녀에게 구애한다. 하지만 이 터프한 장르 영화의 플롯은 영화 스타일만큼 매력적이지 않다. 비글로가 에릭 레드와 공동으로 집필한 영화는 푸른 언덕과 계곡을 보여주는, 넋이 나갈 정도로 아름다운 이미지로 시작한다. 관객은 자신이 보고 있는 게 권총의 익스트림 클로즈업이라는 것을 서서히 깨닫게 된다. "권총을 평평한 면面으로 축소하려고 애썼어요." 비글로가 한 말이다. "아름다운 대상처럼 보이게요."

"터프한 영화예요." 그녀는 인정한다. "폭력적이죠. 하지만 폭력이 불필요한 요소는 아니에요. 영화를 본 여자들은 제이미를 롤 모델로 봐요. 일반적으로 영화에 나오는 여자들 중 그들이 동질감을 느낄 수 있는 대상은 무척 적어요. 그래서 여자들은 책임지는 여자를 보는 걸 좋아해요. 남자들이 그런 영화를 보면서 소외감을 느끼는지 여부는 나도 몰라요. 이 영화에 남자들이 동질감을 느낄 만한 남성 캐릭터는 없어요."

제임스 캐머런 감독과 약혼한 비글로는 액션/어드벤처를 무척 좋아한다. 그녀는 트렌디한 의상점보다 곁에 주차된 밝은 오렌지색 트럭에 관심이 더 많은 편이고, 어렸을 때 인형을 갖고 논 기억이 없다.("그녀는 바비 인형의 머리를 잡아 뜯었다"라고 쓰라며 비글로는 농담을 한다.)

37세인 그녀는 퍼포먼스 아티스트가 자신의 공연에 삽입할 장면들을 찍어달라는 부탁을 했을 때 영화 연출에 뛰어들었다. 샌프란시스코아트인스티튜트와 휘트니 인디펜던트 스터디 프로그램 졸업생인 그녀는 백만 가지 괴상한 직업을 거치며 자력으로 생계를 꾸렸다.

비글로는 촬영한 필름을 편집할 필요를 느꼈을 때 대학원을 떠올렸다. 그녀는 컬럼비아대학원 필름 프로그램의 장학금을 받았고, 그 후 〈사랑 없는 사람들〉을 만들었다. 1983년 칼아츠에서 B급 영화감독에 대해 강의하려고 로스앤젤레스로 이주했다. "학생들 입장에서 6만 달러로 엿새 만에 영화를 만들 수 있다는 걸 보는 건 흥미로운 일일 거라고 생각했어요." 그녀가 한 말이다. 현재 비글로는 그녀가 직접 찍을 시나리오를 의뢰받은 상태다.

장르 벤더

케네스 튜런 / 1989

스피드는 살인적일 수 있다. 그런데 액션은, 영화로 찍은 액션은 진정 마약이다. 많은 마약처럼, 액션은 특별한 맛이 있고, 일부 집단은 그에 대해 약간의 의구심을 품는다. 분위기 깨는 걸 즐기는 사람들이 영화는 인류를 계몽하고 행복감을 안겨줘야 한다고 말한다. 그 모든 고결함이 코 고는 소리보다 더 시끄러워질 경우, 그건 문화가 우리에게 안겨주는 혜택을 위해 지불해야 할 약소한 대가다. 진 켈리가 〈사랑은 비를 타고〉에서 "품위를, 언제나 품위를"이라고 조롱하듯 말한 것처럼.

액션에 중독된 사람들에게는 이와 다른, 더 오페라틱한 좌우명이 있다. 푸치니의 〈투란도트〉에서 곧바로 훔쳐온 좌우명으로 "네순 도르마Nessun dorma"다. 그들이 주장하기를 "누구도 잠들지 못하리라!" 진정한 액션 마니아는 문화가 펼치는 허위 주장에 넘어가지 않고, 비주얼 솜씨라고는 전혀 없이 씩씩거리며 돌진하는 육체들만 보여주

From *GQ*, October 1989, 162, 168-69. Reprinted by permission of Kenneth Turan, film critic, *Los Angeles Times*.

는 〈람보〉 시리즈 같은 액션 영화 모조품에 넘어가지도 않는다.

대신 그들이 좇는 성배聖杯에 대해 얘기할 때 그들의 눈은 반짝거린다. 돈 시겔의 〈형사 마디간〉과 〈일망타진〉, 샘 페킨파의 〈와일드 번치〉, 월터 힐의 〈워리어〉, 조지 밀러의 〈매드 맥스 2〉, 제임스 캐머런의 〈터미네이터〉 같은 특출하지만 저평가되는 경우가 잦은 노작들이 그들이 좇는 성배다. 당신이 그 영화들을 스펙터클하게 만들어주는 요소가 무엇인지 이해하지 못한다면, 당신은 영화를 즐겁게 만들어주는 게 무엇인지도 이해하지 못하는 거라고 그들은—나는—주장한다.

캐스린 비글로는 이 점을 이해한다. "그게 연극에서 갈라져 나온 미디어인, 순수한 영화예요." 그녀는 흥분하면서 목소리를 높였다. "다른 어떤 매체도 할 수 없는 방식으로 몸을 움직이고 근육을 풀수 있어요. 미디어를 확장하면서, 예전에는 그렇게 만들 수 있을 거라고 꿈에도 상상하지 못했던 방식으로 연상 작용을 만들어낼 수 있어요." 숨을 쉬려고 잠시 말을 멈춘 그녀가 활짝 웃는다. "내가 무슨 일을 하건 그 일에는 약간의 아드레날린이 들어 있을 거라고 생각해요."

비글로는 말만 그럴싸하게 하는 사람이 아니다. 1987년작 〈죽음의 키스〉는 몸놀림과 싸움을 스타일리시하고 예술적인 기교로 보여주면서 평론가들의 넋을 빼놓았다. 제이미 리 커티스와 론 실버가 출연하는 그녀의 신작으로, 최근에 개봉된 〈블루 스틸〉은 더 많은 사람의 눈을 튀어나오게 만들 것이다. 37세의 키 크고 강렬한 매력을 풍기면서 생각하는 바를 명료하게 표현하는 비글로는 현재 견줄상대가 없는 액션/서스펜스 감독으로 떠오르고 있다. 〈블루 스틸〉의 공동 제작자인 에드워드 R. 프레스먼이 말한 것처럼 "그녀가 장르 영화를 만드는 여성이라는 점은 도발적이지만, 그게 흥미로운 건 그녀의 영화가 관객에게 제대로 먹혀들기 때문이다."

예를 들어 오클라호마의 오지를 영생의 몸으로 떠돌아다니는 무리의 이야기인 〈죽음의 키스〉는 웨스턴 정신에 뱀파이어 신화를 매력적으로 수혈한 작품이었다. 앤 라이스의 소설과 연대하면서, 주연 배우 제니 라이트와 에이드리언 패스더의 도움을 받은 이 영화는 혈액 공유가 내포한 에로틱한 함의를 한껏 고조시킨다. 촌뜨기들이 모이는 술집에서—〈피버Fever〉의 크램프스Cramps 버전이 사운드트랙으로 흐르는 동안—대단히 인상적인 피의 연회를 발푸르기스 전야제^{마녀들이 마왕과 술잔치를 갖는 5월 초하루 전날 밤}로 연출할 시간을 여전히 찾아낸다. 내가 말하려는 바는 레드red다.

또 다른 중요한 레드, 즉 에릭 레드는 〈죽음의 키스〉 시나리오를 비글로와 함께 썼다. 그들은 〈블루 스틸〉에서 다시 힘을 합쳤다. "추상적인 관념에서 시작했어요. 여성의 관점에서 본 액션 영화라는 아이디어에서요." 비글로의 설명이다. "영화가 서서히 형태를 잡아갔어요. 여경에 대한 영화고, 신참이고, 혹독한 시련을 거친다는 식으로 발전됐어요."

〈블루 스틸〉에서 처음 들리는 소리는 여자의 비명이고, 관객이 처음 보는 액션은 뉴욕 경찰 메건 터너(커티스)가 복도를 천천히 이동하다가 심각한 부부 싸움이 벌어지는 것처럼 보이는 현장에 뛰어드는 모습이다. 그 싸움은 실제가 아니라 터너가 경찰 아카데미에서 받는 실습 훈련인 걸로 밝혀진다. 그녀는 이 상황을 성공적으로 대처하지 못한다. "현장에서는 말이야." 교관이 그녀에게 말한다. "뒤통

수에도 눈이 있어야 해."

터너는 자신의 일을 사랑한다. 그러나 우리는 그녀의 앞길에 문제가 도사리고 있다는 걸 안다. 그녀는 단독으로 슈퍼마켓 강도를 저지하라는 호출을 받는다. 심장이 멎을 듯한 시퀀스에서 임무에 성공하지만, 유진 헌트(실버)가 강도의 총을 몰래 집는다. 성공한 상품 거래인 헌트는 강도 행각의 목격자다. 영화가 전개되면서 헌트는 터너를 로맨틱하게 쫓아다닌다. 동시에 메건이 음침한 연쇄살인에 연루되면서 그녀의 인생은 말 그대로 살아 있는 지옥으로 변한다.

강도 신은 〈블루 스틸〉의 잘 구성된 액션 시퀀스 중 하나다. 비글로가 엄청나게 신경 쓰며 연출한 덕에 그 시퀀스들은 제대로 효과를 보인다. "시퀀스를 통째로 스토리보드에 그렸어요." 그녀가 한 말이다. "모든 숏을 다 그렸어요. 그걸 잘라서 종이에 붙였죠. 숏들은 카메라가 돌기 시작하기 전부터 작동했어요. 그걸 하나로 이어 붙이려고 편집실에 들어가면 몇 가지 대안을 볼 수 있었죠. a에서 e로 갈 때 b, c, d를 거치는 것보다 a에서 e로 곧장 갈 수 있게 해주는 비약leap과 병치juxtaposition와 연상association. 바로 거기서 마술이 발휘되는 거예요."

이런 영화에는 캐스팅도 중요하다. 비글로도 그렇다고 말한다. "시나리오를 쓸 때, 실제로 캐스팅이 성사될 거라는 생각조차 하지 않았을 때에도 제이미는 그 역할의 프로토타입이었어요. 우리는 그런 몽상을 했죠. 무명 배우를 캐스팅해야 할 거라고 생각했어요. 그런데 운이 좋아서, 캐스팅 디렉터가 그녀에게 시나리오를 보냈고, 우리는 그녀를 만났어요. 그 시점에 일이 완료됐죠. 메건은 연기하기 힘든 캐릭터예요. 화려한 매력이 그리 많지 않은 캐릭터죠. 그녀는 믿기 힘들 정도로 강인하지만, 냉정하거나 용감하지 않아요. 그녀의 아름다움은 내면에서 비롯돼요. 그 매력은 중성적이죠. 그녀는 평범한 사람이어야 해요. 나는 남자와 여자 모두 그녀에게 공감하기를 원했어요."

〈블루 스틸〉이 관객에게 가하는 충격은 이성보다 본능에 가해진다. 영화의 논리는 현실의 논리가 아니라 악몽의 논리다. 이 영화는 일반 관객이 측정하는 개연성 기준에서 높은 점수를 받지 못할 것이다. 하지만 비글로가 뛰어나게 양식화된 테크닉으로 영화를 만들어냈기 때문에, 관객은 타당성에 생긴 허점에는 신경 쓰지 않게 된다. 관객은 플롯이 전개되는 동안 감독이 감행하는 U턴을 따라가며 행복해하고, 결국 터너 자신이 그러는 것처럼 그의 모험에 공감하게 된다. "나는 감정적인 차원에서 거기 있었다. 나는 여정에 올랐다."

이 끔찍한 여정의 공동 작가이자 감독은 샌프란시스코 만灣 지역 샌카를로스의 화창한 기후 속에서 자랐다. 처음에 그녀는 영화에 별 관심이 없었다. "나는 단연코 화가가 될 거라고 생각했어요." 그녀의 설명이다. "미술계에서 내 배경은 굉장히 폭이 넓어요. 나는 미술에 진지하게, 강박이라고 할 정도로 집중했어요." 고등학교를 졸업한 비글로는 샌프란시스코아트인스티튜트를 2년간 다닌 후 뉴욕의 명망 높은 휘트니 인디펜던트 스터디 프로그램에서 장학금을 받았다.

"열아홉 살 때였어요." 아직도 믿어지지 않는다는 투로 그녀가 말했다. "수전 손택하고 리처드 세라, 로버트 라우센버그가 내 작품에 코멘트를 해주었어요." 그것으로도 충분할 수 있었지만 어쩐 일인지 충분치 않았다. "70년대 초반 미술계는 정치 영역에 깊이 개입했어요." 그녀의 회상이다. "정치적 맥락 없이 일하기가 어려울 정도였죠.

미술 작업을 해나가는 과정은 대단히 심각한 모험 같은 일이 돼버렸어요. 레퍼런스를 알지 못하고서는 아무 일도 할 수 없었어요."

그래서 데이비드 린치와 야후 시리어스 부류의, 다방면에서 활동하는 동료 감독들처럼 비글로는 정지된 이미지에서 움직이는 이미지로—맹렬하게—이동했다. "심각하게 생각해보지 않았던, 영화라는 완전히 새로운 세계를 발견하면서 거기에 몸을 던지고 싶을 정도로 너무나 신이 났어요." 그녀의 설명이다. "그래서 어린애처럼 명랑한 기분으로 영화에 접근했어요."

그 시절에도 명랑한 기분은 폭력을 향해 질주했다. 비글로가 만든 첫 단편 〈셋업〉에서 감독은 길거리 싸움을 시각적으로 그리고, 언어적으로 분석한다. "제대로 효과를 보이는 것에, 사람들의 아드레날린을 치솟게 만드는 것에 관심이 있었어요." 비글로는 제작비가 바닥나자 〈셋업〉을 완성하는 데 힘을 쏟았다. 그래서 "학생 1인당 장비가 가장 많은" 필름스쿨을 찾아 주위를 둘러봤다. 컬럼비아가 그런 대학이었고, 비글로는 거기서 석사 학위를 받았을 뿐 아니라 에드워드 사이드의 강의를 듣고 아방가르드 저널 〈세미오텍스트〉의 편집을 도울 수 있었다.

몬티 몽고메리와 공동으로 연출한 비글로의 첫 장편 〈사랑 없는 사람들〉에는 뉴욕의 동료 아방가르드 예술가인 윌렘 대포가 출연했다. 멜로드라마가 가미된 허무주의적 바이커 영화는, 이전에 나온 〈셋업〉처럼 국제영화제를 순회하는 영화 이상의 존재는 될 수 없는 것처럼 보였다. 그런데 뭔가 다른 일이 일어났다.

"엄청난 행운 덕예요." 비글로의 설명이다. "캐스팅 디렉터가 그걸 월터 힐에게 보여줬고, 힐은 윌렘을 〈스트리트 오브 파이어〉에 캐스팅했어요." 힐은 윌렘 대포의 주류 커리어를 열어주는 것에 멈추지 않았다. 그는 비글로에게도 관심을 보였다. 그는 〈로미오와 줄리엣〉의 현대 라틴계 갱 버전인, 그녀가 쓴 〈스패니시 할렘〉을 제작하기로 합의했고 스튜디오 계약을 체결할 수 있게 도와줬다. 그러나 이 프로젝트는 개발의 지옥development hell에 떨어지는 결과를 맞았다. 이 경험이 안겨준 공포 탓에 그녀는 자기를 보호하겠다는 희망 아래 시나리오를 써야 했다. "나는 사람들한테 말해요. 그들이 내 시나리오를 영화로 만들기 원한다는 게 좋은 소식이라면, 나쁜 소식은 나도 데려가야 한다는 거라고요." 그녀의 설명이다. "여덟 달 동안 검투사가 돼야 해요." 실제로 이게 〈죽음의 키스〉가 만들어진 방식이다.

장르 영화를 제작하는 것이 여건이 풍족한 다른 종류의 영화 제작과 크게 다르기는 하지만, 비글로의 성공은 장르 영화의 경계 안에서 독창적이었다는, 장르의 해방 가능성을 모색했다는 점에서 그 모든 한계를 바꾸는 것에 도움이 되고 있다.

"당신이 친숙한 무언가—경찰, 웨스턴, 공포 영화 같은 시금석—를 손댈 경우, 그걸 거꾸로 세워봐요. 그걸 지나치게 멀리까지 밀고 나갔을 경우에는 잠시 뒤로 물러나 관객이 친숙하게 여기는 것을 상기시켜주는 거예요." 그녀가 작업 결과에 만족감을 표하며 한 말이다. "바로 그때가 한계를 뛰어넘는 순간이죠."

캐스린 비글로의 심란한 비전

제럴드 피어리 / 1990

"내가 폭력을 보여주는 데 매료된 이유를 확인하려고 정신분석을 받으러 가야겠다는 말을 하고 있어요." 캐스린 비글로가 한 말이다. 그녀는 1987년에 피에 흠뻑 젖은 뱀파이어 영화 〈죽음의 키스〉 감독이었고, 현재는 피스톨을 든 경찰관(제이미 리 커티스)이 뉴욕을 상대로 총질을 해대는 연쇄살인범(론 실버)을 추적하는 내용의 휘발성 강한 경찰 영화 〈블루 스틸〉의 감독이다.

비글로는 "영화 장르가 젠더에 특화돼 있지 않다"라고, 남자들은 온화한 로맨스를 연출할 수 있어야 하고 여자들은 유혈 낭자한 총격전을 연출할 수 있어야 한다고 주장한다. 그럼에도 감독을 포함해 그녀가 알고 지내는 여성들의 평화주의적 관심에서 비글로의 극도로 폭력적인 강박관념이 어떻게 파생된 건지는 알쏭달쏭하기만 하다. "내가 어린 시절에 겪은 경험의 여파에서 그에 대한 설명을 찾아낼 수 있기를 바라요." 베를린영화제에서 〈블루 스틸〉의 첫 유럽 시

From the *Toronto Globe and Mail*, March 30, 1990. Reprinted by permission of Gerald Peary.

사를 마친 후 감독이 한 농담이다.

38세의 열렬한 영화광 비글로는 웨스턴과 경찰-강도의 교착상태, 피투성이 필름누아르를 포함하여 액션으로 가득한 장르 영화 쪽으로 방향을 틀었다. 특히 〈블루 스틸〉은 그녀가 감탄하는 두 편의 영화 〈위험한 정사〉와 〈더티 해리〉에서 영향을 받았다. 후자에 대해, 비글로는 주인공이 여자라는 사실과 무관하게 클린트 이스트우드가 연기하는 성미 급한 형사를 떠올리게 될 거라고 말한다. 그녀의 영화들과 월터 힐 감독(〈스트리트 오브 파이어〉 〈워리어〉)의 인정사정 없는 작품들을 비교하자 비글로는 기쁜 마음으로 동의한다. "나는 월터 힐을 사랑해요! 내가 그를 모방하려고 애쓴다는 걸 부인하지 않아요."

비글로는 할리우드에서 활동하는 두 여성 감독, 랜더 헤인스(〈작은 신의 아이들〉)와 페니 마셜(〈빅〉)의 연출을 우호적인 시선으로 본다. 하지만 그녀가 진정 우상시하는 감독들은 모두 남자라는 것도 인정한다. 힐, 존 포드, 하워드 호크스, 샘 페킨파, 구로사와 아키라, 올리버 스톤, 제임스 캐머런, 마틴 스코세이지. "그들은 모두 관객에게 대단한 충격을 안겨주는 감독들이에요. 관객이 감정적으로 강하게 몰입하는 캐릭터를 그려냈죠." 비글로는 요약해서 말한다. "남성의 목소리는 소중해요. 그게 사악한 목소리라고 생각하지 않아요."

하지만 세상은 여성의 목소리를 들을 필요가 있다. 비글로는 할리우드가 "여성이 자기 존재를 200퍼센트 입증해야 하는 남성 지배적인 위계 사회"로 남아 있다고 인정한다. "나는 〈블루 스틸〉을 개인적인 작품으로 쓰지 않았어요. 여성이 자기 목소리를 내려고 투쟁하는 영화이긴 하지만요."

제이미 리 커티스가 연기하는 메건 터너 경관은 뉴욕 경찰의 세계에서 성공하겠다고 결심한다. 아버지는 그녀를 후원하지 않고, 경찰 내 고위층은 그녀의 직무 수행 능력을 꾸짖지만 말이다. 경찰의 위계질서에 묶이는 걸 거부한 신참 여경은 더티 해리 캘러헌과 비슷한 존재로 변신한 뒤 사이코 살인자 유진 헌트(실버)와 일대일 대결을 하러 간다.

비글로는 말한다. "왜 남자 감독들만 모든 재미를 보는 거죠? 내 관심은 여자들의 액션 영화를, 그렇지만 남자들도 공감할 수 있는 영화를 만드는 거였어요. 제이미 리 커티스의 외모는 그에 딱 알맞게 중성적인 외모예요. 터프하면서도 연약하고, 글래머러스하거나 여성적이지 않아요."

〈블루 스틸〉은 페미니즘 작품인가?

비글로는 잠시 말을 멈추고는 편안한 대답을 찾아내려고 애썼다.

"나는 페미니즘을 감정적으로 지지해요." 그녀가 한 말이다. "남녀평등을 위한 투쟁도 지지하고요. 하지만 그런 이데올로기가 교조적으로 변하는 지점이 있다고 생각해요. 나는 〈블루 스틸〉이 그 자체로 페미니스트 논문이라는 말은 하지 않아요. 영화의 배후에 정치의식은 있어요. 책임감 있게 조사해서 짠 스토리니까요. 판사들과 긴 시간을 보냈고, 범죄자들의 속내를 파악하려고 애쓰는 남녀 수사관들과 시간을 보냈어요. 내 캐릭터들과 그들이 처한 상황을 착취하듯 이용하지 않으려고 노력했죠."

하지만 터너 경관이 "말 그대로 권총을 차고" 헌트와 대결하는 것으로 "해방되면서 자아를 표출한다"는 비글로의 표현을 지지할 페미니스트는 드물다. 비글로는 설명한다. "헌트는 그녀에게 말해요.

'당신과 나는 비슷해. 당신도 그걸 깨닫게 될 거야.' 법의 집행자인 메건은 그를 막기 위해 그가 돼야 해요. 차분하고 냉철한 신중함으로, 그녀가 상상했던 것보다 내면에 비축된 훨씬 큰 강인함으로, 메건은 목표를 달성해요. 온전한 사람이 돼요."

그런데 폭력을 통해 어른의 세계에 진입한다는 건 전통적인 '마초적' 통과의례가 아닐까?

"그녀의 자기방어를 마초라고 한다면, 그건 마초죠." 비글로가 한 대답이다. "거금이 걸린 게임에서 살아남아야 하니까요."

캘리포니아 출신의—키 크고, 팔다리 길고, 강렬한 인상을 주는—감독은 샌프란시스코 아래 있는 샌카를로스에서 페인트 공장 관리인의 딸로 태어났다. 페인트칠은 비글로를 유화와 아크릴 물감의 세계로 이끌었다. 그녀는 샌프란시스코아트인스티튜트에 다녔고 휘트니 인디펜던트 스터디 프로그램의 장학금을 받으면서 비주얼 아티스트로 거듭났다. 뉴욕에서 그녀는 개념미술가와 작가들과 어울렸는데, 그들은 아트앤랭귀지라는 인상적인 이름으로 단체를 결성했다. "그때 비토 아콘치가 그의 퍼포먼스 작품 뒤에 영사할 작품을 위해 나를 고용했어요. 내게 있어 그건 신의 계시였어요. '아하! 영화!'라고 탄성을 내질렀죠."

비글로는 또 다른 장학금을 받았다. 이번에는 체코 감독 밀로스 포먼이 주관하는 컬럼비아대학원 필름스쿨의 장학금이었다. "기술적인 면에 대해서는 이미 알고 있었지만, 학술과 비평을 공부하고 싶었어요." 그녀는—위대한 영화는 강렬한 개인적 비전을 가진 감독에 의해 만들어진다는—작가auteur 이론을 열정적으로 강의한, 당시 〈빌리지보이스〉 평론가 앤드류 새리스의 강의를 듣고 새롭게 눈을 떴다. 비글로의 첫 영화 〈셋업〉은 컬럼비아에서 만든 단편으로, 뉴 아메리칸필름시리즈에서 상영됐다.

1979년 영화학 석사 학위를 받고 컬럼비아를 떠난 그녀는 "현미 경으로 봐야 할 정도로 미미한 제작비가 든" 장편 〈사랑 없는 사람 들〉을 작업하기 시작했다. 몬티 몽고메리와 공동 연출한 영화로, 당 시만 해도 비타협적 아방가르드 무대 연기자였던 윌렘 대포가 처음 으로 출연한 영화였다.

짐 자무시의 〈천국보다 낯선〉(1984)이 나오기 이전인 1981년에 개 봉된 〈사랑 없는 사람들〉은 당시 일반 대중이 보기에는 지나치게 자 의식이 강하고 개념적인 영화라는 평가를 받았다. 국제영화제의 단 골손님이 되기는 했지만 말이다.

캐스린 비글로는 1987년 영화 〈죽음의 키스〉로 영화 평론가와 컬 트 숭배자의 시선을 받게 됐다. 영화는 대단히 매력적이고 시적詩的 인 힘과 시각적 고상함을 갖춘 공포 영화로 폭넓은 찬사를 받았다. 광란을 벌이는 뱀파이어 가족에 대한 이야기 덕에 그녀는 '작가 감 독auteurist'으로 등극했다.

비글로는 〈죽음의 키스〉를 만드는 동안 사격을 배웠다. "오락거리 로 배운 게 아니라 실용적인 이유로 배웠어요." 그녀의 설명이다. "실 제 탄약은 어떤 것인지 배울 필요가 있었어요. 그 덕에 반동에 대해 알 수 있었고, 사격의 쾌감이 대단하다는 걸 알 수 있었어요."

〈블루 스틸〉에서 권총은 영화의 핵심 캐릭터다. 비글로는 권총을 "페티시의 대상이 된 요소…… 헌트가 앓는 정신 질환의 리비도적 확장"이라고 묘사한다. 강도의 매그넘 44구경을 훔친 헌트는 총알에 메건의 이름을 새긴 후 그걸로 사람들을 죽이기 시작한다. "나는 소총rifle을 정당화하는 주장은 할 수 있어요." 비글로가 한 말이다. "하지만 권총handgun을 가진 사람들 때문에 혼란스러워요. 권총은 심각한 파문을 일으키는 무기예요."

〈죽음의 키스〉는 아트하우스에서 상영됐고, 비디오로 출시되면서 서서히 대중 관객을 확보했다. MGM/UA를 통해 배급된 〈블루 스틸〉은 북미 전역에서 개봉됐다. 비글로는 이보다 더 행복할 수 없다고 했다.

"미술 작업을 할 때, 그건 대단히 고립된 엘리트들의 작업이었어요. 예를 들어 흰색에 흰색을 덧칠한 그림의 가치를 이해하려면 전문적인 지식이 필요했어요. 하지만 나를 흥분시킨 건 본능적인, 의식의 흐름the stream-of-consciousness이었어요. 지금 나는 교육과 강의의 구조를 초월한, 모호하게 느끼는 게 불가능한, 카타르시스를 불러일으키는, 관객에게 대단한 충격을 안겨주는 영화를 만들고 싶어요."

스타일에서 스틸로

닉 제임스 / 1990

1982년 런던 클럽의 단골손님들은 찢어진 청바지와 완벽한 상고 머리가 안겨주는 전율을 느끼려고 뉴 로맨틱 스타일의 의상들을 내 팽개친 사람들이었다. 그 향락주의자들은 모두 소울soul 음악의 팬이었다. 그들은 외모 면에서 50년대 미국 남부의 반항적 스타일을 홍보하고 다녔다. 그 전해에 캐스린 비글로의 장편 데뷔작 〈사랑 없는 사람들〉이 대체로 혹평을 들으며 개봉됐다. 약탈 대상을 찾는 바이커 집단 때문에 미국 소도시가 혼란에 빠진다는 비글로의 이야기는, 대중적 유행을 따라 느리고 젠체하며 그 시대를 지나치게 사랑하는 영화라는 이유로 불평의 대상이 됐다. 1982년에 야행성 로커 빌리rockabilly들이 가득 찬 극장에서 그 영화를 다시 보며 내가 들은 소리는 폭소와 환호성이 전부였다. 우리에게—할리 데이비슨에 양발을 쩍 벌리고 탄, 검정 일색으로 차려입고 머리에 그리스를 완벽하게 바른—윌렘 대포를 처음 소개하는 오프닝부터 〈사랑 없는 사

From *City Limits*, November 29-December 6, 1990, 26. Reprinted by permission of Nick James.

람들〉은 그 영화의 멍청한 표면과 그보다 멍청한 명성을 착각하게 만든다. 영화는 형식에 대한 지속적인 엑스터시에 흠뻑 젖은 이미지를 보여주면서, 성적인 도상 속에서 기분 좋게, 조롱조의 몸놀림으로 나뒹굴었다. 영화는 형식에 대한 태도 면에서 숭배와 불손을 오갔다.

8년이 지난 지금은 비글로 자신이 인상적인, 검정 일색으로 차려입은 전설적인 인물이다. "70밀리미터 눈"을 가진, 여성 감독의 스테레오타입에 가차 없이 맞서는 걸로 새로운 비평적 명성을 얻은 인물. 이것이 그녀가 영화의 복판에 있는 여경을 피로 물들이는 사이코 킬러 스릴러 〈블루 스틸〉을 만들기 위해 남성들의 도시에 흩뿌려진 선혈과 뾰족한 쇠붙이 사이를 대담하게 걸어온 것에 대한 보상이다. 현재 비글로의 카메라는 예전보다 훨씬 더 물신숭배적이 됐다. 상상할 수 없을 정도로 확대된, 광섬유로 조명을 한 38구경 스미스 앤 웨슨 리볼버를 보여주는 독특한 크레디트 시퀀스 외에도, 이 영화는 〈사랑 없는 사람들〉에서 오토바이와 부츠, 지퍼를 애무하듯 팬pan하던 것과 동일한 수준의 관심을 뉴욕 경찰국 유니폼에 쏟는다.

"위력적인 기술을 이렇게 페티시화하는 게 전적으로 의식에서 비롯된 것인지 나도 모르겠어요." 비글로는 말한다. "아마 오늘날의 사회적 분위기와 관련이 있을 거예요. 사람들은 지나치게 무력감을 느끼고, 힘에 대한 허영심이 엄청나게 커요. 힘의 도상에는, 의복을 통해 신분을 확인하는 의례에는 뭔가 대단히 매력적인 게 있어요. 나는 그런 이미지를 주무르면서 검토하고 탐구하고 이해하려고 애쓰고 있어요."

유니폼과 빌딩 그리고 힘을 드러내는 조각품을 연구하는 작업은

70년대 말 미술 평론가와 구조주의자들 사이에서 대단히 유행했었다. 〈ZG〉 같은 매거진은 나치의 도상에 대한 기사를 실었고, 해체주의 바이블인 〈세미오텍스트〉는 표지에 가죽 일색으로 차려입은 인물을 등장시킨 "다중 섹슈얼리티" 호를 출간했다. 그 잡지의 편집 크레디트에는 다름 아닌 비글로가 있었다. 그녀는 당시 아방가르드 예술의 실천가인 아트앤랭귀지 그룹에서 활발하게 활동하고 있었다. 비글로가 뉴욕 미술계에서 주류 영화 연출의 세계로 이동하는(뒤이어 그녀가 할리우드 블록버스터 감독 제임스 캐머런과 결혼하는) 과정에는 많은 일이 있었지만, 그녀가 언어를 조화시키는 데, 특히 힘 있는 대상과 조화시키는 데 쏟은 관심은 일관된 기조를 따른다.

"나는 영화라는 미디어를 사랑하기 때문에 영화로 방향을 틀었어요." 그녀가 내게 한 말이다. "미술계 관객은 대단히 엘리트적이라고 느꼈어요. 아트앤랭귀지에서 한 작업에서 비롯된 일이었죠. 그들의 대단히 강렬하고 고통스러운 표현—존재하는 사회구조를 변형하는 예술—을 나는 누구나 관객이 될 수 있는 영화의 세계로 옮겨놓은 것뿐이에요. 영화의 진가를 인식하기 위해 특정한 지식이 필요하진 않으니까요."

언더그라운드에서 지상으로 이동하는 과정이 신속하게 이뤄지진 않았다. 그사이 비글로가 완성한 영화는 세 편뿐이다. 1987년에 나온 컬트 뱀파이어/웨스턴 〈죽음의 키스〉가 바이커 청년과 여경 사이에 존재하는 틈바구니에 다리를 놓았다. 〈죽음의 키스〉는 초인적인 능력을 가진 시골뜨기 뱀파이어 무리가 피에 굶주린 떠돌이 라이프스타일을 즐기는 모습을 보여주면서, 양쪽 장르를 엉망으로 만들면서 기막히게 코믹한 효과를 자아낸다. 〈블루 스틸〉에서 찾아볼 수 없는 스타일이 있다면, 그건 관객의 뺨을 볼록하게 만드는 유머다. "이번 영화는 유머가 전보다 덜한 작품일 거예요." 그녀가 한 말이다. "이 영화는 〈죽음의 키스〉만큼 환상적이지 않았어요. 그보다 심각하죠."

80년대 내내 비평적인 관심이 드레스 코드를 해석하고 그 결과를 "파워 드레싱"이라는 문구로 희석한 것처럼, 사물 표면에 대한 비글로의 물신적 관심은 많은 광고 감독에 의해 수준 높게 응용됐다. 당신이 리바이스가 내놓은 모든 광고의 창시자를 찾는 중이라면, 멀리 갈 것 없이 〈사랑 없는 사람들〉을 보면 된다. 이런 표현은 비글로의 영화가 순전히 선정적인 효과를 위해 유혈이 낭자한 연회를 즐긴다는 아이디어보다 훨씬 더 심각한 모욕처럼 보인다. 두 편만 예로 들자면 〈택시 드라이버〉와 〈7인의 사무라이〉는 케첩이 발휘하는 극적 위력을 비글로의 영화들과 동등하게 인식하고 있다. 그러나 광고인들은 〈사랑 없는 사람들〉과 〈죽음의 키스〉를 (그리고 비글로의 협력자인 에릭 레드의 〈힛쳐〉를) 너무도 마음에 들어 하며 그 영화들의 자조적 유머 감각을 그대로 광고에 담아냈다.

걱정스러운 점은 비글로가 스스로를 지나치게 진지하게 받아들이기 시작한 건지도 모른다는 점이다. 장르를 갖고 놀지 않는 영화를 만들 수 있느냐고 묻자 그녀는 말했다. "물론이죠. 나를 진짜로 영화 작업으로 몰고 가는 건 스토리하고 캐릭터니까요." 그건 왠지 캐스린 비글로처럼 들리지 않는다.

제임스 캐머런과 캐스린 비글로

톰 존슨 / 1990

자칭 "속편의 왕" 제임스 캐머런은 영리한 액션어드벤처 영화로 커리어를 구축해왔다. 트럭 운전사로 생계를 꾸리면서 시나리오를 쓰던 그는 로저 코먼의 뉴월드픽처스에 미니어처세트 제작자와 미술감독으로 취업하면서 업계에 안착했다. 그리고 게일 앤 허드와 공동으로 시나리오를 쓴 〈터미네이터〉로 영화감독이 됐다. 독창적인 특수 효과와 정교한 반전을 가진 플롯, 페미니즘의 함의를 가진 이 영화는 해당 장르의 기준을 새로 제시했다. 이제 캐머런은 〈터미네이터 2〉로 그 자신이 세운 벽을 제거해야 한다.

캐스린 비글로가 화가로 경력을 시작했다는 사실은 전혀 놀라운 일로 다가오지 않는다. 그녀의 작품은 대단히 멋진 비주얼이 두드러진다. 그녀는 예전에 보기 드물었던 시적인 스타일과 여성적 통찰이 담긴 숏을 영화—별난 뱀파이어 이야기인 〈죽음의 키스〉와 액션 스릴러 〈블루 스틸〉—에 불어넣었다.

From *American Film*, July 1991, 42-46. © 1991 American Film Institute. Reprinted by permission.

두 감독은 로스앤젤레스의 레스토랑에서 저녁을 먹는 동안, 그들이 연출에 대해 나누는 대화를 우리가 엿들을 수 있게 해줬다. 그들이 부부라는 사실은 이 대화에서 크게 중요하지 않았다.

비글로   우리가 만든 영화들이 4주 간격으로 나온다는 게 흥미롭다고 생각해.

캐머런   글쎄, 흥행 성적이 집계된 후에도 우리가 여전히 부부로 남을지가 흥미로울 것 같은데.

비글로   (웃음) 직업적으로 반응하는군.

캐머런   우리가 이 인터뷰를 직업적으로 해야 한다는 뜻이야? 우리는 거의 동시에 촬영에 들어갔잖아. 차이가 있다면, 당신이 두 영화를 모두 나보다 약간 먼저 내놨다는 거지. 당신은 〈블루 스틸〉하고 〈폭풍 속으로〉를 내 영화보다 한 달쯤 먼저 개봉했어. 그 탓에 나는 영화를 만드는 내내 무시무시한 공포를, 그런 공포가 실제로 나한테 닥치기도 전에 겪어야 했지. 필요한 숏들을 다 찍지도 못한 채 촬영을 종료하는 공포, 후시로 대사를 녹음해야 하는 공포, 이런저런 공포…… 당신은 모든 걸 나보다 한 박자 먼저 했어.

비글로   정말 즐거운 일이야.

캐머런 어떤 면에서는 좋은 일이었어. 왜냐하면…….

비글로 마음의 준비를 하게 되니까.

캐머런 마음의 준비를 하게 되지. 그런데 나는 그런 상황을 두 번이나 겪어야 하는 신세잖아. 당신은 배우들이 당신을 어떻게 여긴다고 생각해? 스펙트럼의 한쪽 끝에 에릭 폰 스트로하임을 놓고 다른 쪽 끝에 우디 앨런을 놓았을 때—무슨 뜻인지 알 거야. 독재적인 감독하고 배우를 도와주는 감독—당신은 자기를 어디에 위치시킬 거야?

비글로 글쎄. 배우마다 달라. 각자에게 가장 잘 먹히는 단어를 찾아내야 하고, 그들이 연기하는 과정을 이해해야 해. 그래서 배우마다 써야 하는 방법이 달라. 일부에게는 내가 특별한 신에서 필요로 하는 걸 대단히 솔직하게, 신중하게 밝힐 필요가 있어. 연출 과정에 참여하도록, 그 장면을 **그들의 것**으로 만들게끔 감정적인 투자를 이끄는 배우들이지. 나한테 리허설 기간은 커뮤니케이션을 위한 귀중한 탐색 기간이야. 어떤 신을 완벽하게 가다듬고 시나리오를 재평가하는 과정이라기보다 특정 배우들과 소통하면서 그들의 연기를 점검하고 그들이 감독의 시각에서 볼 수 있게끔 돕는 과정에 가까워.

캐머런 굉장히 영리한 대답이야. 있잖아, 다른 감독들이 배우를 다루는 데 동원하는 교묘한 수법들에 대해 읽거나 그들의 얘기를 들어봐. 이런 일들은 일반화할 수 있을 것 같지만, 실제로는 불가능해.

비글로   사람은 모두 일하는 방식이 달라. 갖고 있는 기대와 강점, 약점이 저마다 다르지. 당신도 알겠지만, 연기는 굉장히 섬세한 과정이야. 배우와 감독 사이에 맺어지는 유대감도 굉장히 섬세하고 허약해. 감독-배우 관계를 항상 발전하고 변화하는 상태에 있는 과정이라고 본다면, 그러니까 계속 변하면서 절대로 고정되지 않는 무언가로 본다면—그래서 감독은 배우에게 다루기 까다로운 틀을 뒤집어씌우지 못하지—깜짝 놀랄 정도로 멋진, 뭔가 전혀 예상하지 못했던 걸 드러나게 만들 수 있다고 생각해.

캐머런   상당 부분은 감독이 배우를 얼마나 신뢰하느냐에 달려 있기도 하지. 배우가 감독한테 어떤 아이디어를 갖고 오는데, 감독이 보니까 시나리오 내용에서 기인한 그 아이디어가 어떤 면에서 의미가 통하는 거야. 그러면 감독은 순전히 개인적인 문제를 갖고 감독을 찾아오는 사람을 대할 때와 완전히 다른 방식으로 그 배우에게 반응하게 돼. 내가 마이클 빈과 작업하는 걸 좋아하는 이유가 그거야. 그는 내가 본 방식은 아니지만 시나리오가 창조한 우주 안에서 타당한 아이디어들을 늘 갖고 오니까. 그는 나를 다그치면서 어렵게 만드는 엄청난 감각을 갖고 있어. 어떤 면에서 건설적인 방식으로 그런 일을 하고 있어. 나는 그가 심술로 그러는 게 아니라고 믿어. 사람들이 그가 내놓는 아이디어들을 대단히 건설적이고 창조적으로 여긴다고 생각해.

비글로   어떤 배우들은 그냥 그들이 운신할 수 있는 한계를 알아보려고, 권위가 부과한 굴레를 떠밀어내야 한다고 느끼는 것 같아.

캐머런   하지만 감독이라는 신분을 이용해서 배우한테 강요할 수는 없어. 어떤 지점에서는 그 캐릭터에게 양보하면서 "자, 이제 **당신**이 해야 해"라고 말해야 한다는 뜻이야.

비글로   하지만 시나리오작가이자 캐릭터 창안자로서, 감독 자신보다 그 캐릭터를 잘 이해하는 사람은 세상에 없을 거야.

캐머런   으음, 그건 완전히 다른 과정이지.

비글로   아냐. 그렇지 않아. 똑같아. 트라우마도 똑같고, 주인 의식과 작가 의식 사이의 위태로운 균형, 일련의 협상 과정도 똑같아. 협상이 끊임없이 반복되는 거잖아.

캐머런   영화를 만들 때는 만사를 협상해야 돼. 협상이 없는 유일한 때는 세트에 있을 때야.

비글로   하지만 감독은 그때도 배우들과 협상하고 있잖아. 당신은 지금 〈터미네이터 2〉의 후반 작업에 서서히 돌입하고 있어. 거기서 차례로 맞닥뜨릴 문제들을 이미 염두에 뒀을 텐데, 기분이 어때?

캐머런   죽을 것 같아. 지금도 촬영하고 있어. 그러니까 그건 공정한 질문이 아냐. 영화를 만드느라 정신없이 바쁠 때는 영화를 객관적으로 볼 수가 없어. 여러 가지를 한데 모아놓고 잠시 뒤로 물러나 서 있을 필요가 있어. 이건 분명 다른 영화야. 이 영화와 〈터미네이터〉의 관계는 〈에이리언 2〉와 〈에이리언〉의 관계라고 봐. 이 영화는 1편의 목표들을 넘어서려고 하지만, 가급적 1편의 취지에 충실하기도 해야 해. 나는 관객들이 이 영화를 보고 대단히 논리적이라고 인식했기를 바라. 하지만 영화를 보기 전에는 그런 생각을 하지 않았겠지.

비글로   그게 그 영화의 멋진 점이잖아. 〈에이리언 2〉의 멋진 점이었고. 놀라움과 뒤섞인⋯⋯.

캐머런   익숙함. 베이크드 알래스카케이크에 아이스크림을 얹고 머랭을 씌워 구워낸 디저트와 비슷해. 공존할 수 없는 두 가지 일을 원하는 거지. 실망감과 정반대인 긍정적 놀라움을 창조할 수 있길 원하는 거야. 동시에 익숙한 느낌을 받길 원하는 거고.

     내가 속편의 왕인 것 같은 기분이야. 〈터미네이터 2〉하고

〈람보 2〉하고 〈에이리언 2〉를 하고 났더니 말이야. 내 첫 영화도 속편이었어. 그 영화는 앞으로도 이름 없는 영화로 남을 거야. 봐, 당신 작업이 대단한 점은 특이하면서도 뛰어난 스타일을 갖고 있다는 거야. 당신은 누군가를 모방하려고 애쓰는 것 같지 않아. 늘 세상을 당신만의 눈으로 바라보지. 그래서 나는 당신 영화를 볼 때면 완전히 다른 관점을 통해 세상을 보게 돼. 길거리 반대편에서 300밀리미터 렌즈로 신을 촬영한다는 생각을 나는 100만 년이 지나도 절대 떠올리지 못할 거야. 당신은 왜 그런 식으로 작업하는 거야?

비글로   우선 나는 마음의 눈으로 그 신을 봐. 로케이션에 가봐야 돼. 시나리오를 미학적으로 번역해봐야 하고. 미학적이라는 말이 반드시 **만족스럽다**는 뜻인 건 아냐. 나는 그 신이 원하는 특별한 요구를 다루려고 노력해. 달리 말해 관객을 액션 속에 자리 잡게 만드는, 중심을 잃고 기우뚱거리는 카메라를 내버려둬야 하는 장면인가, 아니면 관객이 바깥에서 이 장면을 바라볼 수 있게 멀리 떨어뜨려놓아야 하는 장면인가 고민하지.

캐머런   은행을 터는 신처럼 굉장히 주관적으로 접근하는 방식과 키아누 리브스가 테이크아웃 스탠드에 서 있는 동안 배경에 은행 강도들이 보이는 신처럼 대단히 객관적인 접근 방식 사이에서 어떻게 결정을 내리는 거야? 관객은 그 신에서 캐릭터를 일종의 신神과 같은 관점에서 관찰하고 있잖아? 관객들은 무슨 일이 벌어지는지 볼 수 있지만 키아누는 보지 못하는 식으로. 그런 결정을 어떻게 내리는 거야? 시나리오에서 비롯된 건가?

비글로 그건 캐릭터가 접근할 수 없는 비밀에 관객만 접근하게 놔두자는 결정이었어.

캐머런 그게 참여감sense of participation을 창출할 거라고 생각해?

비글로 물론이지. 시점point-of-view숏을 활용하는 것과 같은 이유야. **당신**은 어떤 신을 어떻게 시각화visualize하거나 접근하는데?

캐머런 그 신의 시나리오를 다시 읽어. 촬영하기 전날에는 그 어느 때보다 많이 읽어. 오랫동안 읽지 않았던 신을 다시 읽으면서 가장 중요한 요소가 무엇인지 보는 거야. 서스펜스가 중요한가, 이게 캐릭터를 강조해야 할 특별한 순간인가, 그저 주위 환경이나 지형에 대한 감을 관객에게 주는, A에서 B로 가는 단순한 신인가. 숏은 그런 생각을 중심으로 설계해야 해. 캐릭터에게 중요한 신인데 세트나 주위 환경, 그 외의 것에 매료돼서 그런 걸 강조하는 건 큰 실수라고 생각해. 나는 배우의 얼굴에 가깝게 접근해야 할 때는 세트를 직접 보고 싶어. 따라서 그런 결정은 사전에 내릴 필요가 있는 결정이지.

비글로   어떤 숏이 이야기를 전진시키지 못하면, 정말 비범한 숏일
         지라도 그건 부적절한 숏이야. 모든 건 스토리와 캐릭터에
         봉사해야 해.

캐머런   맞아, 이건 에너지가 넘치는 신인가, 본질적으로 수동적인
         신인가. 차분하게 자리를 잡고 정말로 전통적인 방식으로
         찍을 필요가 있는 신에 쿨하다는 이유로 에너지가 넘치는
         스타일을 강요하지는 말아야 해. 내가 여태까지 연출했던
         가장 뛰어난 신들 중 일부는 카메라의 관점에서나 조명의
         관점에서 전통을 잘 따른 신들이었다고 생각해.
           그런데 당신은 "그 신이 비주얼 면에서 어떻고 드라마적
         으로 어떤가?"라는, 연출에 대한 위대한 변증법을 어떻게
         받아들이는 거야? 당신의 출신 배경은 미술하고 비주얼 아
         트잖아. 영화감독이 되겠다는 결정은 언제 내린 거야?

비글로   내러티브 형식을 작업하기 시작했을 때.

캐머런   그게 언젠데? 〈사랑 없는 사람들〉?

비글로   그 영화가 그걸 보여주는 빼어난 증거는 아니지만, 그래
         도……

캐머런   그건 정말 빼어난 증거였어.

비글로 비주얼 아트를 배경으로 가진 것의 좋은 점은, 나한테 제작의 일부 측면이 대단히 자유로운 과정이 된다는 거야. 나는 그런 차원에 굉장히 자신 있어. 숏이 죽을까 봐 염려하지 않아. 나는 그 숏이 옳았을 때를, 올바르게 보일 때를, 영화의 니즈에 도움이 될 때를 알아. 스타일이 적절할 것인지도 알고. 나는 그로부터 해방되면서 스토리와 캐릭터에 초점을 맞출 수 있어. 그래서 제작 기간 동안 내가 종일 고민하는 게 바로 스토리와 캐릭터야.

캐머런 그게 참말일 수는 없어. 그렇지 않으면 당신의 영화들은 시각적인 임팩트를 전혀 갖지 못했을 테니까. 당신의 심리적 과정 일부는 그 문제에 전념해야 해.

비글로 그건 내가 진지하게 고민하는 문제가 아냐. 나는 괜찮은 숏을 찾아낼 수 있고, 효율적인 시간 안에 무엇인가를 정확히 내가 원하는 방식으로 보이게끔 만들 수 있어. 그런 능력이 내가 다른 모든 것에 집중할 수 있게 해주는 거야.

캐머런 신을 절반 정도 찍은 상황에서 이 신이 제대로 먹히지 않을 거라는 걸 알게 되거나 후회했던 적 있어?

비글로 물론이지.

캐머런 그러면 어떻게 해?

비글로   나는 일정이라는 한계에 직면해 있어. 시간적으로 어려운 상황에 있다면, 그걸 감수하고 일정대로 계속 촬영을 진행할 거야.

캐머런   주사위는 던져졌으니까.

비글로   바로 그거야. 나는 결정을 내렸고 그 결정에 전념해야 해. 어떤 신을 두 번 찍을 수는 없어. 나는 우디 앨런이 아니니까. 우리는 한 숏만 가지는 거야. 어떤 신을 특정한 방식으로 설계했다면, 그 신은 앞으로도 영원히 그 방식으로 남을 거야. 나중에 그렇게 찍은 걸 후회한 신들이 있었는데, 그걸 영화로 한데 엮어놓았더니 멋들어지게 작동했어. 이와 반대로 찍으면서 스릴을 느낀 신들이 있어. 화면은 경이로웠고 숏은 에너지가 넘쳤어. 그 신들은 단번에 스크린을 장악했지. 그런데 그 순간에 넘치는 활력이 지나치게 과한거야. 이건 본능을 잘 가다듬고 내 결정에 대해 더 많은 교육을 받았으면 좋았을 거라는 뜻이야…….

캐머런   나도 〈터미네이터 2〉를 시작할 때 비슷한 경험이 있어. 1편을 시작할 때와 거의 동일한 의식적 결정이었는데, 관객을 호도하겠다는 의도로 내린 결정이었지. 나는 그 신을 전에 찍어봤다는 게 전혀 도움이 안 된다는 걸 알게 됐어. 하지만 아널드 슈워제네거를 캐릭터에 효과적인 방식으로 찍을 방법이 있다는 걸 알고 있었지. 25밀리미터 렌즈를 허리 수준에 놓고 그를 올려다보면 실제보다 크고 위력적으로 보이게끔 만드는 효과가 있거든. 그래서 나는 몇 가지 점에 있어서는 유리한 입장이었지만, 여전히 백지상태에서 창작해야 했어. 현장에 갈 때마다 완전히 새로운 문제들이 한 보따리 기다리는 걸 보게 됐지.

그런데 패트릭 스웨이지랑 작업하는 건 어때? 이런 질문 질색이지 않아? 게으른 저널리스트가 던지는 질문이잖아. 내가 운영 프로듀서로서 지켜본 바에 따르면, 배우로서 패트릭은 내가 같이 작업했던 그 어떤 배우보다 시나리오를 가장 덜 존중하는 배우야. 처음에는 그게 화가 나더라고. 그런데 장기적으로는 그게 시나리오의 장점을 담금질하는 과정이라는 생각이 들었어. 그가 시나리오의 모든 것에 도전했기 때문이야. 나는 그게 감독으로서 거쳐야 할 좋은 과정이라고 생각해.

비글로 내 생각도 같아. 그런 태도는 시나리오를 향한 내 사고방식을 세련되게 가다듬어줬어. 특정한 신과 관련해서는, 그 신을 다루는 특별한 방식과 관련해서는 내가 과거에 했던 것보다 훨씬 더 구체적으로 접근하게끔 만들었고.

캐머런 〈어비스〉에 출연한 에드 해리스는 시나리오에 적힌 단어에 도전하는 일이 절대로 없었어. 그게 역할을 맡으면서 스스로에게 부과한 특별 과제였는지 뭔지 모르겠지만, 꽤 흥미로운 경험이었어. 거의 암묵적 계약 같았으니까. 나는 이 단어들을 받아들일 테지만, 그걸 말하는 건 내 방식대로 할 거요. 그래서 그건 완전히 다른 작업이었어. 마이클 빈의 경우는 정반대야. 그는 단어 하나하나에 도전하지. 적대적 인 방식은 아니고 '이게 최선인가요?'라는 식으로.

비글로 결국 시나리오에 도전하는 걸로 시나리오에 대한 통찰을 얻게 된다고 생각해. 굉장히 긍정적인 과정이라고. 극도로 긍정적인.

캐머런 시고니 위버는 흥미로운 사이클을 거쳤어. 그녀는 시나리 오에 도전하고 그걸 서서히 그녀가 바라는 방식이라고 생 각하는 쪽으로 굴절시키면서 돌아와. 거의 예외 없이 원래 시나리오로 돌아오는 거지. 결과적으로 스크린에 오르는 건 원래 시나리오 내용이었어. 그녀는 거기 적힌 내용의 타 당성을 입증하려고 그런 여정을 거쳐야 했던 거야.

비글로 그게 내가 패트릭의 시나리오 점검을 바라보는 관점하고 정확히 일치한다고 봐. 그게 캐릭터를 장악하는 그만의 방 식이었어. 엑소시즘과 비슷했어. 그의 경우, 바로 그게 그가 시나리오에서 느낀 매력이었어.

캐머런 있잖아, 아널드는 〈터미네이터〉를 7년 전에 했어. 그런데 그 는 〈터미네이터 2〉 촬영 첫날에, 지켜보는 것만으로도 경탄 할 만한 방식으로 찰나에 그 캐릭터로 돌아가더군. 여전히 감독의 존재가 필요하기는 해. 지금도 가끔 그한테 이런저런 지시를 해야 하지. 대사에 감정이 너무 많이 묻어난다, 뭐, 고개를 이런 식으로 돌려라 등등. 그건 모두 상호작용하는 과정이야.

자기 연기는 철저히 밀봉된 연기고 감독이 할 일은 카메라를 설치하는 거라고 생각하는 연기자를 만날까 봐 무서워. 내 입장에서 카메라 설치는 지독히 따분한 부분이니까. 대신 이전에 전혀 존재하지 않았던 무엇인가를 창조하는 건 흥분되는 일이야.

비글로 당신 영화에서는, 특히 〈터미네이터〉 시리즈에서는 성경이나 종교에 대한 레퍼런스가 보여. 의도적인 거야, 아니면 잠재의식에서 비롯된 거야?

캐머런 잠재의식과 의도가 결합된 거라고 생각해. 나는 잠재의식에서 비롯된 이유들 때문에 하던 일을 멈추고는 해. 스스로 그 상황을 해석해보고, 그걸 계속하는 게 받아들일 만한 일인지 아닌지 결정해.

비글로 형이상학적인 방식으로, 굉장히 삶에 긍정적인 태도로군.

캐머런 그게 종교가 사람들의 내면 깊숙이 자리 잡은 심리적 욕구를 충족해주는 원리라고 생각해. 사람들은 어떤 걸 특정한 종교 교리에서 얻지 못하면, 다른 출처에서 그걸 얻을 거야.

그게 대대로 전해져 내려온 신화건, 당신이 처음으로 창작해낸 신화건 상관없이 말이야. 영화제작의 일부분은—분명히 내가 만들고 싶어 하는 종류의 영화들은—새로운 신화 neo-myth를 창작하는 거야. 당신도 알겠지만, 이런 심리적 원형 다수는 잠재의식에서부터 활동하는 경향이 있어.

비글로 맞아, 인류는 자기 육체를 초월하기 위해 신화를 필요로 하는 것 같아.

캐머런 내게 있어 그건 약간 별개의 주제야. 〈터미네이터〉 같은 영화에서는 특히, 개인에게 권한을 부여한다는 느낌을 의식적으로 담아낸 측면이 있어. 당신도 알겠지만, 그 영화는 세계를 구하는 웨이트리스 이야기였어. 그녀는 비록 짧은 순간이지만 본질적으로 세상에서 가장 중요한 사람이 돼.

비글로 집단과 대조되는 개인의 힘에 대한 영화지.

캐머런 흥미로운 건 내가 〈터미네이터〉를 한 후 〈에이리언 2〉를 했다는 거야. 〈에이리언 2〉는 권한이 전혀 없는 지위에 있다가 통제력을 완전히 거머쥔 사람이 되면서 계급 체계를 뚫고 올라가는, 구조화되고 위계적인 상황에 처한 개인의 이야기잖아. 본질적으로 그건 한 번 더, 시스템이나 거기에 속한 개인이 제 기능을 하지 못하게 되면서 외부인이 행동을 취해야만 하는, 어떤 결정을 내려야 하는 상황에서 시스템 외부의 개인에게 권한을 부여하는 이야기였어.

비글로 당신 작품들을 볼 때, 당신에게 양심이 담겨 있지 않은 소
재를 작업하는 건 불가능하다고 생각해. 당신 영화는 깜짝
놀랄 정도로 이해하기 쉽긴 해도, 동시에 여러 층위에서 작
동할 수 있고, 부지불식간에 체제 전복적인 작품이 될 수
도 있어.

캐머런 굉장히 하기 힘든 일이야. 하지만 지적인 목표를 추구하라
고 자극하는 동시에 관객의 욕구를 대단히 노골적으로 충
족시켜주는 엔터테인먼트 작품을 시도하고 창작하는 게
목표가 돼야 한다고 생각해.
　때로 그 두 가지 목표가 충돌하지. 거기서 문제는 그것
들이 성공적으로 어우러져 작동할 수 있는 특유의 내러티
브를 찾아내는 거야. 당신도 〈폭풍 속으로〉를 작업하면서
비슷한 발전 단계를 거쳤을 거라고 생각해. 당신은 아티스
트로서, 대단히 대중적인 이야기를 들려주는 이야기꾼으
로서 문학적 자극과 개념적 자극으로 관객을 만족시킬 수
있어. 그리고 타협하지 않는 영화로……

비글로 그게 펄프pulp의 미덕이잖아. 그건 아마도 위장한 프로파간
다일 거야.

캐머런 물론이지. 그런 작품은 튼튼한 철학적 뼈대를 갖고 있어.

인간이라는 동물의 기초적 욕구를 충족시키지 못하는 시스템이나 조직과 충돌하는 개인에 대한 이야기지.

비글로 〈터미네이터〉와 〈폭풍 속으로〉에서 흥미로운 건, 캐릭터들이 시스템에 참여하려고 애쓴다는 거야. 아니면 그걸 이겨내면서 동화되려고 분투한다는 점이지. 일종의 패러독스가 만들어지는 거야.

캐머런 그게 인류의 위대하면서도 양면적인 충동이지. 자유로워지고, 한 사람의 개인이 되고 싶지만 한편으로는 건축자builder이고 싶은 것. 본능 깊은 곳에 자리한 층위에서, 우리는 개미야. 건물 짓는 걸 좋아해. 질서 있는 걸 좋아하고. 두 가지 충동은 항상 대립하는 위치에 있어.

비글로 우리는 질서 있는 걸 좋아하고, 모든 걸 이해하는 걸—규범화하고, 카탈로그로 만드는 걸—좋아해. 모든 걸 찢어발기겠다고 위협하는 경이로운 혼돈이나 무정부 상태가 실제로 발생할 경우, 거기에 역사적인 관점을 적용하기 위해서 말이야. 그게 두 영화의 진정한 핵심이야.

캐머런 그게 시고니가 처음부터 개인이었고 항상 구조적인 세계관에 맞서 싸우는 영화인 〈에이리언 2〉하고 〈폭풍 속으로〉의 차이야. 〈폭풍 속으로〉에서 키아누 리브스 캐릭터는 웨스턴에 어울리는, 일종의 흑백논리 철학에 매료돼 있어.

비글로　그가 알던 모든 것에 반대되는 세계와 라이프스타일에 매료되기 전까지는. 그는 새로운 영혼을 얻게 되지.

캐머런　자신의 흑백논리 세계관이 작동하지 않는 곳들이 있다는 걸 알게 돼.

비글로　그가 FBI가 된 건 어떤 면에서 대단히 순진한 일이야.

캐머런　〈7월 4일생〉에서 톰 크루즈가 연기한 캐릭터의 천진한 멸사봉공 성격과 비슷하지.

비글로　키아누 리브스가 연기한 캐릭터는 거의 어린애 같은 열정을 품고 FBI를 인식해. 그런 순진한 시기는 보디 캐릭터를 접하는 순간 끝나. 갑자기 생존이 깨우침과 동일해지는 거야. 리브스 캐릭터 입장에서는 혁명적인 생각이지.

캐머런　그 영화의 재미있는 점은, 그가 특유의 어린애 같은 모습을 가지고 새로운 세상에서, 하지만 다른 방식으로, 원시적인 방식으로, 감정적인 방식으로 다시 태어난다는 거야. 다른 할 얘기 있어, 자기?

비글로　자기는 다른 할 얘기 있어?

캐머런　〈폭풍 속으로〉가 나올 때까지 기다리지 못하겠어.

비글로   왜?

캐머런   몰라. 사람들이 떠들 테니까. 캐스린 비글로. 이건 분명 어
        떤 남자가 쓰는 괴상한 동부 유럽식 예명인 게 분명해. **캐
        스린**이라, 남자 이름처럼 들리지는 않지만, 남자인 게 분명
        해. 여자들은 이런 식의 액션을 찍지 않아. 결국 세상이 당
        신을 찾아냈을 때 보이는 반응은 무척 재미있을 거야.

폭풍 속으로

1991

할리우드의 마초 우먼

마크 샐리스버리 / 1991

캐스린 비글로는 이런 질문을 자주 받았다. 얼마나 고상한 문구로 포장하건, 얼마나 많은 이슈를 에두르건, 그 질문들은 결국 하나로 요약된다. 그녀는 그녀가 만드는 종류의 영화들을 왜 만드는가? 전통적으로 남성이 지배하는 액션 영화 영역에서 꾸준히 활동하는 유일한 여성 감독 비글로는 영화 미디어를 능숙하게 다루는 그녀의 솜씨에 불편해하는 평론가들과 씨름해야 했다. 그녀는 그녀와 비교되는 남성 감독들보다 연출 솜씨가 뛰어나다.

"영화 연출을 젠더와 관련된 직업이나 스킬로 생각하지 않아요." 비글로의 대답이다. 이전에도 숱하게 내놓은 대답인 게 분명하다. "영화감독은 그냥 영화를 감독하는 사람일 뿐이라고 생각해요. 그 사람이 자기 작품에 남성적이거나 여성적인 성향을 불어넣지 않는다는 말은 아니에요. 예를 들어 남자가 감정적인 소재를 여자만큼이나 근사하게 다룰 수도 있어요. 하지만 그건 어디까지나 인식의 문제예요. 어떻게 여자가 남성적이라고 인식되는 무언가를 다룰 수 있느냐의 문제라는 거죠. 그런데 그런 질문을 던지는 사람은 이걸 자문해봐야 돼요. 그걸 왜 남성적이라고 인식하는가? 액션은 액션일 뿐이에요."

스스로 인정했듯 비글로는 "대단히 강한 충격을 안겨주는 대담한 영화"들을 만든다. 내장이 뒤틀릴 정도로 격렬하고 폭발적이며, 본능적이고 시적인 폭력. 그녀는 샘 페킨파와 월터 힐이 뒤섞인 여성이다. 동료 감독 페니 마셜과 마사 쿨리지가 감정적으로 치고받는 전쟁터를 훑는 동안 비글로는 그보다 더 격렬한 반응을 택한다. 지나치게 빠른 편집과 솔직한 카메라워크, 무기를 향한 페티시즘에 가까운 존경심.

영화 〈블루 스틸〉 프로듀서였던 올리버 스톤은, 비글로가 남성적이라고 묘사되는 것을 가차 없이 다루는 성향의 소유자라고 말한다. 비글로는 그런 의견에 폭소를 터뜨리면서, 영화에 젠더를 부여할 필요성에 대해 다시금 의문을 표한다. 그녀는 속내를 내보이지 않으려고 최선을 다했지만 목소리에서 짜증이 느껴진다.

이번 주 개봉작 〈폭풍 속으로〉는 비글로가 만든 대단히 즐거운 네 번째 영화다. 지적으로는 얄팍하더라도 비주얼 면에서는 멋진 서핑/스카이다이빙을 선보이는 이 오락물에 키아누 리브스가 미국 전직 대통령들—레이건, 닉슨, 카터—로 변장한 은행 강도 무리를 추적하는 동안 童顔의 FBI 요원으로 출연한다. 그들을 쫓아 해변에 간 그는 묘한 매력을 풍기는 서핑의 권위자 패트릭 스웨이지의 영향권에 끌려 들어간다. 이 시점까지는, 대단히 스펙터클하다.

그러나 앞선 세 작품에서 진부한 신화들—바이커, 뱀파이어, 경찰—을 참신하게 비트는 데 성공한 비글로에게, 관객은 주인공이 서핑 보드에서 나자빠지는 모습이나 사나이 간의 유대감을 넘어선 뭔가를 기대할 것이다. "착한 사람과 못된 사람에 대한 영화가 아니에요." 그녀는 주장한다. "우리의 착한 사내—주인공—가 그의 내면에 있는 어둠에 유혹되고 안티히어로일 때, '악당'이 전혀 악당이 아닐 때 상황은 약간 복잡해져요."

그렇다고 이 영화가 단순히 서핑을 다룬 영화인 것도 아니라고 주장한다. "바다는 이 특별한 맥락에서 메인 캐릭터들이 스스로를 규정하고 시험하고 도전하게끔 만드는 도가니 같은 역할을 해요. 이건 자아실현에 대한 영화예요. 그들은 무슨 일이든 할 수 있을 거예요. 서핑의 독특한 점은 시스템 외부에 존재한다는 거예요. 서핑의 정신을 체현한 사람들에게는 그들 나름의 사고방식이 있고, 그들만의 언어와 드레스 코드, 행동 방식이 있어요. 서핑은 굉장히 원초적인 활동이고, 서핑을 하는 사람들은 별개의 종족처럼 활동해요. 서핑을 체제 전복적인 사고방식의 풍경처럼 활용하려고 애썼어요."

캘리포니아 출신 비글로는 그녀의 최신작에 등장하는 전복적인 서퍼 범죄자들을 그녀의 첫 영화이자 아트하우스에서 상영된 바이커 영화 〈사랑 없는 사람들〉에 등장하는 아나키스트들과 탁월한 두 번째 영화 〈죽음의 키스〉에 나오는 뱀파이어들과 꾸준히 관련지었다. "영화는 관객에게 카타르시스를 줄 수 있어요." 그녀가 한 말이다. "영화는 관객을 변화시킬 수 있다고 생각해요. 영화는 다른 맥락에서 경험할 수 없는, 또 다른 우주를 향해 열린 원도예요. 가장 중요한 건 양심적이고 이해하기 쉬운 포맷에서 작업하는 거라고 생각해요. 내게는 그게 무엇보다도 중요한 연출 동기예요."

액션 영화의 여왕이라는 신분을 감안할 때, 비글로는 그녀의 작품이 선봉에 서서 자기를 따르라며, 더 거칠고 투지 넘치는 영화를 만들라며 다른 여성들을 격려한다고 생각할까? "더 거친 영화가 됐건 더 부드러운 영화가 됐건, 여성들에게 가급적이면 비타협적으로 작업하라고 격려할 수 있을 거라고 생각해요." 그녀의 반응이다. "그건 그들의 비전에 충실할 수 있느냐 없느냐 문제예요." 그녀는 자기 비전이 그녀의 주위 환경을 반영한 것이라고 말한다. "영화에는 현실의 요소가 있어요……. 〈블루 스틸〉은 뉴욕에 사는 동안 경찰국에 여성이 많다는 걸 깨닫고 그들의 삶과 경험은 어떨까, 남성 동료들과 어떻게 다를까 하는 걸 상상한 데에서 영감을 받았어요."

권총을 휴대하는 여주인공(제이미 리 커티스)이 등장하는 〈블루 스틸〉이 이번 여름에 〈델마와 루이스〉 〈터미네이터 2〉의 린다 해밀턴이 정점을 이룬, 권총을 쥔 여성이라는 트렌드를 열었다는 주장도 있지만, 비글로는 그런 관계를 인정하는 것을 피한다. "그건 그냥 현실이 그런 거예요. 우리 사회의 폭력이 고조됨에 따라, 나는 그게 영화 제작의 트렌드보다 일종의 사회적 징후라고 생각해요."

하지만 여성이 스크린을 장악하는 걸 관객이 수용했다는 사실이 반드시 여성에게 더 많은 힘이 실렸다는 뜻으로 해석되지 않는다는 걸 그녀는 인정한다. "남성 감독이건 여성 감독이건, 새로이 유망주로 부상하기는 어려운 일이에요. 영화계는 경쟁이 심한 곳이고, 해마다 만들어지는 영화는 몇 편 되지 않으니까요. 하지만 영화계가 변하고 있다고 생각해요. 영화계의 상황은 점점 개선될 수밖에 없어요."

젠더를 초월하다

아나 마리아 바히아나 / 1992

1951년에 샌프란시스코에서 태어나고 자란 비글로는 샌프란시스코아트인스티튜트와 뉴욕의 휘트니미술관에서 미술 교육을 받았다. 전통적인 비주얼 아트의 "엘리트적 한계"라고 부르는 것에 따분해진 그녀는 다른 아방가르드 화가와 조각가 그룹과 함께 필름이라는 표현 매체에 조금씩 손을 대기 시작했다.

그때 피어난 열정이 지속됐다. 비글로는 컬럼비아대학원 필름스쿨에 입학해서 밀로스 포먼 밑에서 공부했다. 1978년에 그녀는 첫 프로젝트 〈셋업〉을 완성했다. 폭력적인 길거리 깡패들의 대결을 연대기로 담아낸 이 단편영화는 많은 칭찬을 받았다. 3년 후, 비글로는 첫 장편이자 윌렘 대포가 출연한 스타일리시 바이커 영화 〈사랑 없는 사람들〉을 연출했다.

비글로의 다음 영화 〈죽음의 키스〉는 후반 작업이 험난했다. "우리가 영화를 편집하는 동안 그걸 만든 회사가 배급권을 상실했어

From *Cinema Papers*, January 1992, 32-34. Reprinted by permission of Ana Maria Bahiana.

요." 그녀의 회상이다. "그들은 그걸 디노 드 로렌티스에게 팔았는데, DEG도 영화를 배급하는 도중 파산하고 말았어요. 영화 한 편에 그런 일이 두 번이나 일어난 거예요! 영화감독 입장에서는 무시무시한 일이었어요." 그럼에도 영화가 1987년 메이저 시장을 강타했을 때, 비글로는 그 영화 덕에 유망하고 흥미로운 미국 감독 중 한 명으로 입지를 다지게 됐다. "젠더와 관련 없어요." 그녀는 짓궂은 미소를 지으며 덧붙였다.

제이미 리 커티스와 론 실버가 출연하는 매력적인 스릴러 〈블루 스틸〉과 범죄의 광란에 뛰어든 서퍼들을 그린 올해의 연출작 〈폭풍 속으로〉는 또 다른 장르의 거장 제임스 캐머런과 결혼한 그녀의 영향력을 더 넓게 확장시켰다. "재미있네요." 그녀는 말한다. "월터 힐한 테 가서 '월터, 당신이 남자라서 묻는 말인데, 당신은 이러이러한 영화를 어떻게 만드나요?'라고 묻는 사람은 아무도 없잖아요."

당신은 여성 캐릭터가 영화를 추진해나가는 〈블루 스틸〉을 만든 후, 남성들의 유대를 본질적으로 다룬 영화 〈폭풍 속으로〉를 선택했어요. 이 프로젝트의 어떤 점에 매력을 느낀 건가요?

이 영화에는 모든 게 있었어요. 대단한 심리적 차원을 가진 캐릭터들과 상당히 큰 가능성을 제공한다고 생각했던 환경과 세팅. 예전에 본 적이 없던 세계였죠. 당신이 서핑에 대해 잘 안다고 생각할지 모르지만, 현미경 아래 놓고 자세히 분석해보면 서핑은 너무도 놀라운 세계라는 걸 알게 돼요. 원시적인 유대감을 느낄 수 있는 세계고, 신화적이면서 낭만적인 세계예요.

캘리포니아 서핑 커뮤니티에 대한 조사를 많이 했나요?

일부 구성원을 만나 얘기를 나눴어요. 모두 기이한 정신의 소유자로, 대단히 종교적인 사람들이에요. 다듬어지지 않은, 생각을 잘 표현하지 못하는 방식의 종교이기는 하지만요. 그들은 언어로 커뮤니케이션하지 않아요. 대단히 선禪적인 사람들이라는 말 외에 달리 표현할 방법이 없네요. 그들은 높은 차원의 의식으로 진화한 사람들처럼 보여요.

그 커뮤니티에서 당신이 〈폭풍 속으로〉에서 그려낸 것 같은 폭력적인 요소를 발견했나요?

아니, 아니에요. 그들은 폭력적이지 않아요. 영화에서 보디(패트릭 스웨이지)가 말하잖아요. "나는 폭력이 싫어." 그건 그의 캐릭터에 대단히 중요한 점이에요. 서퍼는 극단적인 상황에 직면했을 때 외에는 폭력적인 사람들이 아니에요. 물에서는 상당한 공격성을 보이는 게 확실하지만, 서핑은 두드러진 탐구 행위이자 개인적인 도전이에요. 그들은 날마다 목숨을 위협하는 상황에 자신들을 몰아넣어요. 그걸 사랑하기 때문이죠. 대단히 놀라운 사람들이에요.

당신이 그들을 거의 신화적 차원에서 그려낸 건 확실해요.

나는 세상을 구체적인 시각이 아니라 비유적인 시각으로 봐요. 시스템이나 체제에 정치적으로 도전하는 일 없이, 그걸 믿지 않으면서 신화들을 계속 살아 있게 만드는 건 정말로 흥미로운 일이에요. 서퍼들이 드러내놓고 명료하게 설명을 하지 않아서 그렇지, 그들은 시스템에 도전하고 있어요. 그들은 이 영화에서 신화예요. 미국의 영혼American Spirit이죠. 그들은 카우보이와 비슷해요.

여성 감독인 당신이 마초 액션 영화를 찍고 있다는 피드백을 많이 받았나요?

관객들은 이 영화의 시나리오를 쓰고 연출한 게 여자라는 사실을 절대 알아차리지 못할 거라고 말하는 사람들이 주위에 있어요. (웃음) 연출이 젠더와 관련 있는 일이라고는 생각하지 않아요. 여자가 특정 종류의 소재에 더 적합하다는 인식은 스테레오타입일 뿐이에요. 그런 인식은 여성의 역할을 제한할 뿐이에요.

당신은 여자가 '소프트'한 소재만 연출할 수 있다는 스테레오타입이 세상에 존재한다고 말하는 건가요?

사실 그런 스테레오타입이 존재하는지 여부를 정말 모르겠어요. 영화를 연출하는 여자가 손에 꼽을 정도로 적으니까요! 나는 클리셰를 믿을 수 없어요. 그래서 거꾸로 생각해요. 더 많은 여자가 이런 액션 영화를 만들고 있지 않은 이유는 뭘까? 궁금해요.

당신의 이전 영화 〈블루 스틸〉의 출발점은 뭐였나요?

순전히 여자가 액션 영화를 한다는 아이디어에서 시작됐어요. 액션 스릴러를 작업했던 여자가 한 명도 없었을뿐더러, 중심 캐릭터로 자리 잡은 여자가 한 명도 없었어요. 그 점에 매료됐던 건 분명해요. 나는 액션 영화라면 가리지 않고 다 보는 여자인데, 그런 영화의 중심에는 항상 남자가 있으니까요. 관객은 그 남자에게, 가장 힘센 캐릭터에게 동질감을 느끼기 시작해요.

우리는 그 출발점―여자를 중심에 배치하겠다는 결정―에서부터 그에 따른 파문은 어떤 게 될 것인지를 작업해나갔어요. 어떻게 똑같은가? 어떻게 다른가? 한 여자가 자기 목숨을 위해, 생존을 위해 투쟁할 때, 분명히 거기에는 젠더를 초월하는 보편적 측면들이 있어요. 거기서 그녀가 여자라는 사실이 어느 정도까지 관련될까요?

그런 다음에 연쇄살인범을 투입했어요. 그녀에게 장애물을 안겨준 거죠. 그러고는 스토리를 배배 꼬아, 기이한 러브 스토리로 만들었어요.

〈죽음의 키스〉는요?

그건 웨스턴을 하고 싶어서 시작한 영화예요. 그런데 웨스턴에 제작비를 댈 사람이 아무도 없어서 우리는 생각했어요. "오케이, 어떻게 하면 그 장르를 뒤집어엎을 수 있을까? 웨스턴을 하면서도, 뭔가 다른 걸로 팔아먹을 수 있도록 위장하자." 그런 다음에 생각했죠. "아하, 뱀파이어 웨스턴!"

그 영화는 두 가지 신화가 근사하게 섞인 혼합물이 됐어요. 웨스턴과 뱀파이어 영화. 두 장르가 서로를 강화해줬어요. 아귀가 척척 맞더군요.

그리고 우리는 다시 한 번, 일부 캐릭터를 고안해낸 다음 무슨 일이 일어날지 보려고 무시무시한 상황에 그들을 투입했어요.

앤 라이스의 뱀파이어 소설들이 당신들의 시나리오 집필에 큰 영향을 끼쳤나요?

그 책들을 알고는 있었지만, 시나리오를 쓸 때는 브람 스토커의 『드라큘라』를 참고했어요. 영화의 끝부분에 나오는 수혈은 『드라큘라』에서 꺼내온 거예요.

그런 다음 우리가 한 고심은 이런 거였어요. 뱀파이어 신화를 문학이나 영화에서 해본 적이 없는 방식으로 어떻게 재정의하고 재발명할 수 있을까? 우선 그들을 뱀파이어로 부르지 말자고 결정했어요. 두 번째로는 고딕풍 요소들—성城, 박쥐, 십자가, 심장에 박는 말뚝—을 모두 제거했어요. 우리의 뱀파이어는 여행을 떠난 현대 뱀파이어, 미국의 뱀파이어예요. 그들의 정체가 뭔지는 나도 몰라요. 그들은 생존하려면 피를 마셔야만 하는 밤의 피조물이에요. 그들은…… 궁금한 존재예요.

회화에서 영화로 바꾼 이유는 무엇인가요?

회화는 고립되고 약간 엘리트적이지만 영화는 대규모 관객에게 도달할 수 있는, 믿기 힘들 정도로 뛰어난 사회적 도구가 될 잠재력을 갖고 있다고 느꼈어요. 일부 회화의 경우 감상자가 그 그림의 진가를 제대로 인식하려면 상당한 정도의 지식이나 교육이 필요해요. 영화는 그렇지 않죠. 영화적인 맥락 내에서 쉽게 이해할 수 있어야 하니까요.

그런 점을 감안하면, 내 전향은 상당히 타당한 결과였어요. 영화는 이해하기 쉽고, 도전 의식을 북돋우는 예술형식이에요. 대단히 스타일리시하고 시각적인 매체고요. 영화는 내러티브로 작동해요. 그래서 나는 영화를 일종의 현대적인 문학으로 봐요. 대단히 복잡한 미디어인데, 나는 그런 미디어를 사랑해요.

연출에 항상 매력을 느꼈나요?

그걸 '연출'이라고 생각해본 적은 없었어요. 예술을 작업하는 다른 방식이라고 생각했죠. 회화를 하던 내가 영화를 만들게 된 거예요. 나중에야 내가 하고 있는 일이 시나리오 집필과 연출이라는 걸, 영화감독이 하는 일이라는 걸 깨달았어요. 나는 미디어를 바꿨을 뿐이라고, 미술의 세계에서 주류 영화 연출의 세계로 옮겨왔을 뿐이라고 생각했어요.

미술을 하면서 받은 교육이 영화의 비주얼 스타일을 작업하는 데 도움이 되나요?

그건 중요해요. 하지만 나는 주로 스토리와 캐릭터에 매력을 느껴요. 그게 가장 중요한 것들이죠. 비주얼은 쉽게 떠올라요.

내가 받은 교육 때문에, 나는 영원히 비주얼에 집착할 수도 있어요. 하지만 나는 스토리와 캐릭터에 더 집중해요. 작업할 필요가 있는 건 그것들이니까요. 비주얼이 얼마나 근사하게 보이건, 가장 중요한 건 관객이 캐릭터와 맺는 유대감이에요. 영화를 정말로 근사하게 만들더라도, 잘못하면 관객들이 그 안에 담긴 감정에 집중하지 못할 수 있으니까요.

당신의 영화들은 확실히 폭력이라는 주제에 대한 매혹을 보여줘요. 개인적인 관심사인가요?

모르겠어요. 그게 반드시 개인적인 매혹에서 비롯된 건 아니에요. 내가 폭력의 강렬함을 특히 좋아하기는 하지만요. 관객에게 강한 충격을 주는 영화 연출을 좋아해요. 그건 도전적이고 도발적인 일이에요. 보는 사람으로 하여금 생각을 하게 만들죠. 약간 불편하게도 만들고요.

나는 관객을 꾸준히 기분 좋게 만드는 소재에는 마음이 끌리지 않아요. 이유는 모르겠어요. 조지 밀러와 샘 페킨파, 마틴 스코세이지, 제임스 캐머런, 월터 힐이 만든 액션 영화를 무척 좋아해요. 위대한 감독들이에요. 관객을 감정적으로 몰입시키는, 강한 충격을 주는 영화들을 만들어요.

믿음이 가고 관심이 가는, 강하고 음울한 캐릭터들에게도 마음이 끌려요. 그런 캐릭터들을 대단히 극심한 상황에 집어넣는 걸, 스토리를 유기적으로 확장시킨 상황에 집어넣는 걸 좋아해요. 〈죽음의 키스〉의 길가 술집 신을 봐요. 그게 대단히 폭력적인 신이라는 건 알아요. 하지만 그 신 없이는, 그들이 살아가는 방식을 보여주지 않고서는 캐릭터들을 묘사할 수가 없어요. 그게 그들 삶의 진면목이에요. 그래서 그 신이 영화에 중요하다고 생각했어요.

〈블루 스틸〉에서 남자는 연쇄살인범이에요. 그는 단순히 권총을 사방에 휘두르는 인물이 아니에요. 그것보다 더 정신이 나간 인간이죠. 감독에게는 그 캐릭터의, 그의 정신 질환의 진면목이 필요해요.

그래서 나는 폭력이 그 캐릭터나 스토리를 충실하게 묘사하는 방법이라고 믿어요. 하지만 그런 성향이 소프트하고 감정적인 소재의 작업을 막지는 않아요. 내가 선택한 이야기들이 특별히 강렬했을 따름이에요.

영화에서 폭력을 표현하는 여성적인 방법이 있다고 믿나요?

폭력을 표현하거나 다루는 여성적인 방법이 있다고 생각하지 않아요. 단지 영화감독마다 각자의 접근 방식이 있을 뿐이에요. 그게 젠더에 특화된 일이라고 생각하지 않아요. 폭력은 폭력이에요. 생존은 생존이고요. 여성의 시선이나 목소리가 따로 있다고 생각하지 않아요. 우리는 눈이 두 개예요. 그걸로 3차원을 보고 전체의 색상을 보죠. 모두가 그럴 수 있어요. 여자의 어떤 배경이 그 비전을 다른 비전으로 만들까요? 내 영화에서, 캐릭터들은 남성이건 여성이건 그들의 목숨을 위해 투쟁하고 있어요. 그건 인간적인 일이에요.

당신이 말한 것처럼, 여자들은 연출 분야에서 여전히 마이너리티예요. 자신이 직접 쓴 시나리오를 연출할 경우 특히 더 그렇죠. 그런데 올해 몇 가지 변화가 일어났어요. 〈델마와 루이스〉 〈닥터〉 〈넝쿨 장미〉 같은 중요한 영화들이 여성에 의해 집필되거나 연출되고 있어요. 당신 생각에, 젠더에 대한 할리우드의 편견을 크게 바꿔놓으려면 무엇이 필요할까요?

더 많은 여성이 영화 만들기를 원해야 해요. 그런 욕망을 가진 여자들이 세상에 없는지도 몰라요. 뜻이 있는 곳에 길이 있다는 걸 나는 늘 믿어왔으니까요. 나는 진정성 없는 형식주의tokenism는 믿지 않아요. 그건 업계에서 말하는 "오케이, 우리는 여성 감독을 더 많이 원해"라는 식의 문제가 아니에요. 여자와 남자는 동일한 정도의 저항을 받으면서 일해야 해요. 달리 말해, 그들의 작업은 그들 프로젝트와 작품에만 맞도록 이뤄져야 해요.

여자들은 상상할 수 있는 모든 직업이 그들에게 개방돼 있다는 걸 일찍부터 깨달아야 해요. 나는 여성에게 개방되지 않은 직업을 생각할 수 없어요. 따라서 그건 교육과 관련된 문제예요. 갓난아기일 때, 여자애와 남자애는 각기 젠더에 특화된 장난감을 받고, 특정한 본능이 발달되도록 교육을 받아요. 하지만 우리가 무슨 일이든 가능하다는 걸 깨닫는다면…… 실제로 무슨 일이든 가능할 거예요!

스트레인지 데이즈
1995

모멘텀과 디자인

개빈 스미스 / 1995

"모든 게 이미 완료됐어."〈스트레인지 데이즈〉도입부에서 밀레니엄의 격변에 대한 암울한 두려움과 갈망, 행복감으로 가득한 꿈속에서 누군가 한 말이다. 때는 1999년 12월 31일 밤이다. 캐스린 비글로의 음울함과 격렬함을 오가는 신작 영화에서 엔터테인먼트는 사실상 지칠 대로 지친 국가의 유령이나 다름없는 정치 생명을 연장하기 위한 미디어가 된다. 더 나아가 영화는 역사의 종말the End of History을 우리가 아는 영화의 종말the End of Cinema로 표현한다. 우리는 색종이 조각이 뿌려지고 폭동 진압대의 헬멧이 가득한 로스앤젤레스에 있다. 도시의 태양은 절대 떠오르지 않고 할리우드는 한물갔다. 이 경찰국가에서 리무진은 모두 방탄 차량이고, 슈퍼모델들은 크리스마스 산타들을 털며, 랩 스타는 검은 미국Black America의 가장 유망한 정치인이다. 이런 피해망상적인 LA가 스크린에 오른 적은 지금껏 한 번도 없었다. 현실 세계에서만 이런 모습을 보였을 뿐이다.

From *Film Comment 31*, no. 5 (September 1995): 46-50. Reprinted by permission of Film Society of Lincoln Center.

서기 2000년이 닥치면서—최고의 황홀감에 접속하게 해주는—신종 마약이 등장한다. 이는 영화 매체를 기술적으로 위협하는 스퀴드초전도 양자 간섭 디바이스로, 우리의 두개골로 이어지는 금지된 가상현실의 고속도로다. 스퀴드의 세계가, 그리고 클립을 통해 감각과 감정을 경험하는 착용자가 쾌락을 좇는 관객과 배우의 커뮤니티를 대체했다. 스퀴드 착용자는 궁극적인 대리 시청자가 돼서, 섹스와 폭력에 대한 판타지를 생생하게 체험한다. 창조적인 상상력과 관련된—생산자와 소비자 모두의—도덕 경제는 거래에서 제거됐다. 그에 따른 최종 결과물은 황홀감인가, 파멸인가?

비글로의 주인공은 불법 클립을 취급하는 거래인으로 전락한 전직 경찰 레니 네로(랠프 파인스)다. 그는 블록버스터가 아닌 영상물을 고객에게 마련해주는 일로 생계를 꾸린다. 괜찮은 남자였던 레니는 잘 만든 누아르에서 모두 그러는 것처럼 여자 때문에 추잡한 처지가 됐다. 그는 예전 여자 친구이자 떠오르는 록 스타이며 곧 피해자가 될 유력한 후보인 페이스(믿기 힘들 정도의 감정적 깊이를 연기로 보여주는 줄리엣 루이스)의 기억을 담은, 클립으로 구성된 개인적 컬렉션에 푹 빠져 있다. 깊이를 알 수 없을 만큼 어두컴컴한 음모에 걸린 레니는 자신이 넘지 말아야 할 선을 넘었다는 걸 알게 된다. 여기서 메이스(안젤라 바셋)가 등장한다. 메이스는 레니의 불법 행각에 진저리를 치지만, 위기에 처한 친구를 도와줄 준비가 돼 있고 능력도 있는 운전기사/보안 전문가다.(비글로의 중성적인 캐스팅에서 파인스는 여성스러운 측면이 강조되는 반면—대단히 아름다운—바셋은 말수가 적고 자기만의 세계에 빠져 있는 근육질 여성이다.)

엔터테인먼트는 보는 이의 관점에서 아무런 문제가 없다. 영화의 첫 이미지는 정신없이 요동치는 눈동자다. 〈스트레인지 데이즈〉는 영화의 끝 부분 상황을 따서 지은 제목이지만, 이 제목을 들으면 영화가 상상하는 관객의 상황—감시와 엔터테인먼트가 분간되지 않게 됐을 때, 현실도피가 죽음으로 떠나는 여행이 될 수도 있을 때, 인류 중 가장 질 낮은 이들에게 우리가 인간이라는 인식을 강화시키는 것보다 마이크로칩의 도움을 얻은 감정이입이 더 잘 통하는 것처럼 보일 때—을 가장 잘 떠올리게 만들어주는 "몽롱함estranged daze"이 연상된다.

시간이 흐를수록 최신식이 된 비글로의 영화들은 장르에 속한, 본능적이면서 대단히 강력한 작품들이다. 그녀는 복잡한 형식에 대한 순수 미술의 감각과 예리한 디자인으로 시각화하는 능력, 하이퍼리얼하고 에로틱하며 강력한 비주얼을 다루는 재주를 보여준다. 무엇보다도 그녀의 작품들은 최상급 메타시네마metacinema다. 스릴을 맛보려고 세상에 나온, 범죄를 통해 쾌락의 절정을 추구하는 범법자들—〈사랑 없는 사람들〉의 바이커들, 〈죽음의 키스〉의 뱀파이어들, 〈블루 스틸〉의 연쇄살인범, 〈폭풍 속으로〉의 서퍼들—을 화신으로 내세우면서 액션 영화라면 반드시 해야 할 요소들을 자유로이 탐문한다. 〈폭풍 속으로〉의 보디(패트릭 스웨이지)는 그가 이끄는 갱과 함께 법에 저항하는 것으로, 아마도 영화를 보는 관객까지 아우르는, 탄압받는 대중을 위한 대리인 역할을 한다고 스스로 합리화하기까지 한다("우리는 그들에게 인간의 영혼이 여전히 살아 있다는 걸 보여주는 거야!").

〈스트레인지 데이즈〉에 배어 있는 영화의 공포와 보는 행위seeing의 공포는, 결국 영화라는 매체가 상상력이 풍부한 공간임을 재확인하면서 극복된다. 소외감을 느끼게 하는 스펙터클은 사회적 카타르시스를 통해 완화된다. 영화의 마지막 부분에서 정교한 시점 이동이 일어나는 동안, 감정적으로 핵심인 장면에서 메이스의 짝사랑이 레니의 짝사랑을 대신하는 것은 관객과 캐릭터 사이의 감정적 동질감을 절정으로 보여준다. 〈스트레인지 데이즈〉는 궁지에 몰린 우리 시대에, 열정적 인류애를 유지하려는 영화계에 병적인 매혹과 끔찍한 아름다움을 요청하는 불온한 영화다.

〈스트레인지 데이즈〉는 어떻게 탄생했나요?

짐 캐머런이 이 작품을 9년간 작업해왔어요. 1991년에 그가 나한테 해준 작품 얘기를 듣고 기막히게 좋은, 넋을 빼놓는 스토리라고 생각했어요. 그 시점에 종이에 적혀 있는 건 하나도 없었어요. 그래서 그는 트리트먼트를 썼고, 우리는 그걸 함께 시나리오로 발전시켰어요. 내가 한 일은 모두 시나리오 작업에 있어요.

이 영화에 어떤 방식으로 몰두했나요?

정치적 문제들이 대단히 중요했어요. 사회의 풍경, 내전이 발발할 수도 있는 일촉즉발의 상황, 틈이라는 틈에는 모두 다 스며들어 있는 긴장. 상상력을 엄청나게 발휘해서 만들어낸 작품이 아니에요. 폭동이 일어났을 때 LA에 있었던 사람이라면 누구나 그걸 인정할 거예요. 나는 폭동이 끝난 후 청소를 도우려고 거기 갔었는데, 그랬다가 눈에 확 들어오는 이미지를 많이 봤어요. 한때 빌딩이었던 건물들의 뼈대만 남은 길모퉁이에, 순찰을 도는 주 방위군과 탱크들이 함께 있었어요.

제이 콕스는 어떻게 참여하게 된 건가요?

〈폭풍 속으로〉 이후 제이와 나는 대단히 소중한 작품인 〈잔 다르크〉 시나리오를 함께 작업해오고 있었어요. 대단히 뛰어난 시나리오였어요. 그가 짐의 작업을 제대로 보완해줄 거라고 생각했어요.

특별히 당신이 내놓은 주목할 만한 요소들이 있나요?

나한테는 제리코(글렌 플러머)가 대단히 중요했어요. 그가 상징하는 바와 일으키는 폭넓은 파문이요. 영화에서 두 가지 전개가 동시에 진행돼요. 프로젝트의 진정한 핵심인 캐릭터 이야기와 줄거리가 전개되는 배경. 배경은 그 자체로 일종의 내러티브를 품고 있어요. 격렬한 에너지가 넘치는 정치적 각축장이죠. 그런데 그 배경에 맞서는 심오하고 근본적인 인류애가 필요해요. 레니 네로가 그 배경 속에 존재한다는 사실과 그가 연약해지는 경향이 있다는 것이 필요했죠. 그의 감정은 사실 그를 구원해주는 요소들이에요. 그 요소들의 접점이 영화를 제대로 작동시켜요. 그들이 따로따로 겉돈다면, 하나는 지나치게 친숙한 것일 테고 다른 하나는 지나치게 설교조일 거예요. 소우주microcosm와 대우주macrocosm 사이를 계속 오가면서 작업해야 했어요.

그가 느끼는 고통은 분열된 사회의 고통을 상징하는 메타포이거나 혹은 그 반대입니다. 당신은 어느 쪽이 다른 쪽 메타포인지 모르는군요.

그들은 서로 반사하고 있어요. 하나는 다른 한 쪽의 반사 없이는 존재하지 못해요. 주위 환경이 갈수록 억압적이 되면서 진짜로 생생한 경험을 하고픈 욕망도, 스퀴드를 향한 욕망도 커져요.

그러면서 악순환이 생기는 거고요.

끊임없이 정보가 순환 입력되는 거죠. 영화가 그리도 매력적인 이유 중 하나는 롤랑 바르트가 말했던 대로예요. 영화는 사회조직에 난 구멍이고, 다른 우주로 향해 나 있는 윈도라는 거요. 보고 관찰하려는 욕망은 인간 조건의 일부예요. 그걸 관음증^{scopophilia}—관찰을 페티시화하는 것—이라고 하죠.

이 영화는 당신의 가장 개인적인 영화인가요?

미술 작업을 시작한 이후 의도적이었건 무의식적이었건 내가 지금까지 탐구해온 모든 영역을 종합한 작품이에요. 스스로에 대해 코멘트하는, 대상에 대한 재귀적인 이데올로기를 다룬 작품이에요. 일종의 정치적 프레임워크로, 고전적 형식을 활용하는 내러티브인 거죠. 하지만 핵심은 러브 스토리예요. 동시에 스릴러와 누아르의 구조도 갖고 있어요. 모든 영역을 따라가면서 그것들을 전부 결합시킨 결과물을 창조해냈어요. 그럴 수 있는 간단한 해법이 존재하는 건 아니에요. 그래도 결말에 가면 이 모든 이야기 가닥을 깔끔하게 묶어낼 수 있어요. 갈등은 여전히 존재하니까요. 갈등은 유한한 무엇과 반대되는, 계속해서 진행되는 과정이고 대화예요. 그리고 영화의 복판에는 암울하고 잔혹하며 심란한 주위 환경, 그리고 살인자의 끔찍한 창조성과 상반되는 대단히 아름답거나 평화로운 무엇이 있어요.

당신의 모든 영화는 개인적인 초월과 쾌감을 추구하기 위해 사회 위에 군림하는 폐쇄적 엘리트 집단을 다룹니다. 〈스트레인지 데이즈〉는 현실도피라는 아이디어를

궁극적인 존재 상태ultimate state of being**로 취했다고 해도 무방합니다.**

그건 관습에 대한 일종의 도전이에요. 시청watching을 통해 도피하려는 욕망은, 차원을 뛰어넘으려는 욕망은 은밀하게 퍼져 나갈 수 있고 나름의 대가를 치르게 만들어요. 〈폭풍 속으로〉에서 치렀던 대가와 〈블루 스틸〉에서 메건(제이미 리 커티스)이 치렀던 대가, 〈죽음의 키스〉에서 불멸을 위해 치렀던 대가와 굉장히 비슷하죠. 우리가 알고 있는 세상에 포개지는 대체 우주alternate universe와 관련 있어요. 하지만 세상에 절대적 상태는 없어요. 상황은 변할 수 있죠. 엄청난 쾌감을 통해 철저히 파멸을 겪은 후 다시 쾌감으로 이동할지도 몰라요. 〈스트레인지 데이즈〉는 심야를 알리는 종소리와 함께 세상이 종말을 맞을 거라는 믿음으로, 운명의 모든 힘이 우리를 그 지점으로 수렴시키는 것 같다는 믿음으로 우리를 인도하는 영화예요.

무엇보다도 〈스트레인지 데이즈〉는 대중오락 사업을 근본적으로 걱정하는 영화입니다.

(웃음) 영화 자체가 일종의 전쟁이죠. 예술계에서 벗어나려면 어마어마한 애증을 느껴야 해요. 그건 과정의 일부로, 우리는 모든 걸 의문시해야 해요.

할리우드에서는 그러면 안 되는데요.

글쎄요, 그럼 어떻게 해야 하는데요? 사람들을 즐겁게 만들어주면 되는 거잖아요. 그저 즐겁게 만들어주면요. 가치중립적 텍스트라는 게 실제로 존재하나요? 나는 그렇게 생각하지 않아요.

〈폭풍 속으로〉에서 당신은 로널드 레이건을 풍자하면서 정치적으로 직설적인 스펙터클을 관객에게 선사했습니다. 급유 펌프를 즉흥적으로 화염방사기로 이용하고, 주유소를 초토화하고, 하고 많은 사람 중에 키아누 리브스가 추격에 나서면서 미국 가정의 뒷마당과 거실을 미친 듯이 질주하는 걸 보여주죠. 그건 내가 생각할 수 있는, 80년대를 향한 가장 노골적인 비평이었습니다.

(웃음) 영화 매체가 멋진 점이 그거예요. 굉장히 상이한 차원에서 작업할 수 있게 해주니까요. 단순히 지난 10년에 대한 비평을 하는 거였다면 그 작업은 지나치게 설교적이고 보기에 고통스러운 작업이었을 거예요. 풍자는 그렇게 강력한 도구예요. 관객이 풍자를 무시하고 지나칠 수도 있지만, 그래도 작품은 여전히 제대로 작동해요. 그대로 향유될 수도 있고, 그보다 더한 작동을 할지도 몰라요. 〈스트레인지 데이즈〉는 최상의 로르샤흐 테스트_{잉크 얼룩을 이용한 정신 진단}예요.

대단히 흥미로운 차이점 하나는 객관적 폭력과 주관적 폭력의 차이예요. 시점 테크놀로지의 속성상 시청자는—비난받을 만한—대단히 드문 입장에 처음으로 서게 돼요.(처음이라고 말하면 안 되겠네요. 〈저주의 카메라〉에서 이미 그런 공모가 일어났으니까요.) 당사자들이 합의해서 한 일은 아니죠. 아니, 관객이 입장권을 샀기 때문에 합의해서 한 일일까요? 아이리스를 살해하는 클립이 그토록 심란한 이유는 그게 어떤 상황에서도 강렬하기 때문이에요. 그 클립에는 선정적으로 표현되지 않은, 일종의 순수함이 깃들어 있어요. 고혹적인 조명은 없어요. 그저 밋밋하고 차갑고 눈에 거슬리는 욕실 불빛뿐이죠. 흥미로운 앵글도 없어요. 그 모든 게 미디어와 장비의 영향을 받았어요.

그 장면은 순화된 이미지라는 아이디어를 거부합니다.

가능성은 무한해요. 어떤 면에서 레니 네로는 영화감독과 비슷해요. 그는 참가자들을 연출해요. 클라이맥스에서 그는 살해됐다고 생각하는 누군가를, 쾌락을 위해 사건을 경험하고 있는 누군가를 감상하고 있어요. 그러면서 자신의 혐오감과 공포를 경험하고 있고, 동시에 살인자의 쾌감도 경험하고 있어요.

피드백 루프feedback loop**와 비슷합니다.**

그렇게 압축된 거죠. 물체의 표면을 맞고 반사되는 음파처럼요. 관객이 보는 건 이런 지속적인 반사예요.

무척이나 개념적이군요.

맞아요! 시나리오가 그랬어요. 랠프와 나는 감독/프로듀서/작가로서 레니에 대해 많은 얘기를 했어요. 나는 그가 나를 여러 가지로 연구하고 있다는 걸 알게 됐어요. 따라서 이 작품은 미디어 내부에서 작업하면서, 미디어에 대해 코멘트하고, 미디어를 주제로 다루면서도 그 모든 걸 러브 스토리에 봉사하게 만드는 정말로 경이로운 기회였어요. 이 영화에서 나한테 감정적으로 중요한 건, 레니가 이 일이 페이스와 아무 관련이 없다고 설명하는 신이에요. 그가 그녀를 사랑하고 배려하는 게 사실이라고 해도 이런 약속을 하고 그에게 남은 건 그 여자에 대한 헌신밖에 없어요.

그의 내면 세계는 페이스의 현실과 아무 상관관계가 없죠. 그의 부인否認과 상실감은 클립이 제공하는 '가짜' 경험의 심리적 등가물입니다. 심지어 그는 그 클립들도 필

요치 않습니다.

메이스가 "기억은 희미해져. 그건 이유가 있어서 그런 식으로 설계된 거야"라고 말할 때, 그게 영화 전체가 그리는 궤도의 축이에요. 피드백 루프에 대해 얘기해보죠. 레니는 맥스(톰 시즈모어)가 말하는 것처럼 쳇바퀴를 도는 다람쥐와 비슷한 처지예요.

당신이 이 영화의 핵심으로 러브 스토리의 중요성을 강조하는 얘기를 들으면서 〈죽음의 키스〉가 떠올랐습니다. 그 영화에서 케일렙(에이드리언 패스더)과 매(제니 라이트)의 러브 스토리는 이야기를 몰고나가는 추진력이고, 그들 사이의 서정적 오프닝 시퀀스는 진실한 인류애의 느낌을 설정합니다.

그 요소가 없었다면, 이 영화는 무가치한 작품이에요. 폭발하는 모습을 보여주고 그냥 다른 폭발을 보여주는 쪽으로 이동하는 것에 불과하죠. 캐릭터가 절정의 경험에서 다른 절정으로 이동하긴 하지만, 인간적인 접촉과 캐릭터의 발전이 이뤄지는 순간들로 관객을 몰입시키진 못하는 '월 오브 사운드wall of sound'를 창조하는 거죠. 그런 상황은 모멘텀처럼 보이지 않아요. 그래서 그런 장면은 시나리오나 편집 과정에서 제거하는 편이에요.

복잡한 액션 시퀀스를 설계하고 실행에 옮길 때, 어떻게 요소들 사이의 균형을 잡고 계속 활력을 유지하게 만드나요? 〈폭풍 속으로〉에는 계속 변화하는 다양한 배경에 관심을 기울이는 신이 있는데요.

서퍼 나치 총격전 얘기군요. 액션 시퀀스에서는 지형地形이 상당히 중요하다고 생각해요. 지형을 희생하는 영화를 많이 봤어요. 빠른 편집과 소음과 임팩트를 남발하는 영화요. 그러면 내가 어디에 있는지, 왼쪽이나 오른쪽에서 누가 튀어나오는지 도무지 알 수가 없어요. 그래서 나는 스토리보드로 작업을 시작해요. 스티로폼으로 모형을 만들어서 그 시퀀스를 작업하는 게 보통이에요. 때로는 앵글을 보고 그게 어떤 효과가 있을지 확인하려고 비디오 애니매틱스 video animatics를 작업하기도 하고요. 그걸 스토리보드에 압축하고 또 압축하고, 그 와중에 시퀀스의 취지에 부합하면서도 정말 타이트한 수준에 이를 때까지 숏들을 걷어내고는 해요.

하지만 전략적으로 방향감각을 혼미하게 만드는 것도 가능합니다.

맞아요. 나는 선을 넘나들어요. 세심하게 축선axis을 지킨다는 얘기가 아니에요. 지형에 대한 근본적 감각을 유지한다는 거죠.

총격전이나 오프닝에 나오는 은행 강도 신을 촬영할 때, 모든 대안을 확보하기 위해 각 캐릭터의 움직임을 처음부터 끝까지 촬영하나요?

내가 필요로 하는 게 뭐냐에 따라 달라요. 끝 부분에 있는 강도 장면에서, 경찰 두 명이 바닥에 엎드려 있어요. 스토리에 등장시킬 필요가 있기 전까지는 그들을 촬영하지 않아요. 그런 결정은 특별한 순간에 주목할 필요가 있는 곳이 어디냐에 달려 있죠. 중요한 건 분절된 장면들이에요. 대안이 없을 때, 나는 늘 추가 테이크 대신 추가 설정setup을 하는 쪽이에요. 또 다른 앵글을 작업하는 거예요. 그런 식으로 장면이 작동하게끔 만들려면 커버리지coverage가 필요해요.

그런 신에서 리버스 앵글reverse angle이 더 중요한가요?

리버스하고 타이-인tie-in이요. 타이-인보다 소중한 건 하나도 없어요. 당신이 나한테 총을 쏘고 있다면 의무적으로 찍는 단독 컷이 있고, 그다음 내가 총에 맞는 리액션을 보여주는 숏이 있죠. 그런데 나는 늘 카메라 두세 대를 동시에 작동시키는 편이라서 타이-인 화면을 얻는 것도 중요하다고 생각해요. 그래서 관객이 두 사람이 놓인 지형을 볼 수 있도록 다른 카메라를 들고 피사체 뒤로 갈 거예요. 여섯 프레임이나 여덟 프레임만 쓰게 되더라도, 관객은 즉각적으로 "오호라, 저 사람들이 저런 곳에 있구나" 하는 감을 잡게 되니까요.

그 POV시점 숏 화면 끝에 나오는 추격전의 카메라 움직임은 어떤가요?

기본적으로 그건 스테디캠으로 찍은 화면이에요. 스테디캠의 유동성을 활용하면서도 핸드헬드의 현실감도 주도록, 그러면서 양쪽의 제약을 받지 않도록 했죠.

당신은 스테디 캠으로 복귀한 셈이군요.

맞아요. 카메라에 불어넣고 싶은 생명력이 얼마냐에 따라 설정과 해제가 가능한 자이로스태빌라이저gyro-stabilizer가 있어요. 그녀가 조차장으로 들어가 질주하는 화물열차 앞으로 달려갈 때, 그런 일을 해도 좋다고 승인하는 보험회사나 조차장은 한 군데도 없었어요. 나도 시속 80마일시속128.7킬로미터로 달리는 열차 앞에서 카메라 스태프를 뒤에 두고 그 장면을 찍는 게 가능할 거라고 생각하지는 않아요! 그래서 우리는 그걸 거꾸로 작업했어요. 열차는 후진하고 있었고, 우리는 그 장면을 거꾸로 돌렸어요.

모든 POV 화면에서 그게 실제로 일어난 모습처럼 보이게 만들 방법을 찾아내려고 애썼어요. 인위적으로 창조된 것처럼 보이거나 이미지에 지나치게 많은 조작을 한 것처럼 불순물을 섞는 일은 전혀 없었어요. 그게 내가 좋아하는 효과예요.

〈블루 스틸〉슈퍼마켓 강도 장면에서, 당신은 상이하게 움직이는 카메라 스타일을 교차 편집합니다. 정규적인 움직임, 거리를 둔 트래킹, 주관적인 핸드헬드, 그리고 관객이 캐릭터에 공감하게끔 안무된 스테디캠 움직임.

사실 내가 스테디캠을 사용하면서 그걸 신뢰하기 시작한 건 〈폭풍 속으로〉 때였어요. 스테디캠을 쓰면 편집이 필요치 않은 상황을 창조하면서도 속도감과 느낌을 부여할 수 있죠. 사람들은 커버리지를 안팎으로 들락거리고, 배우와 카메라는 서로 반대 방향으로 움직일 수 있어요. 나는 분절되지 않은 숏의 순수성을 사랑해요. 그걸 엄청나게 많이 편집한 시퀀스와 병치시키는 것도 사랑하고요.

음악적이군요.

정확한 표현이에요. 쉼표가 있고 일대 혼란이 있어요. 쉼표에 해당하는 순간들이 필요해요. 카메라가 분절되지 않은 와이드 숏으로 두 사람을 잡고 그들의 보디랭귀지만 잡는 순간이요. 그건 영화적인 날숨exhale이에요. 그게 바로 세상에 구두점이 존재하는 이유죠. 절정의 경험은 그렇지 않은 경험들과 맺은 관계 내에서만 존재할 수 있어요. 모두 맥락에 달려 있죠.

〈폭풍 속으로〉추격 시퀀스를 찍을 때의 요구사항이 강도 시퀀스를 찍을 때와 많이 달랐나요?

실제로는 비슷했어요. 두 시퀀스 다 어마어마하게 많은 커버리지가 필요했어요. 시나리오에 적힌 추격전은 믿기 힘들 정도로 쉬지 않고 몰아치는 시퀀스였어요. 실제로 그 시퀀스를 작업하면서 〈스트레인지 데이즈〉에서 이런 POV를 할 수 있겠다는 자신감을 얻었어요. 그걸 하면서 내가 분절되지 않은 시퀀스를 할 수 있겠다는 자그마한 실마리를 처음 얻었어요. 그 시퀀스에도 편집된 부분들이 있기는 하지만, 편집한 곳이 전혀 없는 것처럼 구성됐어요.

〈스트레인지 데이즈〉에서 기술적으로 가장 복잡한 숏은 어떤 거였나요?

POV들이죠. 화면이 분절되지 않고 계속 이어지게 만들어야 했으니까요. 그러겠다고 마음먹은 POV는 모두 분절되지 않게 찍었어요. 사전 제작 단계에서 여러 날 동안 동선 안무를 했죠. 오프닝 POV에서 모두를 냉장고에 몰아넣었어요. 경찰이 거기 있다는 걸 깨닫고는 밖으로 나와야 했죠. 그래서 우리는 이런 식으로 화면을 잡았어요. 다른 강도가 위층으로 올라가는 걸 잡고, 뒤를 돌아본 우리는 창 밖에 경찰들이 있는 걸 잡았어요……. 스태프 전원의 동선도 동일하게 안무했어요. 카메라가 팬을 하면 스태프 열여덟 명 모두가 바닥에 엎드리고, 다시 카메라를 돌리면 몸을 일으켰죠.

POV 시퀀스의 비주얼 스타일에 무엇을 투입했나요?

POV를 하려고 카메라를 손봐야 했어요. 불필요한 건 제거하고 기본적인 장비만 남긴 아리Arri 카메라는 가장 작은 아이모EYMO보다 훨씬 가벼워요. 게다가 모든 프라임 렌즈를 장착할 수 있어요. 원격 팔로포커스follow-focus 기능도 필요했어요. 우리 눈은 굉장히 가볍고 빠른데다가 움직이는 게 수월하지만 40파운드[18.14킬로그램]짜리 파나글라이드Panaglide로 작업하면 카메라가 너무 무거운 탓에 모든 게 뭉개지면서 흐릿해져요. 그래서 눈과 동일한 융통성을 부여하려면 카메라를 가볍게 만들 필요가 있었어요. 그렇게 융통성 있는 카메라로 작업하는 건, 내 생각에, 액션 촬영에 혁명적인 일이 될 거예요. 아주 많은 일을 할 수 있으니까요.

이 신들에는 추가적인 장비도 필요했어요. 그래서 장비를 집어넣고 빼기 위해 시퀀스 내에 감춰진 컷들을 체계적으로 집어넣어야 했어요. 예를 들면 지붕에서 지붕으로 건너뛰기 위해서요. 헬멧 카메라를 착용하고서는 계단을 뛰어오르는 장면을 찍을 수 없어요. 나는 비디오카메라를 들고 우리 스테디캠 오퍼레이터 지미 무로와 같이 나가서 모든 컷을 어디에 배치해야 할지 파악했어요. 그런 컷을 할 수 있게끔 액션을 체계적으로 정리했죠. 헬멧 카메라를 활용하려고 웝카메라를 빠르게 팬해서 화면을 흐릿하게 만드는 숏을 창작해야 했어요. 그래도 제멋대로인 웝을 만들어내고 싶지는 않았어요. 경찰이 내는 소리를 듣고 뒤를 돌아보면 그들이 저기 있죠. 나는 되돌아와요. 헬멧 장비를 한 채 점프하는 거죠. 이제 나는 반대편에 있어요. 위를 올려다보고 아래를 내려다본 다음, 스턴트맨이 헬멧을 쓴 채 떨어져요. 아귀가 맞아떨어져야 해요. 재미있었어요. 궁극적인 체스 게임이었죠.

제리코 클립은 어땠나요?

장비 이동 면에서 굉장히 복잡했어요. 아이리스(브리지트 바코)가 사건을 목격하고 있기 때문에 이 장면에는 대사가 굉장히 많은데도 커버리지나 아웃out이 없었어요. 400피트짜리 매거진이 있어서 행동에 약간 자유는 있었죠. 필요할 때면 대사를 위해 장비를 교체할 수 있었어요. 이런 작은 카메라로는 대사를 녹음할 수 없어요. 지나치게 시끄러우니까요. 그래서 스테디캠으로 교체해야 했어요.

〈폭풍 속으로〉 서핑 신과 스카이다이빙 신에서 얼마나 많은 부분을 직접 연출했나요? 그런 종류의 작업은 보통 세컨드 유닛second-unit 감독/스턴트 코디네이터에게 맡기잖아요?

세컨드 유닛이 찍을 장면을 모두 스토리보드로 만들었어요. 숏이 어때야 하는지, 구도는 어때야 하는지, 하루 중 어느 시간대여야 하는지, 어떤 렌즈하고 장비를 사용해야 하는지에 대한 내 생각을 명료하게 밝혔어요. 패트릭 스웨이지가 비행기 밖으로 뛰어내리는 장면에서, 나는 낙하산을 착용하고 거기 있었어요.

하지만 보험 때문에 당신이 비행기에서 점프할 수는 없잖아요.

그럴 수 없죠. 엄밀히 따지면 그도 뛰어내릴 수 없었어요……. 하지만 뭐, 그가 뛰어내릴 수도 있는 거죠. 수중 작업의 경우 내가 보트를 타고 바다로 나갔어요. 숏에 걸리지 않을 정도로, 다른 사람들이 이동하는 데 걸리적거리지 않을 정도로 최대한 가까운 곳까지요. 서프보드에 앉아서 액션과 컷을 고래고래 외치다가 보드에서 떨어지는 식이었죠. 그걸 작업하려고 동시에 많은 유닛을 동원했어요. 오아후 북쪽 해안의 해변 지역을 확보했어요. 거기에는 상이한 종류의 파도가 많아요. 우리는 파도를 30미터 간격으로 설정했어요. 1단계에는 수중 유닛을 배치했고, 2단계에는 서핑을 배우는 신을 위해 키아누의 대역들을 배치했고, 3단계에는 서프보드에서 나자빠지는 신을, 4단계에는 여명의 기사들Four-Horsemen-at-dawn 숏을 위해 서퍼 네 명을 배치한 다음 시각 효과optical를 가미했어요. 워키토키를 들고, 단계를 이리저리 오가면서 작업했죠. 항상 병행 처리parallel-processing 방식으로 작업해야 했어요. 나는 여기에 셋업 하나, 저기에 셋업 하나를 놓고 두 가지를 동시에 진행하는 걸 좋아해요.

그래서 당신의 촬영감독은 오퍼레이터가 현재 숏을 작업하는 동안 다음 숏의 세팅을 하고 있는 거군요.

항상 그래요, 항상.

아이러니하게도 당신이 해낸 최고의 액션 시퀀스 중 하나는 스케일이나 복잡성 면에서는 대단히 평범한 시퀀스입니다. 〈와일드 팜〉에서 당신이 연출한 에피소드의 마지막 시퀀스요.

그것도 우리 스테디캠 담당자 지미 무로가 한 시퀀스예요. 모두 사전에 안무를 짠 시퀀스죠. 사건 하나의 긴장이 풀리기 시작하면 카메라를 자극할 또 다른 사건이 프레임 한구석에서 모습을 드러내 휩을 하게끔 만드는 식으로 액션을 짰어요. 미술을 하던 시절로 돌아간 듯한 작업이었어요. 그 시퀀스에서 우리가 밴의 뒷문을 향해 달릴 때 그는 뒤로 물러서고, 우리는 발코니에서 총에 맞는 캐릭터들을 보려고 휩을 해요. 그러면 그들이 아래쪽으로 내려오죠. 곧 카운터무브countermove가 나와요. 액션과 카메라가 반대 방향으로 움직이는 거죠. 액션을 블로킹blocking할 때 그런 시퀀스에 적합한 유기적인 특징이 있어요. 감독이 카메라보다 한 걸음 앞서 액션을 뛰어넘으면, 카메라가 다음 액션을 리드하는 식이었죠. 그 시퀀스가 완벽하게 모범 사례였던 이유가 그거예요. 우리는 그 시퀀스를 불과 두 어 시간 내에 해치웠어요.

애니멀스의 〈하우스 오브 더 라이징 선〉은 시나리오에 원래 들어 있었나요?

아뇨. 내가 그 음악을 넣었어요.

비주얼과 음악이 결합해서 뿜어내는 힘이 거의 초월적 감정으로 치솟습니다. 때때로 마이클 만이 보여주는 방식과 사뭇 비슷하게 말입니다.

푸가fugue와 비슷하죠. 재미있었어요. 그 에피소드 연출은 올리버 스톤을 위한 거였어요. 그런 속도로 작업하는 건 흥미로운 도전이었어요. 하루에 여덟 페이지에서 열 페이지를 찍었어요. 그런 식으로 다른 돌파구를 뚫고 나니까 해방감 같은 게 느껴졌어요.

당신이 찍는 장편에서는 하루에 두 페이지나 두 페이지 반 정도 찍는 게 일반적이죠.

그래요. 다른 작품과 비교하면 호사처럼 들리겠지만, 촬영의 복잡성 수준과 필요 요건이 그렇게 엄청날 때는 호사라고 할 수 없어요. 앵글과 이미지를 끊임없이 바꿔야만 해요. 관객의 주의지속시간attention span에 대한 욕구를 충족시켜야 하고, 그 욕구가 요구하는 범위 내에서 작업해야 해요. 관객보다 한 걸음 앞서고 싶으면 이미지를 끊임없이 순환시켜야 해요. 오래된 격언으로 돌아가는 거죠. "소재가 좌우한다.(Material dictates.)" 무언가를 얼마나 오래 지속하거나 유예할 수 있는지를 시나리오 단계에서 알 수 있어요. 내러티브는 시나리오에 내장된 모멘텀이고 시나리오 자체예요. 스키를 타고 산을 내려가는 데 뒤에서 눈사태가 쫓아오는 것과 비슷해요. 당신은 그럴 때 얼마나 오래 포즈pause를 취하기 원하나요? 작품에 내재된 모멘텀이 있다면, 포즈를 조심스럽게 다뤄야 해요. 하지만 포즈 없는 모멘텀은 있을 수 없죠. 6주 안에 편집되는 요즘의 일부 대작 영화에서 편집의 가치는 고통스러울 정도로 줄어들었어요. 그런 식으로 해도 좋은 영화를 만들 수는 있어요. 하지만 걸작을 만들 수는 없죠.

모멘텀과 유예를 통제하는 걸 보여주는 빼어난 본보기가 〈죽음의 키스〉 중반에 나오는 10분 30초 길이의 술집 장면입니다. 나는 당신이 주크박스에서 나오는 대조적인 노래 네 곡 위주로 그 장면을 구성한 방법에 매료됐습니다. 그건 4막으로 구성된 신입니다.

애초에 그런 식으로 집필한 신이에요. 릴 하나를 통째로 할애한 장면이에요. 어떤 면에서 그 장면은 영화 속 영화라고 할 수 있어요. 시작이 있고 중간이 있고 끝이 있죠. 어떤 면에서는 자체적인 리듬을 가진 굉장히 서정적인 장면이에요. 그 장면의 강점은 참을성이죠. 결국 술집을 도살장으로 둔갑시키는 내용인데, 그 과정을 예술적인 상태로 변모시키는 거예요. 촬영하기 힘들었어요. 그 장면의 끝에서 조지 스트레이트의 노래를 활용하겠다는 생각은 늘 하고 있었어요. 다른 곡은 뭘 써야 할지 몰랐지만, 그래도 그 곡들을 찾아낼 수 있을 거라고 생각했어요. 크램프스의 〈피버〉는 우연히 찾아냈어요. 그게 랜스 헨릭슨의 연기와 어울려서 효과를 보이는 방식이 묘했어요. 빛과 머리 위에 있는 팬fan이 효과를 보이는 방식도, 그 세계가 얼마나 매력적일 수 있는지 떠올리게 만드는 방식도 묘했어요. 그 영화를 하면서 겪은 진짜 어려웠던 점은 관객이 특정 지점에서 악당인 그들에게 동질감을 느끼고, 그들의 여정에 함께하고 싶다고 느끼게 만드는 거였어요.

그건 당신의 모든 영화에 해당하는 얘기입니다.

그럴 거라고 짐작해요. 그들은 삐딱한 방식으로, 즉석에서 기이한 영웅이 되어버려요. 근본적인 수준에서 그들은 온전한 상태로 남아 있으려고 분투하는 대안 가족alternate family이에요. 똑같은 아들을 두고 싸우는 두 아버지요. 〈폭풍 속으로〉의 서퍼 나치 총격전처럼, 늘 그와 비슷한 시퀀스가 있어요. 두 경우 모두 메인 캐릭터가 거울을 통과해 들어갔다가 절대로 돌아올 수 없는 순간이 있어요. 〈스트레인지 데이즈〉에서 메이스가 제리코 비디오를 보는, 레니가 아이리스의 죽음을 보는, 그런 순간이죠. 그건 순수함이 끝장나는 순간이에요.

당신의 영화들에는 모멘텀과 유예의 상호작용이 있는 것과 비슷하게, 시각적 통제와 방종abandon의 상호작용도 있습니다. 비주얼 면에서 가장 타이트하게 통제된 영화는 〈블루 스틸〉입니다. 그렇지만 특정 순간에 당신은 관례적 비주얼 패턴을 따르지 않습니다. 나는 메건이 거리 건너편에서 슈퍼마켓에 강도가 든 장면을 보는 델리deli 신을 생각하고 있습니다. 그 장면에서 당신은 감정이입이 되는, 서로 맞물린 피루엣발레에서 한 발로 서서 빠르게 도는 것같은 세 숏을 채택합니다. 1)터너가 금전등록기를 마주보기 위해 몸을 돌리다가 커피를 쏟는다. 2)그녀가 고개를 돌린다. 3)그녀의 파트너가 있는 델리의 화장실 표지판에서, 창문을 통해 거리 건너편의 슬론 슈퍼마켓이 보이도록 불안정한 180도 팬을 한다. 격식을 적절히 변주하면서 반복하는 흥미로운 구성입니다. 묘한 해방감이 느껴지는 장면이죠.

나도 알아요. 지금이라면 아주 다른 방식으로 편집했을 거예요. 사전에 꽤 많은 계획을 해서 편집한 장면이에요. 사람들에게 내가 사전에 모든 걸 인치 단위로 계획한다는 인상을 주고 싶지는 않지만, 그 프레임워크 내에서는 세트에 당도해서 이 장면을 어떻게 작업할지 궁리하는 것보다 그게 훨씬 더 자유로웠어요. 어떤 장면을 찍는 방법은 무한히 많아요. 하지만 그 작품의 본질에 정말로 깊이 다가갔다면, 그 장면을 촬영할 수 있는 방법은 딱 하나뿐이라고 생각해요. 최고의 촬영과 영화 연출은 그렇게 촬영하는 걸 피할 수 없다고 느낄 때 달성돼요.

〈블루 스틸〉은 내가 이후로 멀어지는 경향을 보인, 영화를 철저히 통제하는 스타일을 대표하는 영화예요. 어떤 면에서 지나치게 절제된 작품이고요. 〈블루 스틸〉은 대단히 양식화된 영화로, 일부러 그렇게 만든 작품이에요. 하지만 나는 그 소재에 다가가는 약간 덜 양식화된 접근 방식에 흥미를 가져왔다고 생각해요. 〈블루 스틸〉에는 우아한 분위기가 있어요. 스틸 프레임을 연속으로 보여주는 것과 비슷해요. 그 영화에는 적절한 정적stillness이 있죠. 나는 시나리오를 쓸 때 계속해서 그 영화를 활기가 약간 제거된 상태로 봤어요.

영화의 스타일은 굉장히 내면화된 특징을 갖고 있습니다.

그때가 장초점long focal length 렌즈를 막 발견했을 때였는데, 그 점과 관련이 많아요. 화면을 압축하고 화면의 깊이를 없애는 걸 좋아했는데, 그렇게 하면 일종의 밀실 공포증claustrophobia을 빚어낼 수 있어요. 나는 그런 경향을 거쳐서 다른 쪽으로 이동해 나왔어요. 〈폭풍 속으로〉는 시각적인 면에서 정반대예요. 지금도 여전히 장초점 렌즈를 이용하고는 해요. 하지만 300밀리미터 대신 85밀리미터 렌즈를 사용하는 편이죠. 〈블루 스틸〉에서는 마스터 숏을 300으로 작업했어요. 그런 장초점 렌즈를 감당할 수 있는 로케이션들을 찾아내야 했죠. 초점을 맞추는 건 정말 어려운 작업이었어요. 〈죽음의 키스〉는 실제 로케이션 촬영을 많이 했어요. 그때 우리가 쓴 가장 긴 렌즈가 85였을 거예요. 〈폭풍 속으로〉에서는 더 와이드한 렌즈로 작업하기 시작했고요. 35를 발견하기 시작한 거죠. 그건 비범한, 대단히 근사한 초점 렌즈예요. 나는 카메라를 점점 더 많이 움직였어요. 많이 움직이는 쪽으로 마음이 끌리면, 유동적인 느낌이 확장되기 때문에 더 와이드한 렌즈를 사용하게 되는 경향이 있어요.

당신의 액션 시퀀스는 시간의 흐름을 막거나 확장시켜서 액션을 희석하고 정교하게 만든다는 고전적인 원리들을 따릅니다. 그런데 실생활에서 폭력은 눈 깜짝할 사이에 일어나는 경우가 빈번합니다.

맞는 말이기도 하고 틀린 말이기도 해요. 무엇인가 우리에게 쇼크를 주거나 카타르시스를 안겨줄 때, 우리는 유예의 순간이 주는 자유를 취할 수 있어요. 시간이 죽은 듯이 멈춰서는 거죠. 어디까지나 우리가 그렇게 인식하는 거지만요. 어떤 순간을 보는 방법이 두 가지 있는데, 둘 다 영화적이에요. 순간을 유예하고 돋보기로 들여다보는 것처럼 대단히 꼼꼼하게 검토하거나, 아니면 눈 깜짝할 새에 지나가게 만들어 못 보게 만들거나. 후자가 더 현실적이죠. 하지만 어디까지나 현실에 대한 인식 면에서 그런 거예요. 내 입장에서 시간의 유예는 영화적인 선택에 따른 것이지만, 어떤 사건을 상상할 때 그런 식으로 상상하기도 해요.

언젠가 교통사고를 당할 뻔한 적이 있어요. 운전자가 새벽 5시에 고속도로를 시속 80마일^{시속 144킬로미터}로 달리다 졸기 시작했어요. 우리는 불과 몇 초 만에 고속도로 밖으로 나갔어요. 고가도로 옆으로 향하고 있었는데, 내가 뭐라고 말을 하니까 그가 방향을 확 틀었어요. 우리는 6차선 도로를 완전히 가로질러 중앙선을 넘고는 반대편 6차선 도로까지 포함해서 완전히 360도 돌고 나서야 원래 향하던 방향으로 돌아왔죠. 세미트레일러들이 옆으로 지나가는 걸 봤는데, 그것들이 그저 흐릿한 빛과 소리로만 느껴졌어요. 15초밖에 안 되는 시간이 영겁처럼 느껴지더군요. 불과 1초에도 이런 영원한 느낌이 있어요. 온갖 생각이 충돌하죠. 우리 신체 시스템에 아드레날린이 넘쳐나기 때문이라고, 모든 게 엄청난 스피드로 움직이기 때문이라고 생각해요. 따라서 그건 미학적 선택이고, 스타일에 따른 선택이에요.

과거에 당신은 본질적으로 영화적이고 에너지가 넘치는 관점에서 폭력에 대해 얘기했습니다. 당신이 특정한 종류의 열정을 표현하려고 폭력을 활용하는 건 분명합니다. 그런데 당신은 어떤 종류의 개인적 욕구를 표현했을 때 만족스러운가요?

그 문제는 무언가 훔쳐보려는 관음증적 욕구와 당신이 부인해왔던 걸 보고 싶어 하는 프로이트적 관념으로 돌아가요. 우리는 흔하게 볼 수 있는 걸 감상하고 싶어 하지 않아요. 어떤 면에서 우리를 무섭게 만들거나 다른 반응을 불러일으키면서 다른 차원으로 데려가는 무엇을 보고 싶어 하죠. 〈스트레인지 데이즈〉에 나오는 스퀴드 아이디어가 바로 그거예요. 그건 쉽게 이해가 되는 판타지이고, 근본적으로 인간적인 장치예요.

당신의 화면 구도에는 굉장히 강한 그래픽 특성이 있습니다. 조각 같은 느낌을 주면서 생생한 촉각이 느껴지는 차원도 있습니다.

내가 로케이션에서 촬영하는 걸 좋아하기 때문일 거예요. 그러려면 믹싱할 때 대가를 치러야 하죠. 제거할 수 없는 사운드가 있고 루프loop로 지워버리는 걸 주저하게 되는 대사 연기가 있으니까요. 그런데 나도 모르겠어요. 내가 환상적인 픽션의 공간으로 완전히 넘어가는 대신 인간적으로 할 수 있는 무엇을 최대한 복제하려고 애쓰는 데 관심이 있어서 그런 것일 수도 있죠.

〈폭풍 속으로〉에서 카메라가 침대에 누워 있는 키아누 리브스와 로리 페티를 내려다보는 숏에서, 뚜렷이 대비되는 검정 시트와 피부 색조가 정확하게 배치된 두 사람의 팔과 어깨와 결합되면서 깎아낸 조각품 같은 이미지로 창출됩니다.

당신이 말하는 화면은 조명 방식 덕분에, 조명으로 입체감을 표현하는 방식 덕분에 연출된 거예요. 영화가 20세기의 예술형식이라면, 조명은 여러 면에서 감독이 쓰는 붓이에요. 색조와 밀도를 창출하면서 관객에게 눈을 어디에 두고 어디에 두지 말며 시선을 어디로 돌리라고 지시하는 방식이자 형태를 규정하고 형성하는 방식이죠. 그 이미지는 그 자체로 완벽해요. 조명을 지나치게 많이 썼다면, 그 이미지는 흥미가 훨씬 떨어졌을 거예요. 지나치게 상세한 실루엣이 되었을 테니까요. 어려운 점은 시트에서 튀어나오는 피부의 색조를 얻으면서 그게 뭉뚱그려진 한 덩어리로 보이지 않게끔 만들려고 노력한 거였어요.

배우들의 포즈는 당신이 지시한 건가요?

내가 좋아하는 건 그들이 취해야 하는 자세에 대해 사전에 생각을 해놓는 대신, 배우들이 어떤 신이나 공간에서 자연스럽게 연기하는 모습을 보고 그걸 정지시켜서 형태를 잡는 거예요. 그들에게 혹은 그 순간에 자연스럽지 않은 무엇을 강요하는 것과 달라요.

어디에서 태어났나요?

샌프란시스코 바로 아래에 있는 샌카를로스라는 소도시예요. 아버지는 사우스 샌프란시스코에 있는 페인트 공장을 관리했는데, 거기에서 분명히 내가 영향을 받았을 거라고 생각해요. 내가 기억하는 가장 오래된 기억에서, 나는 그림을 그리고 색칠을 하고 있었어요. 풍부한 상상력이 필요한 일은 아니었을 거예요! 어머니는 사서였어요. 상당히 평범한 환경이었죠. 처음으로 그림을 그리기 시작했을 때, 나는 올드 마스터들을 정말 좋아했어요. 열세 살인가 열네 살 때, 라파엘 그림의 한쪽을 확대해서 그리는 식으로 그들의 그림을 세밀하게 따라 그렸어요. 한 부분을 따서 그걸 12×12피트^{365.7제곱센티미터} 크기로 확대하는 작업을 좋아했어요.

당신이 뭔가 순화된 일을 했었다는 게 흥미롭군요.

미술 수준이 높아지면서 거기에 더 흥미를 갖게 됐어요. 뒤샹과 발견된 오브제^{found object} 아이디어 같은 건 어떤 면에서 영화를 연출하는 거랑 다를 게 없어요. 이미 존재하는 많은 요소를 취하는 거고, 사전에 존재하는 요소들을 투입해서 맥락과 관련성을 창조해내는 작업이니까요.

장르 영화는 특히 더 그렇죠.

〈죽음의 키스〉 시나리오를 쓸 때, 우리는 장르를 가져다 그걸 여러 방식으로 거꾸로 세우고 전복시키는 걸—뱀파이어 신화를 취해서는 서부에 집어넣는 걸—대단히 많이 의식했어요. 〈스트레인지 데이즈〉도 똑같은 얘기를 할 수 있어요. 그건 SF지만 철저한 누아르이기도 해요. 나는 항상 그 영화를 밀레니엄 이브를 배경으로 한, 세기전환기를 배경으로 한, 어쩌면 세계의 종말을 배경으로 한 필름누아르 스릴러라고 생각해요. (웃음) 딱 한 문장으로 표현하면요!

당신은 〈사랑 없는 사람들〉을 만들기까지 70년대를 뉴욕 미술계에서 보냈습니다.

나는 많은 인생을 살았어요! 70년대 초반에 휘트니미술관을 통해 뉴욕에 왔어요. 그 시절에 미술관에서는 해마다 열다섯 명에게 뉴욕에 와서 스튜디오를 얻을 수 있도록 장학금을 줬어요. 그때 나는 샌프란시스코아트인스티튜트에 다닌 지 1년 반쯤 됐죠. 샘 차칼리언 교수님이 나를 휘트니에 추천했다는 걸 몰랐어요. 어느 날 갑자기 교수님이 나한테 오더니 말하더군요. "자네가 뉴욕에 가서 아트인스티튜트에 입학하고 싶다면, 휘트니미술관에서 작업하면서 수전 손택이랑 리처드 세라 같은 사람들과 자네 작품에 대한 얘기를 나누고 싶다면 그렇게 할 수 있어." 당시 열아홉 살이던 나는 "다시 말씀해주실래요?" 하는 기분이었어요. 그렇게 1년 반을 공부했어요. 코스를 마칠 때 내 작품을 휘트니미술관에 전시했고요. 놀라운 일이었어요.

당시 미술계는 정치에 깊이 개입하고 있었어요. 개념미술이 정치의 장으로 이동했고, 그래서 작품들은 더욱더 공격적이 됐어요. 나는 영국을 터전으로 활동하는 개념미술가 집단인 아트앤랭귀지와 작업하기 시작했어요. 우리는 어느 해인가 베니스 비엔날레에 작품을 출품했어요.

당신이 비디오 아티스트이자 퍼포먼스 아티스트인 비토 아콘치와 같이 작업했다는 글을 읽었습니다.

먹고살려고 백만 가지 괴상한 일을 하던 때였어요. 그중 하나가 비토 아콘치가 작업하는 장치의 설치를 돕는 거였어요. 그는 위대한, 굉장히 공격적인 퍼포먼스 작업들을 했어요. 그는 소나벤드갤러리의 고무로 덮인 방에서 퍼포먼스를 하는 동안 뒤에 있는 벽에 반복해서 상영할 슬로건과 문구들을 필요로 했어요. 내가 할 일은 그 슬로건들을 필름에 담는 거였죠. 그때 나는 카메라를 만져본 적이 전혀 없었어요. 그런데 굶어 죽기 직전이었죠. 내가 경제적인 재앙의 문턱에 있지 않았다면, 이런 우회로로 접어들 일은 절대 없었을 거라고 생각해요.

그의 비디오에 출연했나요?

리처드 세라의 비디오에 5초 정도 출연했고, 로렌스 와이너의 비디오인 〈돈 투〉와 〈녹색이고 청색이고 적색이고〉에 출연했어요. 그때 나 자신은 절대 퍼포먼스 아티스트가 아니라고 여겼어요. 나는 지나치게 자의식이 강해요. 그건 내가 절대로 할 수 없는 일이었어요. 로렌스의 작품은 엄밀하게 따지면 퍼포먼스가 아니에요. 어느 순간의 게슈탈트에 해당하죠. 사람을 어떤 맥락에 집어넣고 그 사람이 알아서 해나가게 만들어요. 그의 작품은 그런 식이에요. 시나리오가 없죠. 굉장히 매력적인 말장난을 담아낸 작품이에요. 어느 작품에서 나는 누군가와 이탈리아어로 얘기를 나누려고 애쓰고 있었어요. 그런 식의 공동체였어요. 어떤 구조도 존재하지 않는 레퍼토리에 가까웠죠. 그 기간 동안 내가 자막이 달리지 않은 영화를 본 것 같지는 않아요. 할리우드에 대해서는 정말 아는 게 없었어요. 그 점이 지금의 나를 보호해주는 건지도 몰라요. 나는 여전히 할리우드를 발견해가고 있다고 생각해요.

당신은 70년대 말에 뉴욕 언더그라운드 영화계와 더 많이 어울렸습니다. 리지 보든의 〈불길 속에서 태어나다〉에도 출연했죠.

그런데요, 그 작품은 한 번도 못 봤어요. 리지하고 나는 굉장히 친한 사이지만요. 우리는 늘 그 얘기를 하면서 웃곤 해요. 나는 그 신에서 상당히 공격적인 세 여자 중 한 명을 연기했어요. 아무튼 미술과 영화는 별개의 세계가 아니었어요. 동일한 맥락에서 상이한 미디어를 활용해서 작업하는 거였죠. 그 작업 자체를 영화 연출이라고 생각해본 적은 전혀 없었어요. 그건 미술 작업이었죠.

어느 시점에 영화에 마음이 끌리게 된 건가요?

〈셋업〉이라는 단편영화를 찍었어요. 컬럼비아에 들어가기 전에 촬영했죠. 컬럼비아에 들어간 건 돈이 떨어졌고 편집실이 필요해서였어요. 그래서 생각했죠. 아하, 대학원!(웃음) 영화를 만드는 과정이 너무 좋았어요. 사람을 도취시키는 작업이었죠. 그래서 영화에 뛰어들었어요. 판도라의 상자를 연 거예요. 모든 영화를 다 봤어요. 42번가에 가는 것부터 이소룡 영화를 보는 것까지, 앤드루 새리스의 수업에서 〈위대한 앰버슨가〉를 보고 링컨 센터에서 파스빈더를 보는 것까지요. 매일 그렇게 보냈어요. 〈13월인 어느 해에〉를 봤을 때는 지금 죽으면 천국에 갈 거라고 생각했어요.

〈셋업〉은 어떤 내용인가요?

그때가 개념미술이 정치적인 단계를 거쳐 프랑스 구조주의 단계로 변형되던 70년대 말이었어요. 지금 회상해보면 일종의 자연스러운 혁명이 일어났던 것 같아요. 그 영화는 정말로 공공연하게 정치적인, 그 자체의 협소한 맥락에서 약간 선동적인 작품이었어요. 표면적으로는 두 남자가 서로를 두들겨 패는 내용이에요.(웃음) 그 영화 때문에 달라진 건 아무것도 없었어요! 〈빌리지보이스〉는 그 영화를 최초의 스킨헤드 영화라고 불렀어요. 한 남자가 상대를 파시스트라고 부르면, 상대는 그를 빨갱이라고 불러요. 문자 그대로 대단히 정치적이었어요. 동시에 컬럼비아에서 강의하던 두 철학자 실베르 로트랑제와 마셜 블론스키가 보이스오버로 그 이미지들을 해체해요. 일종의 재귀적인 이데올로기가 펼쳐지는 거예요. 상당히 미숙하고 가식적으로 들릴 거예요……. 그래도 20분밖에 안 되는 작품이라 별다른 해는 끼치지 않았어요. 작품은 실베르가 하는 말로 끝나요. 그는 60년대의 우리는 적이 외부에 있다고 생각했지만, 달리 말해 경찰과 정부, 시스템이 적이라고 생각했지만 실제로는 전혀 그렇지 않다고, 파시즘은 굉장히 은밀하게 퍼졌고 우리는 늘 파시즘을 재생산하고 있다는 사실을 지적해요.

그게 〈스트레인지 데이즈〉의 내부에서 진행되는 일의 일부죠. 스펙터클을 원하는

욕구와 그것이 지닌 위험에 대한 의문이요.

홍미로운 건 그게 정말로 재귀적인 이데올로기라는 거예요. 캐릭터들이 그들 나름의 스펙터클(스쿼드)에 갇혀 있는 것처럼, 우리도 스펙터클에 갇혀 있으니까요. 우리는 감시당하는 사회^{watched society}에 있으면서 감시자들의 사회^{society of watchers}에 있어요. 〈스트레인지 데이즈〉는 어떤 면에서 내 다른 영화들보다 〈셋업〉에 더 연관돼 있어요. 권력 구조를 이해하려는 영화니까요.

다시 말하는데 야간에 찍었고 근사한 조명을 쳤지만, 나는 영화를 만들고 있다는 생각을 정말로 하지 않았어요. 그 작품은 텍스트에 더 가까웠어요. 그런데 나는 그 텍스트를 그림으로 그렸어요. 이건 내가 지금도 꾸준히 하는 일 중 하나예요. 영화 전편을 스토리보드로 그려야 했죠. 보드를 보고 그걸 먼저 편집했어요. 모든 신을요. 그런 다음 촬영에 들어갔죠. 그러자 모든 게 괜찮았고, 나는 그걸 머릿속에 집어넣었어요.

〈셋업〉을 할 때 나는 스턴트 코디네이터 같은 게 뭔지 하나도 몰랐어요. 게다가 다른 앵글들도 필요했어요. 카메라가 어디에 있어야 하고 화면을 어떻게 구성해야 하는지에 대해 기이한, 상당히 조잡한 감이 있었어요. 내가 원하는 게 뭔지 정확히 알고 있었지만, 가짜로 주먹을 날리고 음향효과를 집어넣는 식으로 숏을 찍는다는 걸 도무지 이해하지 못했어요. 오후 9시에 촬영을 시작해서 아침 7시에 끝냈어요. 다운타운에 있는 화이트스트리트 뒷골목이었는데, 눈이 내리기 시작했고 두 남자는 피투성이가 되어 갔어요. 그들은 촬영을 마치고 2주간 침대 신세를 졌어요. 내가 그들을 잡을 뻔한 거죠. 후에 사운드트랙에서 그들은 작품에 착취당하는 기분이었다고 말해요. 그러니까 그 영화는 뫼비우스의 띠처럼 스스로를 향해 꾸준히 접히고 있는 거예요.

〈사랑 없는 사람들〉을 공동으로 연출한 몬티 몽고메리와 어땠나요?

우리는 시나리오를 같이 썼어요. 상당히 즉흥적으로 미술계를 떠난 나는 연출이 뭔지 전혀 몰랐어요. 하지만 연출은 굉장히 쉽고 수월해 보이는 과정이었어요. 우리는 하는 생각이 정말 똑같은 데다가 각자의 문장을 상대가 완성할 정도였으니까요. 그래서 연출은 물 흐르듯 자연스러웠어요. 당신은 카메라를 맡고 나는 배우들을 맡겠다는 식이 아니었어요. 협의 같은 것도 없었어요. 흥미로운 과정이었지만, 나는 그런 작업을 추천하지 않아요. 사람이 너무 유아론적으로 변하는 데다가 소재에 대해 지나치게 보호적인 태도를 취하게 되니까요.

그 시점의 나는 내러티브를 받아들이지 않았어요. 여전히 개념적인 사람이었고, 내러티브는 미술계에 있는 어떤 요소와 상반되는 거였으니까요. 그때가 중요한 시점이었어요. 사람은 조형미술이나 비주얼 아트를 생각할 때 뇌에 있는 내러티브와 무관한 부분을 써요. 그래서 〈사랑 없는 사람들〉로 내러티브를 유예하면서 비주얼 태피스트리를 창조했어요. 관객에게 스토리가 스며들어 퍼져 나간다는 환상을 안겨주기에 충분한 정도로만 내러티브를 가진, 거기에 있지 않으면서도 있다는 느낌을 주는, 아주 고운 실로 지은 태피스트리를요.

영화 전편이 하나의 기다란 막간극^{interlude}처럼, 더 큰 내러티브에서 사용하지 않

고 놔둔 부분처럼 느껴집니다.

굉장히 삐딱한 작품이었어요. 발 하나를 미술계에 딛고 손가락 하나를 영화계에 짚은 영화였어요. 이도 저도 아닌 정체불명의 영화였죠. 그걸 영화계에 들이미는 명함으로 만들고 있다는 생각도 전혀 하지 않았어요. 내가 정말로 관심이 있었던 건 케네스 앵거의 〈스콜피오 라이징〉 같은 영화였어요. 힘 있는 이미지와 삐딱한 관점.

〈사랑 없는 사람들〉은 워홀의 미학과 양식화된 내러티브 사이의 어딘가에 있는 작품입니다. 연기자들이 연기하는 방식이⋯⋯.

워홀의 소재에 굉장히 관심이 많았어요. 〈비닐〉 같은 공격적인 일부 작품은 경이로워요. 미술은 약간 엘리트적 미디어라고 생각해요. 흰색에 흰색을 덧칠한 정사각형이나 애드 라인하르트의 검정에 검정을 덧칠한 그림의 진가를 인식하려면 약간의 사전 지식이 필요하니까요. 무턱대고, 아무 지식도 없이 미술 작품을 대할 수는 없어요. 그런데 영화는 그렇게 대할 수 있죠. 어떤 면에서, 워홀이 대중적인 소재를 사용한 것도 아무 지식 없이 작품에 접근할 수 있게 해줘요. 각자 상이한 연상을 할 수 있죠. 사람들은 얼떨떨해질 테지만 그 작품에서 철저히 소외되지는 않을 거예요. 그 작품을 나름대로 인식할 거예요.

서부로 향한 내 여정은, 말하자면 내러티브를 제대로 추구하는 여정이었다고 생각해요. 〈사랑 없는 사람들〉은 전적으로 내러티브를 배제하려는 작품이었어요. 배급업자에게 미안하게 생각해요. 그는 그 영화의 예고편을 액션이 넘치는 모터사이클 영화처럼 만들려고 애썼거든요. 나는 계속 말했어요. "광고에는 진실을 사용해야죠!" 영화가 LA에서 개봉했을 때 베벌리센터로 영화를 보러 간 걸 기억해요. 극장에는 포스터도 걸려 있지 않았어요. 나는 포스터를 들고 극장 지배인한테 가서 말했어요. "내 영화가 여기서 상영 중인데요, 포스터 좀 걸어줄래요?"

간접 스릴

실라 존스톤 / 1995

　〈버라이어티〉는 캐스린 비글로의 두 번째 장편을 리뷰하면서 "미국 여성이 만든 지독히도 냉철하고 폭력적인 액션 영화"라고 썼다. 그런데 비글로는 그녀가 세운 기록을 오래전부터 박살내온 게 분명하다. 그 영화—뱀파이어 웨스턴 〈죽음의 키스〉—에는 식인食人과 아동 섹스, 피가 있었다. 제이미 리 커티스가 연기하는 신입 경관이 사이코 킬러에게 스토킹당하는 〈블루 스틸〉에는 권총 페티시와 겁탈, 아내 구타, 피가 있었다. 〈폭풍 속으로〉에는 유혈이 낭자한 총격전과 키아누 리브스의 얼굴이 잔디 깎는 기계의 회전하는 칼날에 가까워지는 장면이 있었다. "렘브란트가 죽을 때 사람들을 모아 놓고 말했다더군요. 'Mehr licht, mehr licht.(더 많은 빛을, 더 많은 빛을.)'" 〈블루 스틸〉에서 살인자를 연기한 론 실버는 이렇게 농담했다. "캐스린은 죽을 때 말할 거예요. 'Mehr blut, mehr blut.(더 많은 피를, 더 많은 피를.)'"

From *Index on Censorship*, November 1995, 4 1-45. Reprinted by permission of Sheila Johnston.

〈폭풍 속으로〉가 나오고 4년 후, 드디어 비글로가 신작을 완성했다. 밀레니엄 교체기의 로스앤젤레스를 배경으로 한 초현대적 스릴러 〈스트레인지 데이즈〉. 영화 속에서 도시는 음침하고 부패했으며 범죄가 들끓고 인종 갈등에 시달린다. 도시의 잔해 속을 슬금슬금 옮겨 다니는 인물은 바로 매력적인 레니 네로(랠프 파인스)다. 한물간 전직 경찰인 그는 암시장에서 "스퀴드" 클립을 팔고 있다. 스퀴드 클립은 사람의 뇌에서 직접 녹화한 전자 기억으로, 구매자가 소형 헤드피스로 재생해서 타인의 인생 한 조각을 다시 체험할 수 있게 해준다. 영화가 진행되는 동안, 우리는 어지러울 정도로 주관적인 카메라워크에 의해 생생하게 제시되는 스퀴드 화면을 보게 된다. 이런 이유로, 이 영화의 역사는 유구하다. 눈동자의 움직임을 모사할 수 있는 카메라를 만들어야 한다는 뜻이기 때문이다. "사람들은 눈동자를 움직이는 게 정말로 쉽다는 걸 당연한 일로 받아들여요." 비글로는 말한다. "하지만 무게가 40파운드^{18.14킬로그램}나 되는 파나글라이드로 그런 움직임을 복제할 수는 없어요."

인간의 본성은 섹스와 살인을, 무엇보다 사람이 죽는 스너프^{snuff} 시나리오를 간접적으로 체험하길 원한다. 그래서 레니는 새 유저─일부러 선택한 용어다─들을 낚으려고 대단히 중독성 높은 클립들로 유혹한다. "나는 잠재의식의 산타클로스야." 그는 아양 떠는 걸 좋아한다.

이 영화는 자신감 넘치는, 흔치 않은 영화다. 그리고 유혈이 낭자한 영화다. 〈버라이어티〉가 이번에 내린 평결은 "기술적인 역작…… 개념적으로 대담하고 본능적으로 힘이 넘친다"였다. 하지만 그 리뷰어는 스퀴드 클립의 선정적인 콘텐츠가 "도덕적으로 의심스럽다"

"이 신들에 문제를 제기할 여성이 적지 않을 것"이라고 예상했다.

비글로는 그녀의 영화를 힘껏 옹호한다. "우리 모두가 공유하는 것 같은 갈망이 있어요. 보고 싶은 욕구, 한 시간이나 두 시간에 불과할지라도 타인의 인생을 살고 싶은 욕구요." 그녀가 한 말이다. "그게 내가 1978년에 만든 〈셋업〉이라는 단편에서 탐구한 주제예요. 그 작품은 폭력과 관음증, 우리가 강렬한 걸 욕망하는 이유를 다뤘어요. 〈스트레인지 데이즈〉도 감상과 그 결과를 다뤄요. 따라서 두 작품 사이에는 공통된 맥락이 있어요. 그런데 나는 〈스트레인지 데이즈〉의 내러티브에 이런 생각을 빈틈없이 끼워 넣고 싶었어요. 따라서 그 비판은 내가 1978년에 만든 작품에 가해진 것과 같은 종류의 비판이 아니에요."

비글로는 화가로—그녀의 묘사에 따르면 추상표현주의자로—경력을 시작했다. 그녀는 1970년대 초반의 뉴욕 아방가르드 세계에 빠져들었다. 그녀의 이름은 고급문화 이론 저널 〈세미오텍스트〉—그녀의 특징을 잘 보여주듯 다중 섹슈얼리티를 다룬 호의—마스터헤드에 등장했다. 그녀는 라이너 베르너 파스빈더의 침울한 게이 사이코드라마 〈13월인 어느 해에〉를 보았을 때 지금 죽으면 천국에 갈 거라고 생각했다.

"그런 노선을 따르다 보면 자신이 하고 있는 작업에 대해, 문화 상품화에 대해 대단히 분석적인 태도를 갖게 돼요. 미술은 교회와 국가의 손아귀에서 벗어난 이후 자기 의미와 정체성을 꾸준히 찾아왔어요. 나 역시 커뮤니케이션하려는 욕망을 잃은 적이 한 번도 없어요. 영화는 20세기 예술형식이에요."

나른하면서도 근사하게 디자인된 바이커 영화이자 첫 장편 〈사랑 없는 사람들〉부터, 비글로는 상업적인 주류를 향해 조금씩, 조금씩 이동해왔다. 지금 그녀의 영화들은 뉴욕현대미술관보다 당신의 집 근처에 있는 멀티플렉스에서 더 많이 상영된다. 오늘날 그녀는 좋아하는 감독의 이름으로 파스빈더가 아니라, 월터 힐과 올리버 스톤과 제임스 캐머런을 꼽을 것이다. 비글로는 그 감독들과 작업을 해왔고, 세 번째 감독과는 부부지간이었다. 캐머런은 〈스트레인지 데이즈〉 시나리오를 함께 집필하기도 했다. 그녀는 비평적인 거리를 유지하면서도 '매혹적'인 대중적 오락물을 만드는 게 가능하다고 여전히 믿는다.

"〈스트레인지 데이즈〉에서 스쿼드 클럽은 레니 네로 캐릭터를 거치면서 여과돼요. 그는 관객인 우리가 보일 반응을 대신 보여주는 것으로 우리를 도와요. 말하자면 그는 우리를 연출해요. 아이리스의 살인에 대한 그의 반응은 절대적 쇼크와 공포, 혐오예요. 그는 우리를 위해 그 경험을 순화시켜요." 안젤라 바셋이 연기하는, 네로의 가장 친한 친구 캐릭터가 로드니 킹 유형의 사건에서 흑인 가수이자 정치적 리더가 경찰에게 살해당하는 걸 목격했을 때도 마찬가지라고 그녀는 덧붙인다.

이 주장을 뒷받침하기 위해 비글로는 영화의 첫 신을 인용한다. 범죄자의 시선을 통해 강도 행각을 담은, 분절되지 않은 듯 보이는 길고 긴 주관적 시점 숏. 경찰이 추적하는 동안 카메라는 집 안을 질주하고 지붕 위를 가로지른다. 도둑은 또 다른 빌딩으로 점프하지만 착지에 실패하고…… 그래서 우리는 추락해서 죽는다.

"편집실에 있을 때, 친구들이 오면 그 장면을 보여줬어요. 그들은 아무 소리도 나지 않는 작은 화면을 응시했죠. 처음에는 의자에 등을 대고 앉아 있다가 시퀀스가 진행되는 동안 점점 앞으로 나와 화면으로 몸을 바짝 기울이는 걸 봤어요. 그러다가 카메라가 계단을 올라가면, 그들이 다리를 움직였어요. 그 작고 조잡한 포맷 안에서 그들은 경험의 참가자였죠. 오프닝 시퀀스에서 동질감을 느낄 수 있는 대상은 아무도 없어요. 하지만 캐릭터들을 일단 소개받고 나면 관객이 스스로 그 사건들을 순화시키게 될 거라고 믿어요."

그녀는 우리가 발전progress의 희생자일지도 모른다는 관념을 강하게 반박한다. 가상현실 기술을 비롯한 여러 기술을 통해 영화와 다른 매스미디어가 점점 정교해짐에 따라, 관객은 감상 과정에 더욱 깊이 빨려 들어간다는 관념을. "모든 미디어의 역사는 한계를 초월하려는 시도에 바탕을 뒀어요. 영화감독으로서 우리는 이용 가능한 모든 도구를 활용하고 싶어 하는 경향이 있어요. 그런 탐구는 늘 타당해요. 새로운 이미지와 사고방식을 창출할 수 있으니까요."

"컴퓨터로 이미지를 창작할 수 있는 지금, 우리는 거의 모든 일을 할 수 있어요. 우리를 제약하는 유일한 요소는 상상력이에요. 나는 이런 상황이 관객들에게 본능적인 반응을 촉진시킨다고 생각해요. 관객들이 그런 반응에 **반응한다**고 보죠. 그건 게임에 거는 판돈을 끊임없이 증가시키는 관계에요."

〈스트레인지 데이즈〉에는 〈블루 스틸〉에서처럼 생생하고 긴 강간신이 있다. 올리버 스톤이 그런 소재를 보여줬다면 대중의 공분을 샀을 것이다. 비글로가 여성으로서, 남성 감독보다 비난을 모면하는 능력을 더 많이 갖고 있다고 느끼는지 궁금했다.

"우리 문화에는 여성을 상대로 한 폭력이 존재해요. 우리 삶에 그런 게 존재한다는 건 진실이잖아요. 지어낸 얘기가 아니에요. 〈스트레인지 데이즈〉에서 그 신은 나머지 줄거리를 밀고 나가는 극적인 이벤트예요. 〈싸이코〉의 샤워 신하고 다르지 않아요. 그 장면을 대단히 세심하게 스토리보드로 그렸어요. 배우들하고 숏 바이 숏shot by shot으로 장면을 전부 살폈어요. 모두가 과정의 일부였어요. 우리는 그 장면의 필요성을 공감했죠. 그 장면이 거기 있는 건 자극을 주거나 선정적인 내용을 이용해먹으려는 게 아니에요. 우리 존재의 끔찍한 사실을 보여주려는 거예요. 따라서 그 장면의 성패는 온전히 그걸 다루는 방식에 달려 있어요. 젠더의 영향을 받았는지 여부는 나도 몰라요. 그 장면이 젠더와 뭔가 관련이 있다는 건 확신하지만요. 게다가 우리 영화에는 그 여자와 대조되는 또 다른 여성이 있어요. 아이리스가 영화에 등장하는 유일한 여자였다면 관객들이 '당신은 나한테 다른 대안을, 다른 잠재력 있는 현실을 하나도 주지 않았어'라고 해도 할 말이 없었을 거예요. 하지만 이 영화에는 도덕적 핵심이자 너무도 침착한, 자율적으로 활동하는 안젤라 바셋이 있기 때문에, 관객은 탐구할 정체성의 스펙트럼을 갖게 돼요."

정치적 올바름은 미국 영화감독에게 가해지는 유일한 압박이다. 그 측면에는 다양한 범죄의 책임을 할리우드에 뒤집어씌우는 밥 돌과 댄 퀘일, 마이클 메드베드 같은 우파 정치인들이 있다. "그들은 정치 게임에 영화 산업을 이용하고 있어요. 영화가 묘사하고 있는 사회악의 원인에 관심을 돌리는 대신, 심부름꾼을 책망하고 있는 거예요." 비글로가 한 말이다. "언론의 자유를 위한 투쟁에 나서면 사는 게 더 힘들어지겠지만, 그건 당신의 삶을 한층 더 굳건하게 자리 잡게 만드는, 지속적으로 벌여야 하는 중요한 투쟁이에요."

현실의 고통을 담은 바이트들

앤드루 헐트크랜스 / 1995

컬럼비아 필름스쿨로 옮겨가기 전에 휘트니 프로그램에 다녔던 화가 캐스린 비글로는 할리우드 행성의 변종에 해당한다. 정신 사납게 몰아치는 스릴러 리듬에 대한 친밀감을, 순수 미술에서 출발한 이력을 연상시키며 전복적인 장르 비틀기genre-bending 취향과 결합시킨 비글로는 발레 같은 액션 시퀀스로 폭력의 언어가 얼마나 영화적으로 순수할 수 있을지 상기시키는 능숙한 테크니션이다. 그녀의 최신작 〈스트레인지 데이즈〉는 밀레니엄 교체기의 LA가 배경인 테크 누아르tech-noir다. 영화에서 극도의 황홀감과 혁명에 상충하는 비전은 대중의 심리를 양분하고, 정치에 무관심한 이들은 다른 사람의 인생에 도취하면서 스스로 세상과 담을 쌓는다.

제임스 캐머런 감독과 시나리오작가 제이 콕스(《순수의 시대》〈그리스도의 마지막 유혹〉)가 함께 쓴 〈스트레인지 데이즈〉—전형적인 누아르에 사이버펑크를 끼워 넣은 영화—는 챈들러의 비열한 거리를 술에 찌든 젊은이들이 길가에서 산타클로스를 구타하는 동안 탱크들이 그 옆을 냉담하게 지나가는 계엄령 지역으로 제시한다. 퇴폐적인 언더그라운드의 뒷골목을 술 취한 생쥐처럼 허둥지둥 지나는 레니 네로(랠프 파인스)는 스퀴드의 마술을 통해 미니디스크에 보관된 다른 사람의 현실을 방문판매한다. 스퀴드는 인간의 경험을 '대뇌피질에서 곧장' 녹화하고 재생하는 기술로, 가격을 치른 유저가 그 순간만큼은 다른 사람이 될 수 있게 해준다.

네로는 딜러 강령 제1조—"네가 공급하는 물건에 절대 도취하지 말라"—를 위반하고 기억 중독자가 됐다. 영화가 시작될 무렵, 그의 인생은 이미 팜므파탈에 의해 망가져 있다. 그는 팜므파탈과 행복하게 지내던 시절을 담은 피드백 루프에 중독됐다. 친구가 살해당하는 장면을 담은 스너프 클립을 입수한 그는 마지못해 필립 말로의 망토를 걸치고, 운전이 부업인 아마존 여전사 메이스(안젤라 바셋)에게 도움을 요청한다. 그러면서 두 사람은 『빅 슬립』에 필적할 정도로 사람 헷갈리게 만드는 요소들이 난무하는 음모의 거미줄에 휘말린다.

폴란스키의 〈차이나타운〉처럼 〈스트레인지 데이즈〉는 컬러로 찍은 누아르라고 할 수 있다. 비글로의 블랙은 블랙이고 그녀의 빛은, 빛이 있다면 청록색cyan이다. 이런 비주얼은 그녀의 캐릭터들을 조금씩 잠식하고 부식시킨다. 스튜디오를 통해 개봉된 지난 세 편의 영화 〈죽음의 키스〉 〈블루 스틸〉 〈폭풍 속으로〉와 달리 비글로는 빠른 편집의 노예가 아니다. 그녀가 지금까지 내놓은 작품 중 최고작인 〈스트레인지 데이즈〉는 엔딩 크레디트가 오른 후에도 한참 동안 우리를 두려움에 떨게 만드는 시퀀스로 끝난다. 카메라는 인종차별주의자 경관의 피투성이 얼굴을 오래 응시한다. 총을 뽑아든 그는 색종이 조각이 산성 눈^{acid snow}처럼 밤하늘에서 떨어지는 동안, 자살한 파트너에게 수갑을 채워 그 시신을 질질 끌면서 최종 해결책을 실행하려고 한다.

개념미술에서 문화 산업으로 옮겨온 건 대단한 방향 전환입니다.

일탈처럼 보였어요. 샌프란시스코아트인스티튜트에서 회화를 공부하고 있었는데, 교수님 중 한 분이 휘트니 프로그램에 나를 추천하셨어요. 73년인가 74년 일이에요. 개념미술이 제대로 주목받던 때였죠. 그런데 나는 미술계가—추상 작품을 제대로 감상하려면 상당한 정도의 지식이 필요하다는 사실이—불만스러워졌어요.

영화는 그런 종류의 지식을 요구하지 않아요. 그건 우리 인생의 2시간 20분 외에 아무것도 요구하지 않는, 믿기 힘들 정도로 우수한 사회적 도구였어요. 그래서 〈셋업〉이라는 단편을 찍었죠. 영화사史와 영화 비평 과정에 들어갔어요. 프로이트를 읽던 중이었는데, 그래서 철학과에도 갔어요. 〈세미오텍스트〉에서 일했어요. 피터 울렌과 비범한 사상가인 에드워드 사이드가 교수님이었어요. 그래서 자연스레 그분들의 영향을 받았어요. 그런데 아이러니하게도 그분들께 받은 영향이 나를 다시 미술계로 데려갔어요. 구조주의 사상은 딱할 정도로 유행이 지났지만, 내가 만든 첫 장편이자 내러티브 영화 〈사랑 없는 사람들〉로 이끈 게 바로 그 사상이었어요. 나는 그때도 여전히 내러티브에 저항하고 있었어요. 그래서 그 영화는 명상에 가까워요.

그러다가 다시 돈이 떨어지면서 바로 여기 칼아츠에서 강의를 맡았어요. 경제적인 이유 때문에 강제로 이사를 해야 했죠. 〈사랑 없는 사람들〉을 영화 업계에 내밀 명함으로 만들겠다는 의도는 전혀 없었어요. 당연한 얘기지만, 미술계에서 일하다 보면 할리우드를 무시할 수밖에 없어요.

〈사랑 없는 사람들〉은 그 시대의 태블로역사적인 장면을 배우들이 정지된 행동으로 재현하는 것를 연달아 보여줍니다. 소리가 거의 없는, 대사가 없는 신들이 있습니다. 당신의 영화 대다수는 본능에 호소하는 액션 시퀀스들을 담고 있습니다만, 미장센을 점검하기 위한 사색적인 포즈pause들도 있습니다. 이건 당신의 지적인 뿌리에서 유지해온 특징인가요, 아니면 타고난 리듬인가요?

글쎄요, 나는 〈스트레인지 데이즈〉를 순수한 액션 장르 영화로 보지 않아요. 캐릭터를 중심으로 한 작품이라고 생각해요. 영화에는 대사와 이야기가 엄청나게 많아요. 우리는 언젠가 그 영화를 데이비드 마멧이 집필한 SF로 생각하기도 했어요. 〈스트레인지 데이즈〉의 포즈는 미장센을 오래 응시할 필요성보다 이야기와 캐릭터가 요구한 측면이 더 많아요. 모든 프레임을 알차게 채우지 않았다는 뜻은 아니에요. 관객의 눈은 주요 캐릭터들이 굳이 아는 체하지 않는 이 복잡한 환경의 바깥을 배회해요. 그들은 혁명이, 내전이 일어나는 걸 당연한 일로 받아들여요.

경찰국가요.

바로 그거예요. 그래도 삶은 지속되고 난장판은 벌어지고 클럽들은 여전히 문을 열어요. 사람들은 저녁을 먹어야 하고요.

〈스트레인지 데이즈〉에 삽입된 사회악들이 모두 오늘날의 LA에도 실제로 존재하

고 있기는 하지만, 당신이 그려낸 LA는 현재의 LA와 리들리 스콧의 〈블레이드 러너〉에 나오는 미래의 LA 사이에 놓인 지역이기도 합니다. 이 도시를 종말 이전과 종말 이후의 도시 환경을 다루는 주요한 텍스트의 출처로 만든 요소는 무엇인가요?

LA는 견본이에요. 그렇지 않나요? LA는 역사가 일천한 도시라서 균형이 깨지기 쉽고 갈등이 내재해요. 게다가 LA는 도시가 아니에요. 도심이 없죠. 정체성이 없기 때문에 일종의 다중 정체성poly-identity을 갖고 있어요. 이 도시에 어떤 특징을 투사하건, 특징이 없는 이 도시는 다양한 정체성을 품으면서 그 모든 정체성이 하나로 뭉개져버려요. LA가 이 나라의 나머지 도시들을 담아낸 소우주가 아니라는 말이 아니에요. LA의 다언어 문화는 〈스트레인지 데이즈〉의 폭발 직전인 세계에 중요해요. 하지만 그게 미국에서 이례적인 특징이라고 생각하지 않아요. 그저 이 도시에서 그런 점이 부각되는 것뿐이에요.

1999년 LA의 음침한 구역들을 돌아다니는 〈스트레인지 데이즈〉는 우리에게 망가진 안티히어로 레니 네로(랠프 파인스)를 제시합니다. 그는 LA가 불타고 있을 때 자위를 하고 있습니다. 그는 현실을 변화시키길 단념한 대중의 구미를 맞춥니다. 대중은 그의 스퀴드 디스크를 통해 유아론에 틀어박힙니다. 당신의 스퀴드 아이디어는 현실도피적인 엔터테인먼트에 대한 풍자의 차원을 넘어 영화에 대한, 관음증에 대한, 이미지 중독에 대한, 진정으로 사로잡힌 관객이라는 관념에 대한 비판 역할을 합니다.

맞아요. 이 작품을 창안한 짐 캐머런도 그런 아이디어를 오랫동안 생각해오고 있었어요. 감상하려는 욕망을, 간접적으로 경험하려는 욕망을요. 주위 환경이 갈수록 순화됨에 따라 우리 모두의 경험도 순화됐어요. 지금 우리는 이미지를 어마어마하게 폭식하고 있어요. 우리 자신의 인생이 아닌 다른 누군가로 살고자 하는 갈망이 존재한다는 건 너무나 명백한 일이에요. 그건 순수한 현실도피이면서도 근본적 욕망처럼 보여요. 영화에 대한 욕구가 이것 말고 달리 무엇이겠어요?

그런데 〈스트레인지 데이즈〉에서 환경은 지나치게 리얼하고 잔혹해졌습니다. 당신은 그런 환경에서 사는 사람들이 실제 경험을 원치 않을 거라고, 그들이 우리가 알고 있는 영화를, 현실도피를 원할 거라고 생각하는군요. 그 안에 있는 어느 것도, 문자 그대로 관객에게 결정적으로 영향을 끼치지 못하는 현실도피를요. 그 디스크는 리얼한 것을, 리얼한 경험을 전달하는데 말입니다.

그 디스크들은 순수한 감각을, 그렇지만 위험이 전혀 없는 감각을 전달해요. 관객은 경험에 잠재되어 있을 수도 있는 제약과 위험이 없는 경험을 할 수 있게 되는 거죠. 그들은 갈수록 더 강렬한 경험을 요구하고 있어요. 따라서 제4의 벽the fourth wall을 부수는 건, 진짜 같은 경험을 향해 또 한 걸음 다가가는 건 영화에 필수적으로 삽입해야 하는 요소예요. 그 방향으로 가는 길은 포장이 잘되어 있어요. 우리가 아직 거기에 도달하지 못한 건 명백하지만, 일단 그런 상태가 된다면 영화의 미래는 어떻게 될까요? 궁극적으로 영화는…….

경험이 되는 거죠.

그러면 더 이상 쓸모가 없어져요.

〈스트레인지 데이즈〉에서 페이스(줄리엣 루이스)가 말하는 것처럼, 영화는 끝났다는 걸 알 수 있기 때문에 더 좋죠. 디스크가 끝났다는 걸 알았을 때 문제는 도취에서 벗어나면 관객이 음침한 아파트로 돌아와 있다는 거예요.

하지만 디스크는 또 다른 세계로 난 윈도를, 사회조직에 난 구멍을 제공해요. 그건 영화도 제공하는 것들이죠. 그래서 그토록 매력적인 거예요. 당신이 말했듯, 우리 자신의 현실은 그와 비교해보면 너무 음울하거나 재미없어 보이니까요. 우리는 모두 유체 이탈 경험을 바라고 있는데, 디스크가 제공하는 게 그거예요.

하지만 영화가 보여주는 많은 디스크가 전형적인 할리우드 판타지인 건 아닙니다. 그것들의 배경은 사람들이 일반적으로 탈출하려고 애쓰는 도시적 환경입니다.

관객은 어느 음울한 현실에서 또 다른 음울한 현실로 이동해요. 그중 하나는 다른 것보다 안전하죠. 그리고 디스크가 반드시 음울할 필요는 없어요. 스릴러 장르의 특성상 우리가 초점을 맞춘 게 그런 음울함이었을 뿐이죠. 당신이 레니에게 요구하는 게 무엇이건, 그는 당신이 원하는 걸 제공할 거예요.

죽음은 빼고요.

맞아요. 그는 죽음을 취급하지 않으니까요. 죽음은 출구예요. 레니는 과거라는 수렁에 빠져 있고, 피드백 루프에 붙잡혀 있어요.

맥스(톰 시즈모어)가 말하듯 "쳇바퀴 위의 다람쥐처럼"요. 누아르 장르의 궁극적 희생자.

하지만 누아르의 희생자는 멈추지 않고 전락만 하죠. 레니는 루프에 갇혀 있어요. 그리고 누아르 주인공과 달리 그는 메이스(안젤라 바셋)의 도움을 받아 구원의 모티프를 활용해요.

당신은 〈스트레인즈 데이즈〉에서 미디어를 조롱하지 않습니다. 광고나 뉴스를 패러디하는 장면이 없더군요. 당신은 스펙터클에 도취한 사회가 아니라 생생한 경험을 최고로 치는, 스펙터클을 경험한 이후의 사회를 비판하고 있습니다. 그런데 영화에서 중요한—살인을 기록한—스퀴드 디스크는 대중 방송의 위력이라는 주제로 우리를 다시 데려갑니다. 그게 대중에게 공개될 경우 폭동이 일어날 위험이 있으니까요.

스퀴드 디스크는 순수한 경험을, 순화되지 않은 경험을 제공해요. 그것들은 편집되지 않은 순수한, "대뇌피질에서 곧장 가져온 것"이죠. 우리는 그보다 덜 순화된 걸 구할 수 없어요. 중요한 건 그것들이 이용되는 방식이에요. 중립적인 기술 따위는 존재하지 않아요. 중요한 건 그 기술의 응용이죠. 그런데 그 점이 여전히 우리를 미디어와 반대 입장에 서 있는 개인에게 데려가요. 결국 〈스트레인지 데이즈〉는 진실에 대한 책임이라는 문제를 다뤄요. 영화의 시간적 배경에서 5년이 지나면 디스크의 콘텐츠에 불순물을 첨가할 수 있는 기술이 생겨날 거고, 그러면 무슨 일이든 일어날 수 있을 거라고 확신해요. 하지만 살인 디스크가 빼도 박도 못할 증거라는 건 확실해요. 그 정보가 전파되는 방식도 중요하고요. 그건 순수하고 진실한 정보예요. 그 디스크는 그런 식으로 미디어와 뉴스가 적절치 않다는 걸 폭로해요.

그러니까 디스크가 미디어를 부적절한 존재로 만든다는 건가요? 〈스트레인지 데이즈〉에서 미디어는 중요하게 다뤄지지 않습니다. 라디오 토크쇼도 거의 등장하지

않고 TV 뉴스 클립도 두어 장면만 등장하는데, 그것들은 오늘날의 뉴스와 토크쇼처럼 보입니다.

그들이 얘기하는 정보만 제외하면요. 명심하세요, 이 영화의 배경은 불과 4년 후라는 걸. 반대로 4년 전을 생각해보면 지금과 뭐가 다른가요? 우리의 컴퓨터는 계속 작아졌고, 점점 더 많은 사람이 휴대전화를 갖게 됐어요. 2000년에는 더 급격하게 변해 있을 거라고 생각하지만, 가장 중요한 사건은 컴퓨터가 우리 손에 들어오고 우리가 거기에 대고 통화를 할 수 있게 될 거라는 거예요.

반면 밀레니엄의 전환은 상품 판매와 미디어의 호화로운 오락물이 악몽 같은 규모로 등장하는, 거대한 문화적 사건이 될 거라고 생각해요. 종교적인 요소도 있을 거예요. 휴거rapture를 기대하는 사람들이 많을 테니까요. 그때가 되면 우리는 미지의 존재를 받아들일 필요가 있을 거예요.

〈스트레인지 데이즈〉의 역사는 어떻게 되나요?

짐 캐머런이 그 아이디어를 9년인가 10년간 작업해오고 있었어요. 4년 전에 나한테 그 얘기를 했고, 나는 엄청난 아이디어라고 생각했어요. 밀레니엄 전날 밤의 두 캐릭터. 한 명은 그가 사랑하는 여자를 구하려고 하고, 그를 사랑하는 다른 한 명은 그가 하는 일을 도우려고 애쓰죠. 엄청나게 감정적인 매트릭스였어요. 그런 후 우리는 여러 차례 대화를 하면서 정치적인 요소를, 이 특별한 사회를 발전시켰어요. 신랄함과 투지는 내가 계속 추구해오던 거였어요. 아이러니하게도 짐이 주장한 건 로맨스 요소였고, 내가 주장한 건 더 냉혹하고 신랄한 요소들이었어요. 젠더에 대한 통념이 뒤집힌 거죠.

우리 대화의 결과로 짐이 트리트먼트를 썼고, 그와 제이 콕스가 그 걸 시나리오로 발전시켰어요.

당신은 인종주의자 경찰을 통해 로드니 킹 사건을 영화에 포함했습니다.

그 이야기는 우리가 트리트먼트를 작업하는 도중 모습을 드러냈어요. 그 사건을 이 도시의 문화 역사적 일부라고 생각했어요. 그래서 영화에는 자신이 한 말 때문이 아니라 권한 남용 탓에 그리고 교통 신호등 탓에 망가지는 캐릭터가 있어요. 순전히 우연히 일어난 사건이 대참사를 초래하는 거죠. 폭동은 여기 살던 사람들에게 감정적으로 정말 힘든 사건이었어요. 나는 폭동이 끝난 후 청소 작업에 참가했죠. 불타버린 빌딩의 외관과 주 방위군이 서성거리는 길거리에 있었던 게 이 영화의 많은 시각적인 바탕을 제공했어요. 사람은 그런 환경에 대단히 빠르게 익숙해져요.

메이스와 레니는 둘 다 과거에 개인적인 비극을 경험한 사람들입니다. 메이스는 유아론에 틀어박히려는 충동에, 디스크를 이용하려는 충동에 어떻게 저항하나요?

메이스는 내러티브의 도덕적 핵심이에요. 그래서 그녀는 저항할 능력을 자연스레 갖고 있어요. 반면 도덕적으로 핵심에서 밀려난 레니는 자기도취적인 웅덩이에서 허우적대고 있어요. 그는 거기에서 벗어날 능력이 있는 것처럼 보이지 않아요. 우리는 영화가 3분의 2 정도 지났을 때에야 그에게 변화할 수 있는 잠재력이 있다는 걸 깨달아요. 메이스는 이 영화의 흠결 하나 없는 주인공이에요. 레니는 안티히어로고요. 주인공들이 생각은 제대로 표현하지 못하지만 말 주변은 좋은 걸로 설정되는 경우가 잦은 액션 맥락에서 흥미로운 설정이에요. 감정을 그대로 토로하면서, 그 결과 허약한 인물로 해석되는 주인공을 갖는 것과 달라요. 이건 필사적으로 전복시킬 필요가 있는 클리셰들이에요.

영화에 인종 문제가 심하게 코드화되어 있습니다. 두 메인 캐릭터 중 한 명은 흑인이고 한 명은 백인입니다. 디스크 남용은 주로 백인들의 소일거리로 보이고, 아프리카계 미국인은 거기에 심취하지 않습니다. 이게 아프리카계 미국인 커뮤니티가 미국 문화의 리얼real을 대표하는 부담을 자주 지는 방식과 어떤 관계가 있는 건가요? 예를 들어, 힙합에서 리얼에 대한 담론은 믿기 힘들 정도로 과잉되어 있습니다. 영화에서 흑인 캐릭터들은 현실을 옹호하는 반면, 레니와 맥스로 대표되는 백인 커뮤니티가 보여주는 건……

도피와 판타지와 표리부동과 은폐된 어젠다들이죠. 영화의 인종 요소는 의식적으로 넣은 거예요. 메이스의 세속적인 성향은 거기서 필수적이죠. 레니의 성향과 멋들어지고 날카롭게 대비되는 거예요. 그녀는 철저히 현실에 입각한, 현실을 바탕으로 한 요소를 대표합니다. 반면 레니는 판타지에 빠져 있어요. 그걸 젠더 관점에서도 볼 수 있어요. 스퀴드 디스크는 여성의 판타지가 아니라 남성의 판타지를 강조하는 경향이 있으니까요.

또 다른 인종 관련 이슈가 있습니다. 백인 캐릭터들은 레니처럼 과거에 고착되어 있거나 맥스처럼 현재에 대해 허무주의적 관심을 갖고 있는 듯 보입니다. 하지만 아프리카계 미국인들은 미래의 혁명에 관심을 보입니다. 관객은 라디오 토크쇼에 전화를 건 흑인이 "2K2000년가 오고 있습니다. 혁명이 일어날 겁니다"라고 말하는 걸 듣습니다. 따라서 우리는 새 밀레니엄에 대해 상반된 관점들을 얻습니다. 흑인들은 하

나같이 2K가 새로운 출발이 될 거라고 말하고, 백인들은 하나같이 그게 세상의 종말일 거라고, 휴거일 거라고, 심판의 날일 거라고 말하고 있습니다.

백인 캐릭터들은 제리코(글렌 플러머)처럼 미래지향적이지 않아요. 제리코와 맥스는 이 영화를 대표하는 철학자들이에요. 맥스의 철학은 현재를 우선시하는 허무주의와 냉소주의고, 제리코가 구사하는 수사법은 흑인 혁명이에요. 분명 의도적인 설정이지만 미국의 백인 남성들을 고발하려는 의도는 결코 아니었어요.

우리는 당신의 모든 영화에서 스릴을 좇는 아드레날린 중독자들을 봅니다.

나는 늘 아드레날린 중독자들에게 매혹되었어요. 사람은 자신의 인간성을 위태롭게 만들고 나서야 자신이 가장 인간적이라고 느낀다는 생각을 해요. 모든 의식을 위태롭게 만들고 나서야 새로운 의식을 얻을 수 있어요. 그게 절정 경험의 내용이에요. 내 입장에서는 그게 카타르시스를 주는 미디어로서 영화의 내용이죠. 영화가 카타르시스를 줄 수 있으려면, 캐릭터가 자신을 규정할 수 있게 해주는 호된 시련의 장을 창출할 필요가 있어요. 〈폭풍 속으로〉에서 혹독한 시련은 주제의 일부가 됐어요.

당신이 사용하는 또 다른 비유는 감정적으로나 심리적으로 여성에게 의존하는 어린애 같은 남성입니다. 심지어 〈죽음의 키스〉의 케일렙의 경우는 육체적인 생명 유지까지 여성에게 의존합니다. 내 생각에, 당신의 영화에 담겨 있는 서브텍스트 중 하나는 젖떼기離乳 **과정입니다.**

자아실현을 위해서 그러는 거죠. 젖떼기는 맞아요. 하지만 그건 양성성androgyny을 찾는 과정이기도 해요. 남자와 여자가 한 몸으로 융합되는 거죠.

남성이 여성을 자신의 내부로 취하는 건가요?

바로 그거예요. 아니면 그런 관계가 제공하는 강인함이요. 나는
그게 결합체^{union}가 제공하는 카타르시스를 활용한 거라고 생각해
요. 〈죽음의 키스〉에서는 말 그대로이고 〈스트레인지 데이즈〉에서는
심리적으로 그래요. 〈스트레인지 데이즈〉에서는 〈죽음의 키스〉와 반
대로 메이스의 피가 레니의 혈관을 통하는 것으로, 레니가 재생된
기억이 아닌 현실의 시간에 살고 있다는 걸 깨닫게 도와줘요.

〈스트레인지 데이즈〉를 장르 영화로 보나요?

장르를 갖고 노는 건 의식적인 일이기도 하고 무의식적인 일이기
도 해요. 나는 사람들이 장르의 영향을 받지 않는다고 생각하진 않
으니까요. 장르를 이용하지 않겠다고 선택하더라도 그건 그 자체로
의미가 담긴 결정이에요. 그런데 나는 장르를 뒤집어엎고 새롭게 규
정하려는 욕망을 갖고 있어요. 장르는 그런 목적을 위해 존재해요.
장르는 관객을 상대로 교섭에 나서는 걸출한 교섭 담당자예요. 장르
는 관객이 이해하는 언어를 구사하고, 관객을 편안하게 만들어줘요.
감독이 장르의 밑바닥을 일단 건드리고 나면, 그 감독은 어느 방향
으로건 갈 수 있어요. 〈죽음의 키스〉 같은 뱀파이어 웨스턴을 작업
하는 건, 잡종^{hybrid}을 창조하는 건 재미있어요. 하지만 내가 항상 장
르들을 전략적으로 교잡^{cross-pollinate}시키는 건 아니에요.

"오늘은 테크 누아르를 작업할 거야"가 아니라는 건가요?

(웃음) 아이러니하게도 〈스트레인지 데이즈〉의 개발을 시작했을 때 우리가 영화에 대해 한 얘기가 테크 누아르였어요.

따라서 당신은 필름누아르의 팬인가요?

농담이죠? 필름누아르는 내가 가장 좋아하는 장르예요. 말하자면 나는 그렇게 미술에서 영화로 왔어요. 파스빈더를 통해 누아르로 이어지는 길을 걸어왔어요.

간접적인 삶의 의미를 살피다

데이비드 스테리트 / 1995

"스튜디오 시스템에서 나오는 영화들이 어느 정도 콘텐츠를 가질 때가 됐다고 생각해요." 캐스린 비글로가 그녀의 최신작 〈스트레인지 데이즈〉에 대해 한 말이다. "충격적인 영화라는 거 알아요. 도발적인 영화라는 것도 알고요. 하지만 이건 알맹이가 있는 영화예요. 영화 자체로, 올바른 방향으로 디딘 한 걸음이에요."

〈스트레인지 데이즈〉의 장점에 대해 의견을 달리하는 많은 사람도 그 점에 대해서는 비글로와 뜻을 같이 할 것이다. 20세기 폭스 입장에서는 실망스럽게도 이 영화가 박스오피스에서 거센 파도를 일으키지 못했지만, 평론가와 관객들 사이에서는 중대한 논의를 불러일으켰다. 또한 까다로운 선발 과정을 거쳐야 하는, 명망 높은 이벤트 중 하나인 뉴욕영화제에서 미국 최초 시사회를 여는 특별한 성취를 이뤄 내기도 했다.

이 영화를 좋아하건 싫어하건, 대다수 관객들은 이 영화를 뇌리에서 떨치느라 힘든 시간을 보내고 있다. 할리우드가 입장권 판매가 급감하는 위험을 감수하기보다 까다로운 이슈를 피하는 쪽을 택하는 시대에, 이건 특이한 일이다. 지지자들은 영화의 기술적 탁월함을 그리고 간접 섹스와 폭력에 빠져 헤어나지 못하는 소위 엔터테인먼트에 대해 경고하는 영화의 관점을 장점으로 꼽는다. 영화를 비난하는 사람들은 〈스트레인지 데이즈〉가 영화 자체에 빠져 헤어나지 못한다고 말하면서, 영화가 시스템이 아니라 악한 경찰 두 사람을 손가락질한다고, 피날레에서는 사회적 이슈들이 그저 자취를 감추길 바라는 것 같다고 지적한다.

이야기의 배경은 21세기를 앞둔 밤으로 메인 캐릭터는 레니 네로다. 전직 경찰인 그는 지금 불법 엔터테인먼트 장비에 사용되는 소프트웨어를 팔러 다니는데, 그 장비는 유저의 뇌에 이미지와 감각을 직접 쏟아붓는다. 그가 입수한 최신 '클립'에는 인기 있는 랩 싱어의 살인과 관련한 단서가 들어 있다. 래퍼의 죽음은 역사상 가장 파괴적인 인종 폭동의 조짐을 담고 있다. 다른 캐릭터로는 레니의 예전 연인이자 나쁜 습관을 가진 록 스타, 그리고 레니를 더 건설적인 삶으로 이끌기 위해 돕는 친구 등이 있다.

랠프 파인스가 주인공을 연기하고, 줄리엣 루이스와 안젤라 바셋이 그의 인생에서 중요한 여인들로 조연한다. 〈에이리언 2〉와 〈터미네이터〉 시리즈 같은 히트작을 포함한 하이테크 어드벤처 영화들을 연출한 제임스 캐머런의 스토리를 바탕으로, 비글로가 제이 콕스와 함께 시나리오를 썼다.

할리우드 감독이라는 경력을 일관되게 구축해온 몇 안 되는 여성에 속하는 비글로는 로드니 킹 판결에 뒤이어 로스앤젤레스 폭동이 일어난 직후 〈스트레인지 데이즈〉 작업을 시작했다. "다운타운 청소에 참가했어요." 그녀가 최근 가진 인터뷰에서 한 말이다. "그 경험에서 대단히 큰 인상을 받았어요. 우리가 사는 세상의 분노와 좌절감과 경제적 격차를 생생하게 느끼게 됐어요."

이런 절박감이 비글로의 영화로 파고들었다. "나한테는 사회를 비추는 거울을 드는 게 중요한 일이에요." 그녀는 영화를 "절대 잊어서는 안 될 이슈들에 대해 말하는 환경이자 캔버스이자 풍경화"라고 말했다.

영화가 다루는 이슈에는 인종적인 갈등과 공권력 남용이 있다. 그러나 또 다른 주제는 "감상하려는 욕구, 보려는 욕구"라고 비글로는 말한다.

"인생을 간접적으로 경험해야겠다는 우리의 이런 욕구는 뭘까요?" 그녀는 묻는다. "우리 자신의 삶이 너무 재미가 없어서 남들의 인생으로 도피해야만 한다는 걸 발견했다는 뜻인가요? 이게 일종의 수동성을…… 진짜 경험과 상반되는 텔레비전이나 언론, 영화적 경험을 통해 세계관을 꾸준히 순화하는 거리 두기distanciation를 창출한 건가요?"

〈스트레인지 데이즈〉에서 가장 논란 많은 신은 주인공이—그리고 우리가— 살인자가 직접 클럽에 녹화한 내용을 간접적으로 목격하는 살인 장면이다. 비글로는 그게 섬뜩한 에피소드라는 걸 인정하면서도, 그 장면이 긍정적인 목적에 기여한다고 주장한다. "내가 도전한 난제는 가능한 냉정하고 솔직한 관점으로 그 사건에 접근하는 거였어요."

그렇다면 왜 그런 장면을 포함한 건가?

"아는 게 힘이니까요." 영화감독이 내놓은 대답이다. "어떤 사람의 비전을 보호하면서도 그를 현실에 대한 인식과 단절시키지 않는 것이 중요해요. 의식의 결핍보다 더 위험한 건 없어요."

결국 이 영화는 낙관적인 견해를 표명하려는 의도였다고 비글로는 말한다. "시스템을 공정하게 대하고 싶었어요." 그녀가 한 말이다. "그게 우리의 적이라면 우리도 우리의 적이니까요. 우리가 그걸 바꾸지 않으면 우리는 그걸 재생산하는 거예요……. 영화는 희망을 강하게 주장하면서 끝나요. 결국 우리를 새로운 세기로, 밀레니엄으로 데려가는 건—기술이 아니라—인류애예요."

해피 뉴 밀레니엄

로알드 라이닝 / 1996

키 크고 가무잡잡하며 아름다운 캐스린 비글로는 영화감독이라기보다는 할리우드 여배우에 더 가까워 보인다. 그녀의 외모에서 액션 영화 장르의 다른 창작자들—할리우드의 전형적인 터프 가이들—의 면모는 조금도 보이지 않는다.

화가에서 감독으로 변신한 43세의 그녀는 세상이 예상하는 일을 하지 않는다. 어떤 여성이 바이커(《사랑 없는 사람들》)와 뱀파이어(《죽음의 키스》), 서퍼(《폭풍 속으로》), 경찰(《블루 스틸》)에 대한 영화를 만들었던가? 3월에 비글로는 랠프 파인스와 안젤라 바셋, 줄리엣 루이스가 출연한 영화, 폭력과 SF가 뒤섞여 논란을 일으킨 영화 〈스트레인지 데이즈〉를 내놓았다. 세기말 직전의 로스앤젤레스에 대한 이 충격적 비전은 미국에서 이미 열광적인 찬사와 야유를 받았고, 검열의 필요성에 대한 논의를 숱하게 양산했다.

"이 영화는 폭력만을 다루는 영화가 아니에요. 이건 러브 스토리

From *Film Review* (London), April 1996, 22-24. Reprinted by permission of International Feature Agency, Amsterdam.

고, 영화는 캐릭터를 강조해요." 비글로는 종종 관객을 강렬하게 압도하는 영화를 옹호한다.

비글로가 장르 영화를 만드는 건 그게 그녀가 사랑하는 본능적 역동성을 탐구할 기회를 제공하기 때문이다. 또한 장르는 관객이 영화를 쉽게 이해할 수 있게 해준다. 관객이 쉽게 빠져들 수 있는 친숙함을 제공하는 것이다. "내가 의도하는 건 액션 장르를 변형하는 것, 그리고 궁극적으로 캐릭터에 대해 말하는 거예요."

1999년 12월 31일 밤이 배경인 〈스트레인지 데이즈〉는 모든 감각을 복제하는 가상현실 기술의 밀거래를 다룬다.

"거리는 전쟁터고 섹스는 사람의 목숨을 앗아갈 수도 있어요. 그래서 간접경험을 향한 갈망은 대단히 커요." 비글로가 말한 미래의 LA에 대한 비전이다. "관음증을 가진 사디스트가 매춘부를 겁탈하고 목 졸라 죽이는 걸 기록하려고 신기술을 활용했는데, 합병증이 생겨요. 그는 이 클립을 남한테 보여주는 걸 대단히 즐거워해요."

영화에는 감독이 반反여성적이라는 비판을 듣게끔 만든, 겁탈과 교살을 길고 상세하며 대단히 심란하게 보여주는 장면이 있다.

"보는 마음이 편치 않아야 마땅해요." 비글로는 주장한다. "여성들 입장에서는 이런 관음적 판타지가 여성들이 보편적으로 공유하는 판타지가 아니라는 사실을 다행스러워해야 하는 것 아닌가요? 이 특별한 신이 중요하다고 판단한 건, 영화적 과정의 어두운 속성이 어떻게 관객을 유혹하면서 심연으로 밀어 넣을 수 있는지 보여주기 때문이었어요. 멋진 작품인 〈저주의 카메라〉킬러 카메라맨의 시점을 보여주는 1960년 영화랑 비슷해요. 〈스트레인지 데이즈〉는 미디어에 대해 코멘트하기 위해 미디어를 활용해요."

영화에 나오는 래퍼-사회운동가를 로스앤젤레스 경찰이 살해하는 건 로드니 킹 구타를 이용해먹는 걸로 비쳐지기도 했다. "내가 스토리라인을 본 건 킹 사건이 일어난 와중이었어요. 그걸 개발하는 동안 2000년이면 그 사건이 LA 문화사의 일부가 됐을 거라고 생각했어요. 그래서 그 사건을 예우하기로 결심했어요."

"하지만 나는 기존 제도를 찢어발기는 데는 관심이 없어요. 돌출행동을 하는 경찰 두 명이 통치 당국의 외부에서 활동하며 권력을 남용해요. 그렇지만 결국 정의가 승리하죠. 예술은 인생을 모방하고, 킹 구타 사건을 재검토한 건 긍정적인 작업이에요."

〈스트레인지 데이즈〉의 오리지널 시나리오는 〈터미네이터〉 시리즈의 작가-감독이자 비글로의 전 남편인 제임스 캐머런이 집필했다.(두 사람은 2년간 결혼 생활을 한 후 1991년에 이혼했다.) 캐머런의 회사인 라이트스톰이 영화를 제작했다.

"시나리오가 무척 마음에 들었어요. 그걸 제임스와 시나리오작가 제이 콕스가 함께 개발한 다음, 양심의 거리낌 없이 스크린으로 가져왔어요." 다른 사람의 경험을 체험하게 해주는 기술인 플레이백 playback을 다루는 암시장 딜러 레니 네로 역에 랠프 파인스를 캐스팅한 비글로는 주장한다.

"말주변이 좋지 않은 남자 배우를 원했어요." 그녀가 영국 배우에 대해 한 말이다. "그를 〈쉰들러 리스트〉에서 봤고, 당시 후반 작업 중이던 〈퀴즈 쇼〉의 두어 신을 봤어요. 레니의 복잡한 감정을 연기할 수 있는, 그 정도 수준의 배우가 필요했어요."

"더불어 영화에 열정을 품지 않은 배우나 스태프와 작업할 수는 없었어요. 우리는 야간 촬영을 77회나 했어요. 자기 일에 열정을 갖지 않은 사람에게는 지나치게 힘든 일이죠."

파인스의 영국 억양에 대해, 좀처럼 빈틈을 보여주지 않는 비글로는 주장한다. "억양이 효과를 보이거나 내가 그걸 영화에 담아내지 않거나 둘 중 하나였죠. 어쨌든 그의 출신지가 어디냐 하는 건 중요하지 않은 요소예요."

코트니 러브 타입의 가수를 연기한 루이스는 영화에서 직접 노래를 부른다. "줄리엣을 캐스팅할 때 노래 부르는 장면은 더빙하려고 계획했어요. 그런데 그녀가 직접 노래를 부를 수 있다고, 록 스타가 되는 꿈을 항상 꿔왔다고 말했어요. 이게 좋은 기회라더군요. 그래서 테스트를 몇 번 했고 그녀가 좋은 가수라는 걸 알게 됐어요. 지금 그녀는 음반 취입을 고려 중이죠."

〈스트레인지 데이즈〉를 준비하고 촬영하는 건 어려운 일이었다. "시점 숏을 위해 방에서 방으로 이동하면서 180도를 보여줄 수 있는 특별한 카메라를 만들어야 했어요. 밤중에 촬영했는데 조명을 감추느라 애를 먹었어요. 그래도 우리는 그 난제에 도전했어요."

비글로에 따르면, 캘리포니아 샌카를로스에서 자라는 것도 어려움이 덜한 일은 아니었다. 그녀는 늘 자신이 아웃사이더 같다는 기분을 느꼈다.

"다른 사람들은 모두 정상으로 보였어요." 감독이 말한 자신의 어린 시절이다. "나는 나만의 우주를 창조하려고 그림을 그리기 시작했어요. 지금도 나만의 세상으로 움츠러들어가는 경향이 있어요. 영화를 연출하려면 수백 명과 커뮤니케이션해야 하는데, 그게 세상에 마음을 열게끔 만들었어요."

비글로는 영화를 만들기 전에 샌프란시스코아트인스티튜트에서 2

년간 회화를 공부했다. 그런 후 뉴욕 휘트니미술관 인디펜던트 스터디 프로그램의 장학금을 받았다. 거기서 그녀는 퍼포먼스 작품 뒤에 단편을 상영하면서 영화를 또 다른 도구로 활용하기 시작했다.

20분짜리 단편 〈셋업〉이 뒤를 이었는데, 이는 두 남자가 서로를 구타하는 동안 누군가 폭력에 대한 분석을 낭독하는 영화였다. 그 작품을 본 컬럼비아대학원 필름스쿨은 그녀에게 자리를 제공했다.

샘 페킨파의 클래식 웨스턴 〈와일드 번치〉를 본 건 그녀가 영화감독으로 방향을 튼 전환점이었다. "〈와일드 번치〉는 폭력 자체를 다룬 영화가 아니라는 걸 깨달았어요. 페킨파는 폭력이 명예를 논하는 언어라고, 카타르시스를 제공하는 수단이라고 보았어요. 나 자신이 반응한 게 바로 그 점이었어요."

필름 스쿨을 졸업한 후 그녀는 윌렘 대포가 출연한 〈사랑 없는 사람들〉을 공동 연출했고 할리우드로 갔다. 뱀파이어 영화 〈죽음의 키스〉의 프로듀서를 찾는 데 4년이 걸렸다.

그녀는 틴슬타운^{할리우드}에서 늘 별난 사람이었다. 여성 감독은 얌전하고 감성적인 소품 아트하우스 영화를 만드는 게 보통이기 때문이다.

"남자와 여자를 게토에 가두는 건 비생산적인 일이에요." 비글로는 한숨을 내쉰다. "할리우드에 도착해서 받은 시나리오는 고등학교 코미디뿐이었어요. 80년대에 여성 감독에게 제공된 길은 그 길뿐인 것처럼 보였어요. 나는 그런 영화 말고 다른 영화를 만들고 싶다는 걸 명확하게 밝혔어요."

그녀가 좋아하는 감독들―스톤, 스코세이지, 구로사와―처럼 비글로는 통렬하고 복합적인 영화를 만든다. 여성이라는 사실이 남성들의 영화를 만드는 걸 더 어렵게 할까?

"그에 대한 대답을 아는 건 나로서 불가능한 일이예요. 남자 감독들이 어떤 종류의 저항에 직면하는지 모르니까요." 그렇게 대답하는 감독의 다음 프로젝트는 잔 다르크 이야기인 〈컴퍼니 오브 에인절스〉다. "역사상 전설적인 반열에 오른 몇 안 되는 여성 영웅 중 한 명을 다룬 걸출하고 고무적인 이야기예요. 잔 다르크는 10대 소녀의 지위가 소 $\neq$ 보다 못하던 시절에 살았던 열여섯 살 소녀였어요. 그런데도 무엇인가를 강하게 믿었기 때문에 역사의 경로를 바꿔놨어요."

그건 비글로의 인생에도 어울리는 메타포일 것이다.

웨이트 오브 워터

2000

본능적으로 연출하다

피터 호웰 / 2000

성차별주의가 할리우드에 만연하는지도 모른다. 여성 감독은 남자만 출입하는 영화 연출 클럽에 들어가지 못한다. 하지만 캐스린 비글로는 그런 현실에 신경 쓰지 않는다.

오늘밤 로이 톰슨 홀 페스티벌 갈라로 상영되는 영화 〈웨이트 오브 워터〉를 연출한, 굉장히 매력적인 이 180센티미터의 여성은 그녀가 작업할 때 직면하는 문제들이 성별과 아무 관계도 없다고 말한다. 그녀는 〈프리미어〉 필자 레이첼 에이브러모위츠가 최근에 내놓은 책 『당신 주머니에 그건 총인가요?』에 대해서도 들어본 적이 없었다. 이 책은 페미니즘이 수십 년간 남성들이 장악한 스튜디오 영화 연출을 변화시키는 데 어떻게 실패했는지에 대해 항의하는 책이다.

"솔직히 난 (내 젠더가 이슈였던) 영화가 어떤 건지 모르겠어요." 48세인 비글로가 어제 한 인터뷰에서 밝힌 생각이다. 그녀는 엠마 필 영국 TV시리즈 〈어벤저스〉 여성 캐릭터이 세련되고 매끈한 차림으로 부활한 듯한 모습이었다. "내가 순진한 건지도 모르죠. 심할 정도로 말이에요. 하지만 어렵거나 실망스러운 일이 있더라도 그게 젠더와 연관되어 있다고 생각하지 않아요."

"그런 건 보통 개인적이고 진실하며 난관 많은 프로젝트를 하고 싶다는 징후라고 생각해요. 지금 존재하는 불평등을 상대로 단계마다 격렬한 투쟁을 벌여서는 안 된다는 말이 아니에요. 하지만 나는 굉장히 편하게 느껴요."

비글로는 여성이 남성과 다른 방식으로 영화를 만든다는 주장도 납득하지 않는다.

"살면서 하는 경험을 통해 우리 모두가 독특한 관점들을 갖게 된다고 생각해요. 거대해 보이는, 젠더가 그런 관점에 영향을 미치는 요소가 있어요. 그런데 그게 여성의 미학적인 특징인가요, 아니면 그저 개인적인 미학적 특징인가요? 확신이 없어요."

애니타 슈리브의 동명 베스트셀러 소설이 원작인 〈웨이트 오브 워터〉는 비글로의 엄격한 기준에, 특히 개인적인 영역에 잘 맞는다. 책은 1873년 뉴햄프셔의 외딴 섬에 사는 두 노르웨이 이민자 여성의 살인 사건을 중심으로 전개된다.(노바스코샤의 경치 좋은, 페기스 코브 인근의 작은 동굴이 촬영에 활용됐다.) 비글로의 어머니는 노르웨이 출신이다.

"원고 형태의 책을 읽은 때가 〈스트레인지 데이즈〉를 촬영하고 있을 때였어요. 슬프게도, 그때 어머니가 돌아가셨어요. 우리 외가는 모두 노르웨이 출신이에요. 그래서 나는 미국으로 건너온 그분들이 살아남기 위해 애쓴, 믿기 힘든 얘기를 들으면서 자랐어요. 그분들이 남겨두고 온 게 뭐였고 그게 얼마나 힘든 일이었는지에 대해서요. 새로운 현실을 향한 그분들의 갈망은 무엇보다 중요했어요.

그 이야기들은 내 어린 시절을 사로잡았어요. 그래서 솔직히 말해, 이 책을 원고 형태로 읽었을 때 우리 엄마가 살아서 돌아온 것 같다는 기분이었어요. 이건 나한테 굉장히 개인적인 작품이에요."

영화는 지난 10년간 그녀가 내놓은 다음과 같은 액션 지향적 영화들과 약간 갈라선 듯 보인다. 〈스트레인지 데이즈〉(랠프 파인스가 사이버 형사로 출연했다), 〈폭풍 속으로〉(키아누 리브스가 슈퍼 흉악범을 추적하는 FBI요원으로 나왔다), 〈블루 스틸〉(제이미 리 커티스가 연쇄 살인범과 섹스하고 스토킹당하는 신입 경찰로 나왔다).

〈웨이트 오브 워터〉에는 섹스와 스릴을, 특히 주연 배우인 숀 펜과 엘리자베스 헐리의 섹스를 보여줄 기회가 충분히 많다. 하지만 비글로는 극적 반전이나 성적 전환을 받아들이는 걸 피한다. 이 영화는 1800년대와 현대를 배경으로 진행되는 이야기들을 엮어내는 사이코 스릴러에 가깝다. 그녀는 〈웨이트 오브 워터〉를 그녀의 커리어에서 벗어나는 영화라고 보지 않는다. "나는 액션의 방법론으로, 이미 존재하는 패턴이나 스타일로 작업한 적이 전혀 없어요. 그걸 카테고리로 보지 않아요. 그저 캐릭터에 매력을 느낀 것뿐이에요. 늘 캐릭터부터 작업해왔어요. 내 작업을 지시하는 건 캐릭터와 이야기예요."

"내가 했던 영화들에서, 나는 늘 본능적인 관점에서 작업을 시작했어요. 그건 순전히 본능적인 반응이에요. 〈웨이트 오브 워터〉의 경우 원고를 읽는 즉시 눈앞에 영화가 펼쳐졌어요."

하지만 현대를 배경으로 한 펜-헐리의 관계와 100년도 넘는 과거에 사라 폴리가 연기하는 캐릭터를 오가려면 어느 정도 수고를 해야 했다.

"약간 위험이 큰 작업이었어요. 철저히 분해한 다음 술하게 재구축해야 하는 작품에 속했어요."

그녀는 아톰 에고이안의 〈달콤한 후세〉를 본 후에 사라 폴리를 노르웨이인 이민자 아내 마렌으로 선택했다. "믿기 힘들 정도의 재능을 가진 배우라고 생각해요."

〈웨이트 오브 워터〉는 세심한 주의를 요구한다. 교묘하게 엮인 이중 내러티브 구조 때문이 아니다. 많은 정보가 공개적으로 드러나는 대신 은밀히 암시된다.

오늘날의 참을성 없는 관객들이, 아마도 〈폭풍 속으로〉나 〈스트레인지 데이즈〉를 보며 스릴을 느낀 관객들이 비글로가 만든 다층적 영화를 감당할 수 있을까? "누구나 그럴 수 있는 것처럼 보였어요." 그녀는 확언했다. "이미 많은 영화가 관객들을 이해시키려고 지나치게 단순화됐다고 생각해요. 관객의 마음을 제대로 사로잡는 영화를 보는 건 대단히 상쾌한 일이에요."

액션 피겨

요한나 슈넬러 / 1999~2002

 캐스린 비글로는 폭풍을 만들어내고 있다. 굉장히 아름다운, 키가 180센티미터대인 감독은 지금 노바스코샤체스터의 바닷가 마을 부두에 단단히 묶인 바지선에서 〈웨이트 오브 워터〉의 클라이맥스 신을 촬영하고 있다. 그녀가 액션을 외치자 거대한 선풍기와 강우기가 돌아간다. 오렌지빛 조디악 보트와 녹색 제트스키들이 빠르게 앞뒤로 오가며 파도를 만들어낸다. 격렬하게 퍼붓는 비를 만들려고 소방관들이 고압 호스로 물을 쏘고, 노란색 고무 오버올을 입은 건장한 남자 열다섯 명이 기다란 부두를 이리저리 오가면서 요트 돛대에 묶인 굵직한 로프를 힘껏 잡아당겨 배를 요동치게 만든다. 소음은 믿기 힘든 수준이다. 감독으로서 있어야 할 자리에 선 비글로가 활짝 웃는다.

 그녀는 바람과 빗줄기 속에서 모니터를 꼼꼼하게 들여다본다. 신이 끝나고 호스들이 납작해지자 캐스린 매코맥과 조시 루커스와 상

From *Premiere* (USA) 15, no. 12 (August 2002): 62-65, 88. Reprinted by permission of Johanna Schneller.

의하려고 민첩한 걸음으로 요트에 오른다. 흠뻑 젖은 두 배우는 가쁜 숨을 몰아쉬며 갑판에 누워 있다. 루커스가 연기하는 캐릭터는 매코맥이 연기하는 캐릭터를 바다에서 힘겹게 끌어올린 참이다. 그는 그녀를 소생시키려고 필사적으로 애쓰고 있다. 비글로가 그의 귀에 뭐라고 속삭인다. 그는 의아하다는 표정으로 그녀를 본다. 두 사람은 조금 더 상의한다. 비글로가 바지선으로 돌아오고, 다시 폭풍이 시작된다.

"감독이 나한테 매코맥의 얼굴을 만지라고 했어요." 루커스가 나중에 한 말이다. "비글로는 '그녀의 얼굴을 계속 만져, 당신은 그녀와 친해질 필요가 있으니까'라고 말했어요. 나는 '보트가 뒤집어질 참이고 그녀를 소생시키느라 애를 먹고 있는 판에, 그런 일은 내가 추호도 생각할 수 없는 일'이라고 했죠. 하지만 감독은 사람의 마음을 바꿔놔요. 비글로는 배우한테 이해하기 힘든 아이디어를 줘요. 하지만 괜찮아요. 시도해보면 알게 되니까. 그런 식으로 한 테이크를 갔는데, 그 결과를 보고 깜짝 놀랐어요. 생각지도 못한 발견이었어요. 비글로는 사람들이 보지 못하는 걸 봐요."

그게 비글로 영화의 진수다. 그녀는 카오스를 연출하는 걸 무척이나 재미있어 하고 사소하면서 인간적인 순간들을 사랑한다. 비글로는 늘 아수라장 한복판에서 카메라가 내밀한 곳으로 향하게 만든다. 그 결과 그녀의 영화들은 요란한 행동이 넘쳐나는 대다수 액션 영화보다 관객의 마음에 더 오래 남는다. 애니타 슈리브의 소설이 원작인 〈웨이트 오브 워터〉는 비글로의 여섯 번째 장편이다. 그녀는 원작 소설이 여전히 갤리교정쇄 상태에 있을 때 영화화 권리를 낚아채 이 작품을 5년간 개발했다. 영화는 1999년에 촬영됐지만, 배급이 지연되다 이번 가을 개봉 일정이 잡혔다. 그사이 그녀는 일곱 번째 영화를 만들었다. 이번 달 개봉하는 〈K-19 위도우메이커〉는 냉전의 절정기에 치명적인 고장을 일으킨 러시아 핵잠수함을 다룬 작품으로 해리슨 포드와 리암 니슨이 출연한다.

"캐스린은 그녀의 영화들을 개발하고 공동으로 집필해요. 그런 다음 두 방향에서 작품에 접근하죠. 비주얼의 방향 그리고 캐릭터의 방향." 비글로와 결혼한 사이였고 〈폭풍 속으로〉〈스트레인지 데이즈〉를 제작했던 제임스 캐머런이 한 말이다. "그녀는 화가예요. 그래서 원하는 시적 이미지를 얻어내요. 관객에게 캐릭터가 느끼는 모든 걸 보여주기도 해요."

그녀의 영화들이 생생한 액션 신을 보여주기 때문에, 그녀가 이 장르에서 정기적으로 작업하는 사실상 유일한 여성이기 때문에, 50세 비글로는 여성 액션 감독으로 자주 묘사된다. 그녀는 그런 꼬리표를 거부한다. "나는 젠더 구분과 거리를 두려고 노력해요. 나한테 그런 일은 불가사의하게 보여요." 그녀가 한 말이다. "여성 감독이라는 사실이 신기하게 보일 거라고 짐작은 하지만, 그건 사람을 게토에 가두는 짓이에요."

"캐스린은 내가 같이 작업한 첫 여성 감독입니다. 하지만 그녀를 여성 감독이라고 생각했다면 나는 이 영화를 하지 않았을 겁니다." 포드는 그 질문에 짜증난 목소리로 대답했다. "그녀는 감독입니다. 그녀 스스로 그 점을 입증했습니다."

강렬하면서도 강인한 비글로는 캐스린 로스를 닮았다. 그녀는 힘든 육체적 활동(요가, 산악 바이킹, 심해 다이빙)을 갈망하고, 반짝거리는 갈색 머리를 긴 생머리 스타일로 기르며, 엉덩이가 보일 정도로 짧은 청바지와 탱크톱을 즐겨 입는다. 목소리는 부드럽고 듣기 좋으며, 웃을 때는 목청껏 웃는다. 그녀는 세심하게 문법을 맞춘(절대 분리 부정사split infinitives를 쓰지 않는다) 밀도 높은 절로 꽉 찬 문장을 구사해서 듣는 사람이 풍부한 생각을 떠올리도록, 종종 멍한 지경에 빠지도록 만든다.

"캐스린은 굉장히 에두른 표현을 써요." 〈사랑 없는 사람들〉에 출연한 이후 그녀와 친한 친구로 지내온 월렘 대포가 한 말이다. "그녀는 직설적인 사람이 아닌데, 계획적으로 그러는 거예요. 내 아내도 연극 연출가예요. 나는 젠더의 주위에 높이 쌓인 벽들을 끊임없이 봐요. 사내들의 네트워크는 LA에서 여전히 꽤나 끈끈하게 작동하고 있어요. 거기에—선천적 외모가 후천적 성취보다 더 높이 평가될 수도 있는 동네에서—캐스린이 눈부시게 멋진 사람이라는 점까지 감안하면, 그녀의 성취는 훨씬 더 특별해져요."

〈K-19〉을 배급할 회사인 파라마운트의 셰리 랜싱 회장은 젠더 꼬리표 붙이기에 대해 잘 아는 여성이다. "캐스린은 전통적으로 남자들이 지배하는 영역에서 일하기로 선택했어요. 그녀는 장벽을 무너뜨려야 했죠." 랜싱이 한 말이다. "하지만 그녀는 모든 위대한 감독이 그러는 것처럼, 자신의 작품에 집착하는 위대한 감독일 뿐이에요." 그는 예전에 비글로에게 작품 연출을 두 번 제안했다. "그런데 거절했어요. 까다로운 사람이에요." 두 영화는 액션 영화였다. "그녀는 원하기만 하면 아무 영화나 할 수 있었다"라고 랜싱은 말했다.

하지만 비글로는 〈K-19〉에 붙는 꼬리표를 피할 수 없을 것이다. 예산이 9000만 달러인 이 영화는 여성이 연출한 영화 중 가장 비싼 영화다.(그리고 독립적으로 자금을 끌어온 영화 중 가장 비싼 영화다.) 게다가 액션으로 가득한 영화다. 포드와 니슨은 1961년에 소련이 군비 경쟁에서 차지한 위치를 미국에 알리기 위해 아이슬란드로 항해하여 테스트 미사일을 발사한 소련군 핵잠수함의 공동 함장을 연기한다. 그런데 냉각시스템이 고장 나면서 원자로가 몇 분 안에 선체 전체를 불태워버릴지도 모르는 상황이 발생한다. 그렇게 되면 히로시마보다 대여섯 배 큰 폭발이 일어날 것이다. 포드가 연기하는 함장은 오싹한 선택에 직면한다. 부하들을 노심爐心에 보내 고장을 수리하도록 명령하여 그들을 치명적인 방사능에 노출시키거나, 전면적인 핵전쟁으로 이어질 가능성이 높은 잠수함 폭발을 방치하거나.

4월 말 랏Lot이라고 부르는, 할리우드 제작 시설의 북적거리는 편집실에서 비글로는 〈지옥의 묵시록〉과 〈컨버세이션〉 〈잉글리쉬 페이션트〉를 작업한 유명 사운드 디자이너이자 필름 에디터 월터 머치와 〈K-19〉의 마무리 작업을 하고 있었다. 한쪽 벽은 메모 카드로 덮여 있었는데 각각의 카드가 〈K-19〉의 이야기 포인트를 담고 있었다. "#151, 미사일 구역 실내. 어둠, 쉭쉭거리는 소리, 삐걱거리는 소리." "#301, 스팀이 휘파람 불듯 분출한다. 바딤이 공포에 질린 표정으로 그걸 본다." 맞은편 벽은 작은 스틸들로 도배되어 있었다.

"월터는 각 신에서 프레임 하나씩을 가져다 벽판에 붙여놔요. 감정적 시금석으로 활용하려고요." 비글로가 한 말이다. 어떤 신이나 리듬의 순서를 바꾸는 문제를 고려할 때, 두 사람은 필름을 잘라내기 전에 보드에서 작업을 시도한다. 월터는 그녀의 사무실 한쪽 끝에서 작업한다. 그는 와이드스크린 TV 모니터가 완비된 편집 구역에 서 있는 반면, 그녀는 다른 쪽 소파에 앉아 전화를 받고 전용 모니터를 지켜본다.(이런 환경은 두 사람이 서로를 미치게 만드는 일 없이도 긴밀하게 작업할 수 있게 해준다.) 그가 쓰는 편집기의 오른쪽 아래 코너에는 화살표와 함께 '베터better'라는 라벨이 붙은 장난감 다이얼이 있다. "무슨 문제에 걸려 옴짝달싹 못할 때 우리는 저 다이얼을 돌려요. 팍! 그러면 상황이 나아져요." 비글로가 웃으면서 말했다. "이게 월터 같은 프로와 작업할 때 배우는 비법이에요."

비글로는 〈내셔널지오그래픽〉이 신설한 장편영화 부서의 책임자 크리스틴 휘태커로부터 K-19호 얘기를 처음 들었다. 잠수함을 다룬 다큐멘터리를 입수한 크리스틴은 그게 〈내셔널지오그래픽〉의 처녀작이 되어야 한다고 결정했다. "캐스린이 상당한 수준의 연민을 전달할 뿐 아니라 액션도 전달할 거라고 생각했어요." 휘태커가 한 말이다. "그녀는 캐릭터의 살갗 아래 있는 노골적인 감정을 보여줘요. 그녀는 스토리에 필요한 게 무엇인지 그 자리에서 이해했어요."

늘 그렇듯 비글로는 이 프로젝트에 뛰어들었다. 러시아를 여러 번 여행했고, 최근에 비밀 해제된 군 문서를 어마어마하게 많이 읽었으며, 러시아 장교와 MIT 핵융합 전문가와 많은 시간을 보냈다. 조사는 보통 시나리오작가가 하는 일 아니냐고 묻자 비글로는 강하게 반박했다. "기저에 깔린 역학을 이해하지 못하고 어떻게 숏을 디자인하나요?" 그녀가 되물었다. "감독 자신이 철저히 알고 있지 못한 상태에서 어떻게 관객에게 필요한 정보를 거를 수 있나요?"

영화의 각 단계에 헌신하는 이런 태도가 20년 경력 동안 영화를 일곱 편밖에 만들지 못하게 한 이유다.

"언젠가 스코세이지가 이런 구분을 했어요. 세상에는 필름메이커filmmaker들이 있고 감독director들이 있다." 그녀가 한 말이다. "필름메이커들은 그들의 프로젝트를 직접 개발해요. 조사를 하고 시나리오의 틀을 잡는다는 뜻이에요. 소재를 철저히 뜯어 발겨서 속속들이 알아야 할 필요가 있죠. 바로 촬영에 들어갈 수 있는 상태의 시나리오를 받는다면, 그건 액자에 넣기만 하면 되는 완성된 그림을 넘겨받는 것과 비슷할 거예요. 나는 거기에 어떻게 자기만의 솜씨를 집어넣을지 모르겠어요."

그녀는 〈K-19〉 조사의 일환으로 외진 곳에 있는 러시아 잠수함기지에 발을 디딘 첫 미국인이 됐다. 거기서 그녀는 폐기 처분된 실제 K-19호 갑판에 섰다. 살아남은 승무원들을 만났고, 포드가 연기한 함장의 부인도 만났다. 처음에는 미심쩍어 하던—미국 영화가 러시아인들의 이야기를 공정하게 다룰 수 있을까?—부인은 비글로를 신뢰하게 됐다. 군복을 입은 남편 사진을 비글로에게 보여줬고, 그 사진은 지금 편집실 벽에 걸려 있다.

잠수함 세트를 지을 시간이 왔을 때, 비글로는 실물 크기로 짓자고 주장했다. 그렇게 하면 천장이 낮고 비좁은 환경에서 작업해야 한다는 뜻이었는데도 말이다. "그녀는 진실성을 획득하기 위해 편안한 작업 환경을 희생했어요." 휘태커가 한 말이다. "그 결정은 연기자들에게 파급효과를 줬어요. 그들이 올바른 마음가짐을 갖게 만든 거예요."

"그녀는 목표를 추구하는 과정에서 단호한 모습을 보여줘요." 머치의 설명이다. "초기에 그녀와 투자자 사이에서 갈등이 몇 차례 빚어졌어요. 융통성도 없고 집요하지도 못한 사람이라면 굴복했겠지만 그녀는 그러지 않았어요. 그녀의 머릿속에 뭔가 떠올랐을 때, 그녀가 하는 말은 상대를 뼈아프게 만들 수도 있어요. 하지만 그녀에게 몰아친 태풍은 빠르게 잦아들어요. 그녀 곁에 남아 있는 사람들은 그걸 받아들일 수 있어요."

비글로는 늘 단호했다. 그녀는 여섯 살 때 그림을 시작했다. "처음에는 피아노를 배웠는데, 피아노 선생님이 내 손을 때린 거예요." 비글로는 벌떡 일어나 어머니한테 말했다고 한다. "이건 제가 하고 싶은 게 아니에요."

"우리 어머니는 훌륭한 분이었어요. 금욕적인 노르웨이인으로, 스탠포드 졸업식에서 졸업생 대표로 연설을 한 교육자였어요.(고등학교 영어 교사였던 그녀는 나중에 사서가 됐다.) 그러니까, 맞아요. 나는 다른 일을 해야 했어요. 아버지는 페인트 공장 관리자였어요. 그러니 그림은 어떨까요? 나는 그림이 너무 좋았어요. 너무나요. 완전히 빠져들었어요."

캘리포니아 북부의 작은 도시 샌카를로스에 거주하는, 진보적 사고방식을 가진 중산층 부모의 외동자식 비글로는 늘 "지독히도 독립적"이었다. 부모님은 그녀가 어렸을 때 미술관과 콘서트에 함께 갔고, 그녀에게 스스로 결정을 내리라고 격려했다. 그녀와 친구들은 동네를 자유롭게 뛰어다녔다. 열 살 때 그녀는 말 한 마리를 끌고 집에 왔다. 이웃집 뒤뜰에서 그걸 키우게 해달라고, 동물을 사랑하는 부모님을 설득했다.

지금은 양친 모두 타계했다. 아버지가 첫 결혼에서 얻은, 그녀보다 열 살 많은 배다른 언니도 고인이 됐다. 비글로는 언니를 말년에야 만났다. "언니가 암 투병을 하고 있던 지난 5년간 언니와 정말 친해졌어요." 비글로가 한 말이다. "90년대는 가족을 모두 잃는 시기였어요. 그 일들은 인생에 대한 엄청난 메타포였죠. 사람은 무엇인가 잃을 준비가 되기 전까지는 그게 자기한테 얼마나 필수적인지 깨닫지 못해요. 왜 그런 걸까요? 그런 상심을 견딜 수가 없어요!"

열일곱 살 때 그녀는 샌프란시스코아트인스티튜트에 입학했다. 뉴욕대와 컬럼비아대학원 작업이 뒤를 이었다. "그림을 그릴 때 내가 하는 작업 중에 레퍼런스가 없는 작업은 하나도 없었어요. 종이에 연필 자국을 내는 것조차 그랬어요. 나는 지나칠 정도로 공중에 붕 떠서 살았어요. 그런데 영화로 이동하기 시작했을 때 내가 감상하고 작업하는 영화에는 순수하고 생생한 기쁨이 있었어요."

그녀의 첫 영화 〈셋업〉은 미국국립예술기금위원회NEA에서 준 보조금 2000달러로 만든 20분짜리 단편이었다. 그 작품은 엄청난 폭력을 묘사했는데, 폭력이 묘사되는 동안 철학자들은 보이스오버로 사회에서 영화적 폭력이 수행하는 역할에 대해 논의했다. "커넬 스트리트 근처에 있는 골목에서 조명을 조금만 치고 촬영했어요." 비글로의 회상이다. "나는 어려운 문제들에 조금도 기죽지 않았어요. 내 마음에는 뭔가 특이한 게 있다고 생각해요. 그걸 치료하려면 몇 년간 치료를 받아야 할 거라고 확신하는데, 나한테는 그럴 시간이 없어요." 그녀는 깔깔 웃었다.

비글로는 미술가 친구인 존 발데사리의 부름을 받고 LA로 왔다. 칼아츠에서 30년대와 40년대, 50년대의 B급 영화감독들을 주제로 6개월짜리 강의를 하기 위해서였다. 그러다가 월터 힐을 만났고, 그는 비글로에게 작가-감독 자리를 제의했다. 이후 그녀는 그 자리를 결코 떠나지 않았다.

"회화는 엘리트주의적 예술이 될 수도 있어요. 반면 영화는 모든 계급과 문화적 노선을 아우르죠." 그녀는 말한다. "내 목표는 소재를 가급적 이해하기 쉽게 만드는 거예요. 양심의 가책을 느끼지 않으면서요. 그래서 나는 장르 요소들을 일부 포함해요. 그러면 관객을 어느 정도 편하게 만들어줄 수 있으니까요. 그런 다음 다른 차원들을 덧붙이는 거예요. 관객들은 그런 게 나온다는 걸 모르다가 극장을 나가면서 생각에 잠기게 돼요. 그걸 훈계조로 만들 수는 없어요. '내가 당신을 가르치는 거야'라는 식은 안돼요. 소재를 전복적인 상태로 계속 유지해야 해요. 그러면 그 상태가 저절로 모습을 드러내지 않아요. 그렇게 할 수만 있다면 나는 불길도 포복으로 통과할 거예요."

예를 들어 그녀는 〈K-19〉을 장르 아이디어에서 시작했다. 잠수함 영화. 그녀는 강한 반핵 메시지를 덧붙였다. 그런 후 여태껏 악마로 묘사됐던 문화에 인간의 얼굴을—다름 아닌 해리슨 포드의 상징적인 얼굴을—덧씌웠다.

"영웅적인 행위라는 거울을 얻어서, 다시 말해 우리의 적을 취해서 그걸 굴절시키려고 애쓰고 있어요. 그를 동질감이 느껴지는 인물로, 눈물 흘릴 수 있는 인물로 만드는 거예요." 비글로의 설명이다. "나는 관객에게 대단히 이국적인 여행을 하라고, 당신이 그들(러시아 잠수함 승무원들)이라고, 우리는 똑같은 사람이라고, 지정학적 국경은 실재하지 않는다는 것을 믿어달라고 요청하고 있어요. 그런 후 우리가 오늘날의 세계에서 각자 할 일을 하는 동안—숫자 열을 셀 수 있는 정도의 능력만 있다면—관객들이 그 사실에 대해 생각하길 희망해요."

다음은 머치가 한 말이다. "캐스린은 이 영화를, 나는 그녀의 영화가 모두 다 그렇다고 생각하는데, 양성陽性 바이러스로 봐요. 그녀가 원하는 곳에 아이디어를 퍼뜨리도록 활용할 수 있는 바이러스요."

그 아이디어들이 모두 성공했던 건 아니다. 바이커 무리가 데이토나 레이스로 여행하는 내용을 담은 〈사랑 없는 사람들〉(몬티 몽고메리와 공동 연출)은 화면이 근사했지만 기본적으로 플롯 없는 영화였다. 어떤 신에서 대포는 프렌치프라이에 케첩 한 병을 천천히 다 쏟아붓는다.

"캐스린은 아는 사람만 재미있어 하는, 스타일리시한 바이커 영화를 만드는, 대단히 똑똑하고 아름다운 기호학자였어요." 대포의 설명이다. "이런 특징들이 기묘하게 결합된 사람이었는데, 나는 그녀를 꽤나 매력적이라고 생각했어요. 우리는 일정도 빡빡했고 돈도 없었어요. 그런데 그녀는 완벽주의자가 되겠다는 용기를 갖고 있었어요. 하나님께서 그녀를 축복하시길. 촬영 막바지에 36시간 연속으로 촬영했던 걸 기억해요. 나는 검정 오토바이를 타고 허허벌판을 달렸어요. 그 시절의 나는 어리고 멍청했죠."

〈죽음의 키스〉에서 비글로는 그녀의 전복적 충동을 충족시키는 데 한 걸음 더 가까워졌다. 그녀는 웨스턴을 만들고 싶어 했다. 어린 시절 말에 올라타서 본 광활한 경치를 관객과 공유하고 싶었던 것이다. 당시 웨스턴은 영화계에서 눈 밖에 난 장르였다고 그녀는 말한다. "그래서 생각했어요. 어떻게 하면 약점을 장점으로 바꿀 수 있을까? 뱀파이어 웨스턴은 어때?"

비글로와 혈기 왕성한 신인들로 이뤄진 출연진—빌 팩스톤, 랜스 헨릭슨, 에이드리언 패스더, 제임스 르그로스—은 40일을 연달아 야간 촬영했다.

"출연진과 스태프는 스토리와 공생적인 관계를 발전시켰어요." 비글로의 설명이다. "우리는 뱀파이어가 됐어요. 나는 그들의 삶이 아무리 신비롭더라도, 심지어 뱀파이어조차 관습적인 핵가족 구조에 마음이 끌릴 거라는 걸 보여주고 싶었어요."

"그녀를 위해 연기하는 게 대단히 좋았어요." 예측 불가능한 뱀파이어를 연기했던 빌 팩스톤은 말한다. "그녀의 웃음소리는 전염이 잘되죠. 캐스린이 세상을 다스린다면, 세상에는 아무 문제도 없을 거예요. 〈죽음의 키스〉는 클래식이라고 생각해요. 로버트 로드리게스 감독이랑 〈스파이 키드 2〉를 막 찍은 참인데, 그는 〈죽음의 키스〉 얘기만 하고 싶어 했어요. 대사를 모두 다 외우고 있더군요."

비글로는 1986년에 제임스 캐머런을 만났다. 당시 그는 〈어비스〉를 연출하는 중이었고, 그녀는 제이미 리 커티스가 연기하는 여경이 연인에게 스토킹당하는 내용의 〈블루 스틸〉의 시나리오를 쓰고 연출하는 중이었다. 사랑에 빠진 두 사람은 마서스비니어드에서 결혼했다. 대포가 들러리를 섰고, 팩스톤도 식에 참석했다. 나중에 캐머런은 팩스톤의 밴드인 마티니 랜치의 뮤직비디오를 촬영했다. 이 뮤직비디오는 종말 이후의 세계에서 전원이 여성으로 구성된 황야의 7인을 그린다. 비글로는 세라피와 솜브레로 차림으로 클린트 이스트우드 타입을 연기했다. "그녀가 담배를 튕겨서 날리는 모습을 꼭 봐야 해요. 너무 사랑스러워요." 팩스톤의 설명이다. "터프하지만 여성적이에요."

그녀와 캐머런은 함께 〈폭풍 속으로〉를 다시 썼고, 캐머런은 그 영화를 제작했다. 서핑하는 은행 강도 무리에 비밀 요원으로 침투한 FBI 요원을 연기할 배우로 "그녀는 키아누 리브스의 편을 들었다"

고 캐머런은 기억한다. "미팅 자리에서 폭스 임원들은 이런 식이었어요. '키아누 리브스를 액션 영화예요? 뭘 근거로요? 〈엑설런트 어드벤처〉?' 그들의 언사는 정말 모욕적이었어요. 하지만 그녀는 그가 액션 스타가 될 수 있다고 고집했어요. 그때는 〈스피드〉하고 〈매트릭스〉가 나오기 한참 전이었죠. 솔직히 나도 그런 점을 보지 못했어요. 미팅 자리에서는 그녀 편을 들었지만 자리를 나오면서 그랬죠. 그러게. 뭘 근거로?" 캐머런은 껄껄 웃었다. "그런데 그녀는 그에게 의상을 입히고 걷는 법을 보여주는 식으로 작업했어요. 그녀는 그의 올림픽 코치였어요. 키아누는 고맙다는 표시로 명절 때마다 그녀에게 샴페인을 보내야 마땅해요."

비글로와 캐머런은 1991년에 이혼했지만 〈스트레인지 데이즈〉를 함께 만들었다. "우리 작업 관계는 늘 친밀하고 우호적이었어요." 캐머런의 설명이다. "그녀가 나한테 약간 거리를 둬야만 했다고 생각해요. 사람들이 늘 수군거렸거든요. 내가 그녀의 세트에 몰래 들어가 카메라 세울 위치를 지시한다는 못된 인식이 있었어요." 그는 콧방귀를 뀌었다. "영화 연출에 대해 조금이라도 아는 사람이라면 우리 스타일이 완전히 다르다는 걸 볼 수 있을 거예요. 그녀가 쓰는 가장 짧은 렌즈가 내가 쓰는 가장 긴 렌즈예요.(그녀가 찍는 클로즈업에서는 배경이 약간 흐릿해진다는 뜻이다.) 그녀는 관객에게 보여주는 화면을 고를 때 굉장히 까다롭기 때문이에요. 그녀와 다시 작업하고 싶어요. 무엇보다 그녀는 영화를 제시간에, 스케줄에 맞춰, 제작비에 맞춰서 가져오니까요. 내가 듣기로 그런 일을 하는 건 쉬운 일이 아니라더군요." 그는 폭소를 터뜨렸다.

하지만 비글로는 캐머런에 대한 얘기는 조금도 하려 들지 않았다.

"그건 모두 지나간 이야기예요." 그녀가 말했다. "개인적인 이야기고요." 그녀는 현재 만나고 있는 중요한 상대에 대해 얘기하려고 하지 않았다. 그녀와 그 상대는 함께 할리우드힐스에 있는, 환기 잘되고 가구는 드문드문 놓인 저택에서 개 두 마리와 산다. "우리가 일 얘기만 계속하는 게 최선이라고 생각해요." 그녀는 불편해했다.

그녀의 영화 중 전복적이면서도 철학적인 요소가 제대로 맞물린 작품은 흔치 않았다는 걸 그녀도 인정했다. 하지만 시도를 하는 것만큼은 존경할 만하다. "위대한 영화를 만들기 위해서는 관객의 마음을 사로잡아야 해요." 그녀는 말한다. "세상에 머리를 쓸 필요가 없는 엔터테인먼트 따위는 없어요. 영화를 보는 관객이 진짜로 다른 차원으로 이동했다면, 그 관객의 뉴런은 모두 불타오르고 있을 거예요. 의미와 콘텐츠가 없으면 따분해질 거예요."

"내가 이 동네에 올 때마다 캐스린과 나는 우리가 찾아낼 수 있는, 가장 돈 많이 들고 흥행 성적이 좋고 상업적인 영화를 보러 갑니다." 대포가 한 말이다. "그녀는 대중문화가 고급문화가 될 수 있고, 영화는 관객의 맥박에 손가락을 얹어야 한다고 생각합니다."

비글로는 더 이상 그림을 그리지 않는다. 여전히 그녀의 영화를 위해 스토리보드 초안을 스케치하고, 두꺼운 연필이나 파스텔로 러프 테이크를 그리지만 말이다. 그녀는 그걸 '제스처 드로잉'이라고 부른다.

"특정 시퀀스나 캐릭터의 감정을 담은 그림이에요. 그런 다음에는 그걸 더 상세하게 해석하라고 다른 사람에게 건네요. 하지만 그림을 취미로 삼을 수는 없어요." 그녀의 설명이다. "그게 내 정신 상태예요. 내 입장에서 그림은 마음을 달래고 편안하게 해주는 존재가 아니에요. 나는 작업에 열정적으로 몰입해야 해요. 전부 아니면 전무라는 식으로 말이에요. 내게 있어 그 대상은 영화예요." 그녀가 잠시하던 말을 멈췄다. "활활 타오르던 욕망이—아침에 나를 잠에서 깨우던 것이—갑자기 멈춘다면 무슨 일이 일어날까요? 나도 모르겠어요." 그녀는 활짝 웃었다. "도무지 상상이 안 돼요."

부시와 푸틴에게 〈K-19〉을

테드 엘릭 / 2002

냉전이 절정에 치달은 1961년, 소련은 핵미사일을 발사할 수 있는 능력을 가졌다는 걸 미국에게 보여주고 싶었다. 군비경쟁의 긴장이 극도로 가열되자, 소련은 역습 능력을 보유하고 있다는 걸 미국 정보기관에 알리는 게 필수적이라고 믿었다.

그들의 신형 잠수함 K-19호는 시험 항해를 한 뒤 테스트 미사일을 발사하려고 조선소에서 서둘러 출항했다. 그런데 불행하게도 북대서양 심해에서 원자로 냉각시스템에 누수가 발생했다. 노심이 가열되기 시작하면서 원자로 용융meltdown 위협이 대두됐다. 그런 일이 벌어지면 잠수함에 실린 핵미사일 탄두가 폭발해 근처에 있는 NATO 기지를 파괴하여 3차 세계대전을 촉발시킬 가능성이 있었다.

이 사건의 디테일은 수십 년간 비밀로 남았고, 함장과 승무원의 영웅적 행위와 희생은 공산주의가 몰락하고 한참이 지나서도 그들 정부에게 인정받지 못했다.

From *DGA Magazine 27*, no. 2 (July 2002): 24-32. Permission to reprint courtesy of the Director''s Guild of America, Inc.

여기서 역사를 좋아했던 감독/프로듀서 캐스린 비글로가 등장한다. 5년 전 크리에이티브아티스트 에이전시에 속한 그녀의 에이전트 켄 스토비츠가 역사적 소재로 장편영화를 제작하기 위해 기관 몇 곳을 찾아가보라고 제안했다. 그중에는 〈내셔널지오그래픽〉의 프로듀서 행크 팔미에리도 있었다.

팔미에리와 비글로는 많은 이야기를 했다. 〈내셔널지오그래픽〉이 서구 시청자를 위해 재방송한 러시아 다큐멘터리에서 시작된 이야기는 이후 5년 넘게 그녀를 사로잡았다. 그 다큐멘터리는 소련 핵잠수함 K-19의 불운한 항해를 골자만 간략하게 언급했다. 비글로는 보는 즉시 그 이야기에서 대작 영화로 각색할 잠재력을 발견했다. 그리고 잠수함 승무원의 이야기를 들려주는 데 개인적으로 몰두하게 됐다.

"다큐멘터리는 너무 개략적이고 피상적이었지만, 이야기만큼은 매혹적이었어요." 비글로가 한 말이다. "행크와 내가 이 사고에 대해 논의할 때 떠오른 생각이, 내가 냉전기 러시아인들의 심리나 러시아 군부의 사고방식에 대해 아는 게 거의 없다는 거였어요. 물론 용기와 영웅적 행위는 나라를 가리지 않는 보편적 품성이에요. 흥미로운 건 일어날 수도 있었던 핵 대결을 막아 미국인의 삶에 심오한 영향을 준 게 러시아인의 영웅적 행위였다는 거예요. 이 이야기는 역사에 필수적인 한 부분일 뿐 아니라, 당시 러시아 군부의 심리 상태를 파고드는 기회이기도 하다고 생각해요. 그렇게 되면 우리는 적의 눈을 통해 우리 자신을 보는 기회를 갖게 되는 거죠. 그건 소중한 일이에요."

작품에 내재된 드라마가 있었음에도, 영화를 만드는 과정에서 마주친 주요 장해물과 난점은 이 이야기가 미국인이 아니라 러시아인에 대한 이야기라는 거였다.

"할리우드 주류에서 러시아인은 영웅 대접을 받지 못했어요." 그녀는 말한다. "하지만 이 잠수함 승무원들에게 관객이 동질감을 느끼기 시작하면서 그들의 생존을 원하게 만들 수 있다면, 루비콘을 건넌 거_{반역 행위. 돌이킬 수 없는 상황을 의미}라고 느꼈어요. 내 여정을 시작하게 만든 게 그거였어요."

그 여정은 시나리오 개발에서 시작됐다. 〈사랑 없는 사람들〉〈죽음의 키스〉〈블루 스틸〉 등에서 시나리오작가 크레디트를 받았던 비글로는 시나리오 개발 과정에서 대단히 적극적인 역할을 수행했다. 그녀는 작가 루이스 노라(스토리 크레디트)와 작업한 다음, 크리스토퍼 카일과 작업했다. 카일을 발견한 것은 그가 극작가로서 창작한 작품을 본 뒤였다. 비글로는 그와 함께 K-19호의 불행한 항해에 대해 세부 내용을 채워 넣기 시작했다.

이 과정은 저널리스트의 작업처럼 진행되었다. 비글로는 생존자들을 인터뷰하고, 한동안 소련이 치욕으로 간주했던 사고를 다룬 보고서에 접근하려고 러시아를 여러 차례 여행했다. 그녀는 이 이야기에 담긴 진실을 발견하려고 노력하던 중 냉전의 종말에 흥미로운 유사점이 있다는 걸 깨달았다.

"우리 나라와 러시아에는 60년대 분위기를 너무 많이 반영한 편견과 반감이 있었어요." 그녀의 설명이다. "러시아에 가서 생존자들과 얘기를 나누고는 했어요. 우선 나는 미국인이에요. 여자라는 사실이 편견으로 작용할지 말지 여부는 나도 몰라요. 더불어 나는 군 경험이 없어요. 잠수함 승무원도 아니고요. 나는 영화감독으로, 그들의 이야기를 들려주고 싶었어요."

"하지만 나를 미심쩍어 하는 사람이 많고 회의적 시선이 많다는 걸 깨달았어요. 할리우드 주류 영화는 러시아인들을, 그들이 존중받고 있다고 느끼도록 묘사해오지 않았어요. 부드럽게 표현하면 그렇다는 거예요. 그들을 조롱하고 희화화했죠. '그래, 또 다른 장해물이로군.' 그래서 나는 통역을 통해 내 진심을 전하고, 이 이야기를 이해하고 몰두했다는 걸—내가 어떻게 이야기의 틀을 잡을 건지, 이 작업이 어떻게 그들에게 보내는 헌사가 되고 기리는 작품이 될지, 그 사건에 인간적으로 얼마나 많은 의미를 부여할 것인지를—보여주려고 노력했어요. 굉장히 긴 과정이었죠."

그녀에게 사건에 관한 아이디어와 이야기를 들려준 첫 번째 사람은 K-19호를 지휘했던 니콜라이 자테예프 함장의 부인이었다고 비글로는 말했다. 부인이 말해준 함장을 바탕으로 창조한 가상의 인물 보스트리코프 함장을 해리슨 포드가 연기했다.

"몇 시간씩 얘기를 나누면서 그녀가 굉장히 깊은 의혹을 품고 있다는 걸 알게 됐어요." 비글로의 설명이다. "우리는 그녀가 가진 옛날 사진들을 봤고, 나는 질문을 몇백 개나 했어요. 내가 결심이 굳고 해야 할 숙제를 마쳤다는 걸 그녀가 결국 깨달았다고 생각해요. 어느 순간 그녀가 갑자기 나한테 팔을 둘렀어요. 눈물을 글썽거리면서 말했죠. '당신은 이 이야기를 들려줘야만해. 이 이야기를 들려줘야만 한다고.'"

바로 이게 몇 년이 지난 지금도 비글로에게 영향을 끼치는 기억이다. 그런 후 자테예프 부인은 비글로에게 남편 사진을 건넸다. 액자에 담겨 그녀의 사무실에 걸린 함장의 사진은 제작 기간 동안 그녀에게 영감을 주었다.

지금은 여든 살이 된, 방사능 중독 후유증에 시달리고 있던 생존자들이 비글로를 신뢰하기 시작했고, 그 사건에 대한 풍부한 디테일을 전해주었다.

"시나리오는 꾸준히 발전 상태였어요." 비글로의 설명이다. "점들을 연결하는 작업이었죠. 함장이 쓴 회고록도 있어요. 거기에는 그가 새벽 4시 30분에 깨어나 고물 쪽 원자로가 붕괴할 가능성이 있다는 얘기를 듣는 순간에 대한 강렬한 설명이 이어져요. 우리는 생존자들이 내놓은 놀라운 진술과 국제적인 잠수함 커뮤니티를 통해 만난 여러 승무원과 함장이 들려준 얘기를 결합시켰어요. 그런 후 크리스 카일과 나는 줄거리의 1차 원자로primary reactor라고 부를 만한 것을 결정했어요."

비글로 입장에서 1차 원자로는 보스트리코프(해리슨 포드)와 폴레닌(리암 니슨)의 관계였다.

"생존자들은 리암의 캐릭터가 함께 시간을 보내고 싶은 사람, 함께 술 마시고 싶은 사람, 가족 같은 사람이었다고 말했어요. 해리슨의 캐릭터는 마주하기 두려운 사람이었지만, 목숨이 걸린 상황에 처했을 경우 생존에 대한 결정을 맡길 수 있는 사람이었죠. 우리는 폴레닌을 부하들이 옹호했던, 소련 지도부에 K-19호가 아직 준비되지 않았다고 경고했다가 보스트리코프 휘하의 선임 참모로 강등되는 전직 함장으로 설정했어요. 그게 1차 원자로였어요. 이 두 남자는 결국 충돌 단계에 접어들어요. 원자로의 파멸적인 고장 앞에 그런 충돌을 배치하면, 그 두 가지 역동적인 문제가 연결되는 대단한 관계가 탄생해요.

그래서 크리스와 나는 모스크바에 갔어요. 상세한 시나리오를 작업하면서, 스토리와 캐릭터와 소재와 소우주와 대우주에 대한 모든 디테일을 동시에 작업하면서요. 꽃이 만개하는 것처럼, 시나리오가 활짝 펼쳐졌어요. 모든 비밀이 우리를 위해 즉시 비밀에서 해제된 게 아니에요. '그래요, 러시아 잠수함 계획이 여기 있어요. 이건 원자로 작동 방식이에요.' 우리는 세트를 지어야 할 때가 되기 직전에야 그 계획을 손에 넣었어요. 조금씩 조금씩, 때로는 범죄 같은 방법을 통해, 이 스토리를 가급적 정확하게 만들 정보를 얻을 수 있었어요. 정보를 입수할 때마다 우리는 그걸 시나리오에 통합하곤 했어요. 물론 그러고는 깨달았죠. '와, 이 요소는 분명 두드러질 거야. 그런데 저게 흐릿해지고 있잖아.' 거대한 직소 퍼즐을 맞추면서 균형 잡는 일과 비슷했어요."

생존자들만 마음의 문을 연 게 아니었다. 러시아 정부도 문호를 개방했다. 비글로가 드디어 궁극적인 목표를 달성할 수 있을 정도였다. 실제 K-19호의 갑판에 발을 디디고, 콜라반도에 있는 러시아 북부 함대 해군기지를 방문한 최초의 서구 민간인이 되는 것.

"K-19호를 실제로 보고 만져볼 필요가 있다고 느꼈어요." 비글로는 말했다. "함장을 만나볼 수가 없었잖아요. 고인이 됐으니까요. 그래서 그 잠수함을 만져볼 필요가 있었어요. 그러면서 내가 영화를 만들 수 있을 거라는 걸 알았어요. 러시아 정부 당국자가 말하더군요. '여기에 서구 민간인이 온 적은 한 번도 없었습니다.' 이때가 쿠르스크호 2000년 8월 침몰한 러시아 잠수함 참사가 일어난 직후였어요. 굉장히 민감한 때였죠. 하지만 나는 결심했어요. 나는 'No'를 대답으로 받아들이지 않았어요. 그게 감독이 할 일이라고 생각해요. 문이 닫혔을 때, 그 문을 두 번 더 두드려야만 해요."

비글로는 그녀의 마지막 조사 여행에 제1조감독 스티브 댄턴과 촬영감독 제프 크로넨웨스를 대동했다.

"나는 촬영감독과 AD를 모든 일에 참여시켜요." 비글로의 설명이다. "그게 우리를 거의 단일 유기체처럼 작업하도록 만드는 시작 지점ground zero이에요. 그렇게 하면 모든 일이 가능한 한 매끄럽고 유기적이 돼요. 우리는 꾸준히 커뮤니케이션해요. 제작 기간 동안 나는 매일 스티브와 작업하는 걸로 하루를 시작하고 마쳤어요. 다음 날 무슨 작업을 할 것인지 논의하는 것뿐 아니라 바다에서 촬영하기로 되어 있는 4주 후에 무슨 작업을 할 것인지도 논의했어요. 그런 종류의 준비와 기획은 창조적인 과정을 해나갈 때 절대 해서는 안 될 일처럼 들리겠지만, 실제로는 그렇지 않아요. 그런 수준의 기획을 해놓으면 상당히 자유롭고 즉흥적인 작업을 할 수 있죠."

정확성을 추구하는 작업 때문에 비글로는 전직 러시아 잠수함 통신장교 이고르 콜로소프를 만났다. 그는 현재 캘리포니아 롱비치의 퀸 메리호 옆에 관광 명소로 정박해 있는 소련의 디젤-전기 잠수함 스콜피온호에서 관광 상품을 판매하고 잠수함을 유지, 보수하는 인물이다. 디지털 비디오카메라로 무장한 비글로는 '이고르의 하루'라는 제목의 영화를 만들었다.

"당신과 내가 만나 점심을 먹는 장면의 동선 연출은 쉽게 할 수 있어요." 그녀의 설명이다. "하지만 나는 잠수함 승무원이 아니에요. 핵물리학을 공부하면서 많은 시간을 보낸 적이 없어요. 나는 생물학을 공부한 미술 전공자였어요. 핵잠수함에서 보내는 일상적 삶의 디테일이 어떤 건지 알 필요가 있었어요.

그래서 혼자 가서 이고르한테 온갖 걸 다 물어봤어요. '아침에 일어나면 무슨 일을 하나요? 이빨은 어디서 닦아요? 하루는 어떤 식이죠?' 그러면 이고르는 내가 모든 걸 상세히 파악하게 해주었어요. 내가 갈망하던 종류의 디테일이었죠."

영화에 삽입된 그런 디테일 중 하나가 알코올에 담근 면봉이다. 잠수함에서 물은 굉장히 귀하다. 물은 승무원의 개인적인 용도뿐 아니라 원자로를 냉각시키는 데도 사용된다. 129명이 몇 달간 잠수하기 때문에, 물은 승무원이 날마다 몸을 씻는 데 사용할 수 있는 게 아니다. 그래서 알코올에 담근 면봉을 쓴다.

비글로는 디테일에 대한 이런 주목을 출연진과 스태프 전원에게 요구했다. 촬영이 시작되기 전 대규모 출연진이 노바스코샤 핼리팩스에 있는 캐나다 해군 훈련소에서 2주짜리 신병 훈련을 받았다. 원래는 미국의 협조를 받으려고 했지만—대단히 많은 도움을 줬지만 불행히도 타계한 해리 슈레이더 해군 중장이 초기에 베푼 기술적 조언을 제외하면—스토리에 미국적인 측면이 전혀 없다는 이유로 제작진은 정부로부터 지원을 받지 못했다.

"그런 헌신은 시나리오에 글로 적히지 않은 종류의 것이었어요." 비글로의 설명이다. "젊은 배우 대다수가 영화 출연 경험이 전무했어요. 어느 배우는 줄리아드에서 드라마를 공부하던 중 이 영화에 출연하려고 학교를 떠났죠. 그런 이들이 갑자기 30미터 높이로 치솟는 불의 벽wall of fire에 투입됐어요. 믿기 어려운 수준의 열기였죠. 그들은 선체가 파열되는 사건이나 수색과 구조, 산소 부족, 미로에 갇힌 상황에서 닥쳐오는 연기와 화재 같은 온갖 위험 상황에 대처하는 법을 훈련받았고, 그것들을 성공적으로 마쳤어요.

드라마스쿨에서 그런 걸 가르칠 수는 없어요. '오케이, 오늘 우리는 〈햄릿〉 1막을 작업한 다음 30미터짜리 불의 벽에 투입될 거야'라고 말할 수 없죠. 호스는 압력이 너무 세서 붙들고 있으려면 장정 여러 명이 필요해요. 우리가 가진 호스는 네 개였어요. 30미터짜리 불의 벽도 있었고요. 어려운 점은 그 불을 빠르게 진화하는 거였어요. 계속해서 앞으로 나아가야 했죠. 이런 종류의 훈련은 승무원들에게 큰 충격을 줬어요.

영화에서 해리슨이 말해요. '나는 더할 나위 없이 뛰어난 승무원들을 받았어.' 사실 그가 하는 말은 '나는 이 129명을 승무원으로 만들었어'예요. 신병 훈련소가 한 일이 그거였죠. 각지—유럽, 아이슬란드, 뉴욕, 로스앤젤레스, 캐나다—에서 온 청년들이 캐나다 해군이 있는 핼리팩스로 갔고, 그곳의 제독은 우리 출연진을 훈련시키는 친절을 베풀었어요. 신병 훈련이 끝날 무렵 배우들은 모두 한 몸처럼, 하나의 유기체처럼 움직이고 있었어요. 나한테 그건 진정한 리허설 기간이었죠. 그들은 서로를 위해서 목숨을 바칠 수도 있었어요. 말 그대로 사실을 왜곡하는 작업인 영화제작과 달리 그들은 타당한 상황에 투입됐어요. 그들은 평생을 친하게 지낼 친구들로 훈련소를 나왔고, 이 경험이 그들의 삶을 얼마나 바꿔놨는지에 대한 메일을 꾸준히 보내오고 있어요."

출연진 전원과 비글로, 댄턴, 크로넨웨스는 MIT 기술 자문들로부터 핵물리학 강의도 받았다. 기술 자문들은 촬영이 진행되는 동안 세트에 상주했다. 비글로 입장에서 MIT 자문들은 중요했다. 자신이 철저하게 이해하지 못한 시퀀스에 대해 배우들에게 동선을 지시하고 연출할 수는 없었기 때문이다.

"러시아 핵잠수함에 타려면 모두들 핵물리학을 배워야 해요." 그 녀가 한 말이다. "상이한 훈련들을 다 받아야 해요. 예를 들어 잠수 함 앞부분의 여덟 칸compartment이 망가졌다고 쳐요. 대부분의 경우 상당한 여유가 있어요. 각 칸에서 인원을 차출하면 여전히 잠수함 을 몰 수 있어요. 취사병이건 이발병이건 상관없어요. 잠수함에 탄 인력은 잠수함을 모는 법을 알아요.

우리가 훈련들을 촬영할 때 출연진 모두가 장비 사용법을 제대로 알고 있길 원했어요. 엑스트라도 훈련을 받아야 했어요. 그들은 배 경에서 손잡이나 돌리려고 거기 있는 게 아니니까요. 잠수함을 몰고 유지하고 수면으로 부상시키려면 무슨 일을 해야 하는지 정확히 알 아야 했죠. 나는 엑스트라들이 이런 식으로 훈련받지 않은 영화들 이 어떤 영화인지 알아요. 관객들도 반쯤은 무의식적으로 알아차릴 거라고 생각해요. 관객들을 인정해야 해요. 그들은 무언가 잘못됐 다는 걸 알아채요. 엑스트라의 행동을 정확하게 지적하지는 못할지 라도, 그렇다는 건 감지해요."

샌프란시스코아트인스티튜트에서 미술 교육을 받은 비글로는 비 주얼 준비 작업에 착수하려고 직접 스토리보드를 그리기 시작했다. 이 작업에는 그녀가 프로덕션 디자이너 칼 줄리어손과 함께 스피츠 베르겐 섬에 있는 러시아 광산 도시로 로케이션 헌팅을 가서 찍은 스틸과 영화들이 활용됐다. 그녀는 그 자료를 포토숍으로 가공했고, 노바스코샤 로케이션에서 찍은 사진들을 스피츠베르겐 자료에 덧씌 웠다.

그런 후 〈죽음의 키스〉의 스토리보드를 직접 그렸던 비글로는 스 토리보드 아티스트와 세트 디자이너와 함께 작업을 시작했다. 〈K-

19)의 드라마를 전달하려고 계획했던 커버리지를 얻을 수 있도록 말이다. 크로넨웨스와 논의한 끝에 세트는 전략적인 위치에 카메라 플랫폼을 설치하고 신축성 있는 고무 끈이 달린 카트에 카메라를 달 수 있게 해주는 독특한 오버헤드 트러스overhead truss 시스템으로 계획되었다.

"처음부터 이렇게 디자인했어요. 카메라가 180도 회전할 수 있고 잠수함 내에서 우리가 원하는 높이로 사용될 수 있게요. 스테디캠에는 자이로스태빌라이저를 달았어요. 우리는 승무원들이 내달리는 동안 그들과 함께 부드럽게 움직일 수 있었어요. 춤 안무와 비슷해요. 하지만 그런 종류의 자유를 확보하려면 세트 작업을 하려고 연필을 들기도 전에 어마어마하게 많은 기획을 해야 해요."

실제 잠수함의 내부를 세트에 그대로 재현해야 한다고 고집했던 비글로가 한 유일한 양보는 칸과 칸 사이에 있는 도어였다. 실제 잠수함 도어의 표준 직경 31인치78.74센티미터는 다양한 카메라 릭rig을 이동할 수 있게 해주고—실제 승무원보다 민첩성이 떨어지는—출연진과 스태프의 수월한 이동을 가능하게 해주는 35인치88.9센티미터로 조정되었다.

영화는 모스크바, 북극해의 빙원을 대신하여 캐나다의 위니펙 호수, 광활한 북대서양 촬영을 위한 기지로 활용된 눈 덮인 핼리팩스 조선소에서 촬영됐다.

비글로는 세심한 준비가 수상 촬영에 중요했다고 느낀다. "〈폭풍 속으로〉를 작업할 때 물에서 작업하는 건 감독이 통제할 수 없는 곳에서 작업하는 거라는 걸 배웠어요." 그녀는 웃으면서 말했다. "그런 상황을 겪고 나면 고통스러울 정도로 융통성 있게 작업해야 한다는 걸 깨달아요. 무엇이든 촬영할 준비가 되어 있어야 해요. 하루 중 특정 시간대를 위한 여러 장의 콜 시트call sheet를 갖고 있어야 한 다는 뜻이에요. 만사가 날씨에 달려 있으니까요. 그런 종류의 융통 성을 갖추려면 즉흥적인 판단이 필요해요. 캐스팅 세션의 일부가 즉 흥 연기였던 이유가 그거예요.

세트에서 갑작스레 제시될지 모르는 아이디어에 융통성 있게 대 처해야 해요. 예를 들어 심해 잠수 시퀀스를 작업하는 중 기술 자문 이 갑자기 이러는 거예요. '잠깐요, 이건 정확하지 않아요.' '으음, 시 나리오에서 이걸 읽지 않았나요?'라고 물어요. 그러면 대답하죠. '맞 아요, 읽었어요. 그런데 지금, 갑자기 떠오른 생각이…….' 그래서 작 업하는 동안 충분히 예상했던 사건과 상당히 체계적으로 발생하는 예측 불가한 사건들 사이에서 끊임없이 균형을 잡아야 해요."

비글로 입장에서 스토리를 갖고 부린 묘기의 마지막은 편집 감독 과, 이 경우 월터 머치와 함께 한 작업이다.

"그는 전설이에요." 비글로가 말했다. "엄청나게 똑똑한 사람이에 요. 영화는 시나리오작가와 엄청나게 많은 정보를 샅샅이 살피는 작 업으로 시작되어, 영화감독을 거쳐 스토리가 굴절되고 월터 머치 같 은 편집 감독의 눈과 손을 통해 더 세련되게 가다듬어졌어요. 인생 을 바꿔놓는 경험이었어요."

올해 말 그녀의 다음 영화 〈웨이트 오브 워터〉—25회 토론토영 화제에서 성공적으로 상영됐다—가 와이드 릴리스될 때, 비글로는 〈K-19 위도우메이커〉를 생존자들과 러시아연방의 블라디미르 푸틴 대통령에게 보여줄 계획이다. 이 영화의 스코어를 작곡한 키로프 오 케스트라의 마에스트로 발레리 게르기예프가 푸틴에게 이 프로젝트를 소개했다.

"두 나라 사이에 일어났던 일들은 경이롭다고 생각해요." 부시와 푸틴이 지난여름 텍사스에서 만나는 뉴스를 보면서 어떤 기분이 들었느냐고 묻자 비글로는 이렇게 대답했다. "60년대에 자란 나는 이런 상황을 절대 상상도 못했어요. 지금의 러시아는 어느 정도 NATO의 일부예요. 군축 협정이 맺어졌고, 나는 영화 시사회와 결부된 혜택의 일부로 핵 위협 계획에 참여할 수 있었어요.

이 영화의 중요한 점은 러시아의 젊은 세대가 그들 문화와 미덕이 그들의 지리적 경계 내부에서만 인정되는 게 아니라는 걸 깨닫는 거라고 생각해요." 비글로의 설명이다. "실제로, 그런 인식은 세계적인 거예요. 영웅적 행위와 용맹함을 담은 이야기가 대단히 많다는 걸 알아요. 나는 이 영화가 그런 이야기들을 영화로 제작하라고, 비범한 러시아 영화감독들을 고무하길 바라요. 그것이 이 영화가 낳을 수 있는 가장 탁월한 결과물일 거예요."

연출 과정을 정의해달라고 부탁하자, 비글로는 그건 대단히 정의하기 힘든 작업이라고 말한다.

"사람마다, 상황마다 달라요. 배우를 잘 다루는 감독이 있고 카메라맨을 잘 다루는 감독이 있고 작가를 잘 다루는 감독이 있어요. 사건이 벌어질 때마다 각 사건의 역동성은 과거를 지나면서 겪은 경험을 불러내어 완전히 상이한 도구와 상황을 요구해요. LA공항에 생기는 교통 패턴과 비슷해요. 감독은 그 모든 패턴을 모니터하는 사람이에요. 내가 이 작업을 그토록 좋아하는 이유가 그거라고 생각해요. 정보를 병렬처리하면서, 내가 열지 못하는 문은 단 하나도 없도록 멀티태스킹을 해야 해요.

어떤 종류의 일이건 정체가 일어나게 두면 절대 안 돼요. 그렇게 하면 무엇인가 잃을지도 몰라요. 일단 시작되면 멈출 수가 없어요. 스페이스셔틀이나 잠수함을 지휘하는 것과 비슷해요. 내부에 여유 자원이 많으니까, 예측하지 못한 일에 대한 준비를 항상 하고 있어야 하는 거죠."

〈K-19〉의 프로듀서이기도 한 비글로는 엔드 타이틀 크레디트에 그녀의 제작 크레디트와 감독 크레디트를 결합시키고 싶었다. 하지만 작가조합 계약은 작가의 크레디트가 엔드 타이틀에서 적어도 두 번째에 올라야 한다고 요구했다. 이에 대한 예외는 감독이 그 프로젝트의 유일한 프로듀서일 때다. 비글로는 WGA로부터 그 조항을 면제받으려고 애썼지만, 그녀가 스크린에 뜨는 크레디트와 유료 광고에 사용되는 점유 크레디트^{단 한 사람에게, 보통 감독에게 주된 예술적 인정을 부여하는 영화 크레디트}를 포기하지 않는 한 그걸 허용할 수는 없다는 얘기를 들었다.

"그게 양자택일 상황이라는 걸 인식하지 못했어요." 비글로가 말했다. "영화의 마무리 작업을 할 때, 감독은 눈가리개를 심하게 한 채 출발 게이트를 빠져나오는 경주마와 비슷해요. 나는 영화가 시작과 중간, 끝을 확실히 갖게끔 만드는 것에만, 그래서 될 수 있는 한 탄탄한 작품이 되게끔 하는 것에만 초점을 맞췄어요. 그러다 보니 슬프게도, 그리고 아마 틀리게도 내가 정말로 생각하지 못했던 게 내 크레디트였어요.

나는 점유 크레디트가 특정한 사람의 추진력과 헌신이 없었다면 그 영화가 만들어지지 못했을 거라는 뜻으로 봐요. 그러니 내가 〈K-19〉의 점유 크레디트를 갖지 못한 건 약간 잘못된 처사예요. 제작

기간 동안 계획했던 모든 일 중에서 이 일은 내가 조금도 예상하지
못했던 일이에요. 미래의 영화감독들은 내 경험을 되풀이하지 말기
를 바라요. 이걸 알게 됐으니 다음에는 다르게 접근할 거예요."

그녀의 수중 캔버스

리처드 나탈레 / 2002

캐스린 비글로가 아트스쿨에 다닐 때, 선생님 한 분이 학생들에게 각자 "가장 생산적인 약점productive weakness"을 찾아내라고 했다.

약간 모순적인 이 조언은 그녀의 마음 어딘가에 머물렀다. 그러다가 영화 연출을 시작했을 때, 그녀는 자기 약점이 무엇인지 발견했다. "압박감 견디기." 그녀가 말했다. 그리고 그걸 정복하는 일에 착수했다. "영화 세트에 추상적으로 꾸준히 가해지는 압박의 실체를 다루는 법을 배웠어요. 그런 압박은 정신적인 과정과 비슷해요." 그녀는 말한다.

바로 그게 〈K-19 위도우메이커〉를 촬영하는 동안 요구된 성격적 특성이었다. 1961년에 일어난 핵잠수함 사건에 바탕을 둔, 1억 달러가 투입된 소련 잠수함 영화는 완성까지 7년이 걸렸다. 하지만 촬영 자체는 계획된 시간과 예산에 맞춰 완료됐다.

그에 대한 공로는 비글로의 몫으로 돌아가야 한다는 것에 모두

From the *Los Angeles Times Calendar*, July 14, 2002, 5, 75. Reprinted by permission of the Los Angeles Times Syndicate.

동의한다. "장비와 인력 이동 면에서 엄청나게 큰 프로젝트였습니다." 잠수함 함장 알렉세이 보스트리코프로 출연한 해리슨 포드가 한 말이다. "하지만 난장판이라는 느낌을 받은 기억은 없습니다. 감독은 시간이 없을 때, 조명이 충분하지 않을 때, 배우의 연기력이 모자랄 때 즉흥적으로 대처 방안을 떠올릴 수 있어야 합니다. 어떤 식으로건 일이 돌아가게끔 만들 방법을 찾아내야 하죠. 캐스린이 그럴 능력을 갖고 있지 않았다면, 그녀는 절대 살아남지 못했을 겁니다."

하지만 인터뷰를 통해 거듭 드러난 건, 압박감을 받으면서도 품위를 잃지 않는 그녀의 품성이 아니라 50세 감독의 아트스쿨 배경이었다. 다른 자리에서, 그녀는 자신이 영웅으로 떠받드는 B급 영화감독들—새뮤엘 풀러와 앤서니 만—의 작품을 잭슨 폴록과 윌렘 드 쿠닝의 순수 표현에 비교했다. 비글로는 액션 영화를 연출하는 여성에 대한 관습으로부터 공공연히 벗어나는 능력을 미술가로서 사회 초년기를 보내는 동안 갈고닦은 본능에 의한 것으로 설명한다.

"회화에서는 가능한 게 무엇인지에 대한 사전 관념이 없어요. 화가는 늘 텅 빈 캔버스를 갖고 시작하니까요." 그녀가 한 말이다. "그 점이 나한테 힘을 줬어요."

〈K-19〉은 1961년에 재앙으로 귀결된 소련 핵잠수함의 항해를 바탕으로 한 영화다. 잠수함에 탑재된 원자로가 용융할지도 모른다는 위협은 냉전의 역사에서 거의 알려지지 않은, 참혹한 사건이다. 글로벌한 규모의 참사를 막아낸 건 온전히 잠수함 함장의 명료한 사고와 승무원들의 영웅적 행위였다.

30년간 알려지지 않았던 K-19호 이야기는 소련이 붕괴한 후 90년대 초 세상에 드러났다. 〈내셔널지오그래픽〉의 임원들이 이 주제를 다룬 영국 다큐멘터리를 보자마자 스토리의 권리를 즉시 확보했다고, 회사의 제작 부문 실무 부사장 크리스틴 휘태커는 말했다.

러시아 잠수함 승무원에 초점을 맞추고 그들의 관점에서 전개되는 이야기는 영어로 장편영화를 만들기 위한 선택으로는 이상한 듯 보였다. 하지만 휘태커는 말한다. "우리가 그 이야기에 매력을 느낀 주된 이유는 〈내셔널지오그래픽〉이 115년간 다른 나라에 카메라를 돌려왔다는 거예요." 그 이야기를 장편영화로 확장하는 건 "우리 회사의 사명에 부합해요".

휘태커는 비글로를 떠올렸다. 비글로는 뱀파이어 호러 〈죽음의 키스〉, 제이미 리 커티스가 출연한 경찰 스릴러 〈블루 스틸〉, 키아누 리브스가 나온 액션 어드벤처 〈폭풍 속으로〉, 랠프 파인스와 안젤라 바셋이 출연한 종말론적 SF 드라마 〈스트레인지 데이즈〉 같은 빠른 속도의 액션 영화들로 이름을 알려왔다.

"처음 만났을 때부터" 휘태커가 한 말이다. "비글로는 이 이야기의 배후에 있는 휴먼 스토리를 이해했어요. 이건 평범한 잠수함 스릴러가 아니었어요. 올바른 일을 하기 위해서 위기 상황과 정치적 신념에 굴하지 않은 사람들에 대한 이야기였어요."

잘 알려져 있지 않던 역사의 장章에 빛을 비출 기회는 비글로 입장에서 상당히 많은 걸 배우게 했다. 그녀는 그런 배움이 관객을 위한 배움이 되기를 희망한다. "당시 러시아인들이 어떤 생각을 하고 있었는지 나는 조금도 몰랐어요. 내 입장에서, 그들은 버튼을 눌러 세상을 파괴하려고 드는 무시무시한 사람들이었어요."

"이 영화는 그들이 없었다면 우리 삶이 완전히 바뀌었을지도 모른다는 놀라움을 주고, 믿기 힘들 정도로 용감했던 그들에게 인간의 얼굴을 돌려줄 굉장히 좋은 기회였어요."

비글로는 영국 제작사 워킹 타이틀을 위해 극작가 크리스토퍼 카일과 함께 시나리오를 개발했다. 거기까지는 쉬웠다. 하지만 유니버설픽처스가 또 다른 잠수함 드라마 〈U-571〉을 2000년에 개봉하면서 프로젝트가 교착상태에 빠졌고, 비글로는 숀 펜과 엘리자베스 헐리와 함께 더 개인적이고 독립적인 〈웨이트 오브 워터〉를 만들었다. 개봉이 몇 번이나 연기되었던 〈웨이트 오브 워터〉는 11월에 개봉될 예정이다.

워킹타이틀이 3년 전에 〈K-19〉을 턴어라운드로 돌린 후, 많은 회사가 그 프로젝트에 관심을 보였다. 해외 독립 제작사 인터미디어가 제작비를 대기로 합의했을 무렵에는 몸값 비싼 포드가 이 프로젝트에 합류해 있었다. 제작 기간 동안, 인터미디어는 미국과 해외 주요 핵심 국가에 영화를 배급하는 계약을 파라마운트픽처스와 체결했다. 그런데 계약이 체결될 무렵, 경쟁 시나리오가 구체화되면서 소송이 제기됐다. 인터미디어 대표 니겔 싱클레어에 따르면, 그 소송은 결국 해결됐다. 그는 합의 조건을 밝히는 건 법적으로 금지된 일이라고 말했다.

영화가 사전 제작 단계에 있는 동안 또 다른 잠수함 참사가 발생하기도 했다. 2000년 8월에 러시아 핵잠수함 쿠르스크호가 실종되면서 승무원 118명 전원이 목숨을 잃었다. 비글로는 그 시점에 〈K-19〉을 개봉하는 게 적절한 일인지 한참 논쟁을 벌인 끝에 일을 진행하기로 결정했다.

쿠르스크호 참사는 미국 관객이 불운한 러시아 잠수함을 다룬 이야기에 반응할 것인지에 대해 사람들이 품고 있던 의문을 잠재웠다. "슬프게도, 쿠르스크호 참사는 전 세계를 망연자실하게 만들었고, 미국인들은 미국인을 다룬 이야기만 보고 싶어 한다는 근시안적 생각을 완전히 사라지게 했습니다"라고 그녀는 말한다.

별도의 압박도 있었는데, 가장 힘든 건 "영화배우 조합의 잠재적인 파업 위협을 두고 작업하느라 일정 면에서 잠시도 한눈을 팔 틈이 없었다"는 거였다. 휘태커는 다음과 같이 말한다. "우리는 3개국에서 촬영하고 있었고, 하루하루는 그 무엇으로도 대체할 수 없었어요." 게다가 16주 촬영 기간 중 22일이 수상 촬영이었다고 싱클레어는 말한다. 과거에 수상 촬영은 영화 제작자가 작성한 최상의 계획(과 제작비)을 엉망진창으로 만든 요소였다.(《워터월드》가 가장 비참한 사례다.)

"수상 촬영 첫날에 캐나다로 날아갔습니다." 싱클레어의 회상이다. "이런저런 장비가 있었습니다. 잠수함 두 척, 호위함 두 척, 지원용 보트가 열여덟 척에서 스무 척, 해군 헬리콥터 한 대도 있었죠. 이렇게 촬영하면 보통 예산을 2000만 달러 정도 넘기기 십상입니다. 하지만 우리는 그러지 않았습니다."

비글로는 캘리포니아 북부에 있는 샌카를로스에서 자랐다. 그녀는 이 도시가 "자라기에는 좋은 곳"이라고 말한다. 외동자식이었던 그녀는 "내가 기억할 수 있는 어릴 적부터" 미술에 관심을 가졌다고 말한다. "나는 친구들이 있었는데도 내성적이었고, 미술을 통해 스스로를 표현했어요. 그다음으로 아는 건, 내가 샌프란시스코아트인스티튜트에 다녔고 어느 교수님이 내 작품을 휘트니미술관의 인디펜던트 스터디 프로그램에 출품했다는 거예요."

프로그램 입학 허가를 받은 그녀는 뉴욕으로 이주했다. 하지만 얼마 안 있어 영화로 방향을 틀어 컬럼비아대학에 입학했다.

그녀의 작품에 친숙한 사람은 B급 영화에 대한 비글로의 애정이 그녀의 스타일에 영향을 미쳤다는 걸 알 것이다. 〈죽음의 키스〉는 바이커 영화이자 웨스턴이자 공포 영화로 유서 깊은 B급 장르 영화에 대한 오마주였다. 〈블루 스틸〉과 〈폭풍 속으로〉, 심지어 규모가 큰 〈스트레인지 데이즈〉에는 펄프 감수성이 숨 쉰다. 〈K-19〉이 이런 계보에 어울리지 않는 듯 보일까 봐 그녀는 B급 영화 작가인 풀러의 1954년 잠수함 드라마 〈헬 앤 하이 워터〉를 언급했다. 그건 폐쇄된 좁은 공간에서 카메라가 능수능란하게 움직이는 작품이다.

"앤서니 만의 〈크라임 웨이브〉 같은 B급 영화를 사랑해요. 영화 감독의 창조적 힘이 할리우드의 균질화 과정을 거치지 않았으니까요." 그녀가 한 말이다. "B급 영화에는 호방하고 혼란스러운 생생함이 있어요. 게다가 젠체하지 않아요."

〈K-19〉의 사전 제작을 준비하는 동안, 그녀는 이성이 아니라 본능에 심하게 의존했다. "꽤나 본능적으로 작업한 탓에 지나치게 이른 시기부터 지적 작업을 할 수가 없었어요. 그렇게 하면 자연스러운 분위기를 망치게 될 테니까요." 영화의 주제를 지나치게 고심하는 건 드라마를 위태롭게 만들 수 있었다. 비글로는 디테일을 덧붙이면서 자연스럽게 영화 전편이 모습을 드러내는 방식으로 이 영화를 작업했다고 말한다. 그건 미술가가 텅 빈 캔버스에 물감을 여러 겹으로 덧칠하는 방식과 다르지 않다.

더불어 이 정도 규모의 프로젝트를 할 때는 고민할 시간이나 어림짐작으로 결정을 내릴 시간이 없었다. K-19호 세트를 꼼꼼하게 지은 건 강렬한 경험이었다. 그녀는 하던 말을 멈추고 깔깔거렸다. "와

우, 그래요. 당신도 볼 수 있는 것처럼 나는 정말 주먹다짐을 하다시
피 했어요."

세트는 잠수함 실내를 찍은 사진들을 활용해서 지었다. 건축이
시작되기 전, 제작진은 K-19호의 청사진에 접근할 수 있게 됐다.

"비밀 해제 과정을 거쳐 그걸 얻으려고 몇 년간 작업했어요. 당신
도 상상할 수 있듯 미국과 소련에 존재하던 군산軍産복합체의 속성
과 이게 핵잠수함이라는 사실을 감안하면, 휴가 여행 브로셔처럼
쉽게 주고받을 수 있는 게 아니었어요."

제작진은 K-19호보다 2년 후에 제작된 러시아 핵잠수함을 구입
해서 실내를 개조했다. "원래 있던 장비를 전부 사용할 수 있었던 덕
에 우리는 잠수함 구조를 이해하기 시작했어요. 인체 공학적으로 설
계되어 있어서 모든 장비가 손 닿는 거리에 있었죠."

출연진과 스태프는 러시아 잠수함 승무원과 함께 2주간 신병 훈
련을 받았다. 그러면서 K-19호에 승선하는 승무원의 임무와 더불어
해저의 일상생활에 요구되는 작업과 절차들을 이해했다.

실제 크기로 지어진 세트는 "극도로, 극도로 비좁았다"고 비글로
는 말한다. "공간도 없고 산소도 없었어요. 믿기 힘들 정도로 좁은
선실에서 몇 달을 보내고 내면 잠수함 승무원이 된다는 게 어떤 일
인지에 대한 적절한 인상을 받게 될 거예요. 그 점이 이 작품에 필수
적인 신빙성을 창출했다고 생각해요."

카메라와 스태프와 함께 비좁은 세트로 들어간, 키가 5피트 11인
치180.3센티미터인 비글로와 그녀보다 덩치가 큰 주연배우 포드와 리암
니슨을 생각하면 밀실 공포증을 일으키는 이미지가 떠오른다. "밀
실 공포증은 잠수함 승무원이 선택할 수 있는 사항이 아닙니다." 포

드가 "시각적 환경을 계속 살아 숨 쉬게 만들 다른 방법을 찾는 게 약간 어려운 일이었다"라고 인정하면서 한 말이다. "캐스린의 크나큰 재능 중 하나가 시각화입니다. 그녀는 배우들한테 대단히 협조적이어서, 우리가 이 공간의 리얼리티를 한층 강화하는 몸놀림을 취할 동기를 찾아낼 수 있게 해줬습니다."

비글로는 K-19호 생존자들과 보스트리코프(실제로는 니콜라이 블라디미로비치 자테예프 함장) 부인과 인터뷰하면서, 캐릭터들이 처한 물리적 환경뿐 아니라 내면에도 상당한 관심을 쏟았다고 말한다. "내가 하고 싶어 하는 일을 받아들이고, 필요한 감정을 느끼도록 해주는 그녀의 능력은 비범했습니다. 내가 소련을 사악한 존재나 조롱거리로 묘사하는 게 보통이었던 할리우드 커뮤니티를 대표한다는 점을 감안할 때 특히 그렇습니다."

비글로는 그런 스테레오타입을 초월하는 게 그녀의 프로젝트 성공에 필수적이었다고 말했다. "결국 이 이야기가 관객의 반향을 얻으려면 캐릭터에 관심을 가져야 해요." 그들이 정치적으로 우리와 정반대되는 사람들일지라도 말이다. 그녀의 진심 어린 희망은 미국 관객들이 영화를 보고 극장을 나서면서 '나는 그들이 살아남기를 간절히 원했어'라고 생각하는 것이다.

적에게 공감하다

스콧 후버 / 2002

"나는 영웅을 연기하지 않습니다." 해리슨 포드는 주장한다. 우주를 주름잡는 오만방자한 불한당 핸 솔로부터 용감무쌍한 모험가 인디애나 존스와 위기 상황을 다루는 CIA 분석가 잭 라이언에 이르기까지, 대형 스크린의 아이콘이라 할 만한 사내를 무척이나 많이 연기해온 배우가 내놓은 상당히 주목할 만한 의견이다. 대신 포드는 그가 영화에서 연기한 주인공에 대해 남들과 다르게 정의한다. "나는 어려운 상황에서 올바르게 행동하는 사내들을 연기합니다." 그가 한 말이다. "나는 특별한 딜레마에 처한 사람을 연기합니다. 그가 하는 행동이 영웅적이라면 그건 그 행동에 대한 문화적 정의가 그래서일 뿐입니다."

그의 최신작 〈K-19 위도우메이커〉에서, 포드는 러시아 잠수함 함장이자 근엄한 지휘관인 알렉세이 보스트리코프를 연기하는 걸로 그가 주장하는 바를 입증할―그리고 영웅적인 행위의 문화적 정의

From *Hollywood*.com, July 19, 2002. Reprinted by permission of Hollywood.com Inc.

를 탐구할—이상적인 기회를 확보했다. 보스트리코프 함장은 냉전이 한창이던 1961년에 항해에 나선 실험적 핵잠수함을 지휘하게 된다. 잠수함의 원자로가 고장 나자 보스트리코프는 정말로 '어려운 상황'에 처한다. 인근에 있는 미 해군 함정의 도움을 받고 싶어 하는 인도주의적 부함장(리암 니슨)의 반란 가능성이 있음에도, 그는 치명적인 방사성 장비를 수리하려고 승무원들을 파견한다. 승무원들의 목숨을 구할 수 있을지라도 미국에 러시아 함대의 자긍심을 굽히고 싶지 않은, 그러면서도 잠수함이 폭발할 경우 3차 세계대전이 촉발될 거라는 너무도 골치 아픈 문제에 빠진다. 그는 미묘하게 회색 색조로 칠해진 캐릭터다. 포드는 이 이야기가 너무도 강렬한 것은 실화이기 때문이라는 걸 알게 됐다. 그러면서 대단히 큰 성공을 거둔 잭 라이언 시리즈를 떠나면서까지 확보한 이 쉽지 않은 역할을 대단히 흥미로워했다.

"내가 얼핏 봐서는 공감이 잘 가지 않는 캐릭터를 연기하고 있다는 걸 이해해야 합니다." 마지막으로 한 변신이 공포 스릴러 〈왓 라이즈 비니스〉의 누가 봐도 정 떨어지는 캐릭터였던 포드가 한 말이다. "나는 그런 도전을 즐겼습니다."

이야기 뒤의 이야기

1961년에 일어난 극적인 사건과 실제 K-19호 승무원의 영웅적 행위와 희생은 소련이 해체되기 전까지 30년간 러시아 정부에 의해 비밀에 부쳐졌다. 캐스린 비글로 감독이 (이 소재를 다룬 영화뿐 아니라 다큐멘터리의 제작을 도운) 〈내셔널지오그래픽〉과 가진 미팅에서 이 사건을 알게 됐을 때, 그녀는 즉시 이 이야기에 매료됐다. 하지만 비전이 현실화되기까지는 5년이 걸렸다.

할리우드에서 대규모 액션 영화를 연출하는 몇 안 되는 여성 감독 비글로는, 그녀가 그들의 투쟁과 정신을 정확하게 영화화할 거라는 걸 K-19호 생존자들에게 입증해야 했다.

회의적인 러시아인들의 우려를 누그러뜨리려는 시도는 이후 그녀에게 강한 영감을 준, 강렬한 정서가 담긴 대화와 유대 관계로 이어졌다. "근본적으로 그들의 인생과 경험에 의미를 부여해달라는 요청을 받은 거예요. 그건 내가 가볍게 받아들일 수 없는 엄청난 요청이었어요." 비글로는 이 이야기에 타고난 서스펜스 요소가 있다는 것을 알면서도 스크린에 올리려면 수정 작업이 불가피하다는 것, 그리고 역사적 사실을 다룰 때 약간의 극적 자유가 필요하다는 걸 알았다.(예를 들어 포드가 연기한 캐릭터는 K-19호의 실제 함장을 약간 픽션화한 버전이다.)

"캐릭터 영화로 만들 의도였어요." 그녀가 한 말이다. "맞아요, 이 영화는 잠수함을 연구하는 영화이기도 해요. 하지만 나는 인간적인 드라마에 더 관심이 있었어요."

"그들은 잠수함 승무원이지 영화감독이 아니에요." 포드가 한 말이다. "그들은 러시아인들로, 우리와 대단히 다른 삶을 살고 있어요. 그들의 즉각적인 반응은 우리가, 그들이 이해하는 대로 그들 이야기를 들려줘야 마땅하다는 거였어요. 하지만 정말이지 그건, 극장에 걸 영화의 제작 목적은 될 수 없어요."

모스크바와 상트페테르부르크에서 생존자들을 만난 후—영화에 프로듀서로도 참여한—포드는 위기가 벌어지는 동안 일어난 일을 정확히 결정하는 게 무척이나 힘들다는 것도 알게 됐다. "잠수함은 구역이 철저하게 나뉘어 있어서, 그리고 벌어지고 있는 일에 대한 정보를 지휘부에 있는 모든 사람이 반드시 공유하는 건 아니라서, 그들은 실제로 일어났던 일에 대해 모두 다른 이야기를 갖고 있었습니다." 그가 한 말이다. "그들의 의견은 일치하지 않았습니다. 그래서 약간 혼란스럽기도 했죠. 하지만 우리가 추구한 건 그들의 희생과 임무에 헌신한 이야기를 극적으로 들려주는 거였다고 생각합니다. 우리는 그들의 헌신을, 영웅적 행위를, 사심 없는 희생을 들려주는 데 전념했습니다." 그가 덧붙인 말이다.

"그들이 분투한 이야기를 듣고 믿기 힘들 정도로 큰 감동을 받았습니다." 지금은 일흔이 넘은 잠수함의 생존자들과 만난 것에 대해 포드가 한 말이다. "이건 그들의 인생을 규정하는 사건이었습니다. 그런데 그들은 오랫동안 그걸 세상에 밝힐 수 없는 채로 살았습니다. 군사기밀이었으니까요. 그들은 30년 후에도 서로에게 헌신했습니다. 그들 중 많은 이가 서로를 보지 못하면서 살았지만 말입니다."

결국 K-19호 생존자들과 함장의 부인은 영화감독에게 설득됐다. "러시아인들은 이 영화를 봤어요." 비글로가 한 말이다. "울먹이면서 '당신은 우리를 정말로 친절하게 대우했어요'라고 말하더군요."

캐스팅 콜 발표

일단 영화의 두 주연 캐릭터 사이의 핵심적인 갈등이 구축되자 "그 사람들을 체현할 수 있는 배우를 찾는 것—인간적인 존재를 찾는 것—이 극도로 힘든 과업이었다"라고 비글로는 말한다. "믿기 힘들 정도로 어마어마한 사람들이에요. 나는 그들이 압박 속에서 보여주는 품위가 이 이야기의 명백한 중추로 자리 잡기를 바라요."

그런 강렬한 존재감을 가진 배우들을 캐스팅하는 건 난제였다. 비글로는 폴레닌 역할에 늘 니슨을 상상했다고 말하지만 말이다. 그래서 니슨이 계약서에 서명했을 때 그녀는 흥분하면서도 깜짝 놀랐다. 그런 후 오스카 후보로 지명된 스타를 대적할 만한 상대 배우를 찾아 나섰다. "리스트는 놀랄 정도로 짧았고, 상단에는 해리슨이 있었어요. 우주가 나의 첫 선택에 보상할 거라고는 꿈에도 생각하지 못했어요. 세상은 그런 식으로 돌아가지 않는다는 뜻이에요." 그녀가 한 말이다.

"리암은 탁월합니다." 포드가 한 말이다. "정말로 절제된 자세로 작업에 헌신하는, 굉장히 능력 있고 재능 있는 배우입니다. 머리도 뛰어나고 심성도 훌륭합니다."

조지 루커스의 〈스타워즈〉 시리즈에 각기 다른 세대로 출연했고 스티븐 스필버그가 연출한 영화에 출연한 드문 이력을 공유한 그와 니슨에게 두 전설적 감독과 작업한 것에 대해 의견을 나눈 적이 있느냐고 묻자 포드는 딱 잘라 "아뇨, 그런 적 없습니다"라고 답했다. 그는 잠시 고민하고는 했던 말을 반복했다. 세트에서 그런 생각을 전혀 해보지 않았다는 투였다. "우리는 자리에 앉아 연기에 대해 얘기하기를 원하는 스타일의 배우가 아닙니다."

그냥 러시아어로 말하라

포드는 연기에 사용한 한 가지 설정에 대해 의욕적으로 얘기했다. 영화 속 캐릭터는 모두 러시아인이지만, 그들은 스크린에서 영어를 사용한다. 하지만 그의 캐릭터가 구사하는 영어는 러시아 억양의 영어다. "우리가 러시아 억양을 구사해야 하느냐 마느냐를 놓고 의문이 제기됐습니다. 나는 그게 우리가 러시아의 맥락에 있다는 걸 상기하는 데 도움을 줄 거라고 생각했습니다." 그의 설명이다. "이 영화에서 가장 중요한 일이 러시아인의 관점을 유지하는 거였습니다." 포드의 말은 이어진다. "더불어 나와 공연하는 배우는 아일랜드인이었고, 스태프 중에는 진짜 러시아인도 있었습니다. 영국에서 온 배우, 미국에서 온 배우…… 나는 그게 전체적인 소리를 통일하는 데 도움을 줬다고 생각합니다."

"우리를 한 나라로 만들어준 역사와 선택을 돌아보는 건, 국민들의 의지를 형성한 게 무엇인지 이해하는 건 늘 중요한 일입니다." 포드는 말한다. "우리가 냉전의 맥락에서 핵 잠재력에 대한 판도라의 상자를 열었다고 생각합니다. 상호확증파괴 전략을 통한 힘의 균형이라는 개념은 우리가 제대로 고민해야 마땅한 아이디어입니다. 그게 반드시 핵 문제를 다루는 최상의 방법은 아니니까요."

"나한테 흥미로웠던 일 중 하나는 우리가 적을 악마로 묘사했던 상황을 직접 다루거나 시정하지 않은 거였습니다." 포드는 덧붙였다. "그건 포고^{풍자만화에 나오는 주머니쥐} 스타가 한 말과 비슷합니다. '적의 얼굴을 봤는데, 그는 우리 같은 사람이었어.' 포고는 내가 좋아하는 정치 철학자입니다."

강한 게 좋아요

스튜어트 제프리스 / 2002

1997년에 제임스 캐머런은 북대서양을 횡단하는 최첨단 원양 정기선의 참혹한 실화를 다룬 영화 〈타이타닉〉을 만들었다. 5년 후, 캐스린 비글로는 전남편과 똑같이 심해로 가라앉는 감정을 느꼈다. 그녀는 북대서양을 횡단한, 최초의 러시아 핵잠수함의 참혹한 실화를 다룬 영화 〈K-19 위도우메이커〉를 만들었다.

두 프로젝트 사이에는 엄청난 차이점이 존재한다. K-19호 이야기가 타이타닉호 침몰만큼 우리의 집단의식에 끼어들지 못했다는 사실은 특히 더 그렇다. 미국 해안에서 300마일480킬로미터 떨어진 곳에서 일어난, 실제로 K-19호의 원자로 냉각시스템이 고장 나면서 부지불식간에 세계가 핵 아마겟돈을 벌일 위기에 봉착했던 이 사건은 소련 당국에 의해 몇십 년 간 비밀에 부쳐졌다.

K-19호 이야기는 우리의 악몽에 한 자리를 차지할 자격이 있다. 이 이야기는 감내하기 힘들 정도로 암울하다. 영화는 특히 끔찍한

30분을 담고 있다. 그 시간 동안 소련군 잠수함 승무원들은 원자로 주위에 새로운 냉각시스템을 용접해 붙이려고 애쓰는데, 그들이 입은 보호복은 가벼운 비옷으로 방사능을 막으려는 것만큼이나 효과가 없다. 10분간의 교대 작업이 끝난 후, 용접공들은 고정된 물파이프에서—방사능에 치명적으로 중독된 채 구토하고 피를 흘리면서—나온다. 또 다른 영웅 2인조와 교대하기 위해서다. 이건 분명 재난영화다. 그리고 만들 필요가 있는 영화다.

이런 끔찍한 소재를 다루는데도 〈K-19〉은 미국에서 여름에 개봉됐다. 〈스파이더 맨〉과 〈맨 인 블랙 2〉처럼 고민 없이 즐길 영화들과 가망 없이 맞붙은 것이다. 비글로—단정하고 침착하며 맨발이고 조심스럽게 대답을 내놓는—도 인정한다. "이게 여름 개봉에 딱 맞는 영화는 아니라고 생각해요. 이건 오래도록 극장에 거는 걸로 승부해야 할 영화예요. 나는 이걸 〈스파이더 맨〉보다는 〈쉰들러 리스트〉에 가까운 영화라고 봐요. 나를 미친 여자라고 불러도 좋아요."

캐스린 비글로는 미쳤는지도 모른다. 〈K-19〉을 작업하며 6년을 보낸 그녀는 박스오피스에서 선전하지 못할 경우 향후 할리우드 커리어를 위태롭게 만들지도 모를 영화를 내놓았다.(제작에는 1억 달러가들었지만, 현재까지 미국에서 회수한 액수는 3500만 달러를 상회할 뿐이다.) 그녀의 커리어는 이미 〈웨이트 오브 워터〉의 알쏭달쏭한 실패로 괴로움을 겪고 있다. 리즈 헐리가 알몸으로 나와 얼음 조각으로 자기 유두를 문지르는 걸 보여주는 영화는 미국 내에서, 심지어 영국에서도 대규모 관객을 끌어오는 데 실패했다.

비글로는 이번에 다시 남성들과 함께 했다. 그녀가 필름스쿨 학생일 때 만든 첫 단편은 어두운 골목에서 녹초가 될 때까지 서로를 구타하는 두 남자를 보여주고, 동시에 교수 두 명이 영화적 폭력에 대해 보이스오버로 숙고한다. 그녀의 첫 장편 〈사랑 없는 사람들〉은 폭력적인 바이커 영화로, 윌렘 대포가 출연했다. 후에 대단히 남성적인 영화 〈폭풍 속으로〉도 나왔다. 패트릭 스웨이지와 키아누 리브스가 나오는 서핑 영화로, 두 사람은 파도를 타거나 은행을 털었다. 그리고 이제, 남자들이 단체로 떠다니는 〈K-19〉이 나왔다.

남성이 압도적인 영향력을 행사하는 영화에 대한 비글로의 집착은 어디에서 비롯됐나? 어떤 이론은 할리우드 영화를 보면서 자란 지적인 여성이 거기에 묘사된 여성상을 흥미롭게 보는 건 어려운 일이라고 주장한다. 웨스턴이나 전쟁 영화에 나오는 남자 주인공과 동질감을 느끼는 게 훨씬 매력적이기 때문이다. 아마도 강한 남자에 대한 매혹이 영화를 만드는 데까지 이어졌을 것이다. 비글로도 동의할까? "혼란스러워요. 이건 내가 젠더와 무관한, 보편적인 영화로 보는 작품이에요."

하지만 젠더와 무관했던 것만은 아닌 그녀의 영화 비전을 알아보기 위해 비글로가 묘사한 여성들을 살펴보는 건 가치 있는 일이다. 그녀가 여성을 다룬 흔치 않은 경우, 그들은 매력적으로 터프하다. 〈블루 스틸〉을 보라. 그 영화에서 체육관을 좋아하는 제이미 리 커티스는 복무 첫날에 사람을 죽이면서 정직 처분된, 그 후 사이코패스에게 스토킹당하는 신입 경찰을 연기한다. 커티스가 연기하는 경찰은 희생자가 아니다. 그녀는 지적인 능력과 육체적 강인함으로 적에게 반격한다.

그리고 (그녀의 전남편 제임스 캐머런이 집필한) 비글로의 1995년 SF 영화 〈스트레인지 데이즈〉가 있다. 등장인물 대부분이 남성인 영화지만, 안젤라 바셋은 시곗바늘이 밀레니엄을 향해 똑딱거릴 때 랠프 파인스의 깡마른 흰색 볼기를 구해주는 운전사로 출연한다. 영화의 마지막 릴에서 프록코트에 힐 차림으로 다가오는 상대를 모두 박살내는 바셋이 비글로의 자기 이미지를 투사한 인물이라고 상상하는 건 쉬운 일이며, 대단히 재미있다. 비글로는 자신의 대담한 행동에 대해 이야기하는 걸 좋아하는 50세 여성이다. 그녀는 잠수를 한다. "피지에서 다이빙하다 수심 115피트35미터에서 웨이트 벨트weight belt가 없어졌어요. 재미있는 일은 아니었어요. 수면으로 지나치게 빨리 올라가면 허파가 터질 테니까요." 그녀는 산악자전거를 탄다. "체조를 하다 무릎을 다쳤는데, 바이크를 타고 언덕을 오르면 재활에 도움이 돼요." 그리고 영하의 날씨에 킬리만자로를 올랐다. "나는 강한 게 좋아요."

이 강인한 여성도 10대 시절에는 수줍음 많은 꺽다리 소녀였다. 라파엘의 그림에 흥미를 느낀 소녀는 그 그림들의 세부—눈, 손, 발—를 차고 있는 캔버스에 확대해서 그리고는 했다. 샌프란시스코아트인스티튜트에 진학해 미술을 공부한 다음, 컬럼비아대학에서 영화를 공부했다. 비글로는 1971년부터 1983년까지 뉴욕에 거주하면서 리처드 세라와 필립 글래스, 1981년에 함께 베니스비엔날레에 작품을 출품했던 영국의 개념미술 집단 아트앤랭귀지 같은, 그녀가 "개념/정치적 아티스트"라고 부르는 사람들과 어울렸다.

어떻게 개념미술에서 〈K-19〉 같은 인도주의적 영화를 만드는 쪽으로 옮겨왔나?

"내가 그런 아티스트들로부터 미술에 대한 의식을 도용했다고 생각해요. 사회적 역할을 수행하는 것도요. 나는 미술이 엘리트주의적이라고, 반면 영화는 그렇지 않다고 생각하기 시작했어요."

처음부터 〈K-19〉은 상업적으로 어려운 과제였다. 그녀가 이 영화 작업을 시작하기 1년 전 토니 스콧이 〈크림슨 타이드〉를 만들었다. 그 영화에서 1등 항해사 덴젤 워싱턴은 호전적인 함장 진 해크먼이 미사일을 발사하지 못하게 막으려고 미국 핵잠수함에서 반란을 일으킨다. 밀실 공포증을 야기하는 수중 반란에 대한 영화가 우리에게 또 필요한가?

"그래요. 그렇다고 생각해요." 비글로가 한 말이다. "이 실화를 다룬 인간적인 영화를 만들고 싶었어요. 정확한 영화로 만들고 싶었어요. 위기에 빠진 러시아 잠수함을 할리우드 버전으로 다루고 싶지 않았어요." 그게 다가 아니다. "K-19호 이야기는, 거기에 메시지가 있다면—나는 메시지라는 단어를 싫어하지만—인류애에 대한 자긍심과 우리 모두가 잠재적으로 가지고 있는 용기와 용맹함을 강화할 수 있는 어떤 거라고 생각해요."

그녀는 K-19호 이야기를 어떻게 알게 됐나?

"〈내셔널지오그래픽〉에 있는 누군가가 1995년에 얘기해줬어요. 그는 1986년에 〈프라우다〉가 함장과 인터뷰했던 걸 제외하면 이 사건에 대해 알려진 게 거의 없다고 말했어요. 함장이 인터뷰한 건 그의 승무원들이 어떤 일을 겪었는지 세상이 알았으면 해서였어요." 함장은 고인이 됐고 기사는 잊힌 지금, 비글로는 그 이야기를 대단히 다른 관객에게 들려주기로 결정했다.

승무원들은 어떤 일을 겪었나? 1961년 7월, K-19호는 첫 항해에 나섰다. 모든 게 순탄하게 진행됐다. 미사일을 테스트한 승무원들은 항해를 계속해 미국 해안에서 300마일 떨어진 위협적인 지점까지

의도적으로 나아갔다. 그러다 냉각시스템에 누수가 발생하면서 원자로가 과열됐다. 상황이 더 나빴던 건, 잠수함이 핵탄두로 무장되어 있어서, 폭발하면 근처에 있는 NATO 기지가 파괴될 거라는 사실이었다. 그렇게 되면 미국은 모스크바와 상트페테르부르크를 타격할 미사일을 발사할 거라고 함장은 두려워했다. 소련은 미국에 반격을 가할 거고, 그렇게 되면 미국의 추가 보복을 초래할 터였다.

"그 사건에 대해 알려진 게 거의 없어서 조사와 개발에만 몇 년이 걸렸어요. 나는 정보의 출처로 곧장 향했어요. 생존자들 그리고 해리슨 포드가 연기할, 타계한 함장의 가족과 많은 시간을 보냈어요. 냉전은 대단히 많은 비밀을 장막으로 가렸고, 우리 정부는 진행되고 있는 사태를 정당화하려고 판에 박힌 반응을 내놨어요. 그런 차원을 넘어 러시아의 개인들을 발견하는 게 대단히 감동적이라는 걸 알게 됐어요. 이 이야기에 집착하게 됐죠."

허트 로커
2008

시간 종료

닉 도슨 / 2009

오스카 시상식이 열릴 3월 7일이 가까워짐에 따라 작년에 잡지
나 웹 사이트에서 다룬, 후보로 지명된 영화들을 집중적으로 조명
할 예정이다. 닉 도슨은 2009년 봄 호에서 〈허트 로커〉의 감독 캐스
린 비글로를 인터뷰했다. 〈허트 로커〉는 작품상, 감독상(비글로), 남
우주연상(제레미 레너), 각본상(마크 볼), 촬영상(배리 애크로이드), 편
집상(밥 머로우스키와 크리스 이니스), 오리지널스코어상(마르코 벨트라
미와 벅 샌더스), 음향편집상(폴 N. J. 오토손), 음향믹싱상(폴 N. J. 오토
손과 레이 베켓)에 후보로 지명됐다.

이라크전의 종전이 보이는 지금 '이라크전에 대한 피로감'이라는,
영화계 전체에 퍼진 관념도 함께 사라지기를 바라 마지않는다. 업계
저널리스트들은 일반적으로 미국인이 중동에서 벌어지는 갈등을
다룬 영화를 보려고 하지 않는다는 걸 묘사하기 위해 이 포괄적인

From *Filmmaker Magazine*, Spring 2009. Reprinted by permission of Filmmaker
Magazine and Nick Dawson.

용어를 남발했다. 이런 물결의 방향을 돌려놓을 수 있는 감독이 있다면, 바로 캐스린 비글로다. 그녀는 2002년 이후 신작 〈허트 로커〉를 내놓으며 영화계로 돌아왔다.

영화는 육군 폭발물 처리 전문가 윌 제임스 중사(대단히 뛰어난 제레미 레너)의 이야기를 들려준다. 그는 처자식이 있는 집에 가려면 이라크 특별 복무 기간 38일을 살아남아야 한다. 하지만 같은 팀에 속한 다른 두 병사 샌본(앤서니 매키)과 엘드리지(브라이언 게라그티)와 달리, 제임스는 허구한 날 바그다드의 전쟁 지역에서 길가 폭탄roadside bomb과 IED사제 폭발물, Improvised Explosive Device를 해체해야 하는 강렬한 위험을 즐긴다. 일에 접근하는 그의 정신 나간 방식 때문에, 샌본과 엘드리지 입장에서 그는 주위 건물 지붕에 매복한 스나이퍼만큼이나 위험한 존재다.

2004년에 자원병으로 구성된 이라크의 육군 폭발물 처리반 분대와 함께 임베드embed, 종군기자로 합류한, 탐사 저널리스트에서 시나리오작가로 변신한 마크 볼이 집필한 〈허트 로커〉는 이라크 땅에 있는 게 어떤 기분일지 생생하게 전달하는 것으로 관객을 사로잡는 영화다. 전쟁과 관련한 정치적 문제에는 관심을 기울이지 않고, 전투를 치러야 하는 병사들의 본능적 경험에 관심을 가진다. 비글로의 영화는 작가 크리스 헤지스가 쓴 "전투의 기쁨은 강렬하고 종종 치명적인 중독성이 있다. 전쟁은 마약이니까"라는 인용문으로 시작된다. 레너가 연기하는 제임스는 그 인용문의 화신으로, 진정한 스릴을 좇는 중독자이자 날마다 죽음과 추는 춤에서 하루 치 쾌락을 얻는 병사다.

그러면서 〈허트 로커〉는 이라크전에 대한 영화가 아닌 전쟁에 대한 영화가 된다. 병사들이 지불하는 심리적 대가를 점검하는 드라마이자, 보다 생생한 전투를 묘사하려고 빠른 편집과 현란한 비주얼을 내던진 스릴러다. 영화는 〈죽음의 키스〉와 〈폭풍 속으로〉 〈스트레인지 데이즈〉 같은 비글로의 최고작들에 등장했던 음울한 유머와 역동적 긴박성도 슬쩍 내비치면서, 감독이 주관과 적절성을 전혀 잃지 않았음을 보여준다.

〈허트 로커〉가 〈필름코멘트〉 셀렉트 시리즈 폐막작으로 뉴욕 시사회를 마친 다음 날, 〈필름메이커〉는 오랫동안 기다렸던 비글로의 대형 스크린 귀환에 대해 논하려고 그녀와 마주 앉았다.

마크 볼을 어떻게 처음 만났나요? 두 사람은 어떻게 함께 〈허트 로커〉를 작업하기로 결정했나요?

그의 저널리즘에 친숙해진 게 2002년 무렵이었을 거예요. 그가 쓴 기사 중에 내가 폭스와 이매진을 위해 TV 시리즈로 개발한 기사가 있었어요. 우리는 그걸 함께했고, 그런 후 그는 이라크로 떠났죠. 대다수 사람들처럼, 나도 이라크전이 충분히 많이 보도되지 않은 전쟁이라고 느꼈어요. 대단히 흥미가 동했죠. 그가 거기서 메일을 보냈는데, 경이로울 정도로 흥미로웠어요. 병사들의 심리, 이라크전이 대단히 독특한 분쟁이라는 사실. 이라크전은 지상전도 아니고 공습을 위주로 하는 전쟁도 아니었어요. 근본적으로 눈에 보이지 않는, 대재앙이 될 가능성이 언제나 상존하는 전쟁이었죠. 출입 금지 구역이라 할 만한 곳도 따로 없어요. 병사들 입장에서 또는 마크를 포함한 모두의 입장에서 휴식 시간은 없었어요. 폭발물 처리반 분대와 함께 출동하면 사방이 전부 다 잠재적 위협 요소였어요. 사람이 됐

243

건 물병이 됐건 정체불명의 물체로 가득한 쌀자루가 됐건 전선이 삐죽 튀어나온 돌무더기가 됐건 말이에요. 이런 위협은 끝도 없어요. 이건 탐구되지도 않았고 점검도 받지 않은 대단히 특별한 전쟁이었어요. 자원병으로 구성된 분대였다는 점을 감안하면, 이 사람들의 직업은 세상에서 가장 위험한 직업일 거예요. 이런 특별한 분쟁에 자원해서, 적성이 맞는다는 이유로 선택받아 폭탄을 해체하러 갈 기회를 부여받은, 남들은 다 줄행랑을 칠 만한 대상을 **향해** 나아가는 군인의 심리를 탐구하는 건 정말로 매력적인 일이었어요. 영화로 만들기에 정말 풍부한 주제가 됐어요.

마크의 경험을 영화로 만들기로 결정한 게 그가 이라크에 있는 동안이었나요?

그래요. 우리 둘 다 그 생각을 떠올렸어요. 그는 직접 관찰한, 밤테크Bomb Tech 사무실의 하루라는 대단히 믿기 힘든 소재를 갖고 귀국했어요. 그리고 우리는 개발을 시작했어요.

마크는 단독으로 시나리오 집필 크레디트를 받았습니다. 그가 시나리오의 틀을 잡는 작업에 당신이 깊이 관여했을 거라고 여겨지는데요.

그건 컬래버레이션collaboration이었다고 말하고 싶어요. 하지만 작가는 분명 그예요. 내 말은, 그가 직접 상황을 관찰한 사람이에요. 영화의 모든 시퀀스는 그가 한 관찰과 보도에서 비롯됐어요. 나는 영화감독으로서 영화가 어느 정도에 있건, 끝까지 틀을 잡으면서 심안心眼을 지켜야 한다고 생각해요. 대우주부터 소우주까지 영화를 꾸준히 관찰해야 하고, 그 둘 사이를 계속 오고 가야 해요. 반면 그 나라에 있었고 현장에 있었던 마크는 그렇게 흙먼지 날리는 입장에서 영화를 바라보고 있어요.

영화의 스타일과 비주얼, 느낌을 빠르게 형성시켰나요?

적어도 내 입장에서, 그건 항상 소재의 DNA를 파고들고 그게 스스로 모습을 드러내는 과정에서 비롯된다고 생각해요. 시나리오를 작업하는 동안에도 나는 예비적인, 개략적인 스토리보드를 작업하기 시작했어요. 그 장면들을 구체적으로 보기 위해서요. 이 특별한 영화에서 각 장면은 그곳 지형과 대단히 큰 연관이 있어요. 폭발물 처리 프로토콜은 때때로 100미터에서 300미터에 이르는 봉쇄 지역을 요구하니까요. 그래서 지형을 이해하고 그걸 제작의 관점에서 살펴보는 건 '폭발물 처리반 분대와 함께 현장에 갈 기회를 갖지 못한 게 분명한 관객에게 이걸 어떻게 전달할까?'라고 묻는 거였어요. 그걸 가급적 리얼하면서 진실되게 만들고 싶었어요. 관객을 험비^{Humvee}에 태워 주둔군의 경험 속으로 데려가고 싶었어요. 어떻게 그렇게 할까요? 대단히 직접적이고 활력 넘치는 비주얼과 느낌과 질감을 찾아내는 걸로, 그러면서 미적으로 치장하지 않은 걸 찾아내는 걸로 그렇게 할 수 있었어요. 영화감독으로서 나는 한 걸음 옆으로 비켜나 소재의 생생함과 진실성이 가급적 잘 표현되면서 '영화적' 느낌을 풍기지 않게끔 놔두고 싶었어요.

당신이 카메라 유닛 네 팀과 함께 촬영했다고 들었습니다. 영화 전편을 그렇게 찍은 건가요, 아니면 특정 시퀀스들만 그렇게 한 건가요?

항상 그렇게 찍었어요. 사방이 막힌 비좁은 공간이라 많은 사람이 작업할 수 없는 상황이 아니면요. 45일간 촬영했어요. 그중 40일은 네 개의 유닛을 동원했다고 할 수 있어요. 때로 두 유닛을 더 동원하기도 했어요. 16밀리미터로 촬영했는데, 배리 애크로이드가 촬영감독이었어요. 정말로 뛰어난 사람이에요. 그리고 우리는 언제든지 모습을 바꿀 수 있는 세트를 꾸준히 짓고 있었어요. 카메라 관점에서, 프로덕션 디자인 관점에서, 연기 관점에서 360도 촬영이 가능한 역동적인 세트를요. 그래서 우리는 각 테이크마다 처음부터 끝까지 폭탄 해체를 재연했어요. 상이한 관점에서 본 장면들을 모두 통일성 있게 직선으로 이어지게 편집했어요. 다른 시점에서 보더라도 별개의 이야기로 분절되지 않게요. 그들이 봉쇄 구역에 도착한 시점부터 결정을 내릴 때까지 폭발물 처리 작업 전체를 재현하는 거예요. 그 자리에서 폭파시킬까, 아니면 로봇을 이용할까, 직접 가서 뇌관을 제거할까? 첫 단계는 IED나 길가 폭탄으로 의심되는 물체의 정체를 파악하는 거예요. 이건 돌무더기인가 아니면 내 DNA를 이웃나라까지 날려버릴 155구경 폭탄인가?

카메라 유닛 네 개를 운영하면 편집실에서 활용할 수 있는 대안을 엄청나게 확보할 거라고 생각합니다. 하지만 스태프나 다른 카메라맨이 숏에 들어오는 걸 원치 않는다는 점에서 볼 때, 인력 이동 면에서 분명 문제가 있었을 텐데요.

나는 엉망이거나 지저분한 러시에 대해서는 전혀 걱정하지 않아요. 실제로 그렇게 찍은 장면들이 심하게 나쁘지 않았어요. 촬영을 위해 안무 같은 걸 했어요. 영화감독으로서, 나는 항상 다른 감독들이 작업하는 방식에 대해 궁금해요. 나로서는 도무지 알 길이 없어요. 내 입장에서 이 작업은 대단히 본능적인 작업이에요. 나는 비주얼 아트 출신이라, 3차원 세계를 취해서 2차원으로 옮겨놓는 걸 즉석에서 자동적으로, 본능적으로 할 수 있어요. 실제로 그걸 굉장히 쉽게 해내요. "배우가 여기 있고, 1번 유닛은 여기에……"라는 식이죠. 그런 다음 꽤나 합리적이고 논리적인 움직임을 창조해내요. 그러면 곤란한 지경에 몰리지 않죠. 그런 작업을 한창 하고 있을 때는 특히 그래요.

요르단에서 촬영하기로 한 이유는 뭔가요? 거기서 촬영한 경험은 어땠나요?

중동에 대한 영화를 촬영하고 싶으면 중동에 가야 해요. 일단 모로코에 헌팅을 갔는데, 거기는 바그다드처럼 보이지 않았어요. 게다가 엑스트라들도 아랍인이 아니라 북아프리카인이었죠. 그건 나한테 **극도로** 중요한 일이었어요. 다시 말하지만 가급적이면 정확하고 진실하게 영화를 찍고 싶었어요. 중동이 배경인 영화를 위한 로케이션 촬영은 중동에서 해야 한다고 믿으면서, 굉장히 열성적으로 작업했어요. 전쟁 지역에 가급적 가까이 접근하고 싶다는 욕심도 있었어요. 할 수만 있다면 바그다드에서 촬영했을 거예요. 실제로 언젠가 우리는 국경에서 5킬로미터 떨어진 곳에 있었어요. 배리하고 나는 무척이나 거기에 가고 싶었어요. 차를 타고 30분만 가면 국경을 넘을 수 있었는데, 그렇게 가서 적어도 이라크를 촬영이라도 했으면 싶었어요. 하지만 우리 보안 요원들은 안전을 보장할 수 없다고 했어요. 스나이퍼가 대단히 많다면서요. 어쨌든 요르단 촬영은 엄청난 경험이었어요. 상당히 국제적인 곳이에요. 필름스쿨도 대단히 많고요. 실제로 나는 수습 프로그램을 열었어요. 그곳의 영화 인프라스트럭처가 아직은 덜 성숙한 상태라서요. 골목 시퀀스를 새벽 2시에 팔레스타인 난민 캠프에서 촬영했는데, 캠프의 연장자가 나한테 차

茶를 가져다줬어요. 요르단 사람의 따뜻한 인정과 환대가 어떤 건지 깨닫게 됐죠. 우리 미술부가 로케이션을 작업하기는 했지만, 특정한 날에 360도 촬영을 해도 완벽한 화면을 얻을 수 있었어요. 특히 우리가 받은 엄청난 선물은 이라크인 엑스트라였어요. 요르단 암만에는 이라크인이 200만 명 있어요. 침공 전 바그다드에서는 연극 커뮤니티가 번창했었고요. 그래서 난민들 중에 빼어난 배우들이 있었어요. 예를 들자면 자살 폭탄 테러범을 연기한 수하일 알다바흐 같은 배우가 그래요. 그가 영화에 등장해서 짧지만 강렬한 순간에 보여준 연기는 대단히 놀랍다고 생각해요. 우리에게 같이 작업하는 혜택을 준 그는 이라크에서 유명한 배우인데, 슬프게도, 정치적인 이유 때문에 조국을 떠나야 했어요.

이라크전 영화들이 저조한 성과를 거두게끔 만들었다는, 소위 '이라크전에 대한 피로감'에 대해 잠시 언급했으면 합니다. 영화제작비를 구하는 동안 그 이슈가 영향을 끼쳤나요?

사실 우리는 외국 자금을 통해 독립적으로 제작비를 모았고, 영화를 완성하기 전까지 시장 분위기를 느끼지 못했어요. 사실상 우리는 전혀 타협하지 않으면서, 주저하지 않으면서 작업할 수 있었어요. 대단히 운 좋게도 시사회를 하면서 영화를 즉시 팔았고요. 이건 전쟁 영화고, 특별한 분쟁에 대한 영화가 아니에요. 그래서 이 영화는 〈플래툰〉이나 〈지옥의 묵시록〉 〈라이언 일병 구하기〉 〈풀 메탈 자켓〉 같은 영화와 공통점이 많다고 봐요. 이건 전쟁 영화예요. 전투 현장을 배경으로 한.

내 개인적 관점은 이 영화가 전쟁을 배경으로 삼은, 어쩌다 보니 이라크가 배경인 심리 드라마라는 겁니다. 이 영화는 전쟁에 대한 판단이나 의견을 내놓지 않고 전쟁을 단순히 묘사하기만 하는 유일한 이라크전 영화라고 느낍니다.

당신이 〈풀 메탈 자켓〉이나 〈플래툰〉에서 보는 것처럼, 그런 비판은 영화가 존재한다는 바로 그 사실에 내재한다고 주장할 수 있어요. 하지만 이 특별한 분쟁에 대한 판단을 내리지 않고서도, 분쟁에 대한 정보를 제공하고 거기에 파견된 주둔군의 경험을 솔직하고 정확하게 묘사할 수 있어요. 내가 들은 가장 뛰어난 코멘트는—나는 그걸 흔치 않은 칭찬이라고 받아들였어요—누군가 한 말이에요. "그게 어떤 느낌인지 전혀 몰랐는데, 지금은 그에 대한 의식을 갖게 됐어요." 나는 문을 연 거예요. 판단하거나 훈계하는 입장을 취하지 않은 채로요. "여기 있어요"라고 말한 거죠. 나는 정말로 이 영화가 캐릭터를 연구한 작품이라고, 또한 폭발물 처리반의 하루를 관찰한 작품이라고 봐요. 그들은 어떤 기분일까, 영웅적 행위와 용기와 용맹함은 무엇이고 날마다 극단적인 압박감과 스트레스 아래 즉각적으로 결정을 내리게 만드는 심리는 어떤 걸까, 그 영웅적 행위 때문에 치러야 하는 대가는 무엇인가를 연구한 작품이에요. 제임스 중사의 경우, 그건 친밀한 것들로부터 도피flight from intimacy하는 거예요.

당신은 영화에서 배우들을 대단히 영리하게 활용한다고 생각합니다. 가이 피어스와 랠프 파인스의 연기가 강한 인상을 남깁니다. 나머지 출연진은 상대적으로 덜 친숙한 얼굴들인데요. 특히 제레미 레너는 이 영화가 발견해낸 인재입니다.

엄청난 재능을 가진 배우라고 생각해요. 시나리오를 작업할 때 나는 로케이션을 찾아내기 전부터 머릿속에서 촬영하고 편집하고 믹싱하고 사운드 디자인을 하는 데서 그치지 않아요. 나는 제임스 같은 캐릭터도 알고 있어요. 그가 맞은편에 앉아 있는 것처럼 그를 잘 알아요. 나는 그를 볼 수 있고, 그의 버릇을, 고개를 돌리는 방식을 볼 수 있어요. 그러니까 나한테 캐릭터는 믿기 힘들 정도로 친숙해요. 나는 늘 그런 과정을 거쳐요. 어떤 사람을 보는 순간 그 사람을 파악해요. 그러니까 가능한 배우 모두를 캔버스에 올려놓기 시작해요. 나는 이 영화에서 새롭게 떠오르는 인재를 활용하겠다고 결정했어요. 개인적으로 스타 배우들의 영화를 보고 싶지 않을 때가 있다고 느껴요. 그들은 뛰어난 배우지만, 배우의 범위를 넓히는 것도 근사한 일이에요. 그렇게 하지 않으면 스타로 발돋움할 배우를 위한 기회를 어떻게 만들 수 있나요? 그래서 나는 스타로 발돋움할 배우와 인재를 찾아내는 걸 사명으로 삼았어요. 그게 영화의 긴장감을 강조하기도 했다고 생각해요. 처음부터 익숙하지 않은 배우들이 나온다는 걸 알게 되면 관객은 예측이 불가능하다는 느낌을 받으니까요. "잠깐만, 이제 무슨 일이건 벌어질 수 있겠군⋯⋯. 이런 일일 거라고 생각했는데, 지금은 뭔가 다른 일이 생겼잖아." 군인들 입장에서는 하루하루가 게임 체인저_{흐름을 바꾸는 인물이나 사건}예요. 나는 야전에서 병사들이 받는 느낌에 안정성이라고는 전혀 찾아볼 수 없다고 생각해요. 안전지대는 없어요. 기지에 돌아갔을 때조차 그래요. 잠자는 동안 박격포 폭탄이 떨어질 수 있으니까요. 마크와 함께 출동했던 병사들은, 밤 테크들은 방탄조끼를 입고 잠을 잤어요. 무슨 일이 일어날지 도무지 알 길이 없으니까요.

당신의 영화들은 액션의 에너지와 속도 때문에 유명해졌습니다. 당신이 촬영하거

나 후반 작업 과정에서 신을 구축할 때 그런 느낌을 연출하려고 활용하는 방법에 대해 듣고 싶습니다.

　그건 모든 캐릭터에서 출발해요. 기존에 존재하는 형식을 바탕으로 작업하는 건 아니에요. 캐릭터에게서 비롯되죠. 모든 숏과 액션, 연출과 동선 지시는 그 캐릭터 입장에서 믿음직스럽고 논리적인 움직임이자 육체적 반응이에요. 내가 다른 영화의 액션에 대해 불만을 느낄 때는 지형에 대한 감을 잃을 때예요. 정신없이 돌아가는 편집으로 무슨 일인가 엄청나게 빠른 속도로 진행되고 있다는 환상을 관객에게 안겨주는 때요. 하지만 그런 식으로는 효과가 없어요. 액션은 내부에서부터 차곡차곡 구축돼야 해요. 관객이 지형에 대한 감을 절대 잃지 않게끔 만드는 게 중요하다고 생각해요. 그래서 나는 촬영할 때 지형을 중심으로 작업해요. 내가 〈폭풍 속으로〉 이후 카메라를 여러 대 이용하는 이유가 그거예요. 그렇게 하면 특정한 상황을 가능한 모든 관점에서 볼 수 있어요. 카메라가 움직이고 있더라도, 숏이 대단히 짧을지라도, 지향점orientation이 없다면 즉시 그걸 되찾아야 해요. 관객에게 그들이 선 자리를 되찾고 알아서 지향점을 찾으라고 요청하고 싶지 않아요. 관객을 절대 미아로 만들고 싶지 않아요. 실제로 나는 그들을 소용돌이치는 정보 속으로 멀리, 더 멀리 데려가고 싶어요. 그렇게 하면 관객에게 가능한 최대의 경험을 하게끔 사건을 제시했다는 느낌을 받아요. 촬영과 영화가 관객에게 실제적인 경험을 줄 때가 좋아요. 그건 엄청난 선물이라고 생각해요. 문학은 사색적일 수 있지만, 영화는 체험적일 수 있다고 생각해요. 그건 관객을 여기에서…… 어느 곳으로건 데려갈 수 있는 선물이에요. 우리가 제공할 수 있는 엄청난 선물이죠. 나는 절대로 그 기회를 잃고 싶지 않아요.

당신은 독특한 스타일과 자력으로 탄탄한 명성을 구축했습니다. 그럼에도 당신이 지난 영화를 만든 후로 긴 시간이 흘렀습니다. 오늘날 할리우드에서 당신이 차지하는 입지는 어떻다고 보나요?

작품을 더 많이 하면 좋을 것 같아요. 하지만 내가 선택하는 프로젝트 유형은 어느 정도 비타협적인 경향이 있기 때문에, 나는 필요에 따라 '속 편히' 작업하는 경향이 있어요. 예를 들어 〈허트 로커〉 같은 영화를 스튜디오에서 작업했다면 중동에서 촬영하는 건 절대 가능하지 않았을 거예요. 거기에서 촬영할 필요가 있었기 때문에 정말로 비타협적인 접근 방식을 취하려고 갖은 노력을 다했죠. 모르겠어요. 한 걸음 물러나 어떤 사람의 위치를 개관하는 건 어려워요. 그건 당신들이 할 일이에요.(웃음)

개인적인 관점에서 얘기하자면, 당신의 신작이 나와서 대단히 기쁩니다.

고마워요. 나도 기뻐요. 하지만 당신도 그게 상당한 시간이 걸릴 수 있는 과정이라는 걸 알잖아요. 긴 시간이 아니었던 건지도 몰라요. 텔레비전 시리즈도 했으니까요. 내 희망은 콘텐츠를 희생시키지 않으면서 다작을 하는 거예요. 시사적이고 시의적절한 영화를 하고 싶어요. 내가 스스로에게 적용하려고 세운 기준은 그래요. 그런데 내가 찾아가 자리 잡은 영역에서 보면 대단히 덜 만족스러운 위치죠. 원하는 만큼의 다작을 어렵게 만드는 게 그거예요. 곤란한 위치죠. 거기서 벗어날 방법을 어느 정도 찾아낼 수만 있다면……(웃음)

결국 당신은 당신의 영화들을 기준으로 평가될 겁니다. 그래서 나는 당신이 그런 식의 마음가짐을 가져야 한다고 생각합니다.

그래요. 그게 감독의 경력을 최종적으로 결산하는 거라고 할 수 있죠. 세월이 흘러도 변치 않을 중요한 작품들을 만들어야 해요. 그렇게 하지 않는다면, 예술의 행동 수칙으로 돌아가 미디어를 한계 밖으로 조금 더 밀고 나갈 필요가 있어요. 우리가 그렇게 하지 않으면, 다른 과정이 작동할 거예요. 그런데 그건 내가 관심을 덜 갖는 과정이라고 생각해요.(웃음)

새로운 감각으로

로버트 호턴 / 2009

캐스린 비글로는 5월에 열린 시애틀 국제영화제에서 그녀의 신작 〈허트 로커〉의 지역 시사회를 열었다. 비글로는 〈폭풍 속으로〉 〈죽음의 키스〉 같은 남성 지향적 컬트 영화 감독이라는 명성을 갖고 있지만, 상업적으로 실망스러웠던 〈K-19〉 이후로 장편영화를 만들지 않았다.

나는 시애틀 호텔의 거대한 회의실에서 그녀를 인터뷰했다. 개인적으로 그녀는 액션 영화 전문가의 클리셰와 한참이나 거리가 멀어 보였다. 호리호리하고 사려 깊고 쉽게 폭소를 터뜨리는 그녀는, 세상을 보는 방식에 관한 아이디어를 남에게 쉽게 발산하는 사람이었다.

〈허트 로커〉는 이라크전에 투입된 폭발물 처리반을 눈을 떼지 못할 정도로 긴박하게 따라다닌다. 이라크 전투부대에 합류했던 기자 마크 볼이 시나리오를 썼다. 나는 비글로에게 긴박한 액션 신을 연출하는 방식에 대해 묻는 걸로 인터뷰를 시작했다. 그녀의 연출은

From the *Everett Herald*, July 10, 2009. Interview conducted May 29. Reprinted by permission of Robert Horton.

관객에게 전쟁의 지형을 실제로 이해할 수 있는 기회를 준다.

"풍경에 대한 명료한 지도와 폭발물 해체 과정을 제공하는 게 대단히 중요했어요. EOD^{폭발물 처리} 기술자들과 시간을 보내면서 주둔군을 제대로 이해하는 데 한참 걸렸어요. 그들이 하는 일의 대부분은 전선 가닥이건 새로 깐 아스팔트 조각이건 펄럭이는 종이 봉지건 의심스러운 건 뭐든 빈틈없이 경계하는 거예요. 전날이나 그날 아침 순찰에서 보지 못한 것은 무엇이든지요. 그들이 좌표를 부르면 EOD 대원들이 출동해요. 그러면 그 대원들을 위해 교전을 중단시키는, 300미터 정도 되는 봉쇄 구역을 설정하는 다른 팀이 있어요. 자, 그 상황을 폭탄물 프로토콜 학교에 가본 적이 없는 관객에게 어떻게 해석해서 전달할까요? 그걸 촬영하려고 우리는 다양한 앵글을 확보했어요. 굉장히 팽팽한, 캐릭터에게 감정적으로 내밀한 화면을 창조하려고 작업했어요. 동시에 큰 그림 안에 그 캐릭터를 배치했죠. 그러면 관객들은 영화에 감정적으로 몰두할 수 있어요."

그래서 요즘 나오는 많은 액션 영화가?

지형에 대한 감이 없어요. 그저 격렬한 움직임에만 몰두해요. 뭔가 근본적으로 부족한 상황에서 인위적인 강조만 하는 거예요. 비결은 정말로 빼어난 소재에서 시작하는 거예요. 나를 미친 여자라고 불러도 좋아요! 내가 여기 있는 건 엄청난 행운이라고 생각해요. 〈허트 로커〉에 나오는 그 사람들은 세상에서 가장 위험한 직업을 갖고 있어요. 그들이 하는 일은 본질적으로 극적이고 강렬해요. 그래서 그들이 하는 일을 굳이 더 극적으로 만들 필요가 없었어요. 나는 그보다 위험하거나 용기 있는 일을 상상할 수가 없어요.

핵심 캐릭터인 제임스 중사는 무모하기도 하고 영웅적이기도 합니다. 그런데 당신은 그를 단순화하지 않습니다.

그는 마크 볼이 이라크에서 함께 지낸 사람들을 관찰한 데서 비롯된 캐릭터예요. 그들을 합성해서 픽션으로 가공하면 정말로 흥미로운 심리적 초상화를 보게 될 거예요. 폭탄에서 5인치12.7센티미터 떨어진 곳에 엎드려 있으면, 그 어떤 복장이나 헬멧도 그를 보호해주지 못해요. 실수는 용납되지 않아요. 그러면 그 사람의 성격에 일종의 자만심과 무모함이—그리고 폭탄을 다루는 엄청난 기술이—생겨요. 그게 우리가 윌 제임스 중사에게서 최종적으로 보게 될 특징이었어요.

그는 엄청나게 큰 대가를 지불해야 하는, 영웅적 행위를 하는 사람이에요. 우리가 숭배하는 가족과 아버지라는 지위를 대가로 치러요. 그런 생각은 그의 심중에 없죠. 동시에 그는 비범하리만치 영웅적이고 용감한 사람이에요. 그게 친밀한 것들로부터 도피하게 만들죠. 그건 큰 대가예요. 그의 허세는요. 하지만 그런 특징이 그를 구해줬고, 그의 부하들을 구해줬어요. 그 무엇과도 다른 흥분을 안겨줬고요.

다큐멘터리가 아닌 이라크전 영화들이 있었습니다. 당신은 이 영화가 있는 그대로의 지상전을 포착한 첫 영화가 되기를 원했나요?

마크가 임베드에서 돌아온 직후 나는 이 영화를 처음부터 전쟁영화라고 봤어요. 국내 전선home front에 재통합되는 내용을 다룬 영

화나 전쟁을 공공연하게 비판하는 영화가 아니라요. 이건 진실을 고
스란히 보도하려는 영화예요. 저널리스트가 있었던 곳으로 관객을
데려가는 영화이기도 하고요. 당신이 어떻게 느끼건, 나는 이 영화
가 당신에게 이 일을 하는 사람들의 진가를 제대로 인정할 기회를
줬다고 생각해요.

참전 용사들의 반응은 어땠나요?

아주 긍정적이었어요. 일부 참전 용사들은 극장에서 개봉한 이
영화를 가족에게 보여주고 싶어서 못 참겠다고 했어요. 이 영화가
그들이 작년에 했던 일들을 잠시라도 엿볼 수 있게 해주니까요. 나
는 그냥 EOD만 보여주려는 게 아니에요. 정확성과 진실성 때문에
감탄의 대상이 됐다고 생각하는 방식으로 전체 미장센을, 그 열기
와 느낌을, 활력을 불어넣은 무엇인가를 보여주려는 거예요.

촬영하기 힘든 곳으로 가야 하는 이런 작업을 좋아하나요?

그런 걸 좋아해요. 정말로요. 그런 작업을 하는 매 순간이 좋아
요. 중동에서 40일간 필름 100만 피트를 찍었어요. 정말 리얼한 이
작업이 나를 감싸 안고 새로운 차원으로 데려갔어요. 엄청나게 큰
영감을 준 작업이라고 생각해요. 이 영화는 우리 감각을 더 활발하
게 만들어요. 감각을 더 활발하게 만들어줬으면 하는 무엇에서건―
산문에서, 시에서, 캔버스에서, 영화에서―우리가 찾으려는 게 그거
잖아요. 우리는 그런 감각이 둔해지는 것을 원치 않아요! 어려움이
많은, 도전적인 일이 있다면 나는 보통 그런 일에 상당한 흥미를 느
껴요. 나는 수월하게 여행하는 걸 좋아하지 않아요.

본질을 찾아서

스콧 토비아스 / 2009

초기에—처음에는 샌프란시스코아트인스티튜트에서, 나중에는 휘트니미술관의 펠로우 fellow 로—화가가 되려고 창조적인 노력을 기울인 후 영화에 투신한 캐스린 비글로 감독은 1982년에 바이커 영화 〈사랑 없는 사람들〉로 장편영화에 데뷔했지만, 그녀에게 진정한 돌파구를 열어준 작품은 강렬한 비주얼과 장르 영화에 대한 애정을 드러낸, 대단히 훌륭한 뱀파이어 웨스턴 영화 〈죽음의 키스〉였다. 동일한 특징은 1990년 작 〈블루 스틸〉과 1991년 작 〈폭풍 속으로〉, 1995년 작 〈스트레인지 데이즈〉, 2002년 작 〈K-19 위도우메이커〉를 포함한 후속작에서도 뚜렷하다. 비글로의 이력에는 〈살인 : 길 위의 삶〉 〈와일드 팜〉 같은 호평받은 텔레비전 시리즈와, 그리 오래 상영되지 않은 2000년의 앙상블 작품 〈웨이트 오브 워터〉를 연출한 일도 포함된다.

대형 스크린을 7년간 비운 비글로가 육군 폭발물 처리반을 다룬,

Originally appeared at *AVClub.com*, June 24, 2009. Used by permission of Onion, Inc.

관객을 안절부절 못하게 만드는 이라크전 액션 영화 〈허트 로커〉로 복귀했다. 제레미 레너가 앞뒤 가리지 않고 그가 이끄는 팀을 생사가 걸린 끔찍한 상황으로 몰아넣는, 무모하리만치 자신만만한 중사로 출연한다. 앤서니 매키는 새로 온 상관을 저지하려고 분투하는 부하로 나온다. 비글로는 〈A. V. 클럽〉에게 화씨 135도^{섭씨 57.2도}의 날씨에 한 촬영과 폭탄을 다루는 사람들의 심리적 프로필, 그녀가 지난 7년간 있었던 곳에 대해 말했다.

〈K-19〉과 신작 사이에는 7년의 공백이 있습니다. 그동안 다른 영화 프로젝트를 진행하려고 시도했었나요? 〈허트 로커〉에 착수하게 만든 계기는 무엇이었나요?

(시나리오작가 마크 볼의) 저널리즘에 친숙해지면서 그가 쓴 기사를 텔레비전 시리즈(폭스의 〈인사이드〉)로 탈바꿈시켰어요. 그 작업이 시간을 꽤 많이 잡아먹었어요. 단명한 시리즈라, 곱씹어볼 얘기는 아니에요. 그 시점에—〈K-19〉을 하고 2년 뒤인 2004년이었어요—그가 폭발물 처리반과 함께 바그다드로 임베드를 떠난다는 걸 알게 됐어요. 나는 바그다드에서 일어나고 있는 일이 무엇인지 잘 모른다는 점에서 일반 대중과 다르지 않았어요. 그 전쟁이 여러 면에서 보도가 잘되지 않은 전쟁이라고 생각했어요. 그래서 굉장히 호기심이 동했죠. 그가 살아남는다면 영화로 만들 만한 가치가 있는, 정말로 풍성한 소재를 갖고 돌아올지 모르겠다는 생각을 했어요. 일이 실제로 그렇게 돌아갔고요. 그가 돌아왔고, 우리는 2005년에 시나리오를 작업하기 시작, 2006년에 제작비를 모았고, 2007년에 촬영, 그다음 편집을 했고 현재에 이르렀어요. 내가 하고 싶은 말은 이런 일은 시간이 걸린다는 거예요. 사람들은 이런 일이 개발 과정에서 얼마나

많은 시간이 걸리는지 모르는 것 같아요. 나는 항상 내 작품을 개발 해왔는데, 그것들은 모두 시간이 많이 걸리는 작품들이었어요.

마크는 언론계 출신입니다. 그가 시나리오작가로서 실력을 제대로 발휘하기까지 경험한 학습 과정이 있었나요?

있었다고 생각해요. 그가 〈엘라의 계곡〉에서 폴 해기스와 작업하 기는 했지만요. 그 작품도 그가 〈플레이보이〉에 실은 「죽음과 치욕 Death and Dishonor」이라는 기사를 원작으로 한 거였으니까요. 그는 그 작품을 하면서 시나리오 집필 기술에 친숙해지기 시작했고, 내 생 각인데, 이 작품으로 그 기술에 통달했어요. 하지만 사실을 기초로 한 글쓰기에서 픽션을 창작하는 작업으로 이동하는 건—영화적 언 어로 번역된 구조물을 창작하는 건—시간과 노력이 조금 걸리는 과 정이었어요. 그는 꽤 자연스럽게 그 과정을 겪어냈어요.

영화를 항상 스튜디오 시스템 외부에서 만들어야 했나요?

우리는 다른 자금원에는 전혀 접근하지 않았어요. 되도록이면 독 립성을 지키고 싶었고, 중동에서 촬영하고 싶었어요. 그 욕심 하나 만으로도 영화에 착수할 가능성이 없어졌을 거예요. 그럴 거라 예 상하고 스튜디오 쪽은 시도조차 하지 않았어요. 솔직히 나는 독립 적이지 않은 영화는 만든 적이 없어요. 규모가 얼마나 큰 영화였건, 나는 늘 독립적으로 만들었어요. 그래서 크리에이티비티에 대한 철 저한 통제권을 갖고 싶었고, 최종 편집권을 원했어요. 새로 떠오르 는 인재들을 캐스팅할 기회를, 앞서 말했듯 중동에서 촬영하기를 원 했고요.

그런 게 당신이 항상 확보했던 조건이었나요? 최종 편집권도요? 그건 당신이 획득해야만 하는 권리 아닌가요?

엄밀히 말하면, 아니에요. 계약상으로는 그런 권한을 가진 적이 한 번도 없어요. 이번이 처음이에요. 계약상으로요. 한편 거의 타협하지 않은 채 작업해왔다는 점에서 나는 대단히 운 좋은 사람이라는 말을 해야겠네요. 규모가 어느 정도 되는 작품을 하려고 할 때는 늘 타협을 해야 한다는 뜻이에요. 영화를 촬영하려면 상당히 많은 돈이 필요해요. 하지만 그게 창조적인 면에서 타협을 해야 한다는 뜻은 아니에요.

중동에서 촬영하는 게 왜 그렇게 중요했나요? 스튜디오는 캘리포니아 사막에서 촬영하라고 했을 것 같은데요.

스튜디오도 모로코로 가라고 할 정도의 모험은 했을 거예요. 그런데 중동으로 헌팅을 가 보니, 모로코가 아름다운 나라고 중동을 배경으로 한 영화에 자주 이용되는 곳이기는 하지만…… 거기 엑스트라들은 북아프리카인이라는 걸 깨달았어요. 북아프리카 영화를 찍을 때는 굉장히 좋은 곳일 거예요. 하지만 아랍을 다루는 영화에서 진짜 아랍인을 캐스팅하는 건 믿기 힘들 정도로 중요했어요. 그리고 좋았던 건, 요르단을 보여주는 데 따른 엄청난 보너스는—엄청난 보너스이자 서글픈 사실은—이라크 난민 수십 만 명이 점령의 결과로 암만에 있었다는 거예요. 그중 일부가 배우였어요. 당신도 알듯, 우리는 이라크 국경에서 5킬로미터 떨어진 곳에서 촬영했을 뿐 아니라 건물들도 완벽했어요. 카메라를 360도 돌릴 수 있었죠. 그렇게 해도 형편없는 앵글은 하나도 없었어요. 배경에 선 연기자와 단역배우와 이라크어로 대사를 하는 배역이 전부 이라크인이었죠. 그래서 그게 내 표준적인 작업 절차가 됐어요.

현지에서 캐스팅하는 작업에, 난민들을 캐스팅하는 작업에 어떻게 착수했나요?

우리 캐스팅 디렉터가 대단히 훌륭했어요. 요르단에 영화 인프라스트럭처도 약간 갖춰져 있었고요. 요르단 영화 커뮤니티가 앞으로 굉장히 번성하는 커뮤니티가 될 거라고 생각해요. 하지만 당시에는 제약이 꽤 많았어요. 우리한테는 연극계에서 일하는 여자가 있었어요. 그녀는 배우들을 대단히 잘 알았어요. 당시 암만에 있던 요르단 배우와 이라크 배우들요.

그 지역에서 촬영할 때 물리적인 환경은 어땠나요? 고된 작업이었나요?

배우들 스케줄 때문에 2007년 7월 암만에서 촬영을 시작했는데, 암만은 고도가 약간 높아요. 쿠웨이트로 헌팅을 가봤는데, 그 시기는 정말 살인적인 환경이었어요. 내가 거기 갔던 날 기온이 화씨 135도 정도였어요. 그 정도 더위가 어떤 느낌인지 상상도 한 적이 없었죠. 과열된 자동차의 후드를 올리고 차를 치우지 못하는 상태로 서 있는 기분이었어요. 뜨거운 바람이 몰아치고 무지하게 지독하더군요. 쿠웨이트는 그랬고, 어쨌든 우리는 요르단에 있었어요. 그곳 평균기온은 화씨 115도섭씨 46.1도 정도였어요. 가장 어려웠던 일은 제레미한테 매일 밤 슈트bomb suit를 입히는 거였어요. 제레미는 엄청난 재능을 가진 배우예요. 하지만 내 요구는 그런 날씨에 그런 복장을 입으라는 거였어요. 우리가 만든 촬영용 의상이 아니라 무게가 80파운드36.28킬로그램에서 100파운드45.36킬로그램쯤 되는 실제 봄 슈트를요.

그걸 입고 종일을 보내는 거예요. 지독히도 힘든 일이었어요. 나는 그의 욕구와 산소 수준에 대단히 민감해졌고, 그가 가급적이면 편히 지낼 수 있도록 해주려고 애썼어요. 우리가 할 수 있는 일은 그것밖에 없었어요. 그게 촬영 중 육체적인 면에서, 장비와 인력 이동 면에서 가장 힘든 일이었을 거예요.

문화적으로 준수해야 했던 민감한 일들이 있었나요? 아니면 그런 건 이슈가 아니었나요?

요르단은 여러 면에서 대단히 세속화되고 서구적인 나라예요. 우리가 촬영하는 지역에 이웃한 일부 외곽 동네가 어마어마한 지원을 하면서 우리를 따스하게 받아줬어요. 사실 갈등이 약간은 빚어질 거라고 예상했어요. 그 지역에 우리가 영화를 촬영한다는 걸 알리려고 애썼죠. 그 지역에 있는 모든 사람과 커뮤니케이션하려고 애쓴 로케이션 부서가 있는데, 쉽지 않았어요. 예를 들어 촬영 초기에 택시가 포함된 300미터 지역을 배경으로 모스크와 데이지 체인이 나오는 신이 있었어요. 그러면 그 봉쇄 지역에 있는 수백, 수천 명한테 얘기를 해야 해요. 우리는 촬영하는 첫날 아침에 거기 도착했어요. 험비가 들어오고, 배우들이 디지털 장비와 M4 소총을 들고 뛰어내리고, 스태프들은 카메라를 갖추고 있었죠. 큰 소동이 벌어질 거라고 생각했는데 전혀 그렇지 않았어요. 사람들은 즐거워했고 그 경험을 선뜻 받아들였어요.

폭발물 처리반과 관련해서, 특정한 사람이 그 일을 수행할 준비가 잘되게끔 만들어주는 성격적 프로필이 있나요?

명심해야 할 점이 두 개 있는데, 마크는 임베드를 가서 관찰하고 돌아왔을 때 이 영화를 만드는 감독이 짊어져야 할 책임은 영화가 사실을 고스란히 보도하는 수준을 유지하도록, 가급적 솔직하고 리얼리스틱하며 진실한 수준을 유지하도록 만드는 거라는 점을 깨달았어요. 그리고 세상에서 가장 위험한 일을 하는 이들의 심리를 묘사했죠. 그러다가 이 사람들이 이 일에 자원한 사람들이라는 걸, 그러니까 거기에 있겠다고 선택한 사람들이라는 걸 떠올렸어요. 그들에게는 흥미로운 심리가 작동하고 있었던 거죠. 크리스 헤지스의 책 『전쟁은 우리에게 의미를 주는 힘이다』 읽어봤나요? 그런 특별한 심리를 연구한 놀라운 책이에요. 나는 그런 심리를 모두에게 일반화하는 게 아니에요. 하지만 전투에는 그가 말하는, 일부 개인만 느낄 수 있는 어떤 매력이 있는 게 분명해요. 그게 흥미로웠어요. 그리고 EOD 기술자들은 IQ가 대단히 높아요. 적성검사에서 대단히 높은 점수를 받으면서 합격한 사람이 EOD로 초빙돼요. 그러니까 비범할 정도로 용감하고 영웅적일 뿐 아니라 이 일을 하겠다고 선택한 대단히, 대단히 영리한 사람들이에요. 그들은 복잡한 전자 장비를 놓고 몇 초 안에 생사가 걸린 극단적인 결정을 해야 해요. 대단히 짧은 시간 안에 해야 하는 일이기에 실수는 용납되지 않아요.

제레미 레너가 연기하는 무모하리만치 자신만만한 캐릭터는 〈지옥의 묵시록〉에서 로버트 듀발이 연기한 캐릭터를 떠올리게 만듭니다. 이건 정당한 비교인가요? 전쟁은 그런 종류의 캐릭터를 창출하는 경향이 있나요?

크리스 헤지스의 심리 분석을 살펴보면서 느낀 흥미로운 점이 그거라고 생각해요. 전쟁이 그걸 창조하느냐고요? 전쟁이 그걸 끌어

당기냐고요? 그게 모든 사람에게 적용할 수 있는, 일반화된 심리라고 생각하지 않아요. 나는 무엇이 이 사람들을 도발해서 다음 날 아침 폭발물 처리반 지원서에 서명하게 만들었는지 생각해보곤 해요. 정말 흔치 않다는 걸 알게 된, 대단히 흥미로운 심리예요. 영화가 한 작업은, 시나리오가 대단히 성공적으로 해낸 작업은, 바라건대 영화가 성취했으면 하는 작업은 이 개인들을 인간적으로 그려낸 거라고 생각해요. 그들이 모두 아드레날린 중독자는 아니에요. 그들도 복합적이고 감정적인 인간이에요. 쉬운 대답은 없어요. 내가 말하려고 애쓰는 건 이런 점이라고 생각해요. 그들은 한쪽 방향으로만 프로그래밍된 기계와 달라요.

〈허트 로커〉가 전쟁을 병사의 시점에서 보기 때문에 이 영화가 주장하는 바를 전쟁에 대한 격렬한 비판이라고 부를 수는 없습니다만, 영화는 여러 차례 복무하고 귀환한 병사들의 희생을 암시합니다. 귀환해서 새로 자리를 잡는 과정에서 전쟁의 경험은 병사들에게 어떤 작용을 하나요?

일부 개인에게—일부 병사와 하청업자에게—전투는 다른 걸 비교 대상으로 삼을 수 없는 차원의 목적과 의미를 제공해요. 다시 말하지만 일부 개인 입장에서, 그건 대단히 흥미로운 관찰 대상이라고 생각해요. 소방관과 경찰관에 대해서도 그런 말을 할 수 있을 거예요. 세상에는 사람의 목숨을 구하려고 불길에 휩싸인 건물에 들어가는 걸 선택하는 개인이 있는데, 이들이 하는 일이 그거예요. 나는 그들을 비범한 사람들이라고 봐요. 그 분쟁에 대해 내가 어떻게 느끼는지와 무관하게요. 어떤 면에서 나는 이 영화가 초당파적 영화라고 생각해요. 마크가 시나리오를 작업하는 동안 얘기했던 것처럼,

이 영화는 전쟁에 대한 논평을 하지 않아요. 참호에는 정치가 존재하지 않는다는 격언이 있어요. 우리가 거기 갔을 때 당연히도, 정치에 대해 말하는 사람은 아무도 없었어요. 그들은 살아남을지 여부를 또는 "어떤 맥주 좋아해요?" 같은 얘기를 하고 있었어요. 시나리오는 이 사람들의 인간적인 모습과 용기를 살피고, 폭발물 기술자의 하루가 어떤 것인지를 관객과 공유하는 데 성공했다고 생각해요. 그들은 수천 명의 목숨을 구해요. 때로는 자신의 목숨을 희생하거나 위태롭게 만들면서요.

당신의 영화들은 일반적으로 강렬한 영화들로 알려져 있습니다. 하지만 〈허트 로커〉는 이전 작품보다 더 요란합니다. 그런 점이 촬영 준비에 어떤 영향을 끼쳤나요?

마크가 야전에서 비범한 일을 하고 돌아왔을 때, 우리는 그의 작업에서 보도적인 측면을 보호하고 싶었어요. 작품을 가급적이면 직접적이고 생생하며 본능적인 상태로 유지하고 싶었어요. 한편, 이건 영화예요. 그래서 나는 우리가 주장하려는 골자와 엔터테인먼트 사이에서 균형을 잡고 싶었어요. 시나리오가 상당히 솜씨 좋게 그 일을 해냈다고 생각해요. 하지만 폭발물 기술자의 하루는 본질적으로 너무 위험하기 때문에, 영화감독으로서 내가 할 일은 어떤 면에서 앞뒤가 맞기만 하다면, 안전한 방식에서 벗어나는 거였다고 말하고 싶어요. 그걸 미화할 필요는 없어요. 그대로 보여줄 필요만 있을 뿐이죠.

시나리오는 구조적으로 꽤나 불확실하기도 합니다. 영화의 후반부에 작동하기 시작하는 주요한 서브플롯이 있습니다만 상당 부분 플롯이 없다시피 합니다.

나는 그런 식으로 보지 않아요. 그걸 보도의 일종이라고 보죠. 이 사람들은 하루에 열 번, 열두 번, 그보다 더 많이 출동해요. 영화가 보여주는 것보다 많아요. 그걸 보여주려면 영화의 러닝타임이 24시간쯤 되어야 할 거라고 생각해요. 하지만 그들은 하루에 여러 번 출동해서 당신이 영화에서 일곱 번 보는 것과 비슷한 경험들을 해요. 그걸 38일간 하는 거예요. 그들 인생의 하루이자 본질을요. 우리는 이 특별한 개인과 함께 사무실로 가요. 그곳이 어쩌다 보니 바그다드일 뿐이고, 그가 폭발물 기술자라는 것만 다를 뿐이죠. 상황을 좌우한 게 그거예요. 인공적인 구조물을 덧씌우려고 애쓰거나 하지는 않았어요. 시나리오를 위한 다른 관습적인 포맷이나 인공물이 무엇이었건, 폭발물 제작자를 끝까지 추격하건 말건, 나는 그런 건 몰라요. 이게 상황을 잘 보도하는 기회였다고, 진실하면서도 내용에 책임질 수 있는 기회였다고 생각해요.

다음 작품은 뭔가요?

다음 작품이 뭐냐고요? 좋은 질문이군요. 조만간 뭔가 했으면 싶어요. 실제로 두어 가지 프로젝트를 작업하고 있어요. 결국 구체화될 작품이 무엇일지 누가 알겠어요? 하지만 시사적이면서 우리 시대에 적절한 프로젝트에 착수하면, 그 프로젝트가 새로운 기준을 설정해줄 거라고 봐요. 무척이나 그런 프로젝트를 하고 싶어요.

나는 제작을 즐겨요

카일 뷰캐넌 / 2009

캐스린 비글로가 할리우드의 으뜸가는 여성 액션 감독이라는 게 당연하게 받아들여지기까지 오랜 시간이 걸렸다. 그녀는 〈허트 로커〉가 개봉하기도 전에 그 명성을 확고히 다졌다. 이라크전 폭발물 처리반 스릴러는 관객만을 위한 아드레날린 주사에 머물지 않고 〈죽음의 키스〉 〈폭풍 속으로〉 〈스트레인지 데이즈〉 같은 클래식이 포함된, 비글로의 커리어를 위한 아드레날린 주사이기도 하다. 극도로 지적인 감독이 최근에 〈허트 로커〉에 관해 모든 걸 얘기하려고 〈무비라인〉과 마주앉았다. 그 대화가 〈폭풍 속으로〉 패러디와 요르단 국왕에게 잘 보이려고 애쓴 일과 뱀파이어 프랜차이즈로 곧바로 방향을 틀기는 했지만 말이다.

〈허트 로커〉에서 제레미 레너가 연기하는 캐릭터는 전쟁이라는 무대를 즐기고, 거기에서 벗어나면 자신을 불완전한 사람이라고 느낍니다. 그건 많은 감독에게 적용할

수 있는 성격 유형입니다. 그들은 세트에 있을 때 가장 자기답다고 느낍니다. 당신도 그런 사람으로 묘사할 수 있나요?

오, 좋은 질문이에요. (긴 침묵) 당연한 말이지만 영화 제작이 전쟁터에 근접한 곳이라고 생각하진 않아요. 하지만 크리스 헤지스는 『전쟁은 우리에게 의미를 주는 힘이다』에서 그런 특별한 심리에 대해 탁월하게 묘사했어요. 당신도 그걸 확인해봐야 해요. 아마 이미 알고 있겠죠? 그는 절정의 경험이 사람들에게 절대 모방할 수 없는 걸 줄 수 있다는, 일종의 목적의식과 의미에 대해 얘기해요. 개인적으로 내 준거 틀을 바탕으로 영화제작은 굉장히 강렬한 경험이고, 다른 무엇도 거기에 근접하지 못한다고 생각해요. 그렇기는 해도 당시의 나 자신을 초월한 사람으로서…… 모르겠어요, 그 질문에 정확하게 대답하는 것보다 나 자신을 제대로 자각해야 할 것 같아요. 나는 제작을 즐겨요. 그게 대단히 자연스러운 환경처럼 느껴져요.

당신은 촬영을 마치고 나면 현실에 다시 적응해야 하나요?

으음, 그렇다고 생각해요. 스태미나가 필요한 작업이니까요. 살인적인 시간이에요. 잠도 부족하고 기력이 쇠해요. 그래서 자신의 존재를 재구성해야 해요. 갑자기 제작이 중단되면, 다른 유형의 인간이 되어야 해요. 자신을 완전히 재규정해야 해요. 내 인생에 덜 엄격한 방식으로 접근해야 하는 거죠. 모르겠어요. 대단히 흥미로운 질문이네요. 평범한 삶을 즐기는지는 나도 몰라요.(웃음)

당신이 제작을 전쟁과 비교하고 싶어 하지 않는 이유를 이해합니다. 목숨이 걸려 있지 않기 때문이죠. 다른 생각을 하는 감독도 일부 있겠지만요. 그래도 둘 사이에는

유사점이 몇 가지 있습니다. 감독은 부대를 동원하고…….

맞아요.

그러고는 그걸 점령군처럼 다른 나라로 이동시킵니다. 감독으로서, 당신은 사람들에게 특정 위치에서 특정 임무를 수행하라고 명령합니다. 당신 영화에서 그런 느낌을 활용할 수 있다고 느낀 적이 있나요?

이 영화에서는 특히 그랬어요. 나는 지금도 진행 중인 이 분쟁을 대단히 많이 의식해요. 그 점에 대해 고통스러우리만치 책임감을 느끼고요. 그래도 몇백 명을 데리고 우리 문화와 완전히 다른 문화에 진입해서 그 문화를 우리 문화처럼 만든다는 식의 자만심은 절대 느끼지 않았어요. 지금도 진행 중인 분쟁이라, 그런 점에서 독특하죠.

당신은 이 영화를 요르단에서 찍었습니다. 요르단이 중동에서는 상대적으로 자유로운 나라지만, 남자들만 가득한 대규모 제작진을 책임진—부르카를 입지 않은 여성인—당신 입장에서 문화적으로 어느 정도 어긋난 일들이 있지 않았나요?

그런 측면이 현지인의 저항을 불러올지도 모른다고 생각하기는 했는데, 전혀 없었어요. 우선 요르단의 제작 환경은 대단히 고상하고 세속적이고 관대하고 친절했어요. 대단히 영화 친화적이었고요. 요르단 국왕을 알현했는데, 대단히 훌륭한 분이었어요. 멋진 분이었고, 그분의 나라에서 이 영화를 제작하는 걸 무척 많이 도와줬어요. 다른 상황을 가정해볼 수는 없어요. 내가 그런 경험 말고 다른 경험은 하지 않았기 때문이에요. 아무튼 제작은 순조로웠어요.

요르단은 굉장히 수준 높은 곳이에요. 그곳의 강점과 한계는 동일해요. 지리적 환경과 (상당히 불안정한 나라들과) 가까이 있다는 점이 그거예요. 그래서 이 특별한 나라에는 전략이 대단히 중요하고, 요르단 사람들은 그들 나라를 중동의 스위스 같은 나라로 자리매김 했어요. 우리는 다양한 지원을 받았는데, 왕실로부터 특히 많은 지원을 받았죠.

당신이 많은 왕을 만났을 거라고는 생각하지 않습니다.

그렇죠. 이번이 처음이었어요.(웃음) 분명 이번이 처음이었어요.

감독은 배우를 오디션하는 입장에 자주 섭니다. 그런데 당신은 왕에게 오디션을 받았군요!

맞아요. 정확해요. "내 나라에서 무슨 일을 하고 싶은 거요?" "그 냥 험비 몇 대하고 탱크를 가져와서……."

그런 얘기를 할 때 조심스럽거나 망설여야 한다고 느꼈나요?

아뇨, 나는 굉장히 노골적이었어요. 망설일 시간이 없었어요. 그분과 얘기를 나누도록 할당된 시간이 무척 짧았어요. 그래서 내 입장을 명확히 밝히고 필요한 게 뭔지 제시해야 했어요. 이 영화의 운명은 그 특별한 만남의 결과에 달려 있다고 느꼈어요. 한편 나는 노골적이고 솔직한 것 외의 다른 것은 원하지 않았어요. 그것 말고 무엇이 나한테 도움을 줄 수 있는지도 몰라요. 그건 이라크에서 활동하는 폭발물 처리반에 대한 영화니까요.

왕이 당신 작품을 잘 알고 있던가요?

우연히도 그의 아들인 알리 왕자의 부인 한 명이 전직 CNN 리포터였어요. 그분이 대단히 많은 도움을 줬어요. 다른 분들도 마찬가지고요. 그게 이 영화가 되도록 정확해지는 것에 의미하는 바가 컸다고 생각해요.

2002년 영화 〈K-19 위도우메이커〉 이후 당신이 만든 작품을 보지 못했습니다.

텔레비전 시리즈를 했어요. 그 시리즈도 마크가 쓴 기사를 바탕으로 폭스와 이매진을 위해 만든 거예요. 그가 〈플레이보이〉에 쓴 「제일베이트Jailbait」라는 기사가 원작으로, 시리즈 제목은 '인사이드'였어요. 단명했지만, 그래도 방송계에 발을 담그는 흥미로운 경험이었어요. 그걸 내놓은 후 두어 작품을 개발했는데, 그중 하나가 〈허트 로커〉였어요. 이 작품은 2005년에 시작해서 2007년 여름에 촬영하고 2009년 여름에 개봉됐어요. 많은 요소를 가진 독립 영화로서는 무척이나 빠르게 진행된 셈이에요. 더 빨랐으면 하고 바랐지만요. 나는 늘 백지상태에서 개발을 시작해요. 누군가 나한테 건넨 작품을 찍을 수 있다면, 그렇게 만든 영화가 흥미로울지 여부는 나도 모르겠어요. 하지만 더 많은 영화를 찍을 거라는 건 확실해요.(웃음)

당신이 제의받았다고 생각되는 프로젝트 하나가 〈트와일라잇〉 시리즈 3편 〈이클립스〉입니다. 영화사가 감독을 물색할 때, 당신은 많은 면에서 타당한 고려 대상입니다. 여성이고, 액션에 익숙하며, 서밋 엔터테인먼트는 〈허트 로커〉와 〈이클립스〉를 배급하고 있습니다.

맞아요. 하지만 내 뱀파이어 영화는 이미 만들었어요.

그래도 서밋이 당신에게 접근했죠?

(자기 무릎을 바라보며) 그 얘기는 하고 싶지 않아요. 미안해요.

제프 웰스는 〈허트 로커〉를 〈에이리언 2〉와 비교했습니다. 그 비교에 대해 어떻게 생각하나요?

엄청나고 엄청난 칭찬이라고 생각해요. 나는 그 영화를 사랑해요. 연출 면에서 굉장히 수준 높은 영화라고 생각해요. 믿기 힘들 정도로 경험적인 영화죠. 내게 있어 그 영화는 영화 미디어가 한껏 꽃을 피운 작품이에요. 영화 미디어가 만개하는 때는, 관객에게 영화를 경험할 수 있는 캔버스를 제공할 때예요. 산문散文은 문제를 숙고하는 면에서 영화보다 더 뛰어나다고 생각하지만, 영화는 관객을 어떤 공간에 데려갈 수 있어요. 원하는 지역이 어디건 상관없이요.

에드거 라이트가 당신 영화의 패러디인 〈폭풍 속으로 라이브!〉를 보는 만찬 연극에 당신을 초대해서는, 관객 가운데에서 키아누 리브스 역을 할 사람을 캐스팅한 다음 배우들에게 양동이로 물을 부었다는 얘기를 들었습니다. 그 자리가 그런 자리라는 걸 어느 순간 깨달았나요?

그 작품 이야기를 〈허트 로커〉 편집하기 1년 전쯤에 들었어요……. 샌프란시스코 만 지역이었어요. 그들이 로스앤젤레스로 왔죠. 그때가 되자 에드가 라이트가 여기로 왔고, 〈뜨거운 녀석들〉을 막 마친 그는 함께 가서 〈폭풍 속으로 라이브!〉를 보자고했어요. 아주 이상한 경험이었어요……. 나를 연기하는 사람이 메가폰을 들고 세트로 뛰어올라 "컷! 컷! 컷!"을 외치는 걸 보는 건요. 신나는 경험이었어요. 굉장한 일이었다고 생각해요.

당신이 〈폭풍 속으로〉를 생각할 때 그 영화를 만들던 경험과 연관 지어 생각할 거라고 상상합니다. 그런데 당신은 그 영화가 문화적으로 이렇게 인기 있는 작품이 됐다는 사실과 당신을 단절시켜 생각할 수 있나요?

그럴 수 있을 거라고 생각해요. 앞으로 늘 그 영화와 약간 지나치게 가깝게 지낼지도 몰라요. 그걸 만들던 실제 상황과 내가 했던 고군분투와 영화를 마치고 느낀 승리감을 늘 느낄 거예요. 조금 지나치리 만치 리얼한 느낌이요. 사람들이 그 영화를 여전히 좋아해서 무척이나 행복해요. 며칠 전 밤에 회고전이 열렸어요. 내가 그 영화를 소개했는데 〈폭풍 속으로 라이브!〉에서 나를 연기했던 여성이 그 자리에 있었어요. 대단히 활발한 관객이었죠.

형식보다 진실

라이언 스튜어트 / 2009

"그런 종류의 영웅적 행위에는 대가를 지불해야 해요." 캐스린 비글로가 〈허트 로커〉의 주인공 캐릭터에 대해 한 말이다. 재주 많은 육군 병사인 그는 면전에 놓인 폭탄을 응시하고 자신의 정신을 점령한, 죽음에 저항하는 그 작업의 어마어마한 괴로움의 진가를 서서히 인정한다.

신경이 녹아내리는 압박감 아래 놓인 남자들을 묘사하는 건 역동적인 걸로 유명한 비글로의 전작全作에서 자주 볼 수 있는 일이다. 그녀의 작품 세계는 20년에 걸쳐 있고, 정신 사나울 정도로 독창적인 카우보이-뱀파이어 파스티셰pastiche, 여러 스타일이 혼합된 작품 〈죽음의 키스〉와 음울하고 영적인 서핑 무용담 〈폭풍 속으로〉가 포함되어 있다. 그러나 그녀의 작품 중에서도 〈허트 로커〉처럼 형식과 호감 가는 주제가 탁월하게 조화를 이룬 경우는 드물다.

이번 주 초, 감독은 영화에 대해 그리고 영감을 준 이들에 대해

From *Slant*, June 26, 2009. Reprinted by permission of Slant.

논의하자고 나를 불렀다. 학식이 풍부한 교수로부터 듣는 경험적인 액션 영화의 마스터 클래스에서, 픽션이 거의 가미되지 않은, 현실에 발을 굳건히 디딘 시선으로 미 육군 폭발물 처리반 기술자들을 바라본 이 영화는 관객을 너무나도 잘 빨아들여 마치 손에 촉감이 느껴질 정도다. 비글로는 영화적으로 복잡한 이 작품을 만들기 위해 "열기와 먼지와 태양의 소리"까지 심사숙고할 필요가 있었다고 말했다.

당신이 〈스트레인지 데이즈〉를 위해 한, 옛날 잡지에 실린 인터뷰를 막 읽고 있었습니다. 거기서 당신은 "우리 사회가 진보할수록 진정한 경험은 더 위험해지고 그런 경험을 향한 욕망은 커질 것이다"라고 말했습니다. 물론 그 얘기가 나온 맥락은 가상현실에 대한 거였습니다만, 그 얘기가 사람들이 폭탄을 해체하는 일에 자원하는 이유를 설명하지 않을까요?

대단히, 대단히 흥미로운 질문이네요. 우선 어떤 사람이 폭발물 처리반을 선택하는 이유를 일반화하기는 어렵다고 말하고 싶어요. 이해에 도움을 주기 위해 얘기하자면, 누군가 군에 입대하기로 결정하면 폭발물 처리반이 그 사람을 초빙해요. 거기서 먼저 적성검사를 받은 다음 극도로 높은 점수를 받으면 EOD에 합류할 수 있다고 나는 알고 있어요.

EOD 기술자들이 존재하는 세계는 대단히 심원한 곳이에요. 그래서 나도 확신은 못하지만, 나의 변변찮은 견해로 볼 때 그들의 세계는 생각보다 훨씬 복잡해요. 당신이 얘기했듯, 이 사람들은 스스로 선택해서 이 일을 하러 갔어요. 아마도 세상에서 가장 위험한 일일 거예요. 이 일에 자원한 사람들은 날마다 현장에 출동해요. 때로는 그들의 목숨이 희생될지도 모르는 위험한 상황으로요. 그들은 폭발물을 해체하거나, 최소한 이런 폭발물을 안전하게 처리해서 수천 명의 목숨을 구하고 있어요.

물론 그들은 그 일에서 다양한 수준의 영향을 받겠죠. 당신은 제레미 레너가 연기하는 주인공인 폭발물 처리 기술자 캐릭터에게 변치 않는 명랑한 성격을, 동료들을 불안하게 만들고 그들이 그와 거리를 두게끔 만드는, 위험에 개의치 않는 성격을 부여했습니다. 정상적인 사람이라면 누구도 하지 않을 것처럼 보이는 그 일과 반사회적 성향 사이에 어느 정도 상관관계가 있다고 생각하나요?

그런 종류의 평가를 할 만한 통계자료는 갖고 있지 않아요. 하지만 그 일을 하려면 대단히, 대단히 용기 있는 개인이어야 한다고 생각해요.

(시나리오작가) 마크 볼이 임베드에서 돌아와서 한 코멘트가 있어요. 그는 용기란 두려움이 없는 상태가 아니라 두려움 앞에서도 유머 감각을 유지하는 거라고 말했어요. 그 일은, 그 직업은 본질적으로 너무 위험해요. 어쩌다 보니 이 특별한 분쟁의 중심이 됐죠. 그 일을 하는 사람은 대단히 비범한 사람이어야 한다고, 대단히 복합적인 심리적 특징을 가진 사람이어야 한다고 생각해요. 그래서 내 입장에서 짧막한 대답을 내놓기는 어려워요. 나는 심리학자가 아니니까, 틀릴 가능성이 많은 추측은 하지 않을래요. 그렇기는 해도, 우리는 다른 폭발물 전문가들도 보여줬어요. 그 세계에도 수없이 많은 심리와 성격이 존재해요. 그들도 이 일을 하겠다고 스스로 결정을 내렸고요.

관객을 몰입시키는 영화를 창조하려고 분투하는 사람으로서, 당신은 이 사람들의 정신 상태로 들어가 그들의 경험을 공유하는 게 필요하다고 판단했나요? 당신이 이라크 국경을 넘으려고 애썼다는 얘기를 들었는데요.

당신도 알다시피, 이 작품의 기원은 마크 볼이 폭발물 처리반과 함께 2004년에 이라크로 임베드 간 거였어요. 그래서 이 작품은 보도^{reporting} 영화로 시작됐어요. 영화감독으로서 내 느낌은 그런 리포트 성격을 유지하고 싶다는 거였어요. 그는 거기에 낙하산으로 투입된 셈이었어요. 말 그대로가 아니라, 비유적으로 그렇다는 거예요. 그는 폭발물 처리반 기술자의 일상생활에 투입됐고, 나는 근본적으로 관객을 리포터 입장뿐 아니라 현장에 있는 병사 입장에도 서게 만들고 싶었어요. 그게 정말로 하고 싶었던 거예요.

마크가 돌아오면서 가져온 진실성과 정확성과 구체성. 그는 대단히 훌륭한 시나리오를 쓰고 다듬었어요. 나는 이 비범한 배우 세 명을—아니, 더 많은 배우들을—확보했고, 우리는 중동에서 촬영했어요. 이건 중동을 다룬 영화이자 그 특별한 분쟁을 다룬 영화이기도 해요. 나는 그 갈등에 되도록 가깝게 접근하고 싶었어요. 세트의 규모가 크기 때문에, 광대한 지역에서 촬영할 수 있어야 했어요. 이라크 국경에 가까운 요르단의 암만을—도시 자체가 아니라 나라를—선택하는 것으로 카메라를 360도 회전시킬 수 있었고, 가급적 정확한 건물과 미장센을 확보할 수 있었어요. 그럼에도 이 영화는 여전히 폭발물 기술자들의 하루를 픽션화한 영화예요.

보도하는 그 스타일을 마르코 벨트라미의 스코어와 어떻게 조화롭게 결합시켰나요? 그는 스코어를 그렇게 드물게 사용하는 걸 흔쾌히 받아들였나요?

그래요. 흔쾌히 받아들였어요. 마르코는 대단히 재능이 뛰어난 작곡가예요. 그와 벅 샌더스가 이 작품에서 함께 작업했는데, 그들은 역시 비범한 재능의 소유자인 사운드 디자이너 폴 오토손과 협력해서 작업하기도 했어요. 관객을 몰입시키는 영화가 되도록, 내가 가진 관심은 음향 디자인과 스코어 사이의 경계를 흐릿하게 만드는 거였어요. 그래서 사운드 디자이너와 작곡가에게 아이디어를 제시했고, 모두 그걸 도전해볼 만한 일이라고 여기면서 마음에 들어 했어요.

그들은 그 작업을 정말 흥미로운 창작 영역이라고 생각했어요. 예를 들어 폴 오토손은 그가 작업하고 있던 사운드 디자인 트랙 다수를, 헬리콥터 소리나 F-14이 머리 위를 지나면서 일으키는 소리 같은 것을 작곡가들에게 줬어요. 열기와 먼지와 태양의 소리를 실제로 특징지을 수 있다면 그런 식일 거예요. 이렇게 그가 보유하고 작업했던 근사한 소재가 대단히 많았어요. 그래서 작곡가들은 사운드 디자인의 요소들을 실제로 활용할 수 있었고 디자인에 근사하게 녹아드는 미묘하게 리드미컬한, 질감이 느껴지는 소리를 짜깁기 시작했어요. 처음부터 응집력 있는 컬래버레이션으로 작업하려고 의도한 거예요.

당신이 배우들과 컬래버레이션한 것과 관련해서 당신은 그 무시무시한, 폭탄을 존중하라는 정신 상태를 주입하려고 그 일을 하다 잘못됐을 경우에 대한 섬뜩한 이야기를 배우들에게 제시했나요? 그들에게서 멍하고 흐릿한 눈빛을 어떻게 이끌어냈나요?

(웃음) 글쎄요, 그들은 대단히 영리하고 재능 있고 창조적인 배우예요! 그들은 스스로 그런 눈빛을 연기해냈어요. 제레미 레너는 캘리포니아 포트어윈에서 EOD와 한동안 시간을 보냈어요. 그들이 받

는 훈련의 고급 과정에 투입됐죠. 그는 결국 폭탄 해체 과정의 기계적인 측면과 이동 측면에 믿기 어려울 정도로 정통해졌어요. 포트 브랙에서 시간을 보낸 앤서니 매키도 마찬가지였고, 브라이언 게라그티는 중동에 도착한 후 로케이션 현장에 있는 EOD 기술 자문들과 시간을 보냈어요. 모두 스스로 선택해서 그 과정에 철저히 몰두했어요. 그 덕에 과정을 이해하면서 연기에 큰 도움을 받게 됐어요.

당신에게 물어보고 싶은 순간이 영화에 있습니다. 내가 보기에 캐스린 비글로 특유의 순간이라는 인상을 주는 장면인데요.

무섭네요. 무슨 말을 하려고 그러는 건지…….(웃음)

아니, 대단한 장면이 아니라 그냥 슈퍼마켓 신이에요. 주인공이 귀국했을 때 그 모든 일을 겪은 그가 시리얼의 벽 앞에서 좌절하고 무릎을 꿇습니다. 당신은 인간의 영혼 면에서 우리 소비사회가 주는 것보다 더 많은 걸 가져간다고 느끼는 듯 보입니다.

굉장히 영리하고 흥미로운 평가라고 생각해요. 내가 그걸 말 그대로 그렇게 보지는 않지만요. 당신이 틀렸다는 말이 아니에요. 내 생각은, 여기 정말로 오랜 시간 복무를 하고 온 사내가 있어요. 그는 인간이 처할 수 있는 가장 위험한 상황을 겪었을 거예요. 그런데 그는 사람들이 날마다 숱하게 하는 간단한 결정, 슈퍼마켓에서 하는 일상적 결정에 직면해요. 그 결정이 그를 압도하죠. 그게 전쟁의 흥미로운 측면이라고 또는 전쟁의 영향력을 보여주는 측면이라고 생각해요. 그 장면은 시나리오가 정말로 잘 다듬어졌다고 생각되는 지점이에요. 관객에게 슬그머니 다가가는 장면이잖아요. 바로 그곳이 마크가 작가로서 정말로 세심하게 캐릭터를 다듬은 부분이라고 생각하는 지점이에요.

당신은 조사 과정에서 기술자들을, 이런 병사들을 많이 만났습니다. 그들은 자신이 누구고 무엇을 위해 싸우고 있는지 또는 무엇을 달성하려고 애쓰는지 대체로 아는 듯 보였나요?

정치적으로 그들이 무엇을 위해 싸우고 있는지 이해하고 있었느냐는 뜻인가요? 그들의 자기 인식 수준을 판단하는 건 어려운 일이라고 생각해요. 하지만 그들이 믿기 힘들 정도로 프로페셔널하다는 건 알게 됐어요. 그들은 특정한 방식으로 자기 진가를 인정받는 걸 고마워한다고 생각해요.

당신이 거리에 나가 누군가를 붙들고 "EOD가 뭔가요?"라고 물었을 때 일반 대중이 반드시 그걸 안다고 할 수 없다는 게 꽤나 공정한 평가라고 생각해요. 사람들은 IED라는 단어를 들어봤고, 길가 폭탄이 무엇인지는 알 거예요. 하지만 해체 과정이나 프로토콜, 돌무더기에 박혀 있는 폭탄을 식별하러 가는 일에 대해서는 모를 거예요. 그래서 나는 이 영화가 그런 구체적인 사실을 공유할 기회였다고, 개인적으로 생각해요. 각각의 대원에게서 강한 인상을 받았거든요. 그들은 각자 한 사람의 개인이고, 서로 조금씩 달라요. 그들의 용기에서 강한 인상을 받았어요.

내 일반화에 대해 생각해보면, 나는 당신에게 일반적인 남성성에 대해 물어보려고 했습니다. 당신은 예전 작품에서도 이 영화에서처럼 남성성에 강한 흥미를 보였죠. 나는 당신을 우리 시대의 샘 페킨파라고 생각합니다.

(웃음) 오, 맙소사, 그건 너무 심한 아첨이에요! 〈허트 로커〉가 남

성성을 묘사한 영화로 볼 수 있다고는 확신해요. 그게 내가 고려한 요인이었던 것도 확실하고요. 하지만 내 구체적인 관심은 이 특별한 개인들을 인간적으로 묘사하는 거였어요. 이 영화는 인간적 묘사 과정을 표현한 쪽에 가까워요. 어떤 영화를 작업할 것인지에 대해 나는 순전히 본능적인 선택을 내려요. 이와 같은 호사스러운 순간들을 확보하고 나서야 내가 했던 선택으로 돌아가 그 배후에 자리한 과정이나 사고에 대해 분석할 수 있다고 생각해요. 그러니 나는 그들을 인간적으로 묘사하는 기회에 정말로 매료된 거예요.

당신의 선택이 특정 영화 장르를 작업하거나 개선하려는 욕망에서 비롯된 게 절대 아니라는 건가요? 이걸 묻는 건 당신이 액션 영화의 수준을 상당히 끌어올렸기 때문입니다.

나는 절대로 형식의 관점에서 영화를 보지 않아요. 늘 콘텐츠의 관점에서 영화를 봐요. 나는 절대로 형식을 확장시킬 기회라면서 프로젝트에 접근하지 않아요. 나는 캐릭터 쪽으로 작품에 접근할 거예요. 그 캐릭터가 필수적인 긴장이나 서스펜스, 에너지, 생생한 영화적 경험을 제공한다면, 그러면 좋아요. 캐릭터와 스토리 자체가 나한테 정보를 주고 영화를 좌우할 거예요. 내가 영화를 만드는 과정은 밖에서 안으로 들어가는 과정이 아니라, 늘 안에서 밖으로 나오는 과정이에요.

머릿속으로 떠올릴 수 있는 캐릭터들이 있는 도발적 스토리라면, 그 캐릭터들이 방에 앉아 얘기만 나누건 피로 칠갑을 하건 상관없어요. 모든 건 여전히 스토리와 캐릭터로 귀결돼요. 내가 늘 강렬하게 매료되는 것도 그것이고 〈허트 로커〉에서 발견해낸 강렬함도 그

거였어요. 형식이 중요할 필요는 없어요.

그 형식의 진실성이, 나를 사로잡은 작품에 깊이 배어 있는 도발성이 중요해요.

빅뱅 이론

피터 커프 / 2009

맞다, 캐스린 비글로는 갭^{Gap} 모델로 활동했던 유일한 주류 영화 감독일 것이다. 그리고 지금, 57세 그녀는 모델 일을 다시 할 수도 있을 것 같다. 모두들 비글로의 젠더와 키, 미모에 주목하지만 그녀가 마틴 스코세이지처럼 단신에 눈썹이 두툼하더라도 정말 중요한 건 그녀가 샘 페킨파와 세르조 레오네 이후 그 누구도 만든 적 없는 수준의 액션 영화를 여전히 연출하고 있다는 것이다. 그녀의 최신 작 〈허트 로커〉가 끝내주는 입소문을 타고 있는 지금, 그녀는 세상의 인정을 받게 될 것이고, 마땅히 그런 인정을 누릴 자격이 있다.

이 글을 읽는 이를 잠시 멈칫거리게 만들지도 모르는 중요한 점이 여기 또 하나 있다. 새 영화는 이라크전을 다룬다. 그 전쟁은 전 세계인이 주목하는 미국 대통령과 미국의 이미지를 망가뜨렸을 뿐 아니라 그 주제를 다룬 모든 영화가 박스오피스에서 숨을 거두게 만드는 주술도 발휘했다. 아마, 지금까지는 말이다. 물론 〈허트 로커〉가 〈트랜스포머 2〉만큼의 흥행 성적을 올리지는 못할 것이다. 하지만 〈마크 볼이 임베드 경험을 바탕으로 쓴 다른 시나리오〉 〈엘라의 계곡〉의 성적은 능가할 것이다.

전에 나온 이라크전 영화들과 달리, 그리고 올여름 개봉된 거의 모든 영화와 달리 〈허트 로커〉는 스릴 넘치는 상황에 처한 생생한 캐릭터들에 초점을 맞추고, 명료하고 논리적이며 내장을 쥐어짜는 서스펜스로 그들에게 일어나는 일을 그려낸다. 이 영화는 2004년 바그다드에 있었던 폭발물 기술자(제레미 레너)의 이야기로, 그가 하는 일은 사제 폭발물[IED]의 뇌관을 제거하는 것이다. 그는 절묘한 솜씨로 그 일을 해낸다. 더 중요한 건 〈죽음의 키스〉부터 〈폭풍 속으로〉와 〈스트레인지 데이즈〉에 이르기까지 비글로의 거의 모든 영화에 나오는 캐릭터들과 비슷하게, 그가 위험이 주는 흥분을 즐긴다는 것이다. 비글로는 그 스릴을 공유하지 않을지도 모른다. 마침 그녀는 하버드필름아카이브에서 열리는 그녀의 회고전에 참석하기 위해 뉴욕에서 날아오다가 난폭한 비행을 겪은 참이다.

오늘 어때요?

좋아요. 비행기가 공중에서 번개에 두 번 맞은 걸 제외하면요. 그런 일 겪어본 적 있어요?

들어본 적도 없는 일이에요.

들어보게 될 거예요! 생가죽 채찍이 비행기 전체를 내려치는 것 같았어요. 쿵! 정말로 강렬했어요. 그래서 당신을 보게 되어 대단히 기뻐요.

아드레날린이 솟구치는군요. 155구경(IED에 사용되는 곡사포 탄피)의 뇌관을 제거할 때와 비슷한 경험이겠어요.

가당치도 않아요.

〈허트 로커〉를 상영한 후, 누군가 이 영화는 마이클 베이를 약골처럼 보이게 만든다고 말했어요. 파워풀한 액션 영화를 만드는 비법은 뭔가요?

캐릭터들에게 감정적으로 투자하는 거죠. 영리한 스토리도 필요하고요. 감정적으로 관객을 사로잡지 못하면, 거기 존재하지 않는 걸 영화적 기량으로 만들어낼 수 없어요. 그러니 관객이 계속 자기가 처한 위치를 인식하게끔 만들어야 해요. 지형을 대단히 명료하게 보여주는 거죠. 2004년 바그다드에서 폭발물 기술자가 하는 일을 이해하려면 지형을 파악하는 게 중요해요. 〈허트 로커〉 같은 영화에서는 특히요.

오토봇Autobot 없이요.

트릭은 없어요. 순전히 편집의 관점에서 흥분을 빚어내는 거라면, 그건 스토리와 소재에 고유하게 존재하는 것이어야 해요. 흥분은 형식에서 비롯되는 게 아니라 콘텐츠에서 비롯되는 거예요. 그러면 관객은 캐릭터들을 걱정하면서, 제4의 벽을 무너뜨리면서 그들과 한 몸이 돼요.

이 영화가 이라크 주요 도시에서 미군이 철수하는 기간에 개봉한 걸 아이러니하다고 생각하나요?

그렇게 생각해요. 스튜디오가 1월에 개봉 일자를 잡았을 때, 나는 미군 철수 일자가 8월쯤 될 거라고 생각했어요. 스튜디오가 이걸 예측할 수 있었으리라고 생각하지는 않아요.

전쟁이 끝나면서 당신 영화가 다른 이라크전 영화들과 동일한 운명에 시달리지는 않을 거라고 생각하나요?

이 영화는 명백히 전쟁 영화예요. 다른 영화들은 전투를 다루지 않았어요. 블록버스터 매장에 가서 〈귀향〉을 찾아보면 그 영화는 "드라마" 코너에 있을 거예요. 〈지옥의 묵시록〉을 찾아보면 "전쟁" 코너에 있을 거고요. 이 영화도 전쟁 코너에 꽂힐 거예요. 내 과학적인 분류법에 따르면 그래요.

이 영화는 이라크의 〈지옥의 묵시록〉인가요?

우리 레퍼런스는 〈알제리 전투〉나 〈우리 생애 최고의 해〉에 더 가까워요. 하지만 〈허트 로커〉가 지금의 분쟁에 대해서 하고 있는 일은, 그리고 〈지옥의 묵시록〉이 당시의 분쟁에 대해 했던 일은 추상적인 일을 이해하기 쉽게 분석하고 그걸 구체적이면서 생생하게 만든 것이라고 생각해요. 영화를 초당파적으로 만들 경우, 사람들은 더 많은 정보를 갖게 되면서 전쟁에 대해 더 올바른 견해를 갖게 돼요. 결국 이 영화는 자신이 살아남을지 궁금해하면서 거리를 걸어가는 폭발물 기술자를 다룬 영화예요.

빅뱅 이론 2

피터 커프 / 2009

1부 : 2009년 7월 4일

독립기념일을 축하한다. 불꽃놀이로 축하하는 이 명절은 폭발물이 터지는 걸 막으려고 전선 가닥에 목숨을 거는 영웅에 대한 얘기를 하기에 적절해 보인다. 캐스린 비글로의 〈허트 로커〉는 이라크에 간 폭발물 전문가들 이야기를 들려준다. 그들의 위험천만한 임무는 반란군이 설치한 치명적인 사제 폭발물의 뇌관을 제거하는 것으로, 군인과 민간인을 망라한 많은 목숨을 책임지는 일이다.

더불어 이 영화는 올해 지금까지 나온 영화 중 최고작이다. 그러니 흥행 성적에만 홀려 영화를 판단하지 마라. 〈트랜스포머 2〉는 지난 주말 2억 달러 가까운 성적을 올리며 개봉했고, 불과 네 개 극장에서만 개봉한 〈허트 로커〉는 다소 모자라는 성적을 올렸다.(이 영화는 7월 10일 보스턴을 포함해 더 많은 도시와 극장에서 확대 개봉할 예정이다.) 하지만 이 영화는 메타크리틱Metacritic에서 91점을 받았다. 그래서 나는 비글로에게 그녀의 영화를 경쟁작들과 어떻게 비교하는지 물었다. 의심의 여지 없이, 이 질문은 비글로에게 좋은 질문이었다. 하지만 인터뷰 내내 당신이 보게 되듯, 그녀는 심중에 뭔가 다른 걸 품은 듯 보였다.

오늘 어때요?

좋아요. 비행기가 공중에서 번개에 두 번 맞은 걸 제외하면요. 그런 일 겪어본 적 있어요?

들어본 적도 없는 일이에요.

들어보게 될 거예요! 생가죽 채찍이 비행기 전체를 내려치는 것 같았어요. 쿵! 정말로 강렬했어요. 그래서 당신을 보게 되어 대단히 기뻐요.

아드레날린이 솟구치는군요. 155구경의 뇌관을 제거할 때와 비슷한 경험이겠네요.

가당치도 않아요.

두 번째로 맞을 때는 이미 심드렁해졌을 것 같은데요.

별것 아니라는 기분이 들더라고요.

〈허트 로커〉를 상영한 후, 어떤 평론가가 이 영화는 마이클 베이를 약골처럼 보이게 만든다고 말했습니다. 파워풀한 액션 영화를 만드는 비법은 뭔가요?

캐릭터들에게 감정적으로 투자하는 거죠. 영리한 스토리도 필요하고요. 감정적으로 관객을 사로잡지 못하면, 이미 영화에 존재하지 않는 걸 영화적 기량으로 만들어낼 수 없어요. 그리고 내가 축소하는 걸 원치 않는 다른 요소도 많아요. 관객이 계속 자기가 처한 위치를 인식하게끔 만들어서 지형을 대단히 명료하게 파악하도록 만드는 게 그런 요소예요. 관객이 폭발물 처리반과 맺는 관계가 중요한 〈허트 로커〉 같은 영화에서는 특히 2004년 바그다드에서 폭발물 기술자가 한 일을 이해하는 게 중요해요. 그래서 나는 세심하게 다듬어진 캐릭터들과 걸출한 시나리오에 감정적으로 몰입하는 게 비법이라고 말하고 싶어요.

오토봇 없이요.

트릭은 없어요. 카메라를 돌릴 때는 한쪽을 낮추고 더치 앵글Dutch angle, 카메라를 한쪽으로 기울여서 촬영하는 것을 잡아야 해요. 하지만 본질적으로 감정에 투자하지 않았다면, 완전히 날조한 감정도 빚어낼 수 없죠.

사람들이 무슨 일이 벌어지는지 따라잡을 수 있는 적절한 속도의 편집도요?

그리고 지형도요. 관객은 자기가 처한 위치를 지리적으로 인식할 수 있어요. 순전히 편집의 관점에서 흥분을 빚어내려고 한다면, 그건 스토리와 소재에 고유하게 존재하는 흥분이어야 해요. 흥분은 형식에서 비롯되는 게 아니라, 콘텐츠에서 비롯되는 거예요.

강렬하고 명료하게요.

바로 그거예요. 강렬함은, 어쨌든 그러기를 바라는데, 캐릭터에 대한 감정적인 투자에서 비롯돼요. 관객은 캐릭터들을 걱정하면서, 제4의 벽을 무너뜨리면서 그들과 한 몸이 돼요.

시점 숏은 〈스트레인지 데이즈〉 이후 활용하기 시작한 건가요?

〈죽음의 키스〉에서도 시점 숏을 몇 장면 했었어요. 내 생각에…… 스토리가 필요로 하고 요구할 경우 POV는 정말로 성공적인 도구예요. 관객을 영화에 완전히 몰입시키면서 체험하게 만들어요. 내가 다른 인터뷰에서도 이런 말을 했었다는 걸 알아요. 영화와 문학을 비교하면, 문학은 생생한 경험을 안겨주지는 못하지만 더 숙고적인 매체예요. 하지만 영화는 생생한 경험을 전달할 수 있어요. 관객을 2004년 바그다드의 사막 분지로 데려가 내밀한 경험을 하게 만들 수 있어요.

〈스트레인지 데이즈〉에 나오는 스퀴드처럼요?

그런 것의 일종이죠. 하지만 형태는 더 기본적이에요. 〈허트 로커〉의 경우, 그 경험은 2004년 바그다드에 있는 폭발물 기술자의 하루를 들여다보는 거예요. 그 대원은 대다수 사람들이 줄행랑을 칠 물건을 향해 걸어가고 있어요. EOD 사람들은 그걸 "외로운 산책"이라고 불러요. 순전히 혼자서 하는 일이니까요.

두툼한 슈트를 입고요.

맞아요.

〈하이 눈〉과 비슷하죠.

나도 알아요. 촬영할 때 그 영화를 봤어요. 시나리오 단계에서 그 걸 떠올렸는데, 로케이션에 도착하니까, 우리는 중동에 있었는데, 빛의 본질이 지표면의 모래에 반사되어 이런 식의 전형적인 팔레트 를 창조하면서 슈트를 입은 사내를 빚어냈어요. 그 일의 고독한 속 성도요.

거기에는 〈와일드 번치〉의 면모도 약간이나마 가미되어 있지 않나요? 예를 들어 슬로모션으로 보여주는 폭발 같은 부분에서요.

이건 모두 마크 볼의 머리에서 나온 거예요.

그는 지금 여기 없잖아요.

없어요. 다른 사람이랑 플로리다에 가야 했어요.

그는 비행에 대한 느낌이 좋지 않았겠군요.

그가 말하길 번개를 다루는 사람이 있다면, 그 사람은 여자일 거 라고 했어요. 어쨌든 그는 2004년 언론인 임베드의 일원이었어요. 의 심스러운 돌무더기나 전선 몇 가닥이나 빈 쓰레기봉투 때문에 지 상군이 좌표를 부르면 거기로 하루에 열 번, 열두 번씩 출동했어 요……. 그런 의심스러운 물체가 모두 155구경은 아니었지만 하나같 이 꽤나 심각한 폭발물이었죠. 폭탄이 작동해서 터지든 사고로 터 지든 비극적이게도 폭발이 일어나면 과압overpressure이라는 게 발생해 요. 그 숏들이 보여주려고 한 게 그거예요. 미립자로 된 물질이 퍼지 기 전에 가스가 파편보다 앞서 퍼지는 거예요. 가스는 지독하게 빠 른 속도로 퍼져요. 그러면 우리 몸에 있는 에어 포켓air pocket이 완전

292

히 파열돼요.

으윽.

당신이 서 있는 곳에서 25미터 이내는 살상 지대^{kill zone}가 되는 거
예요. 돌아올 수 없는 곳이 되는 거예요. 그 누구도 당신을 도울 수
없어요. 이 사람들은 외과 의사와 비슷해요. 깜짝 놀랄 정도로 영리
해요. IQ 테스트에서 높은 점수를 받아야 할 수 있는 일이에요. 그
래야만 EOD에 초빙되어 가죠. 운동 능력과 손재주가 비상해야 해
요. 극단적인 압박 아래에서 많은 결정을 내릴 수 있어야 해요. 그런
일을 하겠다고 스스로 선택한 거예요. 그 외로운 산책을 나서려면
특별한 사람이어야 해요.

아드레날린에 중독된 건가요, 아니면 죽음에 대한 동경을 품고 있는 건가요?

그건 일반화할 수 있는 얘기가 아니에요. 그들의 모든 행동이 죽
음에 대한 동경에서 비롯된 거라고 생각하고 싶지 않아요. 하지만
그들이 믿기 힘들 정도로 용기 있는 사람들이라고는 생각해요. 당신
이 크리스 헤지스의 책 『전쟁은 우리에게 의미를 주는 힘이다』를 읽
어봤다면, 그는……

그 책을 영화 제작 결정하기 전에 읽었나요, 결정한 후 읽었나요?

전에요. 마크도 임베드 가기 전에 읽었어요. 제임스는 특별한 개
인을 바탕으로 만든 캐릭터가 아니에요. 여러 인물을 합쳐서 픽션화
한 캐릭터죠. 제임스와 샌본과 엘드리지 사이에서 무수히 많은 성격
을 볼 수 있을 거라고 생각해요.

당신의 많은 영화에는 그런 착한 천사/못된 천사 모티프가 있습니다.

맞는 말이에요. 그에 대해 자세히 생각해본 적은 없지만요. 바로 그게 우리가 당신 같은 사람을 필요로 하는 이유예요. 분석하는 사람들요. 애매한 제스처만 취하는 사람들이 아니라요. 프랑스 평론가들이 미국 평론가들에 대해 이런 말을 하지 않나요? "당신들은 언어로 표현하기 어려운 내용을 몸짓으로만 두리뭉실하게 표현한다. 우리는 분석한다."

우리는 짧은 문장으로 영화 광고를 하죠.

고맙게도요. 어쨌든 헤지스는 전쟁의 매력에 대해 말해요. 그리고 이 사람들은 전원이 자원한 군인이라는 걸 명심하세요. 이런 분쟁에서는 꽤나 독특한 상황이죠. 헤지스가 공격하려고 애쓰는 건, 일부 개인들 입장에서 전투는 매력과 매혹을 제공한다는 거예요. 전투는 그런 걸 제공할 수 있어요. 다만 그런 매력이나 매혹이 그 사람의 생존 스킬을 강화하는지, 또 무모하고 으스대는 성격의 소유자인 제임스 같은 사람에게 무슨 일을 해주는지 여부는 모르겠지만…….

그는 직감이 뛰어납니다.

나는 그를 아티스트라고 생각해요. 모든 IED는 하나하나가 다 원형原型이에요. 똑같은 게 하나도 없어요. 그걸 대략 45초 안에…….

빨간 전선 아니면 파란 전선을.

불행히도 IED는 그런 식으로 작동하지 않아요. 그런 식이라면 일이 무척 쉬울 거예요. 아무튼 생사가 걸린 결정을 내려야죠. EOD대원인 당신이 거기에 지나치게 오래 있을 경우…… 우선 당신은 철저히 혼자만 있어요. 200미터에서 300미터를 통제구역으로 설정해야 해요. 발코니에 있는 남자는 스나이퍼에게 당신 좌표를 불러주고 있거나, 그냥 빨래를 널고 있어요. 아무튼 당신은 지나치게 오래 노출되고 싶지 않아요. 이런 원형적인 배선이나 압력판, 단일이거나 이중 혹은 삼중 기폭 장치를 분석할 능력을 가진 외과 의사 같은 거죠. 그런데 실수를 저지르면, 죽는 사람은 환자가 아니라 당신이에요.

프랑스 평론가들이 말하듯 궁극적인 해체deconstruction **패러다임이군요.**
원자 단위까지 해체하는 거예요. 라캉이라면 그에 대해 뭐라고 할까요?

대상을 해체하라, 그러지 않으면 대상이 당신을 해체할 것이다.
선수를 치는군요.

2부 : 프레임 외부, 2009년 7월 6일

모든 불꽃놀이를 뇌리에서 떨쳐낸 나는 지난 포스트에 들어 있던 오자를 모두 교정하고는 이렇게 인터뷰의 후반부를 올린다.

이 영화의 현장감은 전쟁 초기 임베드된 저널리스트들이 보도했던 실시간 보도의 현장감과 유사합니다. 하지만 그들은 그런 보도를 중단했습니다.
그랬었죠. 내가 짐작하기에는 명백한 이유가 있어요. 그래서 이 분쟁은 일반 대중에게 꽤나 추상적인 분쟁이었죠. 마크 볼이 임베드로 거기 갔을 때 다른 저널리스트를 두세 명 만났다고 해요. 여러 이유가 있었지만 가장 큰 이유는 대체로 그런 보도가 위험했기 때문이었어요. 2004년에는 분명 그랬을 거예요.

이라크를 다룬 다른 영화들은 당신의 영화와 달리 정치적입니다.

초당파적인 영화를, 추상적인 내용을 분석하는 영화를 만드는 게 가능하다면 우리는 더 풍부한 정보를 갖고 올바른 견해를 가질 수 있어요. 우리는 영화를 만드는 사람들이에요. 현장에 있는 군인들이 다양한 지정학적 관점을 갖고 있지 않다는 말이 아니에요. 결국 그 사람들은 폭발물 전문가로 자신이 살아남을지를 궁금해하면서 거리를 걸어가는 사람들이에요.

그 일을 무척이나 좋아하고요. 모두 다 그런 건 아니더라도, 이 사내는 그렇죠.

엄청난 권위와 한 몸이 된, 수준 높은 스킬 세트와 결합한 그런 무모함이 그와 팀의 목숨을 유지시켜주는 건지도 몰라요.

그리고 자신이 가장 잘하는 일을 하는 데 따르는 쾌감도 있죠. 영화감독으로서 당신도 그런 점에 공감할 거고요.

그런 식이라고, 약간은 짐작해요. 영화 연출은 권위와 한 덩어리가 된 일종의 스킬 세트와 비슷하다는 뜻이에요. 거기에 결합된 건 내 짐작에, 무모함이 아니라 약간의 허세일 거예요. 폭발물 제거에는 플레이북playbook, 스포츠 팀의 작전을 그림과 함께 기록한 책이 없으니까요. 하나의 원형이 있는 게 아니라, 하나하나가 다 제각각이에요.

그 얘기를 들으니 히치콕의 폭탄 이론이 생각납니다. 이건 당신 영화와 〈트랜스포머 2〉 같은 영화 사이의 또 다른 차이점이라고 생각합니다. 히치콕은 서프라이즈와 서스펜스를 구분합니다. 서프라이즈는 폭탄이 갑자기 터지는 거지만 서스펜스는 사람들이 테이블에 앉아 있는데 그 테이블 아래에 폭탄이 있는 걸 관객이 보는 겁니다. 관객은 그 폭탄이 특정 시점에 터질 거라는 걸 알죠.

그렇기 때문에 관객은 캐릭터보다 앞서 가는 거예요. 서프라이즈는 관객과 캐릭터가 같은 시간대에 있는 거고, 서스펜스는 〈오명〉 같은 영화에서 열쇠가 아래에 있다는 걸 알고 그들이 이런저런 일을 할 수 있다면…… 맞아요, 관객은 캐릭터보다 앞서 있어요.

그렇다면 당신 영화는 서스펜스를 담은 영화에 가깝겠군요. 관객은 폭탄이 거기에 있다는 걸 알고 그게 언제 터질지 또는 해체될지 궁금해하면서…….

서스펜스가 영화 구석구석에 배어 있죠.

하버드필름아카이브에서 회고전을 가질 예정이죠?

그래요. 오늘 밤 〈허트 로커〉를 상영해요. 회고전에서 어떤 영화들을 상영할지 잘 몰라요. 두어 편을 틀었고 앞으로 두어 편을 더 틀 예정이라는 건 알아요…….

〈사랑 없는 사람들〉부터 〈허트 로커〉까지 당신이 만든 장편을 다 상영하고 있습니다. 이건 당신의 첫 회고전이 아니죠, 그렇죠? 당신은 만든 영화가 두 편뿐인 87년에도 회고전을 열었던 것으로 압니다.

맞아요, 87년에 회고전을 열었어요. 그리고 최근 로스앤젤레스에서 〈허트 로커〉로 대미를 장식하는 회고전 비슷한 걸 열었어요.

그러니 당신은 회고전을 열 때 사색에 잠기면서…….

그렇기는 해도 내가 회고전을 할 만큼 나이를 먹었다고 생각하진 않는다고 사람들한테 계속 말하고 있어요.

하지만 87년에는 열었잖아요.

맞는 말인데, 그때는 나이를 충분히 먹었을 때거든요. 나는 나이를 거꾸로 먹고 있어요.

그런데 당신의 미술 작품도 거기 포함할 수 있었나요? 포함했나요?

아뇨, 그러지 않았어요. 그들이 그러지 않았다는 게 흥미로워요.

당신은 두 남자가 서로를 구타하는 동안 누군가 비판적인 이론 텍스트를 읽는 내용의 단편을 찍지 않았나요?

그래요. 〈셋업〉이요.

그 단편이 당신의 미학을 선명하게 표현하는 작품인가요?

에이미 토빈이 〈필름코멘트〉에 실은 〈허트 로커〉에 대한 기사를 당신이 읽었는지 모르겠네요. 그 얘기를 꺼낸 건, 내 입장에서는 이 작품들의 외부에서 그 작품들을 바라보기가 어렵기 때문이에요. 이 영화들은 그리고 그런 영화들을 보는 시선은 분석적인 마인드에서 비롯된 일종의 결합조직connective tissue이에요. 나도 그러려고 노력했지만, 어쨌든 그녀는 그런 작업을 다 했고 〈셋업〉과 그 영화와 다른 작품과의 관계에 대해 많은 얘기를 했어요.

다른 작품이라면 〈허트 로커〉를 말하는 거죠.

그래요. 그걸 하나로 연결해서 완전한 동그라미로 만들어냈어요. 굉장히 흥미로워요.

캐릭터 이름을 윌리엄 제임스라고 지은 건?

실용주의 철학자죠.

『종교적 경험의 다양성』의 저자고요. 그를 바탕으로 캐릭터를 창작한 건가요? 이 캐릭터는 이라크에 간 윌리엄 제임스인가요?

글쎄요, 세상 어딘가에는 있을 사람이에요, 그렇죠?

내가 영화에서 주목했던 한 가지는, 그 캐릭터가 그 범위―300미터―를 넘어서서 폭탄을 설치한 범인이나 그를 지켜보는 사람들에 대해 아는 걸 원하기 전까지는 말썽에 휘말리지 않는다는 겁니다. 결국 그는 폭발물을 작업하는 것보다 더 위험한 일에 그를 개입시키는 사람들을 찾아내려고 제4의 벽을 뚫고 나오고 있습니다.

영화감독으로서 흥분되는 건 전쟁이 이 개인에게 끼친 효과에 대해 세심하게 눈금을 매길 때예요. 당신도 알듯, 맨 처음 생각하게 되는 건 이 사람이 그 무엇에도 흔들리지 않는 사람이라는 거예요. 당신이 여섯 발이나 일곱 발의 155구경이 연결된 데이지 체인 위에 서 있을 때, 근본적으로 당신은 그것 말고 어떤 것에 그렇게 심란해질 수 있겠어요? 당신은 전쟁의 소모적인 효과가 실제로 발생하고 있다는 걸 깨달아요.

집으로 돌아온 그는 잭인더박스 jack-in-the-box로 젖먹이 아들에게 모든 스릴은 환

상에 불과하다는 걸 보여줍니다.

그는 자신의 진면목을 인식한 사람이에요. 그의 인생에 진정한 의미를 주는 것, 그리고 일종의 목적의식을 주어도 좋다는 허락을 자기 자신에게 하고 있다고 생각해요. 동시에 그의 삶을 지켜보는 관객은 용기와 영웅적 행위를, 그것의 대가를, 대가를 치러야 한다는 걸 이해할 수 있다고 생각해요. 어쨌든 그가 날마다 하는 일은 엄청나게 많은 어린아이의 목숨을 구하는 거예요.

그건 그렇고, 윌리엄 제임스 역의 제레미 레너는 대단히 훌륭합니다. 그를 〈다머〉에서 처음 봤나요?

당신도 알겠지만 그는 새로운, 정말 새로운 유형의 인재라고 생각해요.

반면에 〈K-19〉에서 러시아 억양을 구사하는 해리슨 포드는 나한테 전혀 먹혀들지 않았습니다.

음, 그건……. 제레미 레너는, 나는 그가 진짜배기라고 생각해요.

레너와 작업했던 이유가 스타를 다시 기용하고 싶지 않았던 이유의 일부인가요?

사람들한테 친숙하지 않은 얼굴을 캐스팅하고 싶었어요. 그래야 관객이 그들이 살지 죽을지 예상이나 기대를 하지 않을 테니까요.

스포일러를 막으려고요!

맞아요. 스포일러를 막으려고요. 톰 크루즈 같은 경우, 그는 죽을 수가 없다는 뜻이에요. 옛말이 있잖아요.

재닛 리〈싸이코〉에서 중반에 죽는 여배우**도 그렇죠.**

그 경우도 그래요.

그런데 재닛 리의 경우는 비밀을 누설하고 있군요.

〈허트 로커〉 시사회 현장

데이비드 펜들턴 / 2009

펜들턴　신사 숙녀 여러분, 안녕하십니까? 저는 데이비드 펜들턴입니다. 저는 여기 하버드필름아카이브의 프로그래머입니다. 오늘 밤, 저는 다른 밤에도 제 직업을 사랑합니다만 〈허트 로커〉의 시사회에 오신 여러분을 환영하게 되어 대단히 행복합니다. 그리고 이 영화의 감독인 캐스린 비글로를 직접 모시게 되어 더할 나위 없이 기쁩니다.(박수)

　　조금 긴 얘기를 드릴까 합니다. 많은 분께 고맙다는 말씀을 드리고 싶습니다. 오늘 밤 시사회를 가능하게 해준 이 영화의 배급사 서밋엔터테인먼트에 감사드립니다. 이 영화는 내일 우리 시에서 개봉합니다. 사라 로젠필드에게도 고마움을 전하고 싶습니다. 우리는 여기 하버드필름아카이브에서 비글로의 장편영화 전편을 소개하는 회고전을 주최하

Discussion held July 2, 2009. Part of the retrospective "Kathryn Bigelow—Filmmaking at the Dark Edge of Exhilaration." Printed by permission of the Harvard Film Archive.

게 되어 대단히 기쁩니다. 캐스린 비글로는—잘 모르시는 분을 위해 소개하자면—미국 영화의 역사에서 정말로 두드러진, 제 생각에는 진정으로 독특한 커리어의 소유자입니다.

그녀는 캘리포니아 출신입니다. 화가로 경력을 시작하여 1970년대에 샌프란시스코아트인스티튜트와 휘트니에서 공부했습니다. 1970년대에 리처드 세라와 존 발데사리, 비토 아콘치, 특히 로렌스 와이너 같은 아티스트들과 작업하며 뉴욕 미술계에 관여한 것이 그녀가 움직이는 이미지를 작업하는 데 관심을 갖게 된 계기였습니다.

컬럼비아대학원에 진학하여 영화를 공부한 그녀는 영화감독이 되려고 캘리포니아로 돌아갔습니다. 처음에는 칼아츠에서 강의를 하는 걸로 생계를 꾸렸고, 1982년에 그녀의 첫 장편 〈사랑 없는 사람들〉을 내놨습니다. 우리가 어젯밤에 상영한 이 영화는 공개된 즉시 그녀가 시각적으로 대단히 매력적인 이미지를 작업하면서 장르 컨벤션을 자원으로 관객과 커뮤니케이션하는, 갖고 놀 수 있는 언어를 활용하는 영화감독임을 보여줬습니다. 그런 특징은 어떤 면에서 1970년대부터 그녀가 개념미술계와 맺고 있는 매혹적인 관계를 보여준다고 저는 생각합니다.

그녀는 〈사랑 없는 사람들〉에 이어 80년대와 90년대 내내 〈죽음의 키스〉 〈블루 스틸〉 〈폭풍 속으로〉 〈스트레인지 데이즈〉 같은 일련의 영화를 내놨고, 그 덕에 그녀의 관객은 갈수록 늘었으며 비평적 명성도 커졌습니다. 그녀의 최근 영화 두 편—〈웨이트 오브 워터〉〈K-19〉—은 그녀가 작업하는 장르의 범위를—멜로드라마와 전쟁 영화로— 넓혔을 뿐 아니라, 캐릭터에 대한 관심을 재차 강조했습니다. 캐릭터와 장르의 이런 퓨전은, 제 생각에, 우리가 보게 될 영화인 〈허트 로커〉에서 풍성한 결실을 맺었습니다.

경력 내내 비글로는 미국 영화감독 세계에서 차지한 독특한 자리를 그녀만의 노력으로 확보했습니다. 그녀가 연출한 영화가 할리우드 스튜디오에 의해 배급되는 경우는 잦지만, 해리슨 포드와 키아누 리브스, 숀 펜 같은 스타들이 그녀의 영화에 출연하는 경우도 잦지만 그 영화들은 대체로 독립적으로 제작되었으며 관객을 지적으로, 감정적으로, 육체적으로, 역동적으로 몰두시키는 스토리텔링의 두드러진 모범 사례들입니다.

비글로는 신작 〈허트 로커〉로 누가 적인지 항상 명확하게 규정되는 것이 아닌, 심지어 적의 모습이 보이지 않을 수도 있는 지역인 이라크를 다루면서 전쟁 영화의 새로운 모습을 보여줬습니다. 이건 비글로 자신이 지적했던 것처럼, 전쟁에 지원한 병사들 입장에서 전쟁을 새롭게 보여주는 행위입니다. 2차 대전을 다룬 영화의 애국심 넘치는 병사들이 있던 자리에, 월남전 영화에 나오는 쓸쓸한 징집 대상자들이 있던 자리에 선 이 영화의 주인공은 자신이 하는 일을 즐깁니다. 어떤 면에서 그는 〈사랑 없는 사람들〉의 바이커들과 〈죽음의 키스〉의 뱀파이어들과 〈폭풍 속으로〉의 서퍼들처럼 비글로가 만든 영화의 팬들에게는 친숙한, 스릴을 좇는 사람입니다.

그녀의 비주얼 스타일과 영리한 선택 때문에, 영화적 스토리텔링의 컨벤션을 작업하는 독창성 때문에, 그녀의 전작全作이 보여주는 통일성 때문에 캐스린 비글로가 작가 감독이라는 점에는, 중요한 감독이라는 점에는 의문의 여지가 없습니다. 그녀를 환영하게 되어 대단히 기쁩니다. 캐스린 비글로를 환영해주십시오.(박수)

비글로   여기 와주셔서 감사해요. 정말 대단한 소개였어요. 지금이 내가 울먹여야 하는 때인가 싶네요.(웃음) 이건 정말, 정말로 큰 영광이에요. 이런 자리를 가능하게 해준 데이비드와 헤이든Haden, 게스트에게 감사드려요. 이 영화를, 또는 무슨 영화를 상영하는 데 있어 이보다 더 격조 높은 환경이 있을 거라고는 상상조차 못하겠네요. 이런 주목을 받는 나는 너무도, 너무도 운 좋은 사람이라고 생각해요. 내가 이런 주목을 받을 가치가 있는 사람이라고 생각하지 않지만, 저에게 허락된 걸 기꺼이 받아들이고 싶네요.

〈허트 로커〉는 정말로 좋아서 만든 영화예요. 대단히 독립적인 영화고요. 이 영화는 시나리오작가이자 저널리스트인 마크 볼에게서 비롯됐어요. 그는 2004년과 2005년에 폭발물 처리반과 함께 바그다드에 있었어요. 겨울 한 달을 거기서 보낸 거예요. 그곳에서 상이한 성격의 소유자들을 여럿 만났는데, 여러분은 스크린에서 그 성격들을 합쳐 픽션화한 인물들을 보게 될 거예요. 이건 분명 영화예요. 다큐멘터리가 아니에요. 그럼에도, 우리가 함께 시도하고 노력한 일은 이 영화의 보도적인 성격을 가급적 잘 유지하는 것, 그리고 가급적 리얼리스틱하고 진실하게 영화를 만들면서, 비밀에서 해제되거나 비밀로 부쳐질 소재로 일탈하지 않게 만드는 거였어요.

나는 그런 마음을 품고, 이 영화가 세상에서 가장 위험한 직업을 가진 개인들의 눈을 통해 이 특별한 분쟁을 볼 기회였다고 생각해요. 폭발물 기술자들은 사제 폭발물을 안전하게 해체하는 일을 하러 거기에 갔어요. 나는 그들이 아티스트와 약간 비슷하다고 생각해요. 그들이 하는 일은 모두 플레이북에 없는 일이니까요. 모든 작업이 제각각 달라요. 새로 맡은 작업은 이전에 했던 작업과 비슷하지 않아요. 매번 완전히 새로운 폭발물을 다루게 돼요. 현장에서 그들에게 주어진 시간은 불과 몇 초예요. 그 안에 상황을 처리하지 못하면 좌표가 스나이퍼에게 알려지면서 사격을 받게 돼요. 그래서 그들이 보유한 스킬 세트는 대단히 독특해요. 나는, 그리고 마크는 이게 영화로 만들 만한 가치가 있는 소재라고 생각했어요. 여러분도 동의하기를 바라고, 영화를 즐기기를 바라요.

상영이 끝난 후 질문을 받으러 이 자리에 올게요. 대단히 감사해요.(박수)

상영 후 가진 Q&A

펜들턴 Q&A 방식은 이렇습니다. 제가 일단 질문을 두어 가지 하겠습니다. 이 영화에 대한 질문일 수도 있고, 당신의 다른 영화와 전체 경력과 이 영화의 관계에 대한 질문일 수도 있습니다. 그다음 관객들이 묻고 싶은 걸 자유로이 물을 수 있도록 객석에 마이크를 넘길 겁니다.

자, 그럼 첫 질문으로, 당신이 이 소재의 어떤 점에 매력을 느꼈는지 궁금합니다. 당신이 이라크를 다룬 영화를 만들고 싶어 한다는 걸 알고 있었나요? 전쟁 영화를 만들고 싶다는 걸 알고 있었나요? 이런 질문을 하는 건 〈사랑 없는 사람들〉을 본 후 이 영화를 보면서 두 영화의 비슷한 점에 강한 인상을 받았기 때문입니다. 사실 그건 당신 영화에 거듭해서 모습을 드러내는 특징입니다. 처한 환경에서 소외된 개인들이 뭉친 고독한 집단에 초점을 맞춘다는 것, 그들이 살아남기 위해 서로에게 의존하면서 동시에 내부 갈등을 빚어낸다는 겁니다. 거기에는 분명 극적인 소재가 많습니다. 당신이 그런 종류의 테마에, 그런 작업을 할 수 있게 해주는 것에 의식적으로 매력을 느끼는지 여부가 궁금합니다. 이라크에 대한 영화를 만드는 것도 그런 맥락에서 비롯된 일이었는지요.

비글로 좋은 질문이네요. 나는 그런 계보에 대해 의식하지 못한다고 생각해요. 당신이 그 영화들을 굉장히 조리 있고 명쾌하게 정리했지만요. 나는 정말 도발적이고 뇌리에 쉽게 떠오르는 캐릭터들을 가진 소재를 찾는 경향이 있어요. 관객이 영화 미디어를 생생하게 체험할 수 있도록 작업하게 만드는 소재를요. 예술적으로 도전해볼 만한 가치가 있으면서 생생한 영화로 만들 수 있는 소재라면, 나는 보통 그것에 매력을 느껴요. 이 사람들 또는 개인은, 이런 특별한 직업을 가진 경우 본질적으로 굉장히 극적인 사람이에요. 그래서 그런 점을 제대로 부각시킬 필요가 있었고, 그렇게 하는 와중에 이 작품은 폭발물 기술자의 하루를 체험하듯 들여다보게 해주는 영화가 됐어요. 관객들이 그 사람들 직업의 진가를 상당히 폭넓게 인식할 수 있을 거라고 생각해요.

펜들턴 당신이 "체험하는"이라는 말을 할 때, 당신이 생각하는 영화는 관객 입장에서 역동적으로 하는 경험이나 육체적으로 하는 경험이라는 건가요?

비글로 2004년에 바그다드에서 일하는 폭발물 기술자가 되는 건 어떤 것일지 인간적으로 묘사하려고 노력했어요. 나는 그렇게 하면서 숏들을 굉장히 타이트하게, 와이드하게 유지하려고 노력했어요. 지형 때문예요. 이 영화는 진정으로 지형 중심적인 작품이에요. 관객과 폭발물 기술자 모두 자신이 IED와 관련해서 어떤 위치에 있는지 늘 주시해야 하니까요. 그게 관객의 관심과 서스펜스 수준을 높이거나 낮추는 요소예요. 그러니까 지형은 대단히, 대단히 중요해요.

　　내 의도는 형식을 존중하고 준수하는 관점에서 이 작품을 만든다는 거였어요. 그렇게 하면 폭발물을 안전하게 해체하는 이런 작업을 하는 게 어떤 것일지에 대한 체험적 이해를 창출할 수 있어요.

펜들턴 스크린에 있는 사람들이 방향감각을 잃었다는 걸 그대로 반영하려고, 관객의 방향감각을 혼동시키는 것처럼 보이는 순간이 두어 번 있습니다. 점프 컷jump cut의 활용 같은 게 그렇습니다.

사막에서 벌이는 총격전 얘기도 하고 싶습니다. 스파게티 웨스턴에서 나온 듯한 장면입니다. 관객이 클래식 웨스턴에서 기대할 법한 드넓은 거리를 보여주고 숏과 리버스 숏을 보여주기 때문입니다. 정말로 영화의 팔레트를 이용한, 두드러진 풍경의 활용이었다고 생각했습니다. 그런데 이 장면은 당신의 다른 영화에서 본 비주얼과 대단히 다릅니다.

비글로 하지만 그 거리가 보고 싶어 한 화면을 구현 가능하게 만들어줬어요. 1마일1.6킬로미터이 넘는 거리에서 저격하는 데 사용하는 50구경 무기가 있어요. 저격은 외과 수술처럼 정밀한, 2인 1조로 하는 작전이에요. 한 명은 표적을 찾는 임무를 수행하고 다른 한 명은 저격을 해요. 저격수는 말 그대로 최대한 숨을 멈춘 상태에서 방아쇠를 당기죠. 숨을 쉬기만 해도 표적이 십자선cross hair에서 빗나갈 수 있으니까요.

그런데 어쨌든, 다시 말하지만 관객이 지형에 대한 감각으로 이 작품의 현실을 이해하는 게 중요했어요. 이 상황을 병사의 시각에서 볼 수 있게요. 그게 마크가 임베드 갔을 때 받은 일종의 임무였어요. 그는 다음 날에도 살아남을 수 있을지를 확신할 수 없었어요. 병사들도 그걸 모르기 때문에, 나는 관객도 그와 동일한 방식으로 느끼기를 원했어요. 관객이 긴장을 풀 수 있는 순간이 단 한 순간도 없기를 바랐어요. 복무 기간이 끝날 때까지, 그런 기회는 정말 존재하지 않아요. 그래서 그런 느낌을 영화에 주입하고 싶었어요.

펜들턴 그러니까 관객에게 "체험"을 제공한다는 아이디어는 영화감독으로 지낸 다년간 경험에서 얻은 아이디어인가요? 아니면 영화감독이 되기 전부터 관심을 가졌던 건가요? 당신 영화 중 많은 영화가 관객으로 하여금 영화 다루는 사람들의 처지에 서도록, 뱀파이어나 서핑하는 갱단처럼 절대 경험해보지 못했을 순간들을 겪게 만드는 내용입니다. 이건 당신이 영화감독으로 보낸 세월 동안 발전시켜온 건가요, 아니면 이 특별한 영화에 새로 적용한 건가요?

비글로 우리 모두 본능적으로, 또는 무의식적으로 그렇게 작업한다고 생각해요. 하지만 당신이 입수할지도 모르는 짧은 단편을 만든 적이 있어요. 그 영화를 언급해서 미안한데, 당신이…….

펜들턴 저는 당신이 컬럼비아 학생일 때 만든 〈셋업〉이라는 영화를 보고 싶어 죽을 지경입니다. 에이미 토빈은 그 영화를 비글로 작품의 로제타스톤^{중요한 열쇠}이라고 불렀습니다. 그 영화는 지금 MOMA^{뉴욕현대미술관}에 있는데, 우리는 그걸 다음 주말에 상영하려고 애쓰고 있습니다. 그러니 다시 보러 와주세요.

비글로 그 영화는 대단히 조잡해요. 기초적인 형태만 갖췄지 제대로 된 모습으로 발전하지 못한 영화예요. 사과드려요. 하지만 나는 그 영화에서—다시금 조잡하고 기초적인 방식으로—스크린과 관객 사이에 그런 계약이 일어나는 것을, 달리 말해 관객이 거의 심리학적인 반응을 하게끔 만들 수 있는 이유를 창조해내려고 애썼어요. 어떤 사람이 〈허트 로커〉에 대한 글을 썼는데, 내가 이 영화를 칭찬하겠다고 이런 말을 하는 건 아니고, 아무튼 그는 엘드리지가 탄환에 묻은 피를 닦아내는 장면을 볼 때 말 그대로 입에 침이 돌았다고 썼어요. 그건 분명 불가능한 일이에요. 하지만 어쨌든, 그건 그토록 격렬한…… 그런데 이 단편에는 어떤 순간이 있냐면…… 20분짜리 영화예요. 폭력을 약간 보여주고, 그다음에는 폭력을 해체해요.

나는 자크 라캉을 읽으면서 컬럼비아 철학과에도 다녔어요. 그러니 내게는 세상만사가 다 해체와 관련되어 있었어요. 지금은 해체에서 원자화^{atomization}로 이동해왔어요. 그렇다는 사실을 어느 인터뷰에서 깨달았는데, 우리는 그 내용을 얘기했죠. 어쨌든 나는 지금도 여전히 같은 작업을 하고 있어요. 우리 교수님 중 두 분은 철학자였어요. 실베르 로트랑제와 마셜 블론스키는 정말 놀라운 분들이에요. 이런 얘기를 하면 내가 지나치게 지적이고 박식한 사람처럼 들릴 텐데, 그런 의도로 하는 말이 아니에요. 그들은 폭력을 짜릿하게 만드는 것과 관음증과 관련해서 관객을 다른 차원으로 데려가는 것을, 관찰하는 행동의 즐거움이 무엇인지, 그걸 흥미롭게 만드는 이유가 무엇인지, 그런 계약을 창조해내는 게 무엇인지 해체하려고 애썼어요. 그러니까 나는, 영화가 관객을 다른 차원으로 데려갈 수 있는 영역에서 내가 약간 탄력적으로 작업하려고 계속 애쓰고 있다는 걸 무의식적으로 느껴요. 나는—이건 지나치게 폭넓고 끔찍한 일반화인데—문학이 영화보다 숙고적인 매체고 영화는 관객을 다른 차원으로 데려갈 수 있다고 생각해요. 바라건대 관객이 사막을 배경으로 한 영화를 보고 나오면서 몸에 묻은 모래를 털어야겠다는 기분을 느낄 수 있었으면 해요. 영화는 관객이 실제로 원했거나 원하지 않았을 여정에, 이라크에서 폭발물 기술자가 되는 것 같은 여정에 데려갈 수 있어요. 물론 나는 그들이 실제로 그런 존재가 되는 것을 원치 않는다는 걸 알아요.

펜들턴 정말로 이해에 도움이 되는 얘기로군요. 왜냐하면 당신과 같은 배경을 가진 사람에게, 1970년대 개념미술에 종사했으며 미술계의 명망 높은 사람들과 같이 작업한 배경을 가진 사람에게 우리가 기대하는 건 더욱 실험적인 영화입니다. 그런데 당신은 내러티브 영화에, 특히 장르 영화에 꾸준히 매력을 느껴왔습니다. 지금 당신이 영화감독으로서 자신의 경력을 어느 정도로 미술가나 비주얼 아티스트로서 받은 훈련의 결과로 보는지 궁금합니다. 자신이 어느 정도 변화한 걸로 보는지요.

비글로   내러티브로 건너온 건 나에게 커다란, 커다란 변화였어요. 나는 거의 영원처럼 보이는 기간 동안 비非내러티브를 작업해왔어요. 단편도 비내러티브였고요. 그런데 내러티브를 포용하고 작품으로 실현하면서 깨달았어요. 내가 미술계에서 작업할 때 내러티브는 협소한 공간에서 채굴하는 것과 비슷했고, 쉽게 이해가 가능하면서도 핵심적인 골자를 가진 작품을 만드는 건 성배聖杯의 일종이라는 걸요. 상당히 중요한 내용을 담고 있으면서도 그 내용을 커뮤니케이션하는 데 반드시 관심을 갖지 않아도 되는 작품을 작업하는 건 경이로운 일이에요. 내가 하려고 노력한 미술 작업은 다 그랬다고 생각해요. 내가 한 작업을 다른 사람이 무시하더라도, 그건 여전히 위대한 작품일 수 있고, 그런 생각을 정당화할 수 있는 작품은 엄청나게 많아요. 하지만 나한테 흥미로웠던 건, 워홀 같은 아티스트들을 보면서 그가 얼마나 포퓰리스트populist인지 확인하는 거였어요. 그의 작업은 정말 세련되고, 범작들보다 훨씬 더 뛰어나요.

펜들턴   당신은 위대한 전통 안에서 작업한 겁니다. 초창기 영화감독 다수가 동일한 일을 하고 있었기 때문입니다. 자, 관객에게 질문의 장을 열겠습니다. 질문하고 싶어 죽을 지경이라는 분 있나요……. 처음 드는 손이 항상 가장 들기 어려운

313

손인 법입니다. 여기 계신 남자 분.

질문자 　비글로에게 오늘 밤 와주셔서 고맙다는 인사를 드리고 싶습니다. 이 영화를 본 건, 그리고 당연히 당신을 직접 보면서 영화에 대한 얘기를 나누는 건 제게 정말 환상적인 선물입니다. 저는 당신을 오래전에 봤습니다. 〈죽음의 키스〉가 상영될 때 저는 뉴욕에 있는 필름스쿨 학생이었습니다. 따라서 당신을 다시 보는 건 제게 너무도 특별한 선물입니다. 그때 그 영화도 봤지만, 당신이 학생 때 찍은 영화도 봤습니다. 그 영화에서 두 남자는 골목에서 대단히 노골적으로 싸우다가 결국 서로를 애무하는 듯한 상태에 다다릅니다. 따라서 거기에는 늘 동성애적인 측면이 있습니다. 평론가들도 그런 특징에 대해 얘기했고, 이 영화에서 제임스 중사의 방에서 벌어지는 싸움 시퀀스에서도 잠재적으로 그런 점이 보입니다. 제가 당신한테 하는 질문은 제임스 중사와 그 소년의 관계에 대한 겁니다. 그 관계는 저한테 갑자기 툭 튀어나왔습니다. 그가 죽어서 누워 있는 소년이 그 소년일 거라고 짐작하는 시퀀스에서 특히 그렇습니다. 그런데 그 소년은 폭탄을 품고 있고, 그는 소년을 쓰다듬습니다. 동성애적 상황으로 볼 수도 있는 장면입니다. 그래서 저는 당신이 다른 병사들과 함께 발전시킨 이런 스리섬threesome의 관계 외부에서, 이 소년이 〈허트 로커〉의 커다란 이야기에 어떻게 부합하는지 궁금합니다.

비글로 　제임스 중사는 상당히 복잡한 캐릭터예요. 그를 많은 방식으로 묘사할 수 있어요. 동료 한 명이 통념에 어긋나는 친절을 베풀다가 자폭할 때 그는 전투의 열기 속에서도 능력을 발휘할 수 있어요. 그럼에도 그는 어떤 캐릭터냐면……내가 이 작품에 대해 흥미롭다고 생각하는 건 캐릭터들이 변하지 않는다는 거예요. 내가 캐릭터들을 처음 만났을 때 그들은 이미 완전히 형성되어 있었어요. 그런데 우리가 제임스 같은 사람과 맺는 관계는 변해요. 우선, 우리는 불안해하죠. 우리는 이 그룹을 불안해해요. 폭탄과 팀 리더 중 어느 쪽이 더 위험한지 알 길이 없어요. 그러다가 이 남자에게 그 자신과 팀을 살아 있게 만들기 위해서는 허세를 동반한 스킬 세트라는 특징이 필요하다는 역설을 깨닫게 돼요. 그건 흥미로운 패러독스예요. 반면 그는 전쟁의 소모적인 효과에 대한 생각을, 자신이 어떻게 투명한 존재가 되어가고 있는지에 대한 생각을, 천천히 모습을 드러내는 방식으로 어떻게 형체를 갖춘 존재가 되는지에 대한 생각을 점점 더 하게 돼요……. 자신의 그런 태도를 어느 정도 상실하기도 하죠. 물론 그에게는 그런 점이 보이지 않아요. 우리는 명확히 보지만요. 황폐해진 그가 보여요. 전쟁 때문에 황폐해진 게 아니라 전쟁이 끼친 영향 때문에 황폐해진 거예요. 그러니 그가 전쟁의 영향에 휘둘리지 않았던 건 아니라는 거죠.

대단히 복잡해요. 그는 많은 사람이 반영된 결과물이에요. 많은 측면을 갖고 있죠. 하지만 변한 건 우리가 그와 맺은 관계에요. 우리는 그에게 아름다운 집과 가족을 떠나도 좋다고 허락했어요. 어떤 면에서 그는 대단히 자의식이 강하고, 필요로 하는 삶의 의미와 목적을 얻기 위해 해야 하는 일을 하고 있으니까요. 대답을 제대로 한 건지 모르겠지만, 그는 분명 전투의 영향을 받은 대단히 복합적인 개인이에요.

펜들턴 당신이 말한 것처럼, 우리가 그와 맺은 관계는 대단히 복잡해집니다. 전쟁 영화에서 전형적인 설정이지만 그들이 집에 가기를 원해서 집에 갔을 때, 그 귀환은 문제가 되기 때문입니다. 반면 그가 결말에서 이라크로 돌아가는 건 완벽하게 조리에 맞습니다. 이때 관객은 그가 이라크로 돌아간다는 사실에 즐거워하게 됩니다. 영화가 너무 짜릿했고 스릴이 넘쳤기 때문입니다.

비글로 맞아요.

펜들턴 그가 스릴을 경험하는 방식은 관객으로서 우리가 스릴을 경험하는 방식으로 순환 주입되고, 우리는 그 경험에 빠져듭니다.

비글로 맞아요. 그리고 관객은—슈퍼마켓 시리얼 통로에서처럼—그가 상황에 압도당했을 때 그 사실을 알게 돼요. 그는 155구경이 일고여덟 개가 연결된 데이지 체인을 해체할 수 있는 사람인데도, 시리얼을 선택하는 것 같은 대단히 간단한 일은…… 그에게 불가능한 일이에요. 그 점이 흥미로워요. 그가 처음에 어떤 사람이었는지 말이에요. 그에 대한 우리의 이해는 점점 넓어지고 깊어지고 풍부해져요. 우리는 그

펜들턴 를 이해하면서 어떤 면에서는, 그를 용서하기로 마음먹어요. 영화의 끝부분에서 베컴그가 죽었다고 생각한 이라크 소년이 여전히 살아 있는 걸 그가 봤을 때, 어떤 면에서 그는 베컴과 관련한 보상을 받습니다. 동시에 다시 상처 받는 경험을 원치 않는데요. 그와 다시 친해지려고 하지 않습니다.

비글로 그래요. 정확한 얘기예요.

펜들턴 좋습니다. 손을 든 분이 많군요. 여기, 앞줄 남자 분을 선택하겠습니다. 다음 질문은 중간에서 받겠습니다.

질문자 안녕하세요. 당신은 '감정이입'이라는 단어를 언급했습니다. 그런데 저에게 너무도 강한 인상을 준 건 사랑이었다고 생각합니다. 동료가 그에게 주먹을 날렸을 때 그가 느낀 사랑이요. 정말로 세게 때렸는데, 그는 별다른 반응을 하지 않으면서 대수롭지 않게 여깁니다. 어떤 면에서 그건 대단히 사랑스러운 반응입니다. 그런 남자라면 격분해서 길길이 날뛸 거라고 예상했는데, 순간 그의 캐릭터가 몹시 심오해지고 복잡해집니다. 그가 하는 행동을 묘사할 단어가 사랑밖에 없는 순간이 여러 군데 있었습니다. 그가 느끼는 건, 동포들을 위한 사랑입니다.

비글로 흥미롭네요. 최근에 EOD 기술자들에게 영화를 보여줬는데, 그 사람들이 그에게서 주목한 게 바로 그거였어요. 시나리오를 쓴 작가 입장에서 정말 흐뭇한 일이라고 생각해요. 영화에서 그의 상냥한 측면이 두드러졌으니까요. 그의 평소 말투는 보통 전쟁 영화 캐릭터의 스테레오타입이에요.

정상적인 관습이 무너져 내리고 있는 곳에서는 누군가를 책망하는 게 보통이죠. 하지만 그는 (전쟁 영화에) 거의 등장하지 않는 말을, 실생활에서는 자주 하는 말을 자기 견해로 얘기해요. 그건 우리가 하는 말과 정확하게 일치해요. 그가 그 남자를 다시 포용하고, 그 남자가 한계나 두려움 때문에 부적절한 방식으로 수치심을 느끼며 얼굴을 파묻지 않게끔 만드는 데는 애정이 깔려 있어요. 그건 아버지가 하는 일이라고 생각해요. 바로 그때 관객은 제임스를 향해 애정을 쏟기 시작해요.

펜들턴 오케이, 여기 있는 이 남자 분.

질문자 이 영화의 매혹적인 속성은, 제 생각에, 상당수가 편집에서 비롯됐습니다. 감독으로서, 당신은 어떻게 작업했나요? 제 말은, 당신은 원하는 걸 얻으려고 많은 촬영을 했을 게 분명한데 편집 과정에서 그걸 어떻게 정리했나요? 제 말 이해되나요?

비글로 그럼요, 아주 잘 이해했어요. 우리는 이 영화를 중동에서, 요르단에 있는 암만이라는 도시 주위에서 여름에 촬영했어요. 살인적인 더위 속에서 44일간요. 내가 동원한 카메라 네 대는 하루에 열네 시간을 논스톱으로 일했고, 우리는 필름 100만 피트를 갖고 돌아왔어요. 이 영화는 깨알만 한 제작비로 만든 영화라서—할리우드 관점에서 보면 그렇다는 거예요—우리는 가위질을 할 필요도 없었어요. 하지만 나한테는 정말, 정말로 실력 있는 편집 감독이 두 명 있었어요. 그들과 나는 필름을 작업했어요. 날마다, 하루에 열두 시간 일하고 다음 날 다시 열두 시간 일하는 식으로요. 시간은 이 직업을 묘사할 때 쓰는 단위로 별로 유용하지 않아요. 어쨌든 이런 영화로 끝이 났고, 여러분이 여기 와서 영화를 보게 됐어요. 놀라운 일이에요. 그리고 맞아요. 촬영한 필름을 샅샅이 훑는 건 소재가 쌓여서 만든 에베레스트를 오르는 거랑 비슷해요. 우리가 이 작업을 해낼 거라고는 생각하지 못했어요. 러시 필름을 보는 것만으로도 고된 경험이었죠. 하지만 당신이 한 말이 절대적으로 옳아요. 편집은 촬영의 강점을 제대로 최대화시켜줘요. 어쨌든, 질문 고마워요.

펜들턴 여기 있는 젊은 남자 분. 마이크 기다리세요.

질문자 제 질문은, 당신의 영화를 보는 관객 중 상당수가 전쟁을 경험하지 않을 거라는 점을 감안할 때, 영화가 리얼리스틱하다는 걸 관객에게 납득시키는 과정에서 당신이 겪은 어려움은 무엇이었나 하는 겁니다. 전에 나온 전쟁 영화들이 관객이 느끼는 리얼리즘의 감각에 상당히 큰 영향을 줬을 게 분명한 시점에서 말입니다.

비글로 으음, 나도 경험적으로 확신을 못해요. 전쟁터에 있었던 게 아닌 한에요. 그러니까, 나는 이게 영화적이기를 원했어요. 이 작품은 다큐멘터리가 아니에요. 그래서 그 점은 명확하다고 생각해요. 이건 픽션이고, 등장인물들은 여러 사람을 합성한 캐릭터들이에요. 하지만 나는 이 영화가 상당히 구체적이었다고 믿어요. 시나리오에 그런 구체성이 담겨 있었고, 우리는 그걸 스크린에 옮겨오려고 애썼어요. 구체적인 걸 정말 엄격하게 추구했어요. 그가 배를 깔고 누워 있는 것처럼요. 그는 허리를 굽히고 작업하지 않아요. 배를 바닥에 깔고 정확히 그가 해온 방식대로 일해요. 이건 허구로 지어낸, 상상으로 빚어낸 우주가 아니에요. 영화에는 이 특별한 전쟁이 마구잡이로 빚어낸 혼란만이 창출할 수 있는 고통스러운 논리가 들어 있어요. 2004년부터 2006년 사이에 존재한 모든 기술이 오늘날의 기술과 동일하다고 말하는 게 아니에요. 오늘날의 기술은 판이하게 달라요. 하지만 당시 그 순간에는…… 마크가 관찰한 것을 우리가 가급적 정확하게 표현해냈다고 생각해요. 우리가 비밀에 부쳐진 소재는 쓸 수 없었다는 점을 감안하면요……. 정말로 좋은 질문이에요.

펜들턴 여기 있는 남자 분을, 다음에는 객석을 가로질러서…….

질문자 여기 나오는 배우들은 어떻게 찾아냈고 그들을 어떻게 영화에 밀어 넣었나요. 당신이 그렇게 많은 촬영을 했다면 비지땀을 쏟고 녹초가 되었을 텐데요. 주연배우가 이 역할에 비범할 정도로 헌신한 건 경이적인 일입니다. 배우들과 어떤 작업을 했나요?

비글로 제레미 입장에서 이 영화는 분명 내가 상상할 수 있는 한, 내 짐작에는 그가 상상할 수 있는 한, 굉장히 어려운 촬영이었어요. 그 슈트는 우리 의상부나 미술부가 만든 게 아니에요. 케블러하고 세라믹 판으로 만든 100파운드$^{45.36킬로그램}$ 짜리 슈트에요. 날씨가 화씨 110도$^{섭씨 43.3도}$에서 115도$^{섭씨 46.1}$ ^{도} 사이였어요. 그래서 나는 그의 피로도와 더위를 견디는 능력에 무척, 무척 민감했어요. 꾸준히 촬영을 중단하고 휴식을 취하면서 그가 괜찮은지 확인했어요. 그가 짧은 휴식을 취하는 동안에는 다른 걸 촬영했죠.

한편 그는 그런 연기를 하고 싶어 했어요. 그 배역을 온전히 자기 걸로 만들기 위해 그런 일을 했다고 생각해요. 그는 지칠 줄 모르는 사람이었어요. 우리는 대단히 운이 좋았어요. 그는 진실성과 솔직함을 발산하는 능력을 가진 너무나 훌륭한 배우예요. 시나리오가 약간 미묘하기도 했는데, 그건 대단히 자연스러운 방식으로 집필됐지만 묘사가 풍부하게 되어 있지는 않았어요. 사람들은 이런 장황한 배경 사연을 보지 않죠. 주인공의 목숨이 걸린 상황이 한창일 때는요. 우리는 많은 영화에서 그런 사연을 보지만 나는 그걸 딱히 좋아하지 않아요. 아무튼 주인공은 특별한 방식으로 무슨 일을 하려고, 전략적 결정을 내리고 있어요. 고향에 있는 여자 친구와 얘기를 하고 있는 게 아니에요. 이런 상황들은 이 사람들이 심한 압박을 받으면서 자기가 할 일을 하는 심각한 상황이에요.

펜들턴   주스 신이 떠오르네요.

비글로   그래요, 주스 신…….

펜들턴   군에 있는 사람들이 이 영화를 봤나요? 제가 가진 다른 의

문은, 군에 이 일을 하는 여성이 있나요?

비글로 그래요. 봤어요. 군에 있는 사람들한테 영화를 보여줬어요. 최근에 폭발물 처리반 기념 재단이라는 단체에 영화를 보여줬어요. 전사한 EOD 대원의 가족을 위한 기금과 장학금을 모금하는 단체인데, 이 영화를 정말 열렬히 받아들였어요. 그들은 군에 있는 모든 부대가, 네이비실이나 공군 조종사, 육군, 해병처럼 각자의 영화를 갖고 있는데 EOD에 대한 영화는 왜 없는 건지 궁금해했대요. 그들은 어쩌다 보니 이 특별한 분쟁의 중심이 됐지만, 그들과 함께 시간을 보낸 사람은 정말이지 아무도 없었으니까요. 그래서 그들은 이 영화를 열렬히 받아들였어요. 나는 시사회도 여러 군데 다녔어요. 많은 베테랑이, 특히 이라크전 참전 용사들이 나한테 와서, 자신은 EOD로 활동하지는 않았지만 현장 상황은 정확히 영화가 묘사한 그대로였다고, 그들은 영화가 실제 경험을 제대로 복제했다고 말했어요. 우리는 굉장히 긍정적인 반응을 받았어요.

펜들턴 이 일을 하고 있는 다른 여성들도 있나요?

비글로 이 일을 하는 여성들도 있어요. 내가 포트 어윈에서 EOD 기술자들과 시간을 보내고 있을 때였어요. 처음으로 그런 로봇을 봤어요. 놀라운 기술의 창조물이었죠. 로봇은 그때보다 더 발전했어요. 지금은 더 커졌고 기능도 다양해졌어요. 로봇에 장착하는 버펄로Buffalo라는 탱크도 있는데……. 어쨌든, 밤 슈트를 입은 사람이 있었어요. 그 사람이 몸을 돌리고 헬멧을 벗으니까 빨간 곱슬머리가 드러났어요. 그제야 나는 EOD가 젠더를 차별하지 않는다는 걸 깨달았어요. EOD가 되려면 극도로, 극도로 똑똑해야 해요. 기계를 다루는 솜씨도 뛰어나야 하고, 극단적인 압박 아래 즉시 여러 결정을 내릴 능력을 갖고 있어야 해요. 게다가 그건 모두 그들이 하겠다고 선택한 일이었어요. 정말 믿기 힘든 일이었죠.

펜들턴　좋습니다. 우리한테는 질문을 두 개 정도 더 받을 시간이 있습니다. 여기 두 분을 택하고 나서…….

질문자　짧게 코멘트하겠습니다. 이 영화의 편집은 부분적으로 사운드에 의해 보완된 듯합니다. 가장 멋진 컷 중 하나가 엘드리지의 몸이 들리고 그가 고통 때문에 울부짖을 때입니다. 화면은 죽 늘어선 싱크대로 컷됩니다. 그런 다음 카메라가 움직이는데, 그건 완전히 부차적인 장면처럼 보입니다. 물론 두 숏 사이에는 많은 게 배제됐습니다만 고통스러운 울부짖음은 우리를 한 순간에서 다음 순간으로 곧장 몰고 갑니다. 그걸 보면서 깨달은 건, 이런 테크닉이 영화 내내 사용된다는 겁니다. 당신은 그런 테크닉을 활용하고 있습니다. 누군가 이런 결정을 내리고 있고…….

비글로　그게 누군가요?

질문자　나도 그 사람이 누군지 궁금합니다! 시나리오가 정말 훌륭합니다. 이 영화를 만들기까지 많은 연출이 있었을 겁니다. 샘본과 제임스 사이의 관계가 발전하는 것도 특히 대단하다고 생각했습니다. 제 말은, 간단히 말하자면, 주스 순간으로 이어지기까지 그들이 무엇인가 공유했다는 걸, 그들의 친절함이 표현된 순간이 있다는 걸 압니다. 친절함이라는 게 한편으로 보면 약점이기도 한 세상에서 말입니다. 내 양 옆에 앉은 분들이 하고 싶은 말이 많습니다. 두 분 다 여성입니다. 그리고 나는 남자들도 하고 싶은 말이 많다고 생각합니다.

펜들턴   거기 있는 분이 손을 든 것 같은데…….

질문자   영화를 보기 전에 제목의 뜻이 궁금했는데, 지금도 그게 궁금합니다. 이 제목을 선택한 이유와 이게 무슨 뜻인지 말해줄 수 있나요?

비글로   '허트 로커'는 마크가 임베드 가서 들은 용어예요. 그가 거기 있을 당시 사용되던 말로, 군대에서 쓰는 용어였어요. 듣자 하니 스포츠 용어이기도 하고요. 위험한 장소, 어려운 장소를 뜻해요. 예를 들어 그가 들은 문장에서 이렇게 사용됐어요. "이 폭탄이 터지면 우리는 허트 로커에 있게 될 거야." 상당히 구체적인 용어죠. 그런데 내가 이 용어를 좋아한 건, 이 용어가 어느 정도 듣는 사람이 나름의 해석을 하게끔 만든다는 점이었어요. 여러분도 알다시피, 영화에서 이 용어를 절대로 정확하게 설명하지 않는 이유가 그거예요. 이 말을 듣는 사람은 각자 특정한 느낌을 받게 돼요. 이 용어가 가리키는 게 부드럽고 친절한 곳은 아닌 게 분명해요. 어느 정도 똑 부러지게 규정하기는 어려운 용어예요.

펜들턴　질문을 하나 더 받아볼까요.

질문자　제가 다른 분 기회를 훔친 것 같은데요. 제가 질문해도 될까요? 이게 남자들을 다룬 전쟁 영화라는 걸 알아채지 못하기란 어렵습니다. 그런데 당신은 여자입니다. 〈타임스〉에서 당신에 대한 글을 읽었는데, 그 기사를 쓴 사람이 처음부터 당신을 여성 감독이라고 적고는 그 사실은 중요치 않다고 쓴 걸 보고 상당히 기분이 나빴습니다. 그런데 기사의 나머지는 당신이 여성 감독이라는 사실에 대한 내용으로 일관하더군요. 이런 질문이 달갑지 않겠지만, 어쩔 수 없이 그 생각을 할 수밖에 없습니다.

　이 영화는 전쟁 영화라서, 제가 이 영화를 좋아하게 될 거라고 기대하지는 않았습니다. 저는 전쟁 영화에 매력을 느끼지 않거든요. 그런데 이 영화는 마음에 듭니다. 이 영화가 대다수 전쟁 영화보다 여성에게 더 매력적일지도 모르는 이유에 대해 당신이 민감하게 여기는지 궁금합니다. 당신은 당신의 여성적인 관점과 관련이 있다고 느껴지는 무언가를 영화에 의식적으로 투입했나요? 아니면 제가 그럴 거라고 상상하고 있는 건가요? 그것도 아니면, 당신은 그걸 의식하지 못하는 건가요?

비글로　으음, 복잡하네요. 나는 분명히 우리 존재가 관점에 영향을 미친다고 생각해요. 그리고 영화감독으로서 내가 스크린에 올려놓는 내용은 확실히 내 존재를 반영해요. 나도 모르겠어요. 나는 어떤 사람의 작품을 보면 그 사람의 성격에 대한 감을 가질 수 있다고 느껴요. 우리가 그림을 보면서 느끼는 것처럼요. 우리는 그림을 보면 그걸 그린 사람이 어떤 사람인지에 대한 감을 잡을 수 있어요. 반면 어떤 사람의 젠더가 그 사람이 하는 일에 영향을 미칠지 내가 정확히 집어낼 수 있는지 여부는 모르겠어요. 젠더가 그 사람의 정체성과 감수성에 영향을 주기는 할 거예요.

많은 여성이 이 영화를 좋아한다고 알고 있어요. 그래서 무척 행복해요. 고마워요. 당신의 질문에 대답할 더 구체적인 방식이 있기를 바라지만, 나도 확신이 없네요. 언젠가 내가 어떻게 대답할 수 있는지 알게 되면 나한테 알려주세요.

펜들턴 조금 전에 가운데 있는 이분한테 약속했어요…….

질문자 먼저, 도무지 잊을 수 없을 만큼 아름다운 영화였다고 생각합니다. 숨 막힐 정도로 좋은 영화였습니다. 내가 본 걸 도무지 믿지 못하겠습니다. 질문을 짧게 하고 싶습니다. 다른 분들도 질문을 하고 싶어 할 테니까요. 저는 당신이 일인칭 시점을 선택하는 것에 주목합니다. 당신이 좋아하거나 현실을 더 잘 반영한다는 걸 알게 된 시점(POV)들이 있나요? 질문이 조리가 맞는지 모르겠네요.

비글로 아뇨, 조리에 맞아요. 고마워요. 나는 시점 숏을 선택할 때 그 숏을 구두점punctuation처럼 사용했다고 생각해요. 그가 슈트를 입고 헬멧을 쓴 경우처럼요. 관객은 헬멧 안에서 세상을 보고 그의 숨소리를 들어요. 그러면 무거운 슈트를 입고 삐걱거리면서, 숨 쉬는 것조차 중노동으로 만드는 압박을 가슴에 받을 때의 느낌 속으로 낙하산을 타고 투입돼요. 그걸 구두점으로 활용하면 장면이 정말 근사하게 남을 거라고 생각했어요. 그게 관객의 이해를 위한 필수적인 도구라고, 병사들의 눈을 통해 이 분쟁을 체험적으로 보게 하는 필수적인 도구라고 생각했죠.

펜들턴   질문을 하나 더 받고 싶나요?

비글로   그래요. 하나 더 받죠.

질문자   저는 영화를 공부하는 감독 지망생입니다. 따라서 이번 시사회는 저한테 대단히 적절한 자리였고, 여기 오게 되어 대단히 기쁩니다. 제 질문은 모두가 갖고 있는 '이 영화는 왜 이렇게 리얼하게 느껴지는가?'하는 생각과 관련이 있습니다. 제가 처음 생각한 건 캐릭터였습니다. 캐릭터가 시나리오에서 비롯된다는 것을 압니다. 당신이 저널리스트인 마크와 친구라고 아는데, 맞나요? 이게 그가 직접 한 경험만은 아닐 겁니다. 주위에 있는 모두를 지켜보면서 얻은 정보겠죠. 이 영화의 어느 정도가 사실인가요? 제 말은, 이 영화는 많은 면에서 다큐멘터리와 무척 비슷하게 느껴진다는 겁니다. 하지만 경험을 시나리오로 옮기고 스크린으로 옮기는 동안 모든 게 변했겠죠. 그에 대해 조금 얘기해줄 수 있나요?

비글로   그래요. 좋은 질문이에요. 여기에 있는 사실상 모든 게 그가 보도했거나 관찰했거나 한 거예요. 일부 캐릭터들을 합친 다음에 픽션화했지만, 그것도 모두 객관적인 사실에서 비롯됐어요. 고스란히 영화로 옮겨진 건 하나도 없지만—

한편 영화 전체는 우리가 고안해낸 거예요. 이건 픽션이니까요—모두가 세심한 관찰에서 얻은 거예요. 모든 사건과 캐릭터를요. 자동차 뒤에 폭탄이 너무 많이 실려 있는 걸 본 사람이 편안하게 죽고 싶다면서 밤 슈트를 벗는 것도 그가 보도한 사건이에요. 실제로 그런 일을 한 건 이스라엘 기술자였어요. 그는 트렁크를 발로 차서 열었는데, 거기에 폭탄들이 있었어요. 그러자 밤 슈트를 벗었어요. 그건 EOD 세계에서 숱하게 회자되는 전설적인 순간이에요. 따라서 이 시나리오는 정말 솜씨 좋게 다듬어졌어요. 캐릭터들과 그들이 함께 작업하는 방식에 대한 묘사 수위를 절묘하게 맞췄어요.

두 사람제임스와 샌본 사이에 생긴 반감과 그러면서 형성된 구조는 정말 뛰어난 시나리오 집필에서 시작됐어요. 그리고 영화감독으로서 이 말은 꼭 해야겠네요. 배우들과 마크와 스태프 모두, 그들은 이 영화를 하면서 나를 근사한 사람으로 만들어줬어요. 이 영화는 혼자서 만들 수 없어요. 직접적인 관찰과 상당히 구체적인 묘사를 통해…… 있잖아요, 우리 세트에는 기술 자문들이 있었어요. 우리가 촬영하는데 누군가 "그래, 야전에서는 저렇게 작업해"라고 말하지 않는 신이 하나도 없었어요. 우리는 그렇게 극도로 엄격했죠. 대충대충 하면서 날조하지 않았어요. 그건 확실해요.

질문자 고맙다는 인사부터 드립니다. 영화를 보면서 당신과 스태프, 작가를 생각했기 때문입니다. 그런데 이 영화를 보면서는—이건 내가 영화를 볼 때마다 하는 일입니다—특히 계속 이런 생각을 하게 됐습니다. '나는 여전히 그의 편에서 **느끼고 있어!**' 그런 느낌을 떨칠 수 없었습니다. 머릿속으로 막후에서 벌어지는 일을 볼 수 있을 정도였죠. 그러니까 여러분이 캐릭터에 대한 조사를 대단히 잘해냈다고 생각합니다.

비글로 오, 고마워요. 고맙고, 정말로 고마워요.

펜들턴 으음, 여기서 Q&A를 끝내야 할 것 같군요.(박수) 정말, 정말로 좋은 Q&A였습니다.

Q&A가 끝난 후

비글로 관객들이 영화를 마음에 들어 한 것 같아요. 모두들 다정하게 대해주셨어요. 이 말을 하고 싶어 못 참겠어요. 나는 그들을 사랑했어요. 한 사람 한 사람, 다요. 리얼리티에 대한 질문은 대단히 주관적이고 해석의 여지가 많기 때문에 흥미로웠어요. 여러분에게 리얼한 건 나한테도 리얼해요. 믿기 힘들 정도로 해석의 여지가 많았어요.

펜들턴 흥미로운 점은, 이 영화에 당신의 기존 영화와 매우 다른 리얼리즘이 있다는 겁니다. 이 영화가 많은 면에서 리얼리스틱하다는 데에는 의심의 여지가 없습니다. 전작들은 상상으로 빚어진 것과 리얼한 것이 정말로 끈끈하게 결합한 작품들입니다. 그런 점을 주목할 만하다고 생각합니다.

비글로 고마워요. 당시 나는 그런 걸 리얼하다고 느꼈어요. 하지만 지금은 그것도 모두 환상적인 영화의 일종이라고 생각해요. 이 영화를 만들면서 달라졌죠.

펜들턴 그런데 당신이 디테일을 활용하는 법은…….

비글로 이 영화는 내가 시사적이고 시의적절한 소재로 향하게끔 만들었어요.

펜들턴 오, 그래요. 정말로 흥미롭군요.

비글로 그 영역으로 나가고 또 나가서 다큐멘터리 직전까지 도달하게 만들었어요.

펜들턴 (질문이 녹취되지 않음. 사운드 디자인에 관한 질문으로 추정.)

비글로 사운드. 그에 대해 얘기하고 싶었어요. 우리 사운드 디자이너는 믿기 힘들 정도로 뛰어난 사람이에요. 나는 스코어를 넣지 않길 원했어요. 스코어는 반복적으로 사용되기 때문에 서스펜스를 앗아가니까요. 어떤 음악 구절이 나오면, 관객들은 그 구절이 반복될 거라는 걸 알아요. 그러고는 또 다른 구절로 향하죠. 거기에는 서스펜스가 들어갈 자리가 없어요. 반복될 거라는 걸 아니까요. 그런데 사운드 디자인을 집어넣으면, 그리고 스코어를 넣지 않으면 관객은 화면에서 무슨 일이 벌어질지 짐작하지 못해요. 그래서 리얼리티에 상당한 도움을 줬다고 생각해요. 서스펜스는 캐릭터에만 있는 게 아니라 사운드에도 있어요.

펜들턴   사운드는 경이롭다고 생각합니다……. 이미지보다 위력이 훨씬 더 셉니다. 굉장히 박력이 넘칩니다. 육체적이죠. 당신의 영화는 대단히 육체적입니다.

비글로   과압의 느낌을 전달하려고, 슬로모션 숏도 쓰려고 애썼어요. 특정 물질이 사람을 죽이기 전에 그보다 먼저 확산되는 가스가 있어요……. 그 가스가 사람의 체내에 있는 에어 포켓들을 완전히 박살내죠. 그래서 파편이 사람을 치기 전에 가스가…….

펜들턴   힘이…….

비글로   충격파의 힘이 근본적으로 그런 식이에요. 그런 느낌을 전달하려고 애썼어요. 마크와 얘기를 나눈 사람들은 하나같이 과압을 이해하는 사람이 세상에 아무도 없다는 말을 했으니까요. 그들은 셔츠의 옷감이 떨리는 걸 보고는 2마일[3.2킬로미터]쯤 떨어진 곳에서 커다란 충격이 일어났다는 걸 감지해요. 나한테 묘사한 바로는, 그때 그들은 약간 액화된 듯한 상태가 된대요. 도입부에 톰슨한테 일어나는 게 그런 거예요.

펜들턴   맞아요. 그가 왜 죽는 건지 궁금했어요.(다음 질문이 녹취 되지 않음.)

비글로   그래요, 많이 들지 않아요. 그는 사실 폭발 지점에서 약간 떨어진 곳에 있고 슈트를 착용하고 있어요. 얘기가 굉장히 복잡해요. 그들은 IED와 관련해서 이런 식으로 말해요. 100미터 밖에서는 아직 괜찮다고 생각하면서, 혹시 저기 스나이퍼가 있을지도 모른다거나 하는 이런저런 생각을 하고, 50미터 지점에서는 가족에 대해 생각하기 시작하고, 25미터에서는 돌아갈 수 없는 지점에 서 있다고 생각한다고요. 누구도 그 사람을 도울 수 없어요. 그 지점에서는 아무것도, 어떤 슈트도 소용이 없어요. 실수는 용납되지 않고요. 성공하거나 실패하거나 둘 중 하나예요. 그게 전부예요. 그리고 다시 그 일을 하죠. 하루에 열두 번씩.

펜들턴 그게 관객을 캐릭터들이 느끼는 고독 속으로 몰고 가는 걸 돕는 또 다른 방식이라고 생각합니다. 그들은 일종의 고요한 핵심에 있습니다. 여러 면에서 폭풍의 눈 같은 곳이요.

비글로 정확히 그거예요. 그들은 그걸 외로운 산책이라고 불러요. "외로운 산책을 하러 갈 거야." 그게 전부예요. 폭풍의 눈이죠. 주둔군 부대에게는 그게 일이에요. 그들은 우리를 위해 도시에 통제구역을 설정해요. 그게 전쟁이에요. 그들 자신이 전쟁인 거죠. 그게 전부예요. 그들은 그런 식으로 싸우고 있어요.

펜들턴 어느 인터뷰에서 당신이 이 영화를 신종 전투 영화라고, 여러 면에서 신종 전쟁 영화라고 말한 걸 읽었습니다. 분명이 영화는 새로운 영화입니다. 당신이 말했듯 새롭게 출현한 영화입니다.

비글로   하지만 이런 말을 하고 싶어요. 내 머릿속에 떠오르는 건—
내가 EOD 기술자와 얘기를 나눌 때—이제 우리가 폭발에
대해서 안다는 거예요. 그에 대한 글을 읽었으니까요. 내가
계산은 잘 못하지만, 비율로 따지자면 폭발이 한 번 일어날
때마다 안전하게 처리된 폭발물이 수십, 수백 개는 된다고
해요. 이루 헤아릴 수 없이 많은 사람이 목숨을 구한 거죠.
하지만 슬프게도 희생된 사람들도 있어요.

독불장군 여성 감독

캐리 리키 / 2009

번갯불처럼 호리호리한 캐스린 비글로는 〈블루 스틸〉 〈폭풍 속으로〉 같은 아드레날린과 전기로 가득한 영화들을 만든다. 180센티미터가 넘는 키에 바네사 레드그레이브처럼 환한 존재감을 뿜어내는, 대담하고 강철 같은 신경을 가진 이 아티스트는 흥분에 중독된 무모한 사람들에 대한 이야기에 매력을 느낀다.

2004년에 바그다드에서 활동한 미군 폭발물 처리반 기술자들을 다룬 그녀의 최신작 〈허트 로커〉는 그런 위험 중독자의 중추신경계에 관객들을 직접 접속시킨다. 이 영화는 비글로에게 커리어 동안 받은 최고의 리뷰들을 안겨주고 있다. "전쟁이라는 마약이 희생자들을 낚아채는 방식과 희생자들이 그 마약을 끊을 수 없는 이유를 잘 보여주는…… 개봉 즉시 클래식의 반열에 오른 영화"라고 〈월스트리트저널〉은 찬사를 보냈다.

〈허트 로커〉는 폭력을 제대로 숙고하면서 전사戰士의 심리 상태를

From the *Philadelphia Inquirer*, July 9, 2009. Reprinted courtesy of the *Philadelphia Inquirer* and Carrie Rickey.

파고드는 시의적절한 탐구다. 윌리엄 제임스 중사(제레미 레너)는 전쟁 외의 어느 것에도 어울리지 못한다. 그런 특징이 그를 그토록 기묘한 전쟁의 피조물로 만든다.

"그는 당신과 나, 다른 모든 사람이 줄행랑을 칠 물체를 향해 걸어가고 있어요." 관객들을 폭발물 기술자의 심리 속으로 차원 이동시키는 것을 사명으로 삼은 57세의 비글로는 말한다.

사제 폭발물을 신발 끈 풀듯 해체하는 이 중사는 영웅인가? 아니면 세상에서 가장 위험한 일을 하면서 자신의 패기를 시험하는 무모한 인간인가?

잘 다려진 검정 셔츠에 스키니 바지 차림이라 인간 느낌표처럼 보이는 비글로 입장에서, 제임스 중사는 무인 지대no-man's land에 매력을 느끼는 종류의 인간이다. 그녀는 자석처럼 그런 인간에게 매력을 느끼는 여성이다.

1983년 이후 여덟 편의 영화를 만드는 동안 비글로는 뱀파이어와 은행 강도, 군인 같은 다양한 주민이 거주하는 미지의 영역을 관객에게 보여주면서, 예상치 못한 방식으로 등장하는 폭력 행위로 방점을 찍었다. 그녀를 "남성 인류학자manthropologist"라고 부르는 사람도 있지만, 그녀는 자기 작품을 분석하길 꺼린다.

"그러지 않으려고 노력해요." 지난주 필라델피아의 호텔 방에서 그녀가 한 말이다. "나는 본능적으로 작업해요. 각각의 영화는 캐릭터로부터 시작됐어요. 이번 기회는 시의적절하고 시사적인 소재에서 비롯됐고요."

"이라크전에 대한 글을 읽었지만 '길가 폭탄'이나 'IED' 같은 표현을 읽으면서도 그게 무엇인지 완벽하게 이해하지 못했어요." 그녀가 한 말이다. 〈허트 로커〉 시나리오의 기반인, 바그다드에 임베드 간 저널리스트 마크 볼이 보내온 특전特電을 읽었을 때, 그녀는 그 위기와 위험을 제대로 이해했다.

"추상적인 전쟁에 의미를 부여할 만한 기회가 여기 있었어요." 그녀가 한 말이다.

비글로가 그런 위험을 그려내는 동안 제임스 중사가 시간과 싸워가며 해체하는 지긋지긋하고 독창적인, 잠재적으로 치명적인 조각품 IED가 모여들었다.

"이건 우리가 흔히 갖는 직업이 아니에요." 그녀는 말한다. "그는 외과 의사처럼 특별한 스킬 세트를 갖고 있어요. 차이점은……." 건조하게 덧붙인다. "외과 의사가 실수를 하면 환자가 죽어요. 그런데 폭발물 기술자가 실수를 하면 그 자신이 원자 단위로 산산조각 나죠." 하지만 성공은 아드레날린에 중독된다는 걸 뜻한다.

샌프란시스코 만 지역의 샌카를로스에서 태어난 비글로는 샌프란시스코아트인스티튜트에서 공부한 후(그녀를 가르친 교수 중에는 실험 영화 감독인 군보르 넬슨이 있었다) 조각가로 탄탄한 입지를 다졌다. 휘트니미술관의 펠로우를 받은 그녀는 1972년에 뉴욕에 도착했는데, 당시 그녀가 머물렀던 로어 맨해튼은 버려진 창고들이 가득한 불모지였다.

쓰레기 더미에서 찾아낸 6피트1.8미터짜리 철제 튜브를 조립해서 설치미술을 하던 그녀는 튜브들이 부딪치면서 굴러갈 때 울리는 음악을 좋아했다. 그녀는 그 소리를 테이프로 녹음했고, 그걸 설치미술에 반주로 깔았다.

그녀는 로프트를 개조하는 일로 생계를 꾸렸다. "나는 석고보드 작업을 했고, (작곡가) 필립 글래스는 배관 작업을 했어요." 그래도 돈이 빠듯했다. 그녀는 돈을 아껴 쓰는 법을 터득했다.

어느 여름에 그녀는 퍼포먼스 아티스트 비토 아콘치의 로프트에 기거했다. 화가이자 장래 영화감독인 줄리언 슈나벨을 포함, 장차 명성을 날릴 다른 아티스트들이 임대료도 내지 않고 그곳을 무단 점유하고 있었다. 그녀의 본능적이고 강렬한, 관찰하는 듯한 영화는 슈나벨의 초현실적 비전과 달라도 너무 달랐지만, 오늘날 미술계를 떠나온 이들보다 육체적이고 심리적인 분위기에 더 예민한 영화감독들은 드물다.

섹스와 폭력이 가득한 라이너 베르너 파스빈더와 피에르 파올로 파졸리니의 이미지에 흥분한 비글로는 조각에서 영화로 옮겨왔다. 그녀의 데뷔작은 〈셋업〉이었다. 두 남자가 싸우는 동안 두 이론가가 오가는 펀치의 의미에 대한 가설을 보이스오버로 제기한다. 거의 모든 비글로의 후속작이 그런 이미지와 남성성, 공격성으로 가득하다.

처음부터 그녀의 자극적이고 쇼킹한 영화들은 아드레날린으로 고동쳤다. 〈사랑 없는 사람들〉에서 윌렘 대포는 모터사이클에 걸터앉아 공간을 가른다. 〈폭풍 속으로〉는 뜀박질과 서핑, 스카이다이빙의 3종 경기다.

그녀 자신이 근육질의 영화감독이자 운동선수—"하이킹을 하고 바이크를 타고 말을 타요"—인 비글로는 그런 육체적 활동을 스크린으로 옮겨온다. 그녀를 유일한 여성 액션 감독이라고 부르는 사람들도 있다. 하지만 왕년에 아이다 루피노가 질주하는 차와 말에 카메라를 장착하고 시합하는 테니스 선수들을 오가며 찍었던 것처럼, 비글로에게 있어 액션은 심리를 드러낸다.

그녀는 할리우드 근처에 산다. 하지만 제임스 캐머런 감독과 짧은 기간(1989~91년) 함께한 것을 제외하면 비글로는 결혼 생활을 다시 하지 않았다. 그녀는 자기 영화의 제작비를 독립적으로 조달했다. 그리고 다작하지 않고, 3년에 한 편 정도 영화를 만들었다.

〈허트 로커〉가 9월 베니스영화제에 나왔을 때, 일부 인사들은 이 영화가 전쟁을 구체적으로 비판하지 않는다고 목소리를 높였다.

"나에게 그건 위험한 직업이고 그들이 자원병으로 구성됐다는 게, 그들의 심리가 전쟁터에서 싸우는 사람들을 규정한다는 게 굉장히 명확하게 보여요." 영혼을 잠식하는 강렬한 도취감을 점점 더 갈망하는 제임스 중사에 대해 그녀가 한 말이다.

"전쟁의 추악한 비밀은," 비글로는 예전에 말했었다. "어떤 사람들은 그걸 사랑한다는 거예요."

수수께끼 같은 영화의 제목이 폭발물 기술자가 입는, 착용자를 우주 비행사와 비슷하게 만드는 케블러Kevlar 슈트를 암시하는 거냐고 묻자, 비글로는 고개를 젓는다. "그건 마크가 임베드 때 들은 슬랭이에요. 허트 로커는 있고 싶지 않은 곳, 예를 들어 오물이 흐르는 개천 같은 곳을 가리키는 용어에요. 관棺을 뜻할 수도 있고요. 나는 모호한 게 좋아요."

영화의 진실성

킹슬리 마셜 / 2009

미군 폭발물 처리반에 속한 세 병사를 중심으로 한 캐스린 비글로의 전쟁 영화 〈허트 로커〉가 2010년 아카데미시상식을 휩쓸었다. 오스카 아홉 개 부문에 후보로 지명된 이 영화는 비글로가 받은 감독상과 작가 마크 볼이 받은 각본상, 음향 편집과 음향 믹싱에 주는 상과 작품상을 포함해서 여섯 개의 오스카를 받았다.

2002년 〈K-19〉 이후 비글로가 내놓은 이 장편은 마크 볼과 긴밀하게 협력해서 만든 작품으로, 볼의 시나리오는 그가 쓴 엘리트 폭발물 기술자 제프리 사버의 프로필 기사에서 싹텄다. 제목이 '밤 슈트를 입은 남자'였던 그 기사는 〈플레이보이〉 매거진에 처음 발표됐다.

그 결과로 나온 영화는 〈블루 스틸〉 〈폭풍 속으로〉처럼 비글로의 경력을 도약시켜준 영화들의 아드레날린과 약간 차이가 있다. 새 영화의 분위기는, 데이비드 사이먼이 HBO를 위해 만든 텔레비전 시리즈 〈제너레이션 킬〉에서 묘사한 분위기와 비슷하다. 〈제너레이션

From *Little White Lies*, September 1, 2009, reposted March 10, 2010. Reprinted by permission of Kingsley Marshall.

킬〉에서 초점은 분쟁의 광대한 맥락이 아니라 전쟁에서 직접 싸우는 사람들에 맞춰졌다. 아라비아 만에서 벌어지는 분쟁에 대한 사이먼의 설명과 비슷하게, 두 프로젝트 모두 임베드 저널리즘에서 싹을 틔웠다. 〈제너레이션 킬〉의 기원은 2001년 제2차 이라크 침공이 시작될 때 미 해병 정찰대와 함께 이동했던 〈롤링스톤〉의 에번 라이트가 쓴 책이다. 반면 마크 볼이 〈허트 로커〉를 위해 쓴 시나리오는 바그다드의 폭발물 처리반에 기자로 임베드한 경험에서 유래했다.

"더 시의적절해지고 싶은 욕심이 있었어요." 비글로의 설명이다. "〈K-19〉은 글라스노스트Glasnost 덕에 〈프라우다〉에 실린 기사에서 유래했어요. 내게 있어 〈허트 로커〉는 미디어 내부에 있는 텍스트로 리얼리즘을 확장하고, 영화를 판타지와 상반되는 시의적절한 영역으로 몰아갈 기회였어요. 크리에이티브 아티스트 에이전시의 고참 에이전트 샐리 콕스가 내 동료인데, 그녀가 마크의 저널리즘을 나한테 소개했어요. 나는 논픽션 소재에 대해 샐리와 길게 얘기를 나눴고, 저널리즘을 영화로 각색할 가능성에 대해 신중하게 흥미를 표했어요. 그녀를 통해 많은 잡지 기사를 살폈고, 그러던 중 마크의 기사를 소개받았죠. 그가 폭발물 처리반과 함께 이라크로 임베드를 갈 거라는 말을 들었을 때 극도로 흥미가 동했어요."

감독은 「제일베이트」라는 기사 개발을 작가와 함께 작업했는데, 두 사람이 개발한 작품은 폭스에서 단기간 방영된 텔레비전 범죄 시리즈 〈인사이드〉였다. 두 사람은 마크가 폭발물 처리반에서 가져올 이야기가 영화로 만들 가능성이 정말 클 거라고 느꼈다. 볼은 〈엘라의 계곡〉이 된 시나리오를 폴 해기스와 작업했지만, 그를 유명하게 만든 건 비글로와 함께 작업해서 아카데미 후보로 지명된 이 작품이다.

"영화의 초점을 걸프전에서 돌아온 군인들이 국내 전선에 재통합되는 데 맞추는 걸로 우리 영화를 차별화했습니다." 그의 설명이다. 그러면서 〈허트 로커〉를 중동이 배경인 영화들과 거리를 두기 위해 혼신의 노력을 기울였다고 상세히 설명한다. "우리는 이 전쟁에 대해 구체적으로 생각하고 있었습니다. 사람들은 사우디아라비아가 배경인 영화인데도 〈킹덤〉에 대해 얘기하고, 풍자적인 영화인 〈쓰리 킹즈〉를 얘기하고, 실화를 담은 회고록이기는 하지만 걸프전에 대한 영화라기보다는 해병대 스나이퍼의 심리 상태를 다룬 영화 〈자헤드─그들만의 전쟁〉을 얘기합니다."

"저널리스트에서 시나리오작가로 이동하는 경로는 전통적으로 많은 고통과 낙담을 감내해야 하는 일입니다만, 나는 믿기 힘들 정도로 운이 좋았습니다." 그가 웃으면서 덧붙였다. "요즘 영화에는 사회적 리얼리즘이 많지 않은데, 그건 수치스러운 일입니다. 그런 영화들이 더 이상 만들어지지 않는 이유를 정말 이해 못하겠습니다. 제너럴모터스가 미국 대중의 자동차 취향을 고려하는 것과 동일한 방식이라고 생각합니다. 그들은 허머와 에스컬레이드와 대형 트럭이 미국 소비자의 마음속에 폭넓게 자리 잡고 있다고 과학적으로 확신하고 있었습니다. 5년이 지난 후 그들은 그 사업에서 철수했고, 이후 소형 전기차를 만들기 위해 애쓰고 있습니다. 거기에 발상의 틈바구니가 있는 거라고 믿었습니다. 그러지 않았다면 지난 4년을 이 작품과 보내지 않았을 겁니다. 당시 나는 저널리즘의 이상理想을 영화로 옮겨오는 것의 가치에 대해 지나칠 정도로 순진했습니다. 그건 실험해볼 만한 가치, 모험으로 탈바꿈시킬 만한 가치가 있는 일이었습니다."

〈허트 로커〉를 요르단에서 여러 대의 카메라로 촬영한 건, 가장 위험한 직업에 종사하는 병사들의 본능적 경험에 비하면 액션이 부차적으로 느껴지는, 거의 다큐멘터리 같은 느낌을 영화에 부여하기 위해서였다.

"마크의 시나리오는 읽는 사람이 특정한 폭탄 해체 시퀀스에 몰두하게끔 섬세하게 다듬어졌어요." 비글로의 설명이다. "영화는 이 사건을 인간적으로 묘사하려고 애쓸 뿐 아니라, 폭탄 해체 과정과 프로토콜에서 지형이 얼마나 중요한지에 대해 대단히 명료하게 보여줘요. 마크는 시나리오를 읽는 사람이 특정한 폭탄 해체 시퀀스에 몰두하게끔 섬세하게 시나리오를 다듬었기 때문에, 우리는 폭탄과 관련해서 폭발물 기술자가 어디에 있는지 대단히 명료하게 인식했어요. 그걸 달성하기 위해 굉장히 솜씨 좋은 카메라가 필요했고, 타이트한 촬영과 와이드한 촬영을 모두 해내는 게 중요했어요. 타이트한 촬영은 정서를 포착하기 위해서였고, 와이드한 촬영은 관객이 특정한 환경에서 무슨 일이 벌어지고 있는지를 근본적으로 이해할 수 있게 하기 위해서였어요. 우리는 슈퍼 16Super 16을 선택했고, 늘 여러 대의 카메라와 작업했어요. 카메라의 움직임을 안무하고 연출하는 건 어려운 일이 아니었어요. 일단 그걸 스토리보드로 그리고 개략적인 계획을 머릿속에 세우고 나면요. 촬영감독 배리 애크로이드와 일하면서 그 계획을 실행하는 건 대단히 짜릿한 과정이 됐어요. 영화는 사건을, 폭발물 전문가의 하루를 인간적으로 묘사하려고 애쓸 뿐 아니라 지형이 어떻게 작용하고 폭탄 해체 과정과 프로토콜이 어떻게 작용하는지를 대단히 명료하게 보여줘요. 내가 말하는 건 시나리오의 굉장히 구체적인 부분이라, 거기에서 대단히 자극적이고 풍부한 영감을 얻었다는 거예요. 우리가 그걸 모두 포착할 수 있게끔 확실히 해두고 싶었다는 점도 중요했어요."

"캐스린은 영화 내내 진실성을 획득하려고 노력했어요. 그녀는 카메라에 오프off 스위치가 없다고 말했어요." 영화의 편집 감독인 크리스 이니스가 덧붙인다. 그는 200시간이 넘는 촬영 분량을 샅샅이 훑는, 모두가 부러워할 만한 작업을 했다. "때때로 어떤 신이 같은 방식으로 연출됐지만 장소는 다른 경우가 있었습니다. 한편 거리를 떠도는 도둑고양이와 창문에서 몸을 내민 현지인을 담아내려고 스태프가 카메라를 즉흥적으로 움직이면서 흥미로운 다큐멘터리 화면을 포착한 경우도 있었고요. 프로듀서들은 이게 타이트하면서 이야기를 제대로 전달하는 영화라는 걸 확인하고, 사실상 우리가 마음대로 하게끔 놔뒀습니다. 스튜디오 환경에서는 들어본 적 없는 일이었습니다."

"스나이퍼의 총격전 같은 신은 시나리오로 읽을 때 그런 종류의 전투가 대단히 강렬한 뉘앙스를 풍겼고 상황을 여러 모로 점검하는 기회를 줬어요." 비글로의 설명이다. "마크의 시나리오가 가진 구체성은 흥미로운 동시에 풍부한 영감을 제공했죠. 나는 그런 측면을 보호하고 싶었고, 우리가 그걸 다 포착할 수 있도록 작업했어요. 그 신을 스토리보드로 작성할 때, 그 측면을 정말 보호하고 싶었어요. 교전의 순간만 담는 게 아니라, 다른 교전을 벌일 때까지 견디기 힘들 정도로 기다리는 상황까지 말이에요. 시나리오에서 그 측면은 정말로 생생했어요. 촬영감독인 배리 애크로이드와 마크, 나는 사막에서 그 신에 대해 얘기했어요. 교전과 기다림 모두를 동일한 비중으로 담아내자고요."

"독립적인 제작비 조달은 이런 많은 결정에 절대적으로 중요했어요." 감독은 인정한다. "다른 상황에서 이 영화를 만들 수 있었을 거라고 생각하지 않아요. 이 영화는 내가 예전에 경험했던 것보다 더 많은 자율성을 줬지만, 솔직히 내가 만든 모든 영화는 엄밀한 의미에서 독립 영화예요. 스튜디오에서 작업했다면 이 영화를 요르단에서 촬영하지 못했을 거예요. 스튜디오가 이 영화제작을 승인할 거라고 상상조차 못하겠어요. 하지만 감독 입장에서 이건 분명 윈-윈 상황이었죠. 믿기 힘들 정도로 평균적인 제작비로 작업해야 한다는 대가를 치렀지만 콘텐츠와 주제, 출연진의 관점에서 보면 금전적인 제약은 감내할 만한 가치가 있었어요. 우리는 크리에이티브 면에서 완벽한 통제권과 최종 편집권, 새롭게 떠오르는 인재들을 캐스팅하는 기회를 확보했어요. 예를 들어 우리 중 누구도 촬영 당시 암만에 이라크 난민이 100만 명 가까이 살고 있을 거라고 예상하지 못했어요. 그들 중 일부는 배우였죠. 그래서 우리는 그들을 즉시 촬영에 투입할 수 있었어요. 대사가 있는 배역은 모두 이라크인이 연기했죠. 배경에 있는 엑스트라도 대다수 이라크인이었고, 영화 끝 부분에서 자살 폭탄 테러범을 연기한 남자는 바그다드에서 상당히 유명한 연극배우예요."

"그게 내가 생각했던 것보다 사람들에게 더 위험한 현장을 창조해냈습니다." 볼은 말한다. "제레미 레너는 특정 시점에 자신이 연기를 하고 있는 게 아니라 반응react을 하고 있는 것 같다고 말했습니다. 그가 배우든 아니든, 제레미는 중동에 있는 백인 남자를 연기하고 있었습니다. 그런데 그가 연기를 중단하더라도, 그는 여전히 중동에 있는 백인 남자였습니다. 그의 모국어를 구사하지 않고, 관계를 맺기가 어려울 만큼 문화적 간극이 넓은 사람들 한복판에 있는 백인 남자였죠. 이 영화는 그 분쟁과 전쟁 그리고 거기 연루된 사람들에 대한 우리의 모든 생각을 요약해놓은 두 시간 길이의 사회적 주장입니다. 그 주장에 뉘앙스를 넘치도록 복잡하게 담아내는 건 대단히 어려운 일입니다. 캐스린은 믿기 힘들 정도로, 예술적인 방식으로 그걸 표현했고 우리가 폭력적인 일을 하고 있다는 느낌을 배제한 훌륭한 인용문으로 그 주장을 압축해냈습니다. 계량화하기는 어려운 일이지만 그 작업은 영화 연출이라는 모험을 떠나는 것과 비슷한 느낌이었습니다. 〈피츠카랄도〉에서 강 위로 배를 올리는 거랑 약간 비슷합니다."

"〈지옥의 묵시록〉과도 유사하죠." 비글로가 덧붙였다.

숏 숏, 뱅 뱅

폴 혼드 / 2009

그녀는 우리의 욕망을 실연實演으로 보여줍니다. 사람들이 보고 싶어 하는 걸 보여주는데, 그 이미지들은 불편합니다. 그걸로 무슨 일을 할지 정확히 예측할 수가 없기 때문입니다.

실베르 로트랑제 문화 이론가

2004년 바그다드. 폭발물 해체 로봇이 흰 삼베 자루 더미를 향해 먼지 날리는 길거리를 가로질러 간다. 미군 병사들이 각자 M16 소총을 안고 장갑차에서 뛰어내린다. 그들은 여자와 아이, 노인 들을 대피시켜야 한다. 더 빨리 움직이지 않으면 목숨을 잃거나 불구가 될 수 있다. 자동차들이 질주하며 경적을 요란하게 울린다. 병사들은 고함을 지르고 사람들을 떠민다. 위험 지대에 가까워진 폭발물 처리반의 세 대원—톰슨, 엘드리지, 샌본—은 모니터 주변에 모여 로봇의 카메라가 전송한 화면을 지켜본다. 샌본이 조작판에 있는 작은 조이스틱을 움직여 로봇을 통제한다. 로봇의 집게발이 삼베를 움켜쥐고 천천히 물체를 분해하자 짙은 회색 폭탄의 탄두가 드러난다. "헬로, 마마." 샌본이 말한다.

팀은 로봇을 불러들이고 폭탄을 폭파할 화약을 탑재한 소형 왜건을 로봇에 연결한다. 로봇이 소형 탱크와 비슷한 동작으로 다시 폭탄으로 향해 간다. 돌무더기를 덜컹거리며 가다가 왜건이 부서진다. 젠장. 이제 톰슨은 직접 가서 화약을 깔아야 한다. 산전수전 다 겪은 쿼터백처럼 영웅적인 풍모를 풍기는 아래턱을 가진 톰슨은 이들의 리더로, 100파운드짜리 철판을 댄 밤 슈트와 헬멧 차림으로 치명적인 물체에 다가가 그걸 처리해야 하는 사내다. 동료들이 그의 지퍼를 잠그고 헬멧을 단단히 씌워주면서 행운을 빌어준다.

톰슨은 사막의 열기에 힘겹게 숨을 몰아쉬면서 돌무더기를 향해 간다. 주위에는 모래 빛깔의 건물과 불타버린 차들이 있다.

머리 위로 헬리콥터가 태양을 가로지른다. 엘드리지와 샌본이 멀리서 톰슨을 엄호하며 소총 조준경을 통해 창문과 가게 앞을 샅샅이 훑고 있다. 부대 자루에 도착한 톰슨이 그 앞에 무릎을 꿇는다. 그는 천천히, 섬세하게 화약을 깐다. 그런 후 똑바로 서서 몸을 돌리고 샌본과 엘드리지와 험비를 향해 돌아오기 시작한다.

그때 갑자기 엘드리지가 뭔가 발견한다. 그는 조준경을 들여다본다. 길 건너편 정육점 앞에, 더위 속에 매달려 있는, 껍질이 벗겨진 짐승들 사이로 헐렁한 흰색 셔츠를 입은 남자가 있다. 남자는 무언가 손에 쥐고 있다. 엘드리지의 머릿속에서 스위치가 딸깍 켜진다. "샌본!" 그는 외치면서 정육점으로 내달린다. "정육점, 2시 방향, 놈

이 폰을 갖고 있어!" 셔츠를 입은 남자가 손을 흔들며 미소를 짓는 다. 순진무구한 모습이다. 그러나 엘드리지는 계속 달린다. "폰 내려 놔!" 이제는 전력으로 질주하는 그가 외친다. 샌본이 뒤를 따르면서 외친다. "그놈 쏴버려, 엘드리지! **그놈을 쏴버려!**" 그러나 명확하게 보이는 건 하나도 없다. 남자가 버튼을 누른다. 그러면 우리는 두툼한 슈트를 입은 톰슨이 여전히 위험 지대 안에서 달리고 있는 걸 본다. 그의 뒤에 있는 지표면이 일순 회색으로 솟구친다. 우리 쿼터백 톰 슨이 슬로모션으로 날아가는 동안 당신은 눈을 질끈 감는다. 지표 면이 화산처럼 터져 나온다.

당신은 꿈을 꾸고 있는 게 분명하다. 눈을 뜨면 베벌리힐스 호텔 의 벽돌 파티오 라운지의 테이블에 앉은 자신의 모습이 보이기 때 문이다. 새들이 쩍쩍거린다. 테이블 건너편에 여자가 있다. 키 크고 날씬한 여자는 검정 가죽 재킷과 청바지를 입고 목에는 작은 십자 가 목걸이를 두르고 있다. 그녀는 밤색 머리카락을 길게 길렀고, 손 동작이 풍부하다. "요란한 폭풍이 지나간 뒤여서 그런지, 요즘 햇빛 이 정말 아름다워요." 그녀는 극단적인 환경을 시처럼 표현한다. "명 료해요. 참으로 아름다워요."

맞다. 참으로 아름답다. 칼날처럼 생긴 나뭇잎으로 이뤄진 덮개 지붕에 햇빛이 스며든다. 분홍색 벽토를 바른 벽이 있고, 흙으로 빚 은 야광 분홍빛 항아리와 자주색 부겐빌레아가 있다.

이 여성은 캐스린 비글로다. 그녀는 이라크에 파견된 미 육군 폭 발물 전문가 부대를 다룬 심리적 스릴러로, 2009년에 가장 큰 찬사 를 받은 영화 〈허트 로커〉의 감독이다. 72시간 동안 비글로가 만든 장편 여덟 편을 모두 본 지금, 내 뇌는 폭발과 살인적인 파도, 금속

조각, 에로틱한 강박관념, 피, 권총, 불타는 고무로 잔뜩 활성화되었다. 비글로는 오래전부터 우리의 가장 대담하고 독창적인 영화감독 중 한 명이었다.

〈허트 로커〉는 그녀의 방대한 시각적 능력과 형식, 테마에 대한 지속적인 관심을 뒤섞은 가장 강력한 칵테일이다. 전쟁이 배경인 이 영화는 우리가 육체적인 리스크에 느끼는 매력을 점검한다. 자유분방한, 산업용 금속이 내는 소리에 귀 기울이는 폭발물 처리 전문가 윌리엄 제임스 중사(제레미 레너)가 폭탄에 오싹한 친밀감을 느끼기 때문이다. "헬로, 베이비." 제임스는 텅 빈 광장에서 찾아낸, 불룩하게 튀어나온 회색 폭탄에서 먼지를 쓸어내며 속삭인다. 나중에, 더 많은 전선을 잘라낸 후, 목숨을 잃을 뻔한 후 그는 험비로 돌아와 담배에 불을 붙인다. 메소포타미아의 말보로 맨Marlboro Man. "좋았어." 그가 말한다.

비글로의 필모그래피에서 볼 수 있는 전형적인 숏이다. 그녀의 영화에서 욕망과 죽음은 자주 수렴되고, 주인공들은 그들의 목숨을 앗아갈지도 모르는 일에 매료된다. 〈허트 로커〉는 관객을 에워싸는 듯한 비주얼 전략—슈퍼 16밀리미터 카메라 여러 대와 머리카락을 쭈뼛 서게 만드는 시점 숏, 360도 시야—으로 판돈을 높인다. 그 덕에 관객은 액션에 깊이 빠져든다.

"체험적인 형태의 영화 연출이에요." 비글로가 과일 주스를 홀짝이며 한 말이다.

그녀가 말하듯, 관객은 UN건물 바깥에 서 있었던 걸 기억한다. 자동차에 가득 실린 폭탄을 해체하려고 부대는 폭발 범위 내로 들어간다. 아파트 빌딩이 주위를 에워싸고 있다. 이라크 사람들이 발코니와 창문에서 무표정하게 아래를 내려다보고 있다. 그들의 속내는 바람처럼 읽을 수가 없다. 말썽이 될 가능성이 있는 지점에서 다른 지점으로 빠르게 이동하던 당신의 시선은 옥상에 있는 남자에게 고정된다. 남자는 소형 비디오카메라로 당신을 겨냥하고 있다. 터무니없게도 무시무시하다. 그는 누구인가? 그를 죽여야 할까? 그런데 당신은 누구인가?

"영화는 분쟁의 인간적 면모를, 인간성을 말살하고 영혼을 멍하게 만드는 전쟁의 가혹함을 살피고 있어요." 비글로가 한 말이다. "그냥 무감각하게 지내는 병사들이 있고, 자신이 무슨 일을 할 수 있다는 사실에 흥분하는 병사들이 있어요."

흥분. 이 표현은 하이테크 아드레날린의 분출을 암시한다. 피로 이어지는 클릭과 전기 스파크. 우리는 〈허트 로커〉가 〈뉴욕타임스〉의 종군기자 크리스 헤지스의 글을 인용하며 시작된다는 걸 떠올린다. **전투의 기쁨은 강렬하고 종종 치명적으로 중독성이 있다. 전쟁은 마약이니까.**

"당신을 흥분시키는 건 뭔가요?" 내가 물었다. "영화감독으로서, 당신의 마약은 뭔가요?"

비글로는 보기 좋은 미소를 지었다. "어려운 질문이네요." 그렇게 말하고 잠시 고민하더니 조심스럽게 덧붙인다. "도발적인 텍스트를 제공할 기회일 거라고 생각해요."

그 기회는 저널리스트 마크 볼이 이라크로 파견된 EOD 부대에 2주간 임베드한 2004년에 생겼다. 예전에 비글로와 작업한 적이 있는 볼은 귀국해서 그녀에게 이라크에서 한 경험을 들려줬고 "우리는 그걸 영화로 들어갈 끝내주는 입구로 만들어낼 수 있을 거라고 생각했다"라고 비글로는 말한다. 볼이 시나리오를 썼다. 비글로는 시나리오를 읽었을 때 "어마어마한 시나리오라는 걸 알았어요. 전쟁의 중심이 정확히 EOD 병사들의 어깨에 있다는 걸, 본질적으로 그들 자신이 전쟁이라는 걸 어느 누구도 깨닫지 못하고 있었어요. 대단히 시의적절한 작품이었고, 그래서 나는 되도록 빨리 영화를 만들고 싶었어요." 볼티지픽처스의 니컬러스 샤르티에가 제작비를 마련하겠다고 제안했을 때 영화는 현실이 됐다고 그녀는 말한다. "내가 소재의 자연스러운 분위기를 보존하고 서스펜스를 고조시키기 위해 주연배우로 유명 스타를 원치 않았다는 걸 감안하면, 그의 입장에서는 아주 용감하고 창조적인 선택이었다고 생각해요." 비글로는 "가급적 전쟁 지역과 가까운 곳에서" 촬영하는 것도 원했다.

그녀는 모로코로 헌팅을 갔다. "모로코는 그 정도 범위의 세트를 제공할 수 없었어요. 건물 면에서 말이에요. 거기는 북아프리카처럼 보였어요. 중동이 아니고요. 줄거리의 배경인 바그다드는 전쟁 지역이었고 영화 로케이션으로서는 출입 금지 구역이었어요. 그래서 요르단으로 헌팅을 갔어요. 거기 건물들은 완벽하게 일치했어요. 요르단 사람들은 우리를 대단히 따뜻하게 받아줬고요."

비글로는—요르단의 수도 암만에—촬영 지역을 확보했다. 그곳을 전쟁에 시달리는 이웃 나라로 꾸며낼 수 있었다. 요르단의 군사 장비—험비, 탱크, 장갑차량—가 미제였고, 그곳에서 전쟁 때문에 쫓겨난 이라크 배우들의 커뮤니티가 둥지를 트고 있었다는 건 보너스였다. 이런 자원, 시가전의 생생한 묘사는 〈허트 로커〉에 〈알제리 전투〉의 진실성과 생생함을 주입했다.

대단히 훌륭한 뱀파이어 러브 스토리 〈죽음의 키스〉와 선견지명이 있는 사이버펑크 스릴러 〈스트레인지 데이즈〉처럼 작품 대다수가 대단히 허구적이던 비글로 입장에서 이건 급격한 방향 전환이다.

"나는 여러 면에서 리얼리티에 더 흥분해요." 비글로가 한 말이다. "리얼하면서도 계속 지속되는 분쟁을 다루는 건 시사적이고 시의적절한 기회를 제공해요. 사람들이 극장에서 나오면서 그 분쟁에 대해 고민하게 된다면, 영화 미디어의 잠재력을 제대로 발휘한 거라고 생각해요."

영화 미디어에 대한 비글로의 지배력은 신문 1면에 실릴 만큼 주목을 받고 있는지도 모른다.(올겨울 〈허트 로커〉의 오스카 수상을 위한 홍보 활동이 활발할 거라 예상된다.) 그러나 영화계의 사냥개들은 1982년에 나온 그녀의 첫 장편영화로, 아트하우스에서 상영된 바이커 영화 〈사랑 없는 사람들〉 이후 그녀를 추적해왔다. 그 영화에서 윌렘 대포는 1950년대 남부의 도로변 소도시에 체류하는, 가죽옷을 입은 모터사이클 갱의 지도자로 나온다. 반항적인 열혈 청년들과 금방이라도 폭발할 기세인 섹슈얼리티, 셔벗 같은 팔레트—여자들의 드레스는 핑크와 복숭아색이고, 자동차는 레몬처럼 노랗거나 피스타치오처럼 녹색이다—를 가진 그 영화는 더글러스 서크를 연상시키면서, 장르를 비트는 영화들을 계승하겠다고 호방하게 선언한다. 권총에 대한 치명적인 페티시를 품고 사이코패스와 사랑에 빠지는 신입 여경에 대한 〈블루 스틸〉("죽음은 세상에서 가장 강한 쾌감이야"라고 킬러가 말한다)과 FBI 요원이 은행을 터는 서퍼 무리에 침투하는 〈폭풍 속으로〉도 그런 작품에 포함된다. 〈폭풍 속으로〉에서 스릴을 숭배하는 제사장이자 갱단 리더는 충고한다. "궁극적인 걸 원한다면 궁극적인 대가를 기꺼이 치러야 해."

히치콕과 페킨파, 파스빈더 같은 감독에게서 영감을 받은 비글로는 영리하고 폭력적이며 서스펜스로 가득한, 우아하게 촬영된 영화들을 만든다. 그녀의 영화들은 음산한 위트와 업계에서 가장 열광적인 액션 시퀀스들을 다룬다. 자동차와 도보 추격전, 총격전, 30미·터 높이의 불기둥.

"그녀에게는 이런 폭력적인 장르를 다룰 수 있으면서도, 대단히 민감한 방식으로 영화에 개인적인 손길을 부여하는 독불장군 기질이 있다"고 영화 평론가이자 컬럼비아 교수인 앤드류 새리스는 말한다. 〈허트 로커〉는 올해 나온 최고작 중 하나라고, 이라크라는 늪을 다룬 영화 중 최고작이라고 생각한다." 새리스는 〈블루 스틸〉도 좋아하는 영화로 꼽는다. "그녀의 스타일은—〈타임아웃〉이 썼던 단어를 쓴다면—매혹적이다."

비글로는 1951년에 캘리포니아 북부에 있는 소도시 샌카를로스에서 태어났다. 그곳에서 말을 타고 그림을 그리면서 자랐다. 그녀는 넘치는 자신감과 야외 활동을 좋아하는 활력, 비주얼 세계를 비현실적으로 그려내는 포용력을 갖고 있다. 또한 뉴욕의 펑크족, 그녀가 "라캉의 기호 해체주의적 포화 상태saturation"라고 불렀던 것과 연결되는 강렬한 지적知的 에너지도 품고 있다.

웨이터가 다가왔다. 비글로는 가까이 있는 히트 램프를 가리켰다. "이걸, 그러니까 핵에너지 상태까지 켰으면 좋겠어요." 그녀는 명랑한 목소리로 말했다. 웨이터는 그녀의 부탁을 실행에 옮겼다.

생각하게 된다. 라캉의 기호 해체주의적 포화 상태.

히트 램프가 밝은 오렌지빛으로 변한다. 따스해지기 시작한다.

몸에 걸친 재킷을 벗고 비글로에게 컬럼비아에서 보낸 시절에 대해 물었다.

그녀의 태도는 형식화, 틀 잡기, 거리 두기, 통제입니다. 나는 통제가
필수적이라고 생각합니다.

실베르 로트랑제

뉴욕 시티, 1972년. 캘리포니아에서 온 젊은 추상 화가와 프랑스
에서 온 저명한 문화 이론가가 맨해튼에 도착했다. 한 명은 업타운
으로 향하고, 다른 한 명은 다운타운으로 향했다.

이론가는 실베르 로트랑제다. 그는 컬럼비아 프랑스어 학부에 막
합류했다. 거기서 그는 유럽에서 가져온 기호학—사회에 존재하는
기호에 대한 과학—을 소개할 것이다. 또한 그는 철학자 질 들뢰즈
와 정신분석가 자크 라캉 같은 당대 프랑스 사상가들의 연구를 미
국에서 가르치는 첫 교수가 될 것이다. 그들은—아티스트 입장에서
호기심이 동하는—광고에서 발견되는 기호와 코드는 우리의 무의
식에 충족될 수 없는 욕망을 불어넣는다고 주장했다. 라캉이 보기
에 욕망은 결핍에 근거한다.

추상 화가는 캐스린 비글로다. 샌프란시스코아트인스티튜트 학생
인 그녀는 휘트니미술관 인디펜던트 스터디 프로그램의 펠로십을
받았다. 얼어 죽을 정도로 추운 겨울이었다. 도시는 엉망이었고 파
산 직전이었으며 위험했다.

"나는 작은 레비스 재킷과 스니커즈, 티셔츠 차림이었어요. 그게
다였어요." 비글로의 회상이다. "내 스튜디오가 어디가 됐든, 그곳이
내가 살 곳이라고 결정했어요. 그곳은 트라이베카였는데, 지금과 전

혀 다른 곳이었죠. 범죄가 들끓는 외딴 지역이었어요. 슬리핑 백과 주소가 적힌 종잇조각을 갖고 있었어요. '장외 경마장 건물 지하 3층.' 누군가 나를 거기로 데려갔어요. 조명은 없었고, 발소리가 벽에 부딪쳐 울려댔죠. 그 사람이 '여기가 당신 스튜디오요'라고 말하더군요. 그건 은행 금고였어요. '약간 썰렁하겠는걸' 하고 생각했죠. 밖에는 눈이 내리고 있었고, 다리에는 감각이 없었어요. 슬리핑 백을 힘껏 꺼냈죠. 금고 문이 닫히지 않기를 기도하면서요. 24인치^{61센티미터}두께의 철판이었거든요. 밤마다 총소리가 메아리쳤어요. 하지만 내 크리에이티브 조언가 중 한 명이 수전 손택이었어요. 그건 물론, 내 인생에서 그보다 더 행복한 적이 없었다는 뜻이었죠."

그녀에게는 이런 폭력적인 장르를 다룰 수 있으면서도, 대단히 민감한 방식으로 영화에 개인적인 손길을 부여하는 독불장군 기질이 있다.

휘트니 프로그램을 마친 후, 비글로는 뉴욕에 머물면서 로렌스 와이너 같은 개념미술가와 영국인들이 결성한 단체 아트앤랭귀지와 같이 작업하기 시작했다. 아트앤랭귀지는 "예술을 탈상품화하려는 시도, 예술을 여전히 예술로 규정하고 그 존재를 정당화하는 작업을 시도"하는 것에 기초했다고 비글로는 말했다. "베니스 비엔날레에 간 우리는 그랜드 커넬Grand Canal에 거대한 현수막을 세웠어요. 거기에는 유명한 라틴어 경구를 뒤집은 '예술은 길고 인생은 짧다'라고 적혀 있었죠. 그 그룹은 늘 체제를 전복하려고 애쓰고 있었어요. 나름의 방식으로 대단히 정치적이었고, 은밀한 방식으로 도발적이었죠. 사람들을 생각하게 만들었어요."

비글로는 아트앤랭귀지와 함께 내러티브가 없는 단편영화를 만들기 시작했다. 그룹은 1976년에 영국으로 돌아갔고, 여전히 뉴욕에 있던 비글로는 단편영화를 만들기 위해 NEA 보조금을 신청했다. 그 돈으로 영화를 찍었다. 친구인 개념미술가들을 스태프로 활용했다. 하지만 그녀가 작품을 편집하기 전에 보조금이 다 떨어졌다. "그래서 생각했어요. 아하. 대학원. 트랜스/오디오로 공짜 믹스를!" 그녀는 편집하지 않은 필름을 컬럼비아 영화학부 수장이던 밀로스 포먼에게 제출했다. 비글로는 컬럼비아에 합격했고, 영화 비평 MFA 학위를 위한 장학금을 받았다.

한편 실베르 로트랑제는 다운타운 아티스트와 업타운 이론가 사이에 다리를 놓으려고 시도하고 있었다. 낮에는 라캉과 푸코를 가르쳤고, 밤에는 다운타운 미술계와 CBGB와 맥스 캔자스시티^{뉴욕}^{의 음악 클럽}에서 열리는 펑크 이전 시대의 공연을 탐구했다. 1974년, 그는 〈세미오텍스트〉라는 저널을 런칭했다. 미술과 이론을 한데 아우르는 분수령 같은 출판물이었다. 이듬해에는 컬럼비아에서 '스키조-컬처^{Schizo-Culture}'라는, 광기와 감옥을 주제로 한 콘퍼런스를 기획했다. 그는 푸코와 들뢰즈, 장프랑수아 리오타르, 펠릭스 가타리 같은 프랑스 후기구조주의자들과 리처드 포먼, 윌리엄 버로스, 존 케이지 같은 아티스트들을 초대했다. 이 이벤트는 2000명 정도를 끌어모았다.

이후 로트랑제는 컬럼비아 영화학부 학생들을 만났다. "기호학에 대한 소문이 자자했습니다." 그가 한 말이다. "영화감독들이 그걸 제일 먼저 알아차렸습니다. 아티스트들은 새 아이디어에 학자들보다 먼저 반응했습니다. 그들은 더 많은 걸 알고 싶어서 내 강의에 왔습니다. 나는 그렇게 그들을 만났습니다."

학생 중 한 명이 비글로였다.

"그녀는 기호학에, 특히 라캉에 무슨 일이 벌어지고 있는지 이해하려고 내 강의에 왔습니다." 로트랑제의 설명이다. "영화를 만드는 작업은 통제가 대단히 중요한 일입니다. 기호학은 통제의 시스템입니다."

비글로는 로트랑제와 마셜 블론스키, 에드워드 사이드, 앤드루 새리스의 강의를 들었는데, 새리스의 2년짜리 영화 서베이는 또 다른 발견이었다. "새리스가 오슨 웰스와 〈위대한 앰버슨가〉에 대해 강의하던 걸 기억해요." 비글로의 설명이다. "나는 지금 이 순간에도 스크린 앞에 선 그를 볼 수 있어요. 그는 강의실에 있는 모든 사람에게 영화에 대한 그의 순수한 사랑을 전염시키는 천사 같은 미소를 지었어요. 강의를 듣고 나오면 나 자신의 존재조차 인식하지 못할 지경이었어요. 그가 한 일은 영화를 향한 애정을 학생들에게 전하고 그걸 이해하지 않으려는 학생에게 저항하는 게 전부였어요."

1978년에 비글로는 학위논문을 완성했다. 20분짜리 단편 〈셋업〉이었다. 그 영화에서, 두 남자는 어두운 골목에서 "파시스트"와 "빨갱이"라는 모욕을 주고받으며 치열한 싸움을 벌인다. 남자들이 싸우는 동안 두 학자—블론스키와 로트랑제—가 보이스오버로 액션을 해체한다.

이듬해 비글로는 다른 학생들과 함께 〈세미오텍스트〉의 '다중 섹슈얼리티' 호를 작업하기 시작했다. 로트랑제는 그게 "소프트 섹스나 기업형 섹스 같은 섹슈얼리티의 새로운 범주를 발명했다는 뜻"이라고 말한다. "세상에 비정상적이거나 일탈적이라고 여길 수 있는 건 아무것도 없다는 뜻입니다. 잡지 표지는 가죽 재킷을 입고 엉덩이를 드러낸 샌프란시스코의 게이 바이커였습니다. 뒷면은 거대한 남근을 자기 몸에 찌른 남자의 사진이었습니다. 앞에는 매력적인 이미지를, 뒤에는 사람을 불안하게 만드는 이미지를 실은 겁니다. 섹스와 죽음. 우리는 사람들에게 그들이 원하는 걸 줬지만, 그들이 마음껏 즐기지는 못하도록 막았습니다."

충분히 공정한 일이다. 그런데 라캉적 포화 상태란 무엇인가?

"라캉과 들뢰즈에서, 우리는 신경증neuroticism과 도착perversion에 대한 총체적인 아이디어를 얻습니다." 로트랑제의 설명이다. "프랑스 이론가들은 도착을 미국 이론가들보다 긍정적으로 받아들입니다. 그 단어에 도덕적 함의는 조금도 없습니다. 그건 우리의 욕망을 갖고 실험한다는 뜻입니다. 대다수 사람들이 그러는 것처럼 그걸 억누르는 대신에 말입니다. 신경증은 사물을 억압합니다. 도착을 통해 우리는 욕망을 인정하고 그걸 시험합니다."

이제 몸에 두툼한 슈트를 걸치고 살인적인 더위 속에서 길가 폭탄을 향해 터벅터벅 걸어가는 윌리엄 제임스 중사로 넘어가자.

그의 용기는 라캉적 욕망의 한 형태일 수 있을까?

"영화에서 발견한 건," 비글로는 말한다. "제임스가 실은 자기 인식을 굉장히 잘하는 사람이라는 거예요. 그는 그를 흥분시키는 게 무엇인지 알고, 그걸 받아들여요. 그는 욕망을 부정하는 상태로 살고 있지 않아요."

히트 램프가 뿜어내는 열기가 요르단의 고온에 접근했다. 비글로는 웨이터에게 그걸 꺼달라고 요청했다. 그녀는 사실 핵에너지를 기대한 게 아니었다. "캘리포니아 남부의 절반을 데울 수 있었을 거예요." 그녀가 농담했다.

그 직후 어떤 여성이 다가왔다. 근처 테이블에서 점심을 먹고 있던 에이전트였다.

"축하해요." 그 에이전트가 비글로에게 말했다. "당신한테는 정말로 경이로운 해예요. 이렇게 큰 주목을 받다니 말이에요! 오스카에 온 걸 환영해요. 당신에게 기회가 많을 거예요. 올해는 당신의 해라고 생각해요." 그녀는 자기 테이블로 돌아갔다. 그러더니 잠시 후 유명 여배우와 함께 돌아와 그녀를 비글로에게 소개했다. 나침반 바늘이 어디를 가리키는지는 의문의 여지가 없었다.

여자들이 자리를 떠난 후 비글로는 컬럼비아와 〈셋업〉으로, 그녀가 겪은 과정에 대한 핵심 아이디어를 설명하는 일로 돌아왔다.

"관객과 스크린 사이의 생리적이고 심리적인 관련성을 재고하려고 〈셋업〉을 시작했어요." 그녀가 말한다. "그 영화를 보는 동안 관객은 그 관련성을 해체하게 돼요. 이론적으로 보면 관객은 완벽한 세계에서 관련성을 **경험하고** 있어요." 그런 다음 〈허트 로커〉에 나오는 신을 언급했다. 사막에서 총격전에 휘말린 엘드리지가 전사한 전우의 몸에서 총알을 떼어내라는 제임스의 명령을 받는 신이다. 그런데 피가 묻은 탄환이 소총에 걸린다. 적군이 쏜 총알이 지나가는 동안, 엘드리지는 침을 뱉어가며 미친 듯이 총알을 닦는다.

"기사를 하나 봤어요." 비글로가 말한다. "기사를 쓴 사람은 그 신을 보면서 엘드리지가 총알을 닦는 걸 도울 수 있도록 자기 입에 침이 돌게 하려고 애썼다고 말했어요."

그게 라캉주의자들이 '관음증'이라고 부르는 것이다. 보는 행위를 통해 육체적 감각을 이끌어내는 것. 대체로 관음증은 포르노와 연관된다. 하지만 당신을 움찔하게 만들거나 눈을 가리게 만드는 일도 그런 사례가 될 수 있다.

폭발이 땅을 찢어발기면서 지표면을 급격히 요동치게 만든다. 폐차 표면에서 흙먼지와 녹이 풀썩거리며 허공으로 흩어진다. 톰슨 중사의 몸이 길 위에서 내동댕이쳐지는 동안, 우리는 그의 헬멧 내부가 짙은 붉은색으로 변하는 걸 본다. 쓰러진 그는 꼼짝도 하지 않는다. 그의 몸에서 김이 솟는다.

〈허트 로커〉는 이제 막 시작했다. 우리는 톰슨의 대체자인 제임스 중사를 막 만난다. 그가 해체한 폭탄은 800개가 넘는다고—정확히 873개다—한다. 경박한 대령이 "와일드 맨"이라고 부르는 제임스는 자신을 최고의 상태로 살게 해주는 일을 하려고 여기 왔다.

제임스가 죽음에 저항하는 첫 임무를 수행하기 위해 동료들의 도움을 받아 슈트를 차려입는 동안 알 수 없는 곳에서 들려오는 목소리가, 다음과 같은 텍스트로 코멘트하는 두 목소리가 우리 마음속으로 들려오는 듯하다. "겉으로만 보면," 로트랑제의 목소리다. "영화는 폭력을 반대합니다. 그러나 폭력은 대단히 매력적입니다. 그녀는 폭력의 매력을 여러 모로 활용합니다. 그 매력과 이라크를 동시에 다루는 건 도박이었습니다."

비글로는 이렇게 말한다. "주제의 심각성은 두 요소 사이에서 근사한 긴장을 창출해내는 이런 육체적 아름다움 내부에 요약됐어요. 밤 슈트를 입은 남자가 전선으로 연결된 폭탄 여섯 개를 들어 올리는 모습에는 흥미롭고, 아주 생생하게 도발적인 무엇이 있어요."

2010년 오스카 수상 연설

캐스린 비글로 / 2010

"이건 정말로…… 뭐라 표현할 길이 없네요. 최고의 순간이에요. 우선, 이토록 막강한, 후보로 지명된 내 동료들을, 나한테 영감을 줬고 내가 존경해 마지않는, 그중 일부는 수십 년간이나 그런 대상이었던 이토록 막강한 영화감독들과 함께했다는 것 자체가 너무 대단한 일이에요. 아카데미의 모든 회원에게 감사드려요. 이건, 다시 말하지만, 내 평생 최고의 순간이에요.

마크 볼이 없었다면 이 자리에 설 수 없었을 거예요. 그는 페이지에 적을 단어들을 위해 목숨을 걸었고, 그가 그토록 용기 있는 시나리오를 써준 덕에, 나는 시나리오에 생명을 불어넣어줄 비범한 출연진을 운 좋게 확보할 수 있었어요. 그리고 제레미 레너, 앤서니 매키, 브라이언 게라그티에게도 감사해요. 나는 연출의 비결이 협력이라고 생각해요. 나의 스태프들은 진정 비범한 협력자예요. 배리 애크로이드와 칼 줄리어슨, 밥 머로우스키, 크리스 이니스, 레이 베켓,

March 7, 2010. Reprinted by permission of the Academy of Motion Picture Arts and Sciences and Kathryn Bigelow.

리처드 스터츠먼, 제작 파트너인 그렉 샤피로와 닉 샤르티에, 그리고 내 놀라운 에이전트인 브라이언 시버렐과 요르단에 있는 사람들…… 촬영할 때 우리를 그토록 따스하게 환대해준 사람들에게도 고마움을 전할 수 있었으면 해요. 그리고 이 영광을 이라크와 아프가니스탄, 세계 전역에서 날마다 목숨을 거는, 군에 있는 여성들과 남성들에게 바치고 싶어요. 그들이 무사히 집으로 돌아가기를 바라요. 고마워요."

뉴욕현대미술관 회고전과 Q&A

브렛 미셸 / 2011

비글로　이 위대한 미술관에 서게 된 건 영광이지만, 내가 이런 대접을 받을 자격이 있는지 확신이 서질 않아요. 그래도 나는 즐기고 있어요! 다시 말하지만, 정말 영광이에요. 머리가 빙빙 도네요. 오늘 밤 여러분은 〈셋업〉과 〈사랑 없는 사람들〉을 보실 거예요.

　〈셋업〉은…… 내가 대학원 학위를 받으러 컬럼비아대학에 진학하기 전에 NEA 보조금으로 시작한 거예요. 그런데 영화를 완성하기도 전에 돈이 바닥났죠. 그래서 컬럼비아에 진학했어요. 거기 있는 편집 장비를 이용하려고요. 그러면서 학교에 다녔어요. 그러니까 나는 이걸 내 졸업논문 영화로 완성했어요. 20분짜리 단편이에요. 오디오 믹스가—그 기술자들은 내가 했던 작업에 엄청난 일을 해줬어요—약간 거칠어요. 영화의 배후에 깔린 아이디어는—정말 짧게만 얘기할게요—여러분이 어떤 영화적 에피소드를 보는 동안—여러

Introduction and Q&A at a screening of *Set-Up* and *The Loveless* for her Museum of Modem Art retrospective "Crafting Genre: Kathryn Bigelow", June 1, 2011. Printed by permission of the Museum of Modem Art and Brett Michel.

분이 그걸 어떻게 묘사하기를 원하건—나는 당시 나를 가르치던 교수님이자 위대한 철학자들을 모셨어요. 영화가 두 부분으로 갈라지기 시작하면 그분들은 여러분에게 말하려고, 스크린에 등장한 폭력적인 무언가를 보며 느낀 매력을 해체하려고 애써요.

여러분이 영화를 보는 동안 느낀 매력은 무엇인가요? 그 점만 언급하고 싶어요. 사운드가 대단히 거칠기 때문에, 그분들이 하는 얘기를 들으려면 상당히 애를 써야 할 거예요. 여러분이 그런 고생을 하지 않기를 바라요.

그다음에 만든 〈사랑 없는 사람들〉은 내 첫 장편이에요. 하지만 나는 그걸 몬티 몽고메리와 공동으로 작업했어요. 함께 시나리오를 썼고 연출했죠. 공동 연출은 까다로운 작업이에요. 약간 어렵기도 하고요. 하지만 보람도 커요. 그건 내 첫 장편이고, 윌렘 대포의 첫 장편이기도 해요. 나는 이 영화가 맹인이 다른 맹인을 인도하는 영화라고 종종 말해요. 바라건대, 그런 평가보다 조금이라도 나은 영화였으면 해요.

마지막으로 할 말은—내가 미술계 출신이기 때문에—미술계가 내러티브 없는 작업을 한다는 거예요. 개념미술이—클립아트가—한창 태동하고 있던 시기인 70년대 초반 뉴욕에 온 내 입장에서, 나는 당시 그 세계에 완전히 빠져들었어요. 그 작업에는 내러티브가 전혀 없어요. 무척이나 이데올로기에 기초한 작업이기도 하고요. 그래서 스토리텔링이 있는 장편영화 연출로 넘어오는 과정에서, 내러티브가 없는 작업에서 내러티브로 넘어오는 과정에서 여러분은 기어를 변환하려고 애쓰는 모습을 보게 될 거예요. 우리는 할 수 있는 한 최선을 다해 내러티브를 확장하려고 애썼어요. 그럼에도 내러티브는 거의 존재하지 않죠.

여러분은 과도기를 보게 될 거예요. 그러니 조금만 너그럽게 생각해주셨으면 해요. 어쨌든 그 점에 대해서는, 감사드려요. 상영이 끝난 후 얘기드릴게요.

상영 후 가진 Q&A

당신이 빈 라덴 사살에 대한 새로운 시나리오 작업에 착수했다는 게 사실인가요?

미래의 프로젝트에 대해서는 말할 수 없어요.

〈사랑 없는 사람들〉을 만드는 과정에서, 영화를 만들던 시대보다 이전 시대의 디테일을 구현하거나 묘사하는 작업을 어떻게 해냈는지 얘기해줄 수 있나요?

다시 말하지만, 그건 정말로, 정말 오래전 일이에요. 거기 나오는 오토바이들은 전부 다 빈티지 오토바이예요. 프로덕션 디자인을 될 수 있는 한 꼼꼼하게 하려고 갖은 애를 썼어요.

윌렘은, 처음 만났을 때 그는 맨해튼 다운타운에 있는 개러지the Garage에서 우스터 그룹Wooster Group 퍼포먼스의 일원으로 공연하고 있었어요. 그에게 물었죠. "영화에 출연하고 싶어요?" 그러겠다고 하더군요. 그래서 물었죠. "오토바이 탈 줄 알아요?" 그렇다고 했어요. 그 대답을 곧이곧대로 믿은 나는 그 경험에서 나름 교훈을 얻었어요. 우리는 조지아에 갔죠. 촬영에 들어가기 사흘 전쯤이었을 거예요. 그는 그 시대 의상이던 가죽옷 차림이었어요. 서배너 바로 옆에 있는 작은 소도시였고, 한여름인 8월이었어요. 화씨 115도섭씨 46.1도 정도였고, 그는 두툼한 가죽옷을 입고 있었어요. 그를 엘렉트라 글라이드에 태웠어요. 나는 딱히 오토바이를 좋아하지 않는데, 그 모델은 정말 컸어요. 오토바이에 탄 그는 지체 없이 길 밖으로 나가버리더군요. 우리가 카메라를 세우고 있던 중이었는데요. 그런 일이 생기리라고는 상상도 하지 못했어요. 그가 오토바이를 좀 더 편하게 탈 수 있게 배려를 했어야 하는 건데. 어쨌든 그는 길에서 벗어나 어떤 집 잔디밭으로 들어갔어요. 오토바이는 울타리를 통과해서 정문에 부딪쳤고, 어떤 여자 분이 나와서는…… 대답이 길었네요. 그래요, 우리는 시대착오적인 내용을 가급적 최소화하려고 애썼어요.

그 시나리오에 착수하게 된 배경에 대해 말해줄 수 있나요? 바이커 갱이라는 소재의 어떤 점에 매력을 느꼈나요?

내가 케네스 앵거를 많이 보고 있었다고 생각해요. 특히 〈스콜피오 라이징〉요. 게다가 〈셋업〉을 막 끝낸 참이었고 그 두 철학자랑 시간을 보내면서 힘의 도상에 대해 많이 생각하고 있었어요. 그 모든 게 대단히 허무주의적인 1950년대를 배경으로 작업하면서 내러티브를 확장하겠다는 아이디어와 합쳐졌어요. 그래서 그 작품에 가장 큰 영향을 준 요소는 케네스 앵거와 〈스콜피오 라이징〉일 거라고 생각해요.

당신은 폭력이 당신 영화를 관통하는 보편적 주제라고 말할 건가요?

으음, 확실히요. 내가 폭력을 일반화하면서 앞뒤 맥락과 관련을 짓고 있는 거라면, 그럴 거라고 생각해요. 많은 사람이 상당히 의도적으로 그러는 거라고 느낄지도 모르는데, 실은 그렇지 않아요. 소재 자체가 관객을 매료시키는, 대단히 역동적인 영화를 이해하려고 애쓰는 것이에요.

강의를 하나 들었는데, 교수님이 프로이트가 한 꿈의 해석을 영화에 응용하고 있었어요. 그분은 잠재의식에 대해, 우리가 스크린에 있는 캐릭터에게 동질감을 느끼는 이유에 대해 말했죠. 사람들이 계단을 뛰어 올라가는 〈스트레인지 데이즈〉의 도입부에서 객석을 보면 자기도 모르게 다리를 움직이는 사람들이 있어요. 달리 말해 잠재의식적 동일시가 일어난 거예요. 나는 그런 걸 이해하려고 애썼고, 지금도 애쓰고 있고, 그런 과정에 매료됐어요. 하지만 영화 작업은 늘 캐릭터에서 시작돼요. 나는 형식에서 시작하지 않아요. 그러니까 의도적으로 보이겠지만, 실제로는 그렇지 않아요.

상이한 장르를 당신의 방식으로 작업하려고 의식적으로 노력하고 있나요?

흥미로운 질문이네요. 나는 장르를 굉장히 편리한 거라고—경멸적으로 하는 말이 아니에요—평론가들이나 역사가들이 영화 제작 과정이나 테크닉, 주제를 목록으로 만들고 범주화하는 데 편리한 거라고 생각해요.

하지만 꼭 그런 관점에서 장르를 보지도 않아요. 다시 말하지만, 내 영화는 캐릭터에서 시작돼요. 〈허트 로커〉는 EOD 기술자들에 대한 연구였어요. 당신이나 나, 이 방에 있는 대다수 사람들이 멀리 도망칠 만한 물체를 향해 걸어가는 사람의 심리를 연구하는 작품이죠. 그 영화는 거기서 시작됐어요. 영화를 만든 후에야—또는 만들면서—깨닫게 됐죠. 그래, 이건 장르 영화야, 전쟁 장르고 군대 얘기고 드라마야. 하지만 그건 정말로 캐릭터에서 시작된 영화고, 그들의 심리를 이해하려고 애쓰는 영화예요.

영화 연출은 당신에게 무슨 의미인가요? 그리고 당신의 영화들에는 표현하려고 애쓰는 공통 주제가 있나요?

으음, 우리한테 시간이 얼마나 있죠? 농담이에요. 으음…… 흐음! 좋은 질문이에요. 내가 미술계 출신이라, 그리고 평생 해온 일이 그런 일이기 때문에 의미가 있다고 생각해요. 나는 영화를 만드는 건 미술 작업을 하는 과정이랑 대단히 비슷하다고 생각해요. 완전히 똑같지 않다는 건 알아요. 극도로 복잡한 작업이지만 숨 쉬는 거랑 약간 비슷해요. 우리가 숨을 쉬는 건 그래야만 하기 때문이잖아요. 내가 그 작업을 의문시하면 또는 그보다 더 나쁘게, 그와 관련한 아이디어들을 검열하면 나는 아무 일도 할 수 없을 거예요. 그래서 애를 쓰려고, 가급적 융통성을 발휘하면서 범위를 넓히고 많은 걸 탐사하려고 하는 편이에요.

나는 그 과정이 심리에 대한 탐구적 프레임을 유지하는 과정이라고 봐요. 영화 작업은 천직이라기보다 심리 상태에 가깝다고 생각해요. 내가 소개할 때 언급했던 것처럼, 나는 일찍부터 개념미술에, 정치적 미술에 관여했어요. 그래서 시사적인 일에, 그리고 예술이 우리가 사는 시대에 대해 얘기하는 방법에 매료되는 편이에요.

영화는 우리가 사는 세상에 대해 코멘트할 수 있는 위대한 전달 시스템이에요. 장르를 취하는 건, 그걸 드러내는 건, 말하자면 상이한 렌즈를 통해 세상을 볼 때 그런 일을 할 수 있게 하는, 엄청나게 좋은 기회예요. 예술 작업이 우리에게 줄 수 있는 미덕과 가치가 그거라고 생각해요.

돌이켜볼 때, 당신이 비주얼 아티스트에서 활동사진 아티스트로 옮겨오는 가장 결정적인 과도기는 언제였다고 할 수 있을까요?

흥미로운 질문이네요. 전부 어려운 과정이었던 것 같아요. 하지만 굳이 말하자면 이 영화를 만들 때였어요. 나는 그걸 연출이라고 부른다는 것조차 몰랐어요. 숏을 설정하는 사람이 누군가 있다는 정도만 알았죠.

카메라맨과 같이 작업하고 스토리보드를 그렸어요. 그러니까, 나는 그게 정지된 이미지와 내러티브 없는 이미지에서 움직이는 이미지와 내러티브를 포용하는—또는 포용하려고 애쓰는—쪽으로 이동한 거였다고 생각해요. 좌충우돌하는 출발이었지만 그런 걸 포용하려고 애썼어요. 그리고 그런 점 때문에 흥분했죠. 영화는 모든 문화적 경계를 넘나드는 엄청난 기회를 갖고 있다고 느꼈으니까요.

슬프게도 미술은, 약간 고상해질 수 있고, 그러면서 인구의 특정 부분을 놓칠 수도 있어요. 영화가 마음에 들었던 건 그런 종류의 지식을 요구하지 않는다는 거예요……. 영화는 어느 정도 영리하게 만들어질 경우, 많은 층위를 담아낼 수 있고 다양한 해석을 이끌어낼 수도 있어요. 그럴 때면 대단히 신나요.

(질문이 녹취되지 않음. 젠더에 관한 질문으로 추정)

으음, 젠더는 흥미롭다고 생각해요. 다시 말하지만 동일한 출처로 계속 돌아가게 만드는 종류의 것이 아니기 때문이에요. 하지만 미술계 출신으로서 나는 그런 종류의 차이는 전혀 느낀 적이 없어요. 사람들은 미술을 유파의 관점에서 생각하지, 아티스트의 젠더를 관점으로 생각하지 않을 거예요. 나는 '저 사람은 놀라운 여성 조각

가야'라고 생각하지 않아요. 사람들도 그런 식으로 말하지는 않을 거예요.

그러니까 영화계로 옮겨온 건…… 이 영화를 이탈리아에서 상영했을 때가 기억나요. 로카르노영화제였어요. 인터뷰어가 "당신은 여성이에요. 그런데 이 영화를 만들었어요!"라고 말했어요. 그게 왜 질문인지 이해할 수 없었어요. 그건 그냥 그런 거잖아요. 나도 모르겠어요. 지금까지도 그게 궁금해요. 나는 극적 갈등이 많은 스토리에 끌리는 편이에요.

맞아요. 그런 점에서 군대에 끌리는 건 확실해요. 내가 최근에 만든 영화 두 편은 다 군대를 다뤘어요. 하나는 러시아군, 다른 하나는 미군이죠. 다시 말하지만, 나는 캐릭터에서 시작하지 젠더에서 시작하지 않아요.

비주얼 아티스트가 되는 것과 영화감독이 되는 것의 차이점은 단독으로 작업하는 것과 어마어마하게 많은 사람과 힘을 합쳐 작업하는 거라는 인상을 받습니다. 심지어 당신은 영화를 공동 연출하기도 했습니다. 당신도 이런 식으로 보나요?

그래요. 스튜디오에 앉아서 그림을 그리는 건 조금 지나치게 유아론적 측면이 있다고 느꼈어요. 당신은 잘 모르겠지만, 고통스러운 작업이에요. 굉장히 고통스러운 작업일 수 있어요. 그렇지만 나는 일찍부터 개념미술가와 정치적 미술가 그룹, 세상이 그들을 어떻게 부르건 아무튼 그런 사람들과 작업하기 시작했어요. 그들과 작업하면서 일종의 집단 심리를 통해 컬래버레이션 작업을 하기 시작했어요. 그런 경험이 필름으로 크로스오버하는 걸 정말 쉽게 만들어줬어요. 정치적으로도요.

나는 협력 과정을 정말 좋아해요. 영화를 만드는 현장에는 구조가 있고, 맞아요, 감독이 있죠. 하지만 나는 모든 영화가 팀에 의해 만들어진다고, 극도로 재능 있는 사람들의 엄청난 기여를 통해 만들어진다고 느껴요. 그게 영화 연출의 엄청나게 큰, 정말로 큰 장점 중 하나라고 생각해요.

당신은 〈사랑 없는 사람들〉의 작가나 감독으로서 어떤 점을 그 작품 이후 영화들에 적용할 수 있었나요? 가장 좋은 교훈이 무엇입니까?

교훈이 한 가지만 있었는지 모르겠어요. 하지만 내러티브와 플롯에 대한 갈망은 캐릭터의 분위기를 일종의 시詩처럼 만들어준다고 느꼈어요. 내가 거기에 집중하기를 원했다는 것도 느꼈고요. 내가 〈죽음의 키스〉에서 제대로 한 일은 집중하려고 노력한 거예요. 〈죽음의 키스〉는 나 자신이 영화에 몰두하면서 내러티브를 수용하려고 시도했다는 점에서, 한 발은 현실 세계에 디디고 다른 발은 다른 세계에 디딘 영화 〈사랑 없는 사람들〉과 정반대예요. 맞아요, 그건 지적인 습작으로 보일 거예요. 사실이죠. 여러분은 그걸 즐겨야 할 거예요. 와우! 그게 문제예요. 그 영화는 경계선을 찾아내려고 노력한 다음 내러티브로 진입하려고 애쓴 작업이었어요.

저는 내숭을 떨면서 고상한 척 하는 편이 아닙니다. 그런데 영화감독들이 상스러운 욕설이 판을 치는 영화를 만드는 이유가 궁금하네요. 어쩌다 보니 저는 옛날 영화들을 무척이나 좋아하게 됐습니다. 〈바람과 함께 사라지다〉 같은 영화요. 오늘날의 많은 감독이 계속 난폭한 영화를 만드는 이유가 뭔가요?

나도 모르겠어요. 내가 다른 사람을 대표해서 말할 수는 없어요.

하지만 〈셋업〉의 경우, 그건 영화를 해체할 두 철학자에게 내놓을 대단히 도발적인 텍스트를 창출하려는 욕망에서 비롯됐어요. 그러니까 더 도발적일수록 좋았죠. 그들이 분석할 소재가 더 많아졌거든요.

오스카를 수상한 이후 영화 연출이나 자기 자신에게 달라진 점이 있는지, 있다면 어떻게 달라졌는지 말해주시겠습니까?

모르겠어요. 달라진 점이 있다면, 내 친구들한테 물어봐야 할 거예요. 그들이라면 더 나은 대답을 할 수 있을 거예요. 굉장히 비현실적인 순간이었어요. 그런 결과를 얻을 거라는 걸 조금도 예상하지 못했거든요. 그런 영광을 받을 준비가 되어 있지 않았다고 생각하고, 지금도 그렇게 느끼고 있어요.

당신은 편집 감독과 얼마나 긴밀하게 작업하고 있나요? 당신은 영화를 촬영하는 도중 충분한 영화 언어를 창작해내요? 그래서 편집 감독을 당신의 엄청난 완성작을 가다듬는 조무래기 조각가로 만들어버릴 정도로, 그들과 그다지 많은 상호작용을 할 필요가 없나요?

으음, 나는 편집 과정을 사랑해요. 날마다 편집실에 가요. 이런 얘기를 들으면 놀랄지도 모르겠지만, 나는 편집을 사랑해요. 영화는 컬래버레이션 과정이에요.

한편 편집은 영화를 마지막으로 고쳐 쓸 수 있는 시기라고 생각해요. 처음부터 끝까지요. 예전에 상상했던 걸 없애고 백지상태에서 다시 시작할 수 있죠.

월터 머치가 자주 하는 얘기랑 비슷해요. 나는 정말 위대한, 위대한 편집 감독인 그와 〈K-19〉때 같이 일했어요. 그는 이런 말을 했죠. "영화가 스스로 모습을 드러내고 싶게 놔둬야지, 억지로 영화를 만들어낼 수는 없어요." 그래서 나는 편집 과정이 매혹적이라고 생각해요. 나는 편집을 정말 좋아해요.

제로 다크 서티

2012

〈제로 다크 서티〉 기자회견

피터 커프와 브렛 미셸 / 2012

사회자 안녕하세요, 여러분! 감사합니다. 우리는 지금 카일 챈들러와 제이슨 클락, 제시카 채스테인, 캐스린 비글로, 마크 볼과 함께 〈제로 다크 서티〉 기자회견장에 있습니다. 첫 질문을 받겠습니다.

질문자 좋은 아침입니다. 훌륭하고 중요한 영화를 만든 여러분 모두에게 정말 감사드립니다. 출연진에게 질문하겠습니다. 여러분이 이 대단히 음울하고 어두운 콘텐츠를 위해 시나리오를 벗어나 조사하고 고려한 게 있는지 궁금합니다. 비글로가 "컷"이라고 외치고 당일 촬영이 끝나면 당신들은 그 배역에서 어떻게 해방될 수 있었나요?

채스테인 "컷"이 떨어진다고 해서 평범한 생활로 돌아갈 수 있는 상

December 4, 2012; New York City. Participants were Kathryn Bigelow, Mark Boal, Jessica Chastain, Jason Clarke, and Kyle Chandler. Reported by Peter Keough; transcribed and edited by Brett Michel. Printed by permission of Peter Keough and Brett Michel.

황이 아니었어요. 우리는 요르단과 인도에서 촬영했기 때문에 이 이야기에 정말로 몰두할 수밖에 없었어요. 마야가 응시하는 테러리스트 사진이 담긴 수배 전단 소품을 실제로 내 호텔 방에 걸어뒀어요. 세트에서 벗어나도 그 전단이 늘 내 주위에 있었죠. 조사와 관련해서 얘기하자면, 시나리오에 엄청나게 많은 정보가 있었어요. 모든 신이 실마리를 줬고, 그녀가 그런 일을 하는 여성으로서 할 만한 사소한 말을 다 제공했어요. 그리고 당연히, 우리 시나리오작가가 탐사 저널리스트라는 점이 대단히 큰 도움이 됐어요!(웃음) 나는 마크한테 교수님이라는 별명을 붙였죠. 나는 촬영이 시작되기 전부터 세 달간 학교에 다녔어요.『문명 전쟁』같은 책도 읽고 오사마 빈 라덴을 다룬 책도 처음으로 읽었어요. 완전히 몰입해서 다녔죠.

클락 맞아요. 내 생각도 제시와 같아요. 추가로 얘기하자면 우리는 타지마할에 갔고, 요르단의 제라시에도 갔어요. 촬영에서 벗어난 일을 두어 가지 하고 우리가 사는 세상의 너무도 경이로운 부분을 보려고요. 다른 무엇보다도—객관적인 사실들을 고수하면서 만반의 준비를 갖춘—마크의 시나리오에는 정말로 대단한 소재들이 담겨 있었어요.『문명 전쟁』과『검은 깃발들』같은 책도 도움이 됐고요. 개인적으로 심리요법 책들이 도움이 됐어요. 관계를 창출하는 맥락에서 작업하는 것과, 여러 가지 상이한 역할을 연기하면서 사람들과 좋은 관계를 맺고 그들을 이해하는 사람이 되는 게 무슨 의미인지 받아들이는 부분에서요.

챈들러   제공된 참고 자료를 읽고, 여러 책에서 아이디어를 얻었습니다. 물론 그 정보들은 우리가 사는 세상과 그리 멀리 떨어진 곳에 있지 않았습니다. 관심이 있을 경우 컴퓨터를 클릭하기만 하면 됐으니까요. 나한테 정말 좋았던 일은 인도로 여행을 간 거였습니다. 그런데 영화에 출연하는 다른 파트너의 옷차림이 나와 똑같은 겁니다. 순간 내가 현장에 있다는 기분이 들었습니다. 내가 연기하는 사내는 결정을 내리는 사람입니다. 냉정해지기가 어렵고 생사가 달린 결정을요. 나는 두 딸의 아버지입니다. 그러니 그런 결정을 내리는 데 전혀 문제가 없었습니다.(모두 웃음)

질문자   어제 뉴욕영화평론가상을 수상한 걸 축하합니다.

비글로   고마워요.

질문자   캐스린과 마크에게 묻겠습니다. 당신들이 한 조사와 이 프로젝트에 관여하게 된 과정을 처음부터 얘기해줄 수 있을까요?

비글로   원래 우리는 오사마 빈 라덴 추적을 다룬 다른 프로젝트를 작업하고 있었어요. 2001년에 실패한 추적에 대한 프로젝트요. 2001년 12월 6일부터 12월 20일까지 아프가니스탄의 토라보라 산악 지대에서 일어난 일이었죠. 그런데 마크가 시나리오를 작업하던 중, 2011년 5월 1일에 사건이 일어난 거예요. 굉장히 고심한 끝에, 전 세계가 오사마 빈 라덴이 죽었다는 걸 알고 있을 때 그를 추적하다가 실패한 내용에 대해 영화를 만드는 건 조금 어려울 거라는 점을 깨달았어요. 그래서 우리는 논의 끝에 방향을 틀었고, 마크는 2011년에 일어난 일을 보도하는 작업에 착수했어요. 역사가 스스로 모습을 드러내면서 우리의 방향을 바꿔놓은 거예요.

질문자   이 질문은 캐스린에게 하는 질문입니다. 빈 라덴이 사살되자 기뻐하는 군인들과 달리 제시카가 연기하는 캐릭터는 불행해하는 걸로, 심지어 우는 걸로 묘사됩니다. 그녀의 정치적이거나 감정적인 반응에 대한 결정을 내리는 과정에서 어떤 생각을 했는지 얘기해주세요.

비글로   그건 시나리오에 대단히 훌륭하게 표현됐고, 우리는 거기서 조금도 벗어나지 않았어요. 따라서 그건 마크가 창작한 거예요. 제시카와 나 두 사람에게—그리고 우리 모두에게—너무도 흥미롭고 강렬했던 건 이 여성이 한 사람만을 추적하면서 지난 10년을 보냈다는 거예요. 그래요. 결국 그녀는 승리를 거뒀죠. 하지만 그건 승리가 아니에요. 그건 결국…… 우리에게는 더 큰 질문들이 남은 셈이죠. 그녀는 이제 어디로 가는가? 여기서 어디로? 이제 무슨 일을 하나? 그러니까 내 생각에 그건…… 그 사건의 인간적 요소와 질문의 의미, 그런 질문이 당신의 어깨에 없는 무게감이었어요.

질문자   영화를 만드는 동안 의회에 대한 뉴스가, 당신들이 CIA에게서 받은 도움에 대한 조사가 있을 수 있다는 뉴스가 많 았습니다. 그에 대해 얘기해줄 수 있나요? CIA와 국방부로 부터 얼마나 많은 지원을 받았나요? 그 지원이 완성된 영 화에 조금이라도 영향을 끼쳤나요?

볼　　다들 알고 있듯 그 문제에 관해서는 올해 선거가 있어서 벌 어진 논쟁이라는, 그런 분위기가 조금 있습니다. 이 영화가 독립적으로 만들어졌다는 말을 하는 것 말고 상세한 얘기 는 하지 않으려고 합니다. 이 영화는 독립적으로 제작비를 마련했습니다. 대단히 운 좋게도 영화를 배급하는 것에 소 니의 지원을 확보했지만 나는 이 영화의 독립성을 강조합 니다. 말씀하신 두 기관 중 어느 쪽도 상대하지 않았고 이 런저런 합의를 한 적이 없기 때문입니다. 조사와 관련해서, 우리는 역사의 여명기 이래 사건을 취재하는 기자라면 누 구나 했을 법한 방식으로 이 소재에 접근했습니다. 공공기 관 홍보실을 포함해서, 접근할 수 있는 채널과 기관은 모두 접촉해봤다는 말입니다. 영화를 촬영하는 관점에서 조금 집중력이 흐트러지는 작업이었지만, 결국 나는 이 영화가 하고자 하는 말을 스스로 하게 됐다고 생각합니다.

질문자　마크에게 질문하겠습니다. 다른 프로젝트에서 이 프로젝트 로 옮겨왔는데, 마야 캐릭터를 어떻게 구축했는지, 어떻게 그녀의 여정을 위주로 영화를 개발했는지에 대해 짧게 말 해줄 수 있나요?

볼　　좀 더 구체적으로 얘기해주시겠어요?

질문자   이전 프로젝트는 다른 소재를 다뤘고 다른 캐릭터들을 등
        장시켰습니다. 그런데 이 캐릭터는 당신이 조사 과정에서
        얻은 정보를 바탕으로 기사를 쓰는 과정에서 그녀 스스로
        모습을 드러낸 건가요? 그래서 그녀를 중심으로 영화를 구
        축하기로 결정한 건가요?

볼   기사 작성 과정에 접어들고 두어 달 됐을 때, 정확히 언제
        인지 기억나지 않는데, 이 추적 과정에서 여성들이 중요한
        역할을 수행했다는 걸 알게 됐습니다. 나에게는 놀라운 일
        이었습니다. 그게 내 기사의 초점이 됐고, 그러면서 우리는
        이 캐릭터의 눈을 통해 이야기를 들려주자는 결정을 내리
        게 됐습니다. 영화에 나오는 캐릭터는 실존 인물을 바탕으
        로 한 거라는 점을 강조하고 싶습니다. 물론 CIA에는 우리
        가 묘사하지 않은 다른 여성도 많았습니다. 하지만 이게 이
        야기를 들려주는 올바른 방법처럼 보였습니다. 우리는 영
        화가 현실을 그릇되게 묘사한다고 생각하는 지휘부의 정
        치 이야기와 상반된 방식으로 현장 인력의 눈을 통해, 우리
        가 그들의 관점으로 이야기를 전달하고 싶어 한다는 걸 항
        상 인지하고 있었습니다. 그래서 그런 방식으로 영화를 진
        행시켰습니다.

질문자   프로듀서나 감독에게 질문하려고 하는데, 그보다 먼저 여
        러분 모두에게 축하한다는 말을 하고 싶습니다. 정말로 멋
        진 영화입니다. 당신들이 군중 시퀀스를 어떻게 찍었는지
        궁금합니다. 캐스린, 나는 당신이 군중을 두려워하지 않는

다는 걸 압니다. 최근에 〈스트레인지 데이즈〉를 다시 봤습니다. 섣달그믐 장면을요.(웃음) 인도에서 그토록 규모가 큰 군중 신에 어떻게 착수했나요? 게릴라 촬영이었나요? 사람들의 주의를 다른 쪽으로 끌기 위해 가짜 촬영을 꾸며냈나요? 그에 대해 당신이나 다른 사람이 얘기해줄 수 있나요?

비글로 그래요, 우리는 대단히 큰 건초 더미에서 가느다란 바늘을 찾는 식의, 바글거리는 환경에서 작업하는 듯한 느낌이 필요했어요. 사람들이 쇄도하는 한복판에서 길을 잃었다는 느낌을 얻고 싶었어요. 인도의 시장들은 촬영하기에 대단히 강렬하고 근사했어요. 하지만 카메라를 시장에 내놓았을 때 무슨 일이 벌어지냐면, 나는 카메라 여러 대로 작업하는 걸 좋아하고 이 경우에도 그렇게 작업했는데, 카메라를 바라보는 2000명의 얼굴을 얻게 돼요. 그러면 이건 영화고 관객의 눈앞에서 펼쳐지는 이야기라는 환상이 박살나죠. 그런 장면들이 환상을 찢어발겨요. 그래서 우리는 사람들의 주의를 돌리려고 다른 촬영장을 설치하기 시작했어요. 내가 촬영하는 중요한 신에 등장하지 않는 배우를 그쪽 촬영장에 투입했어요. 그런 식으로 사람들을 낚은 거죠. 내가 해야 할 촬영을 하는 동안, 예를 들어 밴에 탄 에드거가 어딘가로 가는 걸 촬영하는 동안, 다른 배우들은 60미터쯤 떨어진 곳에서 시장을 가로질러 걷는 식의 연기를 했어요. 하지만 그런 사실이 들통 났고, 그러면 새로운 상황으로 교체해야 했어요. 온종일 그럴 수는 없잖아요. 한 30분 정도 그럴 수 있을까. 그러니 이 촬영장에서 저 촬영장으로 꾸준히 이동했어요. 그럴 만한 가치가 있었죠. 그런 환경의 활력과 생명력, 생생함을 담았으니까요. 그걸 세트에서 재현할 수는 없어요. 파키스탄에 갈 수 있었다면 그렇게 할 수 있었을 거예요. 하지만 우리는 국경에서 두 시간쯤 떨어진 곳에 있었죠. 그래도 파키스탄의 건물과 의상 같은 것들을 비주얼 면에서 동일하게 묘사했다고 생각해요.

질문자 훌륭한 작업이었습니다.

비글로 고마워요.

질문자 대통령이 이 영화를 봤나요? 그랬다면 뭐라고 코멘트를 했나요? 아니면 그에게 영화를 보여줄 계획인가요?

비글로 좋은 질문이네요. 대통령이 봤을 거라고는 생각하지 않아요. 그래도 언젠가는 볼 거라고 확신해요.

클락 우리는 대통령이 보기를 바라요.

비글로 그래요, 그러기를 바라죠.

볼 그 질문이 더 큰 질문을 끌어내는군요. 우리는 이 영화를 로스앤젤레스에 있는 소규모 관객에게만 보여줬습니다. 이 영화의 작업을 2주 전에야 마쳤습니다. 그래서 당신들은 이 영화를 본 최초의 관객 집단에 속합니다. 이 영화를 1월에 워싱턴에서 전국 최초 시사로 상영할 계획입니다. 어쨌든 당신들이 최초 관객입니다.

질문자 제시카가 연기한 캐릭터 마야와 관련해서 질문 있습니다. 실존 인물을 바탕으로 한 그녀에 대해 조금이라도 말해줄 수 있나요? 당신은 앞서 그녀가 여기에서 어디로 가는지에 대해 말했습니다. 그러면서 그녀와 다른 요원들이 이 임무를 완수하기 위해 한 노력에 대해, 그들이 이 믿기 힘든 역사적 사건 이후 어디로 갔는지에 대해 당신이 아는 내용을 설명했습니다. 이 질문은 누가 대답해주셔도 좋습니다. 그리고 이 사건에 대한 보도가 나왔을 때 저널리즘과 정부 사이에 일어난 주도권 다툼에 대해 어떻게 생각하나요? 많은 언론이 당연히 대중에게 공개해야 한다고 느낀 내용 중 비밀로 붙여진 사안들을 두고 논란이 일었습니다. 그게 당신들의 조사에 영향을 끼쳤을 겁니다. 어떤 사안들은 비밀에 부친 탓에 찾아낼 수 없었을 거고요. 따라서 당신이 실존 인물에 대해 말할 수 있다면, 그들에 대한 정보는 어떻게 얻었나요?

볼　　제스, 당신을 대신해서 내가 나설 거야.

채스테인　(웃음)

볼　　우리가 세운 일반 원칙 중 하나가 실존 인물에 대해서는 얘기하지 않는다는 겁니다. 그들 중 다수가 여전히 이 일을 하고 있고, 우리는 그들의 신분을 대단히 진지하게 보호하고 있습니다. 따라서 불행히도, 그건 정말로 흥미로운 질문이지만 오늘은 대답하지 않을 겁니다. 정부의 투명성 이슈는 테러와의 전쟁이 지속되고 확장되는 동안 더욱더 중요해질 겁니다. 약간 논쟁에 휘말렸다고 생각하는데, 우리는 그저 여기서 영화를 만들려고 노력하고 있습니다.(웃음) 그 논쟁은 당연히 존중합니다만, 우리는 사람들이 이걸 그냥 영화로 봐주기를 바랍니다.

질문자 제시카에게 묻겠습니다. 마야의 바탕이 된 인물을 만날 기회가 있었는지 궁금합니다. 당신이 실제 인물에 대해 말할 수 없다는 건 압니다. 하지만 그 사람이나 다른 요원들을 만났나요? 그랬다면 그 만남은 당신의 연기에 어떤 영향을 끼쳤나요?

채스테인 마야는 만난 적 없어요. 그녀는 CIA의 언더커버 요원이니까요. 설사 만났더라도 긍정적인 일은 아니었을 거예요. 하지만 마크가 조사한 내용을 많이 건네받았어요. 시나리오 작가가 탐사 저널리스트일 경우 정말, 정말 큰 도움이 돼요. 그래서 나는 내가 연기하는 다른 캐릭터와 똑같은 방식으로 그 캐릭터에 접근했어요. 의문 사항이 있으면 조사한 내용을 통해 답을 찾을 수 있었고, 실제로 그렇게 했어요. 하지만 조사를 통해서도 답을 찾을 수 없는 경우, 실존 여성이 걸었을 노선을 창작해내려고 나와 캐스린, 마크의 상상력을 활용해야 했어요. 나는 감정을 드러내지 않고 분석적으로 정확히 판단하라는 교육을 받은 캐릭터를 연기했죠. 그런데 배우로서 나는 감정을 드러내면서 그 감정을 계속 대중에게 열어두려고 애쓰면서 살아왔어요.(웃음) 따라서 영화 안, 그 이야기 내에서 인간적인 면모를 찾아내는 건 캐스린과 마크의 리더십이 없었다면 불가능했을 엄청난 위업이었어요.

질문자 이 영화에서 당신이 좋아하는 신이나 좋아하는 부분이 있나요? 이 이야기에 당신을 깜짝 놀라게 만든 게 있었나요?

채스테인　내가 좋아하는 순간은 영화의 마지막 신이에요. 배우로서 재미있었던 신은 많아요. 소리를 지르는 때처럼 감정을 터뜨리는 신을 연기하는 건 너무 재미있어요. 배우로서 과장된 감정을 표현하는 건 정말 기분 좋게 느껴지니까요. 반대로 미묘하고 구체적인 것, 그리고 이야기의 진행 과정에서 정말 사소한 부분을 연기하는 건 상당히 어려워요. 그래서 내가 복도에서 카일을 몰아치는 신을 연기하는 건 정말 재미있었어요. 끝내줬죠!

　　하지만 이 영화에서 내가 가장 좋아하는 순간은 영화의 맨 마지막 순간이에요. 그건 이 여성이 했던 일보다 더 많은 얘기를 해주니까요. 이건 "미국 최고"를 외치는 프로파간다 영화가 아니에요. 이건 맡은 임무의 하인이 되면서 많은 걸 희생했던 여성의 눈을 통해 사건을 보는 영화예요. 그녀는 본연의 모습을 잃었고, 그걸 깨달아요. 캐스린이 말한 것처럼 대단히 중요한 영화예요. 그녀는 어디로 가나? 이 나라는 어디로 가나? 이 사회는 어디로 가나? 우리는 지금 무슨 일을 하나? 나는 영화의 마지막에서 그 질문이 구체적인 답을 내놓는 것보다 훨씬 더 흥미롭다는 걸 알게 됐어요.

질문자　캐스린과 마크에게 묻겠습니다. 객관적인 사실과 민감한 소재를 다루면서 영화의 오락적인 가치를 유지해낸 것에 대해 얘기해주시겠습니까?

비글로   마크의 대답을 먼저 듣고 싶은가요? 먼저 해요.

볼   나는 여기에서 가장 재미없는 사람인데…….

채스테인 사실이 아니에요!

볼   내가 그 질문에 대답하는 것을 원치 않을 텐데요. 이 소재
     는 본질적으로 극적이라는 얘기를 하고 싶습니다. 제임스
     본드 소설과 그런 종류의 책을 읽으면서 자란 나 같은 사람
     의 경우, 실제 벌어진 일의 배후에 대해 작업할 기회를 잡
     는 건 정말로 신나는 일입니다. 위험한 테러리스트들을 추
     적하고 파키스탄 주위를 뛰어다니는 사람들에 대한 이야
     기를 확보하면, 그 이야기는 굉장히 비옥한 토양이 됩니다.
     이 영화의 시나리오는 집필을 통해 나온 시나리오가 아닙
     니다. 시나리오에 한 작업은 얼마 없습니다. 나는 이게 그저
     걸출한 이야기 중 하나라고 생각합니다.

비글로   마크가 말했듯, 나도 이 이야기가 본질적으로 극적이라고
     생각해요. 그와 동시에 영화감독으로서 나는 이야기가 역
     사의 시간적 가이드라인과 공간적 가이드라인, 리얼리티
     내에 머무는 게 대단히 흥미로웠어요. "맙소사, 우리가 이
     러이러한 일을 할 수 있으면 굉장하지 않을까"라는 말을 할
     필요가 단 한 번도 없었어요. 그래서 내가 보기에 이 작품
     의 장점은—나는 이와 비슷한 작품을 작업하는 걸 사랑하
     는데요—자연스럽고 현실적이고 구체적인 분위기에서 벗어
     나지 않았다는 거예요. 조사에서 비롯되지 않은 건 하나도
     없었어요. 그건 영화감독으로서 스릴 넘치는 일이에요.

질문자   캐스린에게 하는 질문입니다. 당신은 30년이 넘는 동안 영

화를 만들어왔습니다. 당신은 대단히 형식에 충실하고 아 방가르드한 관심에서 영화 작업을 시작한 다음 장르 영화의 연출로 이동한 듯 보입니다. 그리고 지금은 저널리스틱한 영화를 만들고 있습니다. 이 영화는 많은 면에서 당신이 역사적인 사건을 바탕으로 만든 영화 〈K-19〉과 비슷하다고 생각합니다. 이런 진전에 대해, 이게 실제로 진전이라면 설명을 좀 해주시겠습니까? 그리고 저널리스틱한 기조를 유지할 생각인가요?

비글로　마크와 나는 이런 종류의 보도 영화에 대해 많이 얘기했어요. 달리 말해 기사와 영화를 동시에 작업하는 것에 대해서요. 실제로 그 습격 사건을 찍을 때, 우리는 그 장면을 5월에—4월 말과 5월 초에—찍고 있었어요. 2012년 5월 1일에 스태프와 출연진을 만났을 때 나는 이 사건이 불과 1년 전에 일어난 사건이라는 걸 깨달았어요. 1년도 채 지나지 않았던 거예요. 따라서 이 영화는 시의성 면에서 대단히 긴박한 영화예요. 맞아요, 나는 그 공간에 흥분됐어요. 그게 대단히 흥미롭다고 생각해요. 상이한 장르를 통과해온 것과 관련해서 나는 영화 연출의, 그리고 이전 미술계의 다양한 유파에 매혹됐죠. 그런 유파에는 꾸준히 앞으로 전진하는 대단한 해방감이 있다고 생각해요. 하지만 동시에, 이런 종류의 보도적인 영화를 연출하는 것도 굉장히 신나죠. 이런 영화 작업은 공간을 채우는 작업이라고, 살아 있는 역사를 이미지화하는 작업이라고 생각해요.

질문자　캐스린과 마크, 그리고 누구든 의견을 말하고 싶은 분에게 하는 질문입니다. 훌륭한 군인을 어떻게 규정하겠습니까? 그리고 전쟁 영화를 클래식으로 만드는 기초적인 요소는 뭐라고 생각하나요?

비글로 (웃음) 쉬운 질문이네요.

볼 모두들 나를 쳐다보는 이유를 모르겠네요……. 굉장히 쉬운 대답이군요. 클래식한 전쟁 영화를 만들고 싶으면, 캐스린 비글로를 프로듀서로 고용하면 됩니다.

일동 (웃음)

비글로 아니, 나는 모르겠어요. 그 질문에 어떻게 대답해야 할지 모르겠어요. 두 질문 다 어떻게 대답해야 할지. 그런데 군인 질문은 흥미롭네요. 어떤 면에서 이 영화에 나오는 캐릭터들은 다 상이한 유형의 군인들이에요. 맞죠? 그들은 군복을 입지 않고 최전선에 있지도 않지만, 전사예요. 그게 내가 사용할 용어예요. 그리고 매혹적인 원형archetype이죠. 그에 대한 답을 더 내놓을 수 있을지 모르겠어요.

질문자 출연진에게 묻겠습니다. 이 이야기가 언론에 공개됐을 때 당신들은 이 이야기에 어떻게 익숙해졌나요? 당신들이 이 스토리텔링의 일부가 됐다고 생각한 적이 있나요?

클락 이 프로젝트를 계속 주시했어요. 프로젝트가 시작됐을 때 나는 파키스탄에 있었어요. 산을 오르고 있었죠. 그러다가 중국으로 가서 인터넷으로 시나리오를 읽었어요. 내용이 알차고 보는 사람을 사로잡는 시나리오였어요. 입소문이 퍼졌고, 제작진이 내 문을 두드렸죠. 하늘을 떠다니는 기분이었어요. 이런 작품은 평생 한 번 찾아오는 작품이에요. 이렇게 운이 좋았으니 앞으로 부정 타지 않기를 바라야죠. 아무튼 부정 타지 않기를 바라는 그런 일이 나한테 일어났어요!(웃음) 그래요, 나는 모두가 여러 면에서 이 이야기의 주인이라고 생각해요. 여섯 단계^{six degrees of separation}는 고사하고, 한 단계나 두 단계만 건너뛰면 다른 사람과 연결되는 세상에서는—특히 여기 뉴욕에서는—흔한 일이라고 생각해요. 내가 우주와 상호 연결된 어떤 작품의 일부가 된다는 걸 아는 건, 햄릿 역할에 처음으로 발탁됐는데 난데없이 그 작품의 오리지널 제작진의 일원이 되는 거랑 비슷해요. 정말로 감사한 심정이에요.

채스테인 그 사건이 벌어지는 동안 내가 이 이야기를 들려주는 일에 관여하게 될 거라고는 상상도 하지 못했어요. 나는 9/11이 벌어질 때 뉴욕에 있었어요. 빈 라덴이 사살됐다는 걸 알았을 때, 그리고 내가 시나리오를 읽었을 때, 모든 페이지가 나한테 충격이었어요. 특히 마야가, 그녀가 맡은 역할이 그랬어요. 그게 나한테 충격이었다는 사실에 마음이 불편해졌어요. 내가 여자는 이런 종류의 작업에 관여하지 말아야 한다고 추정하는 이유는 뭘까. 이 작업을 하면서 정말 좋았던 건, 남자들에 의해 규정당하는 여자들이 역사를 다룬 영화의 주인공 캐릭터였다는 거예요. 마야는 연애에 관련되지도 않고 남성에게 희생되지도 않아요. 캐스린 비글로가 이 영화를 만든 게, 그녀가 그런 사람이어서인지 아닌지는 나도 몰라요……. 그녀는 자수성가한 사람이에요…….

능력 있고 지적이죠. 우리 시대의 여성을 대표한다고 생각해요. 시나리오에서 그런 걸 발견하는 건, 우리 역사에 대한 내용을 발견하는 건 정말 신나는 일이었어요.

챈들러   영화를 보기 전까지는 내가 지난 10년간 일어났던 일에 대해 현실감각을 잃었다고 생각했어요……. 영화를 보면서 그 사실에 정말 놀랐습니다. 영화는 2시간 40분인데—시간이 빠르게 흐릅니다—처음 90초와 마지막 90초 사이에 10년의 세월이 다 있습니다. 나는 캐스린과—감독 캐스린이 아니라 내 아내 캐스린입니다—영화를 봤습니다. 극장에서 우리 둘은 정말이지…… 이 영화에서 정말 놀라운 점은, 영화의 러닝타임 안에 존재하는 모든 건…… 정말 충분히 칭찬할 가치가 있습니다. 10년의 세월을 다룬 챕터들이 넘어가는 동안, 시나리오의 극히 일부도, 아주, 아주 사소한 대사 한 줄도, 우리가 본 사소한 이미지 하나도 "그래, 기억나"라는 말을 하지 않을 장면이 없었습니다. 정치적인 분위기가 변해갔고, 윤리적인 딜레마가 제기됐습니다. 상황은 여전히 지속되고 있고, 모든 게 너무도 세밀하게 표현됐고, 영화에 나오는 모든 것이 도덕적으로나 감정적으로 타당했습니다. 시나리오는 너무도 진실한 기조를 유지했고, 객관적 사실들이 시나리오의 매끈한 상태를 도와줬다고 확신합니다. 이 영화에 참여했다는 게 너무 자랑스럽습니다. 군에 있는 친구가 많은데, 내가 이런 일을 하게 됐다는 걸 그들이 알게 된 후 으스댔습니다. "인마, 내가 무슨 일을 했을 것 같냐?"

채스테인 (웃음)

챈들러 그들도 웃더군요. 여러분이 웃는 것처럼…… 나는 이 영화의 일부가 됐다는 게 정말 자랑스럽습니다. 훌륭한 영화감독인 캐스린과 마크도 자랑스럽고요. 대단히 훌륭한 여정이었습니다. 이 영화는 지금부터 10년 후에도 다시 보면서 "그래, 우리 시대는 저랬어, 저랬지"라고 말할 수 있는 영화에 속한다고 생각합니다. 그 최초의 공습에 90개 나라가 찬성했습니다. 이건 정말이지 글로벌한…… 모두가 이 스토리의 일부입니다. 말하자면 전 우주가 그렇습니다. 내가 참여한 이 작품은 그토록 믿기 힘든 작품이었습니다. 그래서 정말 놀랍습니다.

질문자 나는 편집 과정의 이야기를 듣는 데 정말로 매료됐습니다. 프로덕션 노트에는 이 영화가 세 시간은 훌쩍 넘어갈 수 있었던 영화라고 적혀 있기 때문입니다. 감독에게 묻겠습니다. DVD나 블루레이로 나올 신에 대해 얘기해주시겠습니까? 디렉터스 컷이 나올까요? 그리고 배우들에게 묻겠습니다. 대중이 봤으면 좋겠다고 생각했는데 편집에서 잘려 최종 편집에 들어가지 못한 신들이 있나요?

비글로 우리는 필름을 200만 피트 가까이 사용했어요. 굉장히 많은 양이죠. 6월 1일에야 촬영을 종료했어요. 고맙게도 나한테는 현재 업계에서 활동하는 가장 재능 있는 편집 감독 두 명이 있어요. 딜런 티케노와 윌리엄 골든버그요. 그들의 대단한 재능 덕에 영화를 2시간 35분으로, 2시간 40분으로 걸러낼 수 있었어요. 흥미로운 건—러닝타임 때문에, 긴박함과 관련된 내러티브 때문에—우리가 들어낸 신 두어 개를 봤는데, 그것들을 들어내느라 시간을 한참 썼지만, 다시 보면서 우리가 올바른 결정을 했다는 걸 깨달았어요. 그래서 이 영화의 내러티브는 대단히, 대단히 만족스러운 정도의 통일성을 갖게 됐죠. DVD 보너스 트랙으로 집어넣을 만한 습격 장면이 남아 있을지 모르겠어요. 하지만 지금 현재 버전이 이 영화의 정본이에요. 나는 지금 버전이 정말 자랑스러워요.

질문자 캐스린, 당신의 미술계 배경을 감안할 때 당신은—준비 과정에서—시나리오를 개발하는 단계에서 영화의 스타일을 어떻게 잡고 싶은지 파악하려는 노력의 일환으로, 시나리오에 모습을 드러낸 개념을 바탕으로 스토리보드나 그림을 그리나요?

비글로 늘 스토리보드를 그려요. 개인적으로 그리는 게 아니라 스토리보드 아티스트를 늘 고용해요. 스토리보드를 그리는 게 정말 중요하다고 생각해요. 일단 시나리오를 확보하고 나면, 그걸로 되도록 빠르게 영화를 볼 수 있고, 장면을 구상하면서 시각화할 수 있고, 세트 디자인을 하면서 실제로 그걸 지을 수도 있으니까요. 그래요, 스토리보드 작업을 사랑해요. 그건 정말로 필수적인 도구라고 생각해요.

질문자 이 질문은 마크와 캐스린 모두에게 하는 질문입니다. 이 영화가 9/11에 대한 당신들의 감정과 빈 라덴에 대한 감정, 그리고 빈 라덴을 추적한 것 또는 추적하지 않은 것의 중요성에 얼마나 영향을 받았다고 할 수 있을까요?

볼 9/11은 전에도 말했던 것처럼, 나한테 특별한 날이었습니다. 나는 이 도시에서 나고 자랐습니다. 그러니 빈 라덴은 기본적으로 내 고향을 공격한 셈입니다. 나는 11번가에서 자랐습니다······. 이 작품을 할 때 나는 어떤 어젠다를 갖고 작품에 접근하지 않았습니다. 시나리오를 쓰려고 자리에 앉았을 때, 나는 스토리가 어떻게 전개될 건지 몰랐습니다. 이 사람들이 연기한 캐릭터들은, 내가 말한 것처럼 실존 인물들에 바탕을 뒀습니다. 내가 보도한 기사에서 도출된 캐릭터들입니다. 이것으로 다른 작업을 할 수도 있었습니다. 내가 한 작업이 무엇이건 나는 사실들을 종합하려고 애썼을 겁니다. 하지만 우리 모두의 입장에서 영화에는······ 카일이 말한 것처럼 지난 10년은 많은 면에서 9/11에 의해 형성된 10년이었습니다. 그래서 그 사건이 준 영향에 대해 정확하게 선을 긋는 건 어렵습니다. 나는 제시카가 말한 것처럼, 이 영화가 특별한 역사의 장을 마무리하는 작품이 되기를 바랍니다. 적어도 이 영화가 역사의 특별한 장을 마무리하는 작품이기를 바랍니다.

비글로 그래요. 나도 특정한 입장에서 얘기하는 거지만, 지난 10년은 대단히 길고 암울했어요. 나는 굉장히 어려운 이미지들을 교체하고/교체하거나and/or 내러티브가 다른 내러티브에 의해 확장될 수 있기를 희망해요. 우리 삶을 더 안전하게 만들기 위해 정보기관 커뮤니티에서 일하고 있는 남성들과 여성들의 용기와 헌신에 경의를 표하기 위해서요.

질문자 고문 시퀀스는 여태까지 내러티브가 있는 영화에서 본 중에 가장 끔찍하고 보기 힘든 장면에 속합니다. 이 작품이 실제 역사에 대단히 근접한 영화라는 걸 감안할 때, 영화감독으로서 비글로가 그 시퀀스에 대해 판단하는 게 얼마나 힘들었는지, 지나치게 섬뜩해지기 전에 중단해야 할 지점은 어디여야 한다고 판단했는지 궁금합니다. 그리고 그 장면은 생계를 위해 이런 일을 하는 사람들의 심리 상태에 대한 대단히, 대단히 흥미로운 통찰도 제공합니다. 출연진에게—특히 제시카와 제이슨에게—묻는 질문인데 당신들이 한 조사에서, 그 신을 연기하는 과정에서 어떤 것이 당신들의 관점을 바꿔놓았나요? 생계를 위해 이런 일을 해야하는 사람들에 대한 관점을 어떻게 바꿔놓았나요?

비글로 흐음, 대단히 좋은 질문이에요. 그 방법에 대해 논란이 많다는 것에는 의문의 여지가 없어요. 그런데 그걸 영화에 포함시켜야 할지 말지에 대한 논쟁은 전혀 없었어요. 그것도 역사의 일부니까요. 따라서 우리는 그 요소를 작업했어요. 그건 소재를 갖고 작업하면서 올바른 분위기와 균형을 찾아내는 문제였어요. 전자 감시 장비 같은 다른 방법도 검토해봤어요. 지난 10년 동안 대단히 많은 전술이 활용됐더군요. 시나리오의 흥미롭고 훌륭한 점이 그거라고 생각해요. 카일이 말한 것도, 지난 10년간 우리는 이런 모든…… 기법을 다 봤고, 상이한 감시 장비들을 다 활용했어요. 빈 라덴과 운반원을 추적하는 과정에서요. 그리고 그 운반원의 추적은 어떤 건물로 이어졌고, 이제 물론, 나머지 얘기는 역사가 됐죠. 따라서 그건 정말로 올바른 균형을 찾아내는 문제였어요.

채스테인 그 신들은…… 내 생각에 그 신들은—솔직히 말해—영화로 찍기에 가혹했어요. 그 부분을 요르단 감옥에서 찍었어요. 로스앤젤레스의 스튜디오에서 찍은 게 아니에요. 이 영화와 관련해서 로케이션이 얼마나 중요한지, 인도와 요르단에서 촬영한 게 영화에 얼마나 중요했는지 볼 수 있을 거예요. 그 신들에 절대적으로 필요한 분위기를 빚어냈으니까요. 그 장면을 촬영하는 동안 특히 힘들었어요. 하지만 캐스린이 말한 것처럼, 그건 캐릭터들이 겪은 역사의 일부예요. 그걸 보면서 개인적으로 옳고 그른 것에 대한 내 나름의 판단을 하는 대신, 캐릭터의 관점에서 그걸 보려고 애썼어요. 무슨 말이냐면, 이건 학교를 졸업하고 바로 CIA에 선발된 여성을 소개하는 장면이에요. 슈트를 차려입고 등장한 그녀는 평범한 심문일 거라고 생각한 일을 하러 가요. 그런데 심문은 그녀가 생각했던 것보다 훨씬 더 강렬하고 지독해져요. 그런 식으로 그 여성을 소개하는 게, 그녀가 출발하는 곳과 끝나는 곳을 보는 게, 캐릭터를 연기하는 것에 대단히 유용하다는 걸 알게 됐어요.

클락 캐스린과 마크가 그 이야기를 들려주지 않았다면 그건 태만한 짓을 한 거라고 생각해요. 마크가 말했잖아요. 그는 객관적인 사실을 따랐다고. 그는 그 작업을 했고, 이야기를 쫓았고, 찾아냈고, 캐스린은 외과 의사의 메스를 들고 그걸 조각했어요. 그러면서 자연스레 흐르는 강물을 따라갔죠. 2시간 30분 동안 영화를 본다는 건 크나큰 선택이에요. 하지만 관객은 그 시퀀스에서 솔직함과 진실함을 느낄 거고, 그걸 무겁게 받아들이지 않을 거예요. 나도, 그 장면을 찍은 레다 카텝도 그걸 알아요. 우리는…… 우리는 고맙게 생각해요. 레다는 프랑스/모로코 배우에요. 그는 이 영화에 참가해서 그 배역을 탐구하게 된 걸 고마워했어요. 그리고 우리가 영화에서 보여준 사실을 아는 것처럼, 그도 이 스토리의 진실성을 보장했어요. 이 문제는 마케팅을 하지 않더라도 이미 대중적인 논의의 영역에 들어갔어요. 이 작업은 그 정도로 진실했다고 생각해요. 그런 진실함이 있기 때문에 관객은 전체 이야기를 이해할 수 있어요. 2시간 30분 동안 될 수 있는 한 많은 것을 전방위적으로 이해할 수 있죠. 그 모든 게 작품 자체로 이야기되는 이 작업에 축적되고 합쳐졌다고 생각해요.

질문자 캐스린과 제시카에게 하는 질문입니다. 영화의 마지막 신을 보면서 〈허트 로커〉의 마지막 신이 떠올랐습니다. 두 캐릭터가 유사하다고 생각하는지 궁금합니다. 그리고 캐스린에게 묻습니다. 당신은 대단히 남성 지배적인 환경에서 일하는 여성으로서 마야와 동질감을 느끼나요?

비글로 마크의 조사를 보면서 대단히 놀랍다고 느낀 게 이 작전에서 여성들이 핵심적인 역할을 수행했다는 거였어요. 그래서 무척 신이 났어요……. 내 말은, 그래요, 여자들이 중심이었다는 건 대단한 일이에요. 하지만 객관적인 사실이기도 해요. 이야기가 그랬어요. 그게 우리가 다뤄야 하는 이야기였고, 우리가 이야기를 들려주려고 선택한 렌즈였어요. 제이슨이 말한 것처럼, 나는 이야기를 솔직하게 유지하는 게 이 영화의 가장 중요한 요소라고 생각해요. 그게 나를 밀고 간 힘이었고, 동기를 부여한 요인이었어요. 그 무엇보다요.

채스테인 마야를 그런 관점에서 생각하지 않았어요. 나는 그녀를 〈허트 로커〉의 캐릭터와 연관해서 생각하지 않았어요. 조사를 하면서 그녀에 대해 생각할 때, 나는 그녀를 거의 컴퓨터와 비슷한 존재로 생각했어요. 사실과 디테일에 대단히 뛰어나고 퍼즐 맞추는 걸 정말로 잘하는 여자, 어쩌다 보니 상상했던 것보다 훨씬 심각하고 큰 상황에 투입된 여자로요. 심문의 스트레스를 받고, 그 세계의 일부가 되면서 테러리스트뿐 아니라 자신의 주도적 역할을 믿지 않는 상관들에 맞서야 하는 여자로요. 그녀는 그런 상황을 어떻게 풀어갈까요. 감정을 드러내지 말고 분석적으로 정확하게 일하라는 훈련을 받았다는 게 그녀가 감정을 드러내지 않는다는 뜻은 아니에요. 시나리오가 정말로 마음에 들었던 건, 그녀가 이 세계에서 비틀거리는 순간들을 보여준다는 거예요…… 복도에서 브래들리와—카일과—맞서는 장면에서 그녀는 본질적으로 그를 협박하고 있어요.(웃음) "원하는 걸 주지 않으면, 당신을 의회 위원회에 세울 거예요." 그건 대단히 감정적인 반응이에요. 그래서 이 영화가 상당히 깊이 있고 복잡한, 대단히 인상적인 작품이라는 걸 알게 됐어요. 나는 그녀가 자기만의 세계를 가진 여성이라고 봐요. 그녀를 다른 연기와 관련지어서 생각한 적은 전혀 없어요.

비글로 그건 연기 수위를 대단히 훌륭하게 찾아내는 제시카의 재능을 보여주는 증거이기도 해요. 캐릭터가 느끼는 감정의 뉘앙스를 대단히 정확하게 표현해내요. 내가 여태까지 배우들에게서 그 정도의 재능을 본 적이 있는지 모르겠어요. 그녀의 재능을, 그리고 제이슨과 카일의 재능을 보여주는 확실한 증거라고 생각해요. 이 배우들은 정말로 엄청난 정확성으로 캐릭터를 연기해야 했어요. 시나리오에도 훌륭하게 집필된 캐릭터들을요. 그들이 정확한 수위로 빚어낼 수 있었던 감정은 너무도 비범했다고 생각해요.

클락 당신이 말한 것처럼, 그 신은 실Seal 요원이 쓴 책 『노 이지 데이』에서도 사실로 확인됐어요. 마크는 그 정보를 정확하게 확보했고요! 처음에 나온 직접적인 설명은…… 그건 그의 책에 있어요. 그가 본 건…….

채스테인 맞아요. 그녀는 비행기에서 울고 있었어요.

클락 그건 지어낸 게 아니에요.

질문자 제시카에게 묻겠습니다. 당신은 영화 내내 캐릭터가 겪은 여정을 확실한 느낌으로 연기해냈습니다. 그런데 당신이 앞서 언급한 것처럼, 그녀는 고등학교를 졸업하고 바로 CIA에 선발됐습니다. 내가 궁금한 건 그녀가 이 일이 시작되기 전 어떤 소녀였을까, 하는 거예요. 그 부분을 위한 배경 조사를 한 적이 있나요?

채스테인 조사 과정에서 찾아내지 못한 건 상상을 통해 답을 내야 했어요. 그런 식으로 작업해서―그녀는 나와 정반대인 사람이라서, 내가 살았던, 지금도 살고 있는 삶과 판이하게 다른 삶을 산 사람이라서―나는 그녀가 고등학교를 졸업하고 왜 선발됐는지 알아냈어요……. 마음속으로요. 그녀가 향수병에 시달릴 때 잘 먹는 미국 캔디가 무엇인지 알게 됐고, 좋아하는 음악이 무엇인지도 알아냈어요. 역할에 접근할 때면 언제든, 심지어 셀리아 풋 역할도 소설 『헬프』에서 찾을 수 없었던 건 상상을 통해, 작가가 투입한 솔직함의 기조는 계속 유지하면서 답을 찾아내야 했어요. 작가들은 캐릭터의 척추를 빚어내고, 배우는 나머지 부분을 채워나가는 식이에요.

질문자 제시카에게 묻습니다. 이런 음울한 영화를 찍은 후에 〈상속녀〉 무대에 밤마다 서려면 어떤 게 필요했나요?

채스테인 나도 모르겠어요……. 나는 미친 여자예요. 첫 영화가 나온 게 1년 반 전이라고 생각해요. 나는 정말 운이 좋아요. 하지만 영화에 대해, 마야에 대해 얘기하다가, 아무튼 이런 얘기를 하다 '오케이, 6시 30분이네. 코를 붙이고 머리를 말고 〈상속녀〉 무대에 캐스린 슬로퍼로 올라가야 해'라고 생각하는 건 대단히 이상한 일이죠. 하지만 이건 정말 하늘이 내린 선물이에요. 마야 캐릭터가 나와 판이하게 다르지만, 나는 굉장히 감정적이고 민감한 사람이라서, 좋은 시간을 보내는 걸 좋아하니까, 항상 흐뭇했어요. 그녀와 나는 대단히 비슷한 점도 있어요. 각자가 하는 일을 사랑한다는 거예요. 그 열정을…… 그리고 일의 노예라고 해도 좋을 정도의 상태를 이해할 수 있어요. 극단적으로 일을 하는 그녀에 비해, 나는 마야 같은 경이로운 여자의 근처에도 가지 못하는 사람이라고 말하는 사람도 있을 거예요. 이해해요. 그게 나를 밤마다 무대에 올라가게 만들어줘요. 고마워요.

질문자　마크와 캐스린에게 하는 질문입니다. CIA가 작전 과정에서 경솔하게 행동했던 순간들을 찾아내는 건 얼마나 어려운 일이었나요? 어두운 테마의 어떤 점이 그토록 매력적이라고 생각하나요?

볼　나는 이 영화가 어둡다고 생각하지 않습니다. 그 표현은 이 영화보다 나한테 하는 코멘트 같습니다. 나는 이런 이야기를 들려주는 게, 대테러 활동이라는 너무도 무자비한 세계에서 활동하는 사람들도 살인 기계가 아니라 인간이라는 걸 발견하는 게, 나한테나 그들에게나 힘을 북돋아주는 일이라는 걸 알게 됐습니다. 이건 어두운 영화인지도 모릅니다. 이제 결국 나도 그렇다는 얘기를 하는군요.(웃음) 경솔한 행동이라…… 상당히 그런 면이 연기를 통해 설명됩니다. 영화에는 정치적인 농담이 몇 가지 나오는데, 그건 슬랩스틱 차원이 아닙니다. "우리는 우리가 모르는 게 뭔지 모릅니다"라는 대사로 설명이 된다고 생각합니다. 거기에 대해 카일은 "그게 도대체 무슨 뜻인데?"라고 반응하죠. 일부 사람들은 그걸 농담으로 받아들이지만 그렇지 않은 사람도 많습니다. 그건 결국 연기로, 꽤나 과묵한 프로페셔널 환경에서 약간의 유머를 찾아내는 능력으로 설명이 됩니다. 캐스린은 크리스 프랫 같은 재미있는 사람들을 캐스팅하는 문제에 대해 얘기했습니다. 그런 캐스팅은 영화에 해가 되지 않았습니다.

비글로   단순히 유머 감각이 있는 사람이 아니라, 인간적인 모습을 전달할 수 있는 엄청난 능력을 가진 사람이라고 생각해요. 그 인간적인 모습이 상이한 모습을 띠어요. 이 출연진의— 전체 출연진의—장점은 모두들 대단히 너그럽고 인간적이면서 자발적이라는 거예요. 그들은 이 소재를, 환경을 엄청나게 신뢰했어요. 그러면서 그들의 캐릭터에 다채로운 색채를 부여할 수 있는 지점이 어디인지 느낌으로 파악했죠.

액션 영화 만드는 여성 감독
캐스린 비글로의 진면목

캐스린 비글로의 인터뷰집을 번역한 소감을 밝히는 글에서 그녀가 '여성'이라는 점을 먼저 언급해야만 하는 현실은 꽤나 곤혹스럽다. 비글로에 대해 얘기하는 사람은 누구건, 의식적이건 무의식적이건 '액션 영화'라는 남성적인 장르에서 나름의 영역을 차지한 이 감독이 여성이라는 점을 거론하게 될 거라고 생각한다. 하지만 비글로는 책에 실린 여러 인터뷰에서 '감독'이라는 직함 앞에 '여성'이라는 수식어가 붙는 것에 부정적인 태도를 보였다. 그러니 그녀가 여성이라는 사실을 언급한 것만으로도 이미 많은 얘기를 한 거나 다름없다고 생각한다. 비글로의 오랜 경력에는 젠더 말고도 눈여겨볼 만한 점이 여럿 있으니 그 얘기로 넘어가자.

비글로가 미술 전공자라는 사실은 이 책을 작업하기 전에도 알고 있었다. 하지만 그저 미술을 전공한 덕에 비주얼을 뽑아내는 솜씨가 출중한 거라고만 짐작했지, 그렇게 실험적이고 추상적인 분야에서 활동했을 거라고는 상상도 하지 못했다. 비글로가 프랑스 구조주의와 기호학에 심취했고 그와 관련된 작업으로 영화 경력을 시작했다는 것도, 그런 사조가 그녀의 미술과 영화 작업에 심대한 영향을 주었다는 것도 짐작 못한 일이었다. 흥행을 노렸거나 실제로 흥행한 영화를 꾸준히 작업해온 감독이 영화계 입문 당시에는 대중과 거리가 먼 분야에서 활동했다는 사실이 놀라웠다.

스타를 알아보는 안목이 뛰어나다는 사실도 그랬다. 키아누 리브스와 제레미 레너가 본격적인 스타로 발돋움할 수 있었던 것은, 그러니까 리브스가 네오가 되고 레너가 호크아이가 될 수 있었던 것은 모두 비글로와 함께한 작품 덕이었다.

한때 부부였던 제임스 캐머런과 관계도 흥미로웠다. 비글로는 영화계에서 막대한 영향력을 발휘하는 캐머런을 (전)남편으로 두고도 그의 능력에 편승하려고 하지 않았다. 자기만의 세계를 구축해나가면서 〈스트레인지 데이즈〉처럼 캐머런이 내놓은 아이디어가 훌륭할 경우에만 '함께' 작업했을 뿐이다. 이렇듯 사적인 영역에서도 비글로가 품은 자존심과 독자적인 세계를 엿볼 수 있다.

하지만 인터뷰 내용 중에서 가장 인상적이었던 것은 미술을 전공했던 그녀가 영화의 비주얼뿐 아니라, 캐릭터와 이야기를 중심으로 액션을 펼치는 것을 중요시한다는 입장을 기회가 있을 때마다 밝혔다는 것이다. 책에서 거론되는 액션 영화 감독들, 그러니까 〈와일드 번치〉의 샘 페킨파, 〈석양의 무법자〉의 세르조 레오네, (《트랜스포머》 시리즈의 감독이기도 한) 〈더 록〉의 마이클 베이의 공통점은 액션을 연출하는 솜씨가 탁월할 뿐 아니라 각각의 액션이 캐릭터 및 스토리와 상호작용을 일으켜 관객이 영화에 빠져들도록, 액션의 짜릿함을 실감하도록 만든다는 것이다. 이는 비글로 역시 마찬가지다. 하지만 그녀는 훗날 변신 로봇 시리즈를 연출하게 된 감독처럼 현란한 비주얼과 요란한 사운드로 관객의 정신을 사납게 만드는 것에 몰두하지 않았다. 다시 말해 비글로는 관객을 대할 때, 그들이 스크린에서 쏟아지는 이미지에 수동적으로 반응하는 멍청이라고 보지 않았다. 그녀가 진정으로 뛰어난 액션 영화 감독이 될 수 있었던 것은 관객을 존중하고, 그들 편에서 영화를 연출하려는 진지한 태도와 그걸 구현할 수 있는 연출 솜씨를 갖췄기 때문일 것이다.

책을 번역하는 과정에서 단순히 액션 영화를 만드는 '여성' 감독이 아닌 캐스린 비글로의 진면목을 깨달을 수 있었다. 그런 계기를 제공하고 번역 과정에서 저지른 이런저런 실수를 바로잡아 좋은 책으로 만들어준 마음산책에 감사드린다.

2015년 5월

윤철희

1951년	캘리포니아 샌카를로스에서 페인트 공장 관리인과 사서의 딸로 태어났다.
1970년	샌프란시스코아트인스티튜트에 입학했다. 1972년에 졸업했다.
1972년	휘트니미술관의 인디펜던트 스터디 프로그램에 입학 허가를 받았다. 수전 손택과 리처드 세라, 로버트 라우셴버그 등이 그녀의 조언자다. 개념미술 집단인 아트앤랭귀지에 가입했다. 휘트니미술관에서 작품 전시회를 갖기도 했다. 휘트니 프로그램을 마친 뒤 뉴욕에 남았다. 개념미술가 로렌스 와이너와 영국의 아트앤랭귀지 동료들과 공동으로 작업을 하기 시작했다. 비디오 아티스트 비토 아콘치의 어시스턴트로 일했다.
1974~79년	로렌스 와이너와 〈돈 투〉 〈녹색이고 청색이고 적색이고〉 〈독특한 전쟁을 지지하는 심리학적 작전〉을 포함한 여러 비디오 작품을 공동 작업했다. 리처드 세라의 비디오에 짧게 출연했다.
1976년	베니스 비엔날레에서 열린 '아트앤랭귀지' 전시회에 참여했다. 단편영화 〈셋업〉을 완성하기 위해 미국국립예술기금위원회NEA의 보조금을 받았다. 〈셋업〉은 두 남자가 싸우는 동안, 학자 실베르 로트랑제와 마셜 블론스키가 두 남자의 액션을 해체하는 내용이다.
1978년	미완성작 〈셋업〉을 컬럼비아대학 영화학과장 밀로스 포먼에게 제출했다. 영화평론 MFA예술학 석사 입학 허가를 받고 장학금을 받았다. 그녀를 가르친 교수는 에드워드 사이드와 기호학자 실베르 로트랑제, 피터 울렌, 앤드루 새리스 등이다.
1979년	로트랑제가 발행하는 저널 〈세미오텍스트〉의 '다중 섹슈얼리티Polysexuality' 이슈를 다른 학생들과 함께 작업했다.

1981년	컬럼비아대학 스쿨오브아츠의 영화프로그램 석사 학위를 받았다. 몬티 몽고메리와 공동으로 시나리오를 쓰고 연출한 첫 장편영화 〈사랑 없는 사람들〉이 8월에 로카르노영화제에서 발표됐다. 〈인터뷰〉 매거진을 위해 로카르노에서 더글러스 서크를 만나 인터뷰하기도 했다.
1982년	3월에 〈사랑 없는 사람들〉이 로스앤젤레스의 필름엑스영화제에서 발표됐다. 에릭 레드와 공동 작업한 〈죽음의 키스〉는 제작사 두 곳이 파산하는 와중에도 살아남았다. 디 로렌티스 스튜디오가 1987년 이 영화를 배급했지만, 그 후 파산했다.
1983년	존 발데사리의 초청으로 칼아츠^{CalArts}에서 30년대와 40년대, 50년대의 B급 영화감독들에 대한 육 개월짜리 강의를 했다. 〈사랑 없는 사람들〉을 본 월터 힐이 비글로가 시나리오를 쓴 〈로미오와 줄리엣〉의 라틴계 갱 버전 〈스패니시 할렘〉의 제작 시도를 도왔다. 이 프로젝트는 결국 턴어라운드^{프로젝트의 권리가 다른 스튜디오로 넘어감} 신세가 되었다. 리지 보덴의 〈불길 속에서 태어나다〉에서 연기를 하기도 했다. 그러던 중 올리버 스톤이 사우스 로스앤젤레스의 갱을 다룬 그녀의 프로젝트를 제작하겠다고 했다. 하지만 이 프로젝트도 턴어라운드 신세가 되었다. 에릭 레드와 함께 〈블루 스틸〉의 시나리오를 쓰기 시작했다.
1987년	에릭 레드와 공동으로 집필한 〈죽음의 키스〉가 9월 12일에 토론토영화제에서 발표됐다. 10월 2일 미국에서 개봉됐다.
1988년	제임스 캐머런이 연출한, 밴드 마티니 랜치의 노래 〈리치〉의 뮤직비디오에 출연했다. 〈블루 스틸〉의 소유권이 스튜디오 세 곳을 옮겨 다니다가 베스트론에 안착했다. 가을에 촬영을 시작

했다. 올리버 스톤과 에드 프레스먼이 제작자로 나섰다.

1989년	윌리엄 깁슨의 단편 「뉴 로즈 호텔」을 각색한 영화를 에드 프레스먼이 제작하면서 연출 계획을 세우게 됐다. 하지만 이 영화는 1998년 아벨 페라라가 연출했다. 뮤직비디오 모음집인 〈뉴 오더: 서브스턴스〉의 몇 작품을 연출했다. 8월 17일에 제임스 캐머런과 결혼했다.
1990년	1월 선댄스영화제 심사위원이 됐다. 에릭 레드와 공동으로 집필하고 에드 프레스먼과 올리버 스톤이 제작한 〈블루 스틸〉이 3월 16일에 미국에서 개봉됐다.
1991년	7월 12일 〈폭풍 속으로〉가 개봉됐다. 제이 콕스와 함께 잔 다르크 프로젝트의 시나리오를 공동으로 작업하기 시작했다. 제임스 캐머런이 〈스트레인지 데이즈〉 프로젝트를 제의했다. 제임스 캐머런과 이혼했다.
1992년	4월 29일, 로드니 킹을 폭행한 혐의로 기소된 로스앤젤레스 경찰관 네 명이 무죄를 선고받았다. 폭동이 엿새간 이어지면서 쉰세 명이 사망했고 수천 명이 부상을 당했으며, 10억 달러가 넘는 재산 피해가 발생했다. 당시 LA에 거주하던 캐스린 비글로는 폭력과 파괴 행위를 목격했고, 이 경험이 〈스트레인지 데이즈〉에 일부 반영되었다고 말했다.
1993년	TV 시리즈 〈와일드 팜〉의 네 번째 에피소드를 연출했다.
1994년	애니타 슈리브의 소설 『웨이트 오브 워터』의 권리를 획득했다. 6월에 〈스트레인지 데이즈〉의 제작을 시작했다.
1995년	〈스트레인지 데이즈〉가 10월 7일 뉴욕영화제에서 미국 시사회를 가졌다.

1996년	〈컴퍼니 오브 에인절스〉라는 제목이 붙은 잔 다르크 프로젝트를 포기했다. 파트너 뤽 베송이 그의 아내 밀라 요보비치를 주인공으로 캐스팅하겠다고 고집을 부렸기 때문이다. 이 영화는 1999년 베송에 의해 〈잔 다르크〉로 공개됐다.
1998~99년	NBC의 TV 시리즈 〈살인: 길 위의 삶〉의 에피소드 세 편을 연출했다.
1998년	9월에 베니스영화제 심사위원을 맡았다.
1999년	제작사 워킹타이틀이 〈K-19 위도우메이커〉를 턴어라운드로 돌렸다. 이 프로젝트는 결국 인터미디어가 선택했고 파라마운트가 배급했다. 〈웨이트 오브 워터〉를 찍기 시작했다.
2000년	유니버설픽처스가 잠수함을 소재로 한 라이벌 영화 〈U-571〉을 4월에 개봉하면서, 〈K-19 위도우메이커〉 제작이 교착상태에 빠졌다. 러시아의 핵잠수함 K-141 쿠르스크호가 8월 12일에 침몰했다. 승무원 118명이 사망한 사고였다.
2001년	〈K-19 위도우메이커〉를 촬영했다.
2002년	7월 19일에 〈K-19 위도우메이커〉가 개봉됐다. 〈웨이트 오브 워터〉가 11월 1일에 미국에서 제한 개봉됐다.
2003년	2월에 베를린영화제에서 심사위원을 맡았다. 에릭 라슨의 베스트셀러 『화이트 시티』를 각색한 시나리오를 개발했지만, 프로젝트는 2010년 레오나르도 디카프리오에게 넘어갔다.
2004년	폭스TV를 위해 마크 볼과 〈인사이드〉를 개발했다. 이 시리즈는 팀 미니어에게 넘어가 2005년에 제작됐지만 에피소드 일곱 편이 방송된 후 취소됐다. ABC의 TV 시리즈 〈카렌 시스코〉의 '그녀는 내 친구였다' 에피소드를 연출했다. 마크 볼이 이라크

에서 폭발물 처리반에 임베드됐다.

2005년   볼과 함께 〈허트 로커〉의 사전 제작을 시작했다.

2007년   〈허트 로커〉를 7월에 요르단에서 촬영했다.

2008년   〈허트 로커〉가 9월 4일 베니스영화제에서 발표됐다. 마크 볼과 오사마 빈 라덴 추적에 관한 영화의 제작 계획을 세웠다.

2009년   〈허트 로커〉가 6월 26일에 미국에서 개봉됐다. 〈허트 로커〉로 많은 비평가 그룹이 수여하는 작품상과 감독상, 기타 여러 부문의 상을 수상했다. 마크 볼과 함께 남미에서 마약 밀거래자를 상대로 벌이는 전쟁을 다룬 액션 영화 〈트리플 프런티어〉를 파라마운트를 위해 준비하기 시작했다. 예상 출연진에 톰 행크스와 조니 뎁이 포함됐다.

2010년   1월 31일 〈허트 로커〉로 미국감독조합이 수여하는 '공로상'을 수상한 첫 여성이 됐다. 3월 7일 아카데미 감독상을 수상한 첫 여성이 됐다. 〈허트 로커〉는 작품상과 기타 여러 부문에서 수상했다. HBO를 위해 〈더 미래큘러스 이어〉의 TV 파일럿을 연출했지만, 프로그램이 방송되기도 전에 시리즈가 취소됐다. 12월에 마크 볼이 대테러 특수작전을 다룬 저예산 스릴러를 완성하기 전까지 〈트리플 프런티어〉의 제작을 연기한다고 발표했다. 결국 '제로 다크 서티'라는 제목을 단 그 영화는 오사마 빈 라덴을 사살하는 실제 임무를 다루었다.

2011년   5월 2일 오사마 빈 라덴이 파키스탄 아보타바드에서 미군 특공대에게 사살됐다. 브라질 감독 호세 파딜라가 〈트리플 프런티어〉와 비슷한 영화인 〈트라이-보더〉의 개발을 시작하면서 상황을 복잡하게 만들었고, 사실상 망쳐버렸다. 소니픽처스가 빈 라덴 프로젝트 〈제로 다크 서티〉의 배급권을 확보했다. 제이슨 클락, 조엘 에저튼, 제시카 채스테인 등이 출연하는 영화의 미국 개봉 계획이 2012년 12월 19일로 잡혔다. 8월에 피터 킹 의원이 오바마 행정부와 〈제로 다크 서티〉 제작진 사이의 공모로 기밀 정보가 누출됐을 가능성에 대해 조사해달라고 국방부와 CIA에 요구했다.

2012년　2월 인도 북부에서 〈제로 다크 서티〉의 촬영을 시작했다. 힌두교 급진 그룹들이 제작에 항의했다. 〈제로 다크 서티〉가 12월 19일에 뉴욕과 로스앤젤레스에서 개봉됐다. 이때 상원정보위원회의 존 매케인 의원과 칼 레빈 의원, 바버라 페인스테인 의원이 소니픽처스에 보낸 서신에서, 〈제로 다크 서티〉가 "오사마 빈 라덴의 소재지에 관한 정보를 고문으로 얻어냈다는 걸 암시하는, 지독히도 부정확하고 오해의 소지가 있는 정보"를 제공한다며 맹비난했다.

2013년　1월 2일에 상원정보위원회가 〈제로 다크 서티〉에 대한 조사에 착수했다. 영화가 1월 11일에 와이드 릴리스됐다. 1월 8일에 감독 조합이 〈제로 다크 서티〉를 감독상 후보로 지명했다. 1월 10일에 아카데미가 〈제로 다크 서티〉를 작품상과 다른 네 부문 후보로 지명했다. 하지만 캐스린 비글로는 감독상 후보로 지명받지 못했다. 2월 24일에 〈제로 다크 서티〉가 〈007 스카이폴〉과 함께 음향효과상을 공동 수상했다. 2월 25일, 상원정보위원회가 〈제로 다크 서티〉에 대한 조사를 종료했다고 보고했다.

필모그래피

연출한 작품

1975
독특한 전쟁을 지지하는 심리학적 작전PSY-
CHOLOGICAL OPERATIONS IN SUPPORT OF
UNCONVENTIONAL WARFARE
감독 캐스린 비글로
각본 캐스린 비글로

1978
셋업SET-UP
감독 캐스린 비글로
각본 캐스린 비글로
출연 마셜 블론스키, 실베르 로트랑제
상영시간 20분

1982
사랑 없는 사람들THE LOVELESS
제작 애틀랜틱 릴리징 커퍼레이션
감독 캐스린 비글로, 몬티 몽고메리
각본 캐스린 비글로, 몬티 몽고메리
촬영 도일 스미스
편집 낸시 캔터
프로듀서 A. 키트먼 호, 그래프턴 누니스
출연 빌럼 대포, J. 돈 퍼거슨, 로버트 고든
상영시간 82분

1987
죽음의 키스NEAR DARK
제작 디 로렌티스 엔터테인먼트 그룹
감독 캐스린 비글로
각본 캐스린 비글로, 에릭 레드

촬영 아담 그린버그
편집 하워드 E. 스미스
프로듀서 마크 앨런, 에드워드 S. 펠드먼,
다이안 나바토프, 에릭 레드
출연 에이드리언 패스더, 제니 라이트, 랜
스 헨릭슨, 빌 팩스톤
상영시간 94분

1989
뉴 오더: 서브스턴스NEW ORDER: SUBSTANCE
제작 워너 레프리제 비디오
감독 캐스린 비글로, 로버트 브리어, 필립
데클로우페, 조나단 드미, 릭 엘굿, 로버트
롱고, 찰스 스터리지, 윌리엄 에그먼
출연 길리안 길버트, 피터 훅, 스티븐 모리
스, 버나드 섬너
상영시간 37분

블루 스틸BLUE STEEL
제작 MGM
감독 캐스린 비글로
각본 캐스린 비글로, 에릭 레드
촬영 아미르 모크리
편집 리 퍼시
프로듀서 마이클 플린, 로렌스 카사노프,
에드워드 R. 프레스먼, 마이클 로치, 다이
안 슈네이어, 올리버 스톤
출연 제이미 리 커티스, 론 실버, 클랜시
브라운
상영시간 102분

필모그래피

1991
폭풍 속으로POINT BREAK
제작 20세기 폭스
감독 캐스린 비글로
각본 릭 킹, W. 피터 일리프
촬영 도널드 피터맨
편집 하워드 E. 스미스
프로듀서 피터 에이브럼스, 제임스 캐머런,
릭 킹, 로버트 L. 레비, 마이클 로치
출연 키아누 리브스, 패트릭 스웨이지, 로
리 페티, 게리 부시
상영시간 120분

1993
와일드 팜WILD PALMS 에피소드 4
제작 ABC TV 미니시리즈
감독 캐스린 비글로
각본 브루스 와그너
촬영 페든 파파마이클
출연 존 벨루시, 데이나 딜레이니, 로버트
로지아
상영시간 45분

1995
스트레인지 데이즈STRANGE DAYS
제작 20세기 폭스
감독 캐스린 비글로
각본 제임스 캐머런, 제이 콕스
촬영 매튜 F. 레오네티
편집 하워드 E. 스미스
프로듀서 제임스 캐머런, 스티븐-찰스 자
프, 로렌스 카사노프, 래 산치니, 아이라

슈먼
출연 랠프 파인스, 안젤라 바셋, 줄리엣 루
이스, 톰 시즈모어
상영시간 120분

1998
살인: 길 위의 삶HOMICIDE: LIFE ON THE
STREET 시즌 6, 에피소드 22와 23
제작 NBC
감독 캐스린 비글로
각본 폴 아타나시오, 로이스 존슨, 에릭 오
버마이어, 데이비드 사이먼(소설), 대릴 워
튼, 숀 화이트셀
촬영 알렉스 자크제스키
이그제큐티브 프로듀서 배리 레빈슨
출연 리처드 벨저, 안드레 브라우허, 클락
존슨
상영시간 각 60분

1999
살인: 길 위의 삶HOMICIDE: LIFE ON THE
STREET 시즌 7, 에피소드 20
제작 NBC
감독 캐스린 비글로
각본 폴 아타나시오, 톰 폰타나, 데이비드
사이먼(소설), 제임스 요시무라
촬영 알렉스 자크제스키
이그제큐티브 프로듀서 배리 레빈슨
출연 리처드 벨저, 지안카를로 에스포지
토, 피터 게레티
상영시간 60분

필모그래피

2000

웨이트 오브 워터THE WEIGHT OF WATER

제작 라이언스게이트 필름스

감독 캐스린 비글로

각본 애니타 슈리브(소설), 앨리스 아를렌, 크리스토퍼 카일

촬영 에이드리언 비들

편집 하워드 E. 스미스

프로듀서 리사 헨슨, A. 키프먼 호, 스티븐-찰스 자프

출연 숀 펜, 엘리자베스 헐리, 캐스린 매코맥, 사라 폴리

상영시간 113분

2002

K-19 위도우메이커K-19: THE WIDOWMAKER

제작 파라마운트 픽처스

감독 캐스린 비글로

각본 루이스 노라, 크리스토퍼 카일

촬영 제프 크로넨웨스

편집 월터 머치

프로듀서 캐스린 비글로, 해리슨 포드, 스티브 댄턴, 스티븐-찰스 자프 등.

출연 해리슨 포드, 리암 니슨, 피터 사스가드

상영시간 138분

2004

카렌 시스코KAREN SISCO 시즌 1, 에피소드 10

제작 ABC

감독 캐스린 비글로

각본 스콧 프랭크, 피터 레프커트, 엘모어 레너드, 제이슨 스마일로빅

출연 칼라 구기노, 빌 듀크, 로버트 포스터

상영시간 60분

2007

미션 제로MISSION ZERO

제작 피렐리 필름

감독 캐스린 비글로

각본 소피아 암브로시니, 세르조 로드리게즈, 스테파노 볼피

촬영 야누시 카민스키

출연 우마 서먼, 제이슨 맬터스, 매튜 비질

상영시간 8분

2008

허트 로커THE HURT LOCKER

제작 서밋 엔터테인먼트

감독 캐스린 비글로

각본 마크 볼

촬영 배리 애크로이드

편집 크리스 이니스, 밥 머로우스키

음악 마르코 벨트라미, 벅 샌더스

프로듀서 캐스린 비글로, 마크 볼, 니컬러스 샤르티에

출연 제레미 레너, 앤서니 매키, 브라이언 게라그티

상영시간 131분

2011

더 미래큘러스 이어THE MIRACULOUS YEAR

제작 HBO

감독 캐스린 비글로

각본 존 로건

414

촬영 배리 애크로이드
프로듀서 존 로건, 캐스린 비글로, 리디아
필처
출연 에디 레드메인, 에릭 웨스트, 수잔 서
랜든
상영시간 60분

2012
제로 다크 서티ZERO DARK THIRTY
제작 컬럼비아 픽처스
감독 캐스린 비글로
각본 마크 볼
촬영 그레이그 프레이저
편집 딜런 티케노, 윌리엄 골든버그
프로듀서 캐스린 비글로, 마크 볼, 메건 엘
리슨
출연 크리스 프랫, 제시카 채스테인, 조엘
에저튼
상영시간 157분

이 외 작가로 참여한 작품

1985
이퀄라이저THE EQUALIZER 시즌 1, 에피소드 5
제작 CBS
감독 러스 메이베리
각본 마이클 슬론, 리처드 린드헤임, 캐스
린 비글로, 모리스 헐리, 조엘 서나우
출연 에드워드 우드워드, 스티븐 윌리엄
스, 카렌 영
상영시간 60분

1996
언더토우UNDERTOW
제작 쇼타임 네트웍스
감독 에릭 레드
각본 캐스린 비글로, 에릭 레드
촬영 게저 신코빅스
출연 루 다이아몬드 필립스, 미아 사라, 찰
스 댄스
상영시간 93분

출연한 작품

1983
불길 속에서 태어나다BORN IN FLAMES
제작 퍼스트 런 피처스
감독 리지 보덴
각본 리지 보덴, 에드 보우스
출연 허니, 아델 베르테이, 진 새터필드, 캐
스린 비글로
상영시간 90분

1988
리치REACH
제작 워너 브러더스 레코드
감독 제임스 캐머런
출연 캐스린 비글로, 버드 코트, 랜스 헨릭
슨, 에이드리언 패스더, 빌 팩스톤
촬영 존 R. 레오네티
편집 하워드 E. 스미스
상영시간 8분